Le CYCLISME moderne

PRÉPARATION ET ENTRAÎNEMENT

Docteur Patrick Mallet

Le CYCLISME moderne

PRÉPARATION ET ENTRAÎNEMENT

14, rue de l'Odéon - 75006 PARIS

Mens sana in corpore sano.

Avertissement :
Ni l'auteur, ni l'éditeur ne sauraient être tenus pour responsables des conséquences qui pourraient provenir d'une mauvaise interprétation des informations contenues dans cet ouvrage.

CONCEPTION ET RÉALISATION :

Couverture : Éditions Amphora
Photo couverture : ©Sport Attitudes
Intérieur : Éditions Amphora

Imprimé en France

ISBN : 978-2-85180-**680**-2

PRÉFACE

Au début était J.-E. Ruffier. Cet humaniste fut assurément au début du siècle le pionnier de la médecine sportive.

« Mon diplôme de médecin conquis, je m'installais à Argenteuil. Ma bicyclette, puis un beau tricycle Humber me servaient à faire mes visites plus facilement et plus rapidement que mes confrères encore contraints à rouler en calèche ou en berline... »

Stagiaire dans les services de l'éminent cardiologue Merklen, le docteur Ruffier trouvait bizarre que les médecins militaires décidaient en conseil de révision l'ajournement et même la réforme de recrues qui s'étaient illustrées en gagnant des courses sur piste ou sur route. C'est dès 1905 que le docteur Ruffier émet l'idée que le cœur hypertrophié des sportifs, loin d'être une grave maladie, est un cœur à forte musculature qu'il appelle le cœur athlétique.

Il fallut attendre 1930 et des communications étrangères pour que soit enfin prise en considération, en France, la découverte du docteur cycliste, lequel, en 1948, pour rassurer le corps médical, réussit à mesurer la vigueur et l'endurance du cœur à l'aide d'un indice, d'abord assez compliqué puis mis progressivement au point, qui était aux dires de son auteur « aussi commode qu'exact ».

Un médecin colonel, M. Dickson, y apporta une retouche, et voilà comment le bon vieux français indice de Ruffier est devenu le plus moderne et le plus chic test de Ruffier-Dickson.

Dans le droit fil du pionnier, qui s'adressait à tous ceux qui voulaient faire de la bicyclette, Patrick Mallet écrit pour les cyclistes en général qui éprouvent des difficultés à comprendre les mécanismes de l'entraînement, c'est-à-dire à en mesurer les avantages et les dangers.

Des minimes aux vétérans, des routiers aux pistards, tous les cyclistes trouveront dans son ouvrage les informations qui rendent plus efficaces et donc plus agréables les tours de pédale et les heures de selle qu'ils accumulent souvent de façon empirique et rebutante.

Aux lecteurs de ce livre, que j'appellerais volontiers un « précis », bourré de chiffres et de tableaux, je conseille de ne jamais oublier l'objectif essentiel de l'auteur :
« Beaucoup de coureurs de petit niveau ne demandent pas la lune. Ils veulent simplement se faire plaisir sur leur vélo. Ce n'est pas souvent le cas, promenés qu'ils sont de galère en galère. Il nous apparaît que redonner le plaisir de pédaler à un coureur, même d'un tout petit niveau, est un devoir pour le médecin du sport comme pour tout cadre technique digne de ce nom. »

Je voudrais tout de même rassurer les coureurs d'élite. Ils trouveront ici des exercices à leur mesure, si j'en juge par le niveau des tests proposés et qualifiés de submaximaux. Je leur souhaite bon courage.

Le livre du docteur Patrick Mallet est la rencontre d'une méthode et d'une passion. Son aboutissement, après vingt années d'observations et vingt mille contrôles, est le SMES, la « surveillance médicale de l'entraînement des sportifs ».

Le SMES Mallet et l'indice de Ruffier me semblent mener le même combat : celui d'une pratique intelligente du sport cycliste. »

Jean Bobet

Pour avoir été un témoin privilégié de l'écriture de ce livre, « Le cyclisme moderne », je mesure combien il symbolise à lui seul l'investissement du docteur Patrick Mallet dans le sport cycliste, depuis plus de vingt ans.

Cet ouvrage est la quintessence de ses idées, de son expérience et de sa compétence dans des domaines aussi variés que ceux de la médecine du sport et du suivi des athlètes de tous niveaux.

« Le cyclisme moderne » constitue le support idéal car il s'ouvre au plus grand nombre. Il possède d'une part une approche générique du cyclisme pour améliorer simplement sa pratique, mais il expose aussi des informations spécifiques pour actualiser ses connaissances et améliorer ses performances.

Son approche simple illustrée des grands principes de l'entraînement nous éclaire sur la nécessité de leur application au quotidien afin de garantir une pratique cohérente que ce soit pour la compétition, le loisir ou la santé.

Une bibliothèque de programmes variés et spécifiques est une trame pour augmenter graduellement et sans risque de surmenage ses potentialités. Ces programmes sont modulables selon les objectifs et la disponibilité de chacun.

« Le cyclisme moderne » est un guide pour le cycliste déterminé à donner de la cohérence, de la hauteur à sa pratique pour atteindre « sa » performance.

Le docteur Patrick Mallet est, pour tous ceux qui le connaissent, un guide, « un sherpa ». Sa vision du cyclisme, du sport et tout simplement de la vie nous éclaire sur la nécessité de mettre l'homme et son bien-être en priorité au centre de nos préoccupations. »

Jean-François Chaminaud,

directeur de Sport Consultant

AVERTISSEMENT

Certains passages de cet ouvrage peuvent paraître obscurs et complexes. Aussi, avant d'en entamer la lecture, nous invitons le lecteur à se rendre d'abord au chapitre « Glossaire », afin d'y compulser le dictionnaire des termes techniques qui fournira les informations nécessaires à la bonne compréhension de l'ensemble.

Dans le cas contraire, la digestion risque de se montrer difficile et la migraine est assurée. Prévoir alors bicarbonate et aspirine avant d'entamer ce livre.

Nous vous proposons à la fin de l'ouvrage cinquante questions (et leurs réponses) qui vous permettront de faire le point sur ce que vous avez retenu, oublié ou mal compris à la lecture du « Cyclisme moderne ».

Vous trouverez dans cette nouvelle édition beaucoup de changements, y compris des avis différents. Comme le dit l'adage populaire, seuls les imbéciles ne changent jamais d'avis. Nous avons depuis appris beaucoup de choses et nos connaissances ont évolué. Comme nous ne détenons pas la science infuse, nous avançons lentement, mais sûrement, dans un monde totalement figé qui refuse les progrès, dès qu'il ne s'agit pas de nouveau matériel pour le vélo ou des nouvelles innovations des laboratoires pharmaceutiques.

Nous avons enfin souhaité laisser nos amis entraîneurs et éducateurs s'exprimer sur leurs difficultés quotidiennes à effectuer leur activité dans les clubs. Nous avons également donné la parole aux coureurs qui le souhaitaient.

Vous y lirez aussi leurs « coups de gueule ». Vous trouverez leurs témoignages sous la rubrique « Libre expression », ceci en page intercalaire entre deux chapitres.

Nous vous souhaitons un bon voyage dans l'univers de l'entraînement.

SOMMAIRE

SOMMAIRE

SOMMAIRE

SOMMAIRE

Chapitre 1

NOTIONS DE BIOÉNERGÉTIQUE

A. Introduction

Le cyclisme est un sport d'endurance. C'est ainsi qu'il est présenté dans tous les ouvrages et articles se rapportant à notre sport. Cependant, cette affirmation met dans le même panier des disciplines aussi variées que le cyclotourisme, la course de vitesse, l'américaine, la course à étapes, le kilomètre départ arrêté, le tour de France ou Paris-Brest-Paris !

Or, ces différentes disciplines font appel à des systèmes de production d'énergie très différents et variables en fonction de la durée et de l'intensité de l'effort. Ce sont ces systèmes que nous allons présenter tout d'abord.

L'organisme humain est comparable à une locomotive à charbon : la locomotive utilise du charbon qu'elle brûle pour produire de l'énergie, en présence de l'oxygène atmosphérique et en dégageant de la vapeur d'eau, du gaz carbonique et de la chaleur.

L'homme, quant à lui, utilise trois carburants distincts, qu'il brûle pour produire de l'énergie, en présence de l'oxygène de l'air, en dégageant de la vapeur d'eau, du gaz carbonique et de la chaleur (la température du corps augmente pendant l'effort). Ce sont les glucides ou sucres, les protides ou protéines, et les lipides ou graisses. Ce qui nous permet d'affirmer que l'homme aussi fonctionne au GPL...

B. Le métabolisme des protides

Les protides sont des longues chaînes d'acides aminés. Ceux-ci sont séparés dans un premier temps, puis désaminés au niveau du foie et du muscle squelettique. Le reste du squelette désaminé participe alors au métabolisme du cycle de Krebs (*cf.* page suivante).

C. Le métabolisme des lipides

Les lipides, ou graisses, stockés sous forme de triglycérides, sont séparés dans un premier temps en glycérol et acides gras, selon la réaction suivante :

Triglycéride ⟶ Glycérol + acides gras

La dégradation de la mole de triglycéride est une réaction hautement calorique, puisqu'elle fournit 463 molécules d'ATP.

D. Le métabolisme des glucides

Le glucose ingéré au cours d'un repas peut subir trois types de transformations :

- Il peut servir à tous les métabolismes et être dégradé pour fournir de l'énergie.
- Il peut être stocké sous forme de glycogène.
- Il peut être converti en acide gras et en glycérol et stocké dans les graisses.

1. L'oxydation du glucose

La dégradation d'une mole de glucose (80 g) libère 2880 KJ ou 686 Kcal.

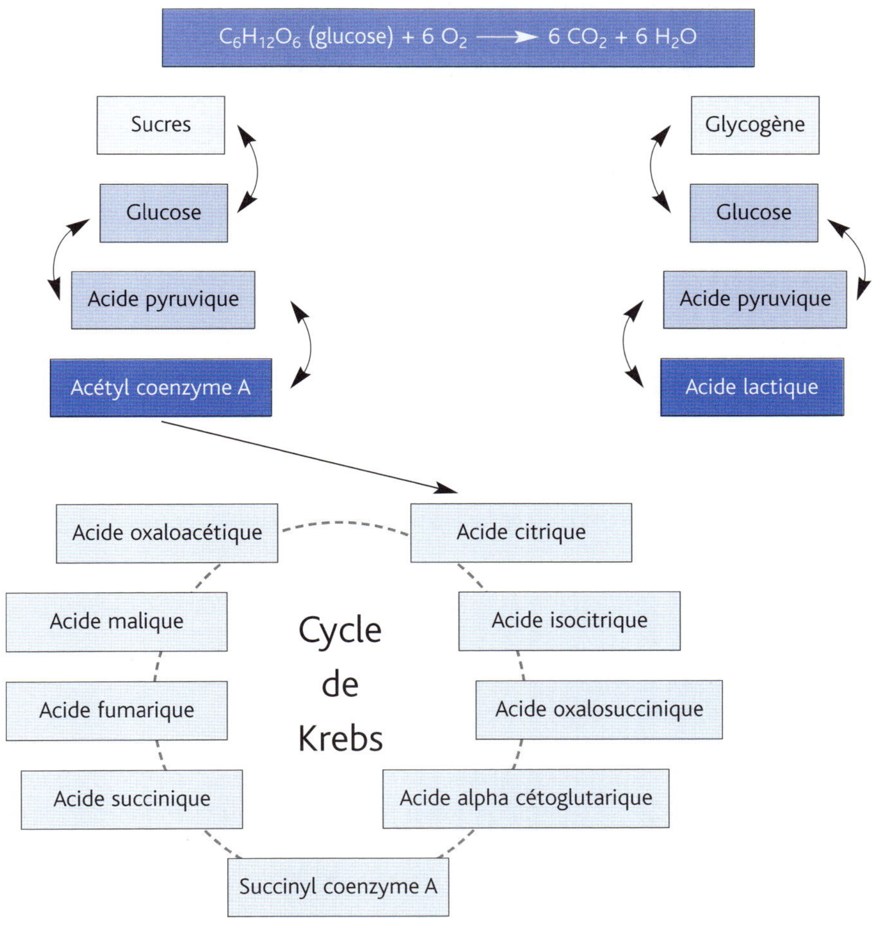

Graphique 1 : Cette figure montre les mécanismes du métabolisme du glucose, en fonction de l'apport d'oxygène. En absence d'oxygène la dégradation du glucose s'arrête à l'acide lactique.

La dégradation d'une mole de glucose s'accompagne en outre d'une libération de 36 molécules d'ATP.

Le cycle de dégradation des substrats fait appel à des réactions biochimiques complexes, dont la partie commune (voir graphique 1) est appelée cycle de Krebs.

Lorsque l'oxygène est présent en quantité suffisante pour assurer l'oxydation, le glucose est transformé totalement en eau et en gaz carbonique, ce qui permet la production de 4 molécules d'ATP. C'est la glycolyse aérobie.

Dans le cas inverse, l'intensité de l'effort est telle que l'apport d'oxygène ne suffit plus pour assurer l'oxydation des substrats d'origine alimentaire. L'organisme fait alors appel à la forme de stockage du glucose : le glycogène. Celui-ci est dégradé de façon incomplète et la réaction chimique est interrompue à la transformation de l'acide pyruvique en acide lactique. La réaction est moins énergétique et ne fournit que 2 ATP.

Pour bien comprendre ce phénomène essentiel à la vie, nous allons prendre un exemple simple tiré du quotidien.

L'oxygène joue le même rôle que dans le fonctionnement d'un poêle à bois : si l'arrivée d'air est suffisante, la combustion du bois sera totale et la production d'énergie (sous forme de chaleur) sera maximale. Quand tout le bois sera consumé, il ne restera que de la cendre.

Dans le cas contraire, la combustion sera insuffisante et il restera du charbon de bois. C'est ce qui se passe dans nos muscles.

Quand l'effort est si intense que l'oxygène n'arrive plus en assez grande quantité, le sucre n'est plus complètement dégradé et il y a production de « charbon de bois musculaire » : l'acide lactique.

Quand on met le charbon de bois sur un barbecue, la présence suffisante d'oxygène entraîne une combustion totale du charbon, qui sera réduit en cendres.

Dans le muscle humain, si un nouvel apport d'oxygène survient en quantité suffisante, l'acide lactique sera transformé à nouveau en glycogène ou totalement dégradé en ATP, gaz carbonique (CO_2) et vapeur d'eau (H_2O).

L'exercice musculaire fait ainsi appel à un mélange de substrats alimentaires composé de sucres, de graisses et d'acides aminés issus des protides.

Ces derniers sont peu utilisés et **le mélange sucres et acides gras varie en fonction de la durée de l'effort.**

Plus l'effort est court, plus l'intensité est élevée. C'est le cas de l'effort de poursuite par exemple.

À l'inverse, à la vitesse d'un brevet de randonnée, à petite vitesse, les besoins énergétiques sont moindres, et assurés en grande partie par les lipides (lipolyse).

Ainsi, un effort intense fait appel à un mélange de carburants riche en glucose, dans le cas inverse, riche en acides gras.

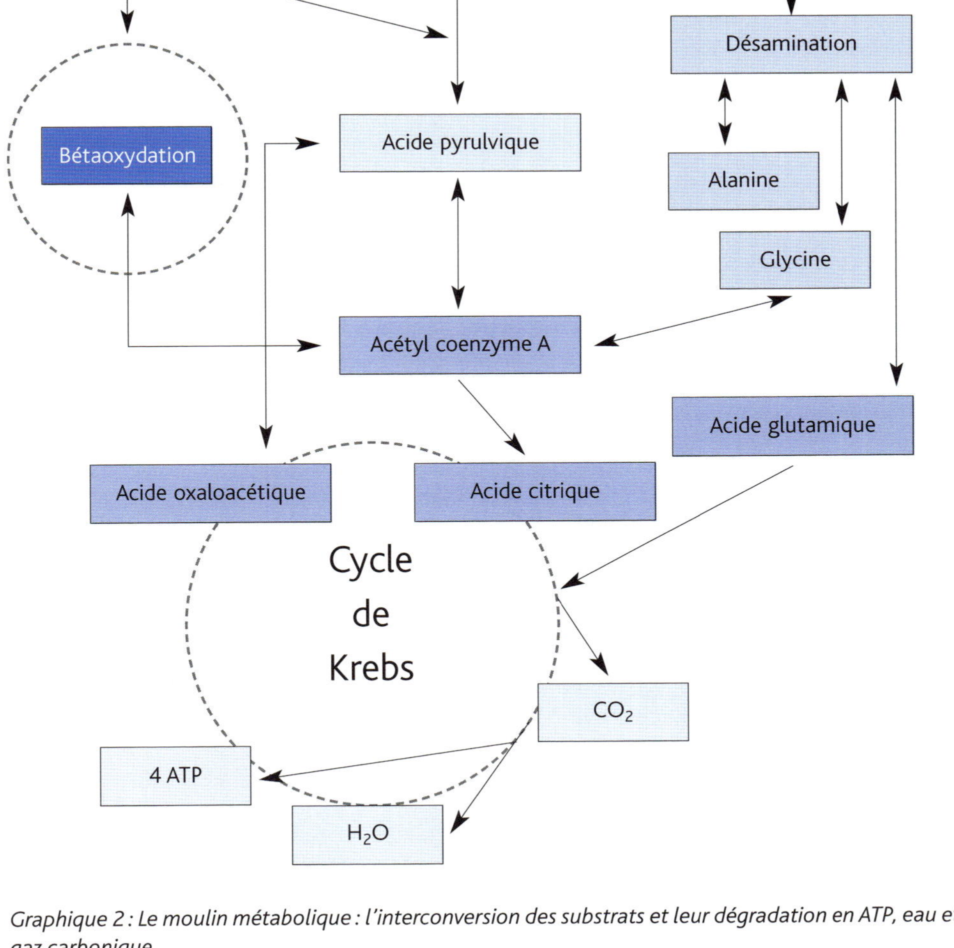

Graphique 2 : Le moulin métabolique : l'interconversion des substrats et leur dégradation en ATP, eau et gaz carbonique.

On voit sur ce schéma l'interpénétration des métabolismes des glucides, des lipides et des protides et la façon dont ils participent au cycle de Krebs.

2. Le stockage du glucose

Les muscles et le foie contiennent en permanence des stocks de glucose, prêts à la dégradation en cas de besoins. Ce glucose est constitué en longues chaînes, le glycogène. Une séance d'entraînement intense ou une compétition peuvent épuiser les réserves.

Dans ce cas, l'apport alimentaire de glucose après l'effort va recréer le stock épuisé, avec un excès plus ou moins important; c'est ce que l'on appelle la surcompensation.

3. La transformation du glucose en acides gras

Lorsque l'apport de glucides s'effectue à distance de l'effort, il n'y a plus de reconstitution du stock, et les glucides entrent pour l'essentiel dans la composition des acides gras, et donc des graisses. C'est ce que l'on appelle la voie des pentoses.

Ainsi, lorsque l'on ingère des sucres n'importe quand, ceux-ci ne servent qu'à la constitution de graisses inutiles.

Ce phénomène sera illustré au chapitre traitant de la diététique, et démontre que l'absorption de sucres, et principalement de sucres rapides sans discernement, et surtout lorsque l'organisme n'en a pas besoin, se traduit par une accumulation de graisse.

D'où l'absence d'intérêt que représente un « gavage de glucides » la veille de la course ou la sempiternelle platée de pâtes le soir, surtout les jours sans entraînement.

Il faut bien comprendre que c'est bien l'abus des glucides qui est responsable de l'obésité et du surpoids. Il en est de même pour les quelques kilos superflus accumulés au cours d'une préparation hivernale pendant laquelle la diététique a été négligée.

E. Les filières énergétiques

1. L'ATP ou adénosine triphosphate

C'est la réserve énergétique du muscle. L'adénosine triphosphate, ou ATP, est une molécule présente partout dans l'organisme, mais particulièrement dans les muscles striés. Cette molécule est dégradée et libère de l'énergie, comme le montre la réaction chimique :

$$ATP \longrightarrow ADP + P + E$$

ADP est l'adénosine diphosphate,

P est la molécule de phosphore libérée pendant la réaction,

E est l'énergie libérée au cours de cette réaction.

La transformation de l'ATP est une réaction à très faible rendement. La production de chaleur au cours de la réaction est très importante; elle est responsable de l'augmentation de la température du muscle pendant l'effort.

L'ATP fonctionne comme l'essence dans le moteur de votre voiture. L'explosion provoque la mise en mouvement du piston qui lui-même enclenche une réaction en chaîne aboutissant au mouvement du véhicule.

La quantité d'ATP contenue dans les muscles est faible et elle est très vite épuisée (en quelques secondes). Cependant, l'intensité de la contraction musculaire est très forte.

Il existe quatre modalités de renouvellement de l'ATP, que l'on appelle filières énergétiques. Ce sont :

- La filière ATP-créatine phosphate ou **anaérobie alactique**.
- La filière de l'acide lactique ou **glycogénolyse anaérobie**.
- La filière de l'oxygène ou **glycolyse aérobie.**
- La filière des graisses ou **lipolyse.**

2. La filière ATP-créatine phosphate

Dans le muscle, existe également une substance phosphorée, la phosphocréatine ou créatine phosphate (CP). C'est elle qui se dégrade presque spontanément en cas d'effort d'intensité maximale de courte durée (moins de 10 secondes).

Dès que la concentration d'ATP diminue au cours de l'effort, la phosphocréatine se dégrade pour fournir une nouvelle quantité d'ATP.

Ces réactions sont vite épuisées et s'effectuent sans la participation de l'oxygène.

C'est la filière anaérobie (sans intervention de l'oxygène) alactique (sans production d'acide lactique).

Pour résumer, la filière ATP-CP n'a pas de délai d'intervention, l'intensité de l'effort est maximale, mais la capacité est très faible. C'est la filière du sprinter.

ATP et créatine phosphate (ou phosphocréatine) sont appelés phosphagènes.

3. La filière de l'acide lactique ou glycogénolyse anaérobie

Lorsque l'effort est plus long que précédemment, les réserves en phosphagènes étant épuisées, une deuxième filière se met en route : l'organisme va trouver son énergie en dégradant les réserves d'origine alimentaire utilisables, particulièrement les glucides.

Le sucre est emmagasiné dans le foie et les muscles sous forme de glycogène. Celui-ci est transformé en glucose puis en acide pyruvique, enfin en acide lactique avec une production importante d'ATP.

La dégradation de la molécule de sucre s'arrête là.

La réaction finale est :

Glucose ⟶ Acide lactique + Énergie

Le réapprovisionnement en ATP est relativement rapide (moins de 3 minutes).

Cependant cette filière ne fournit que 2 ATP par molécule de glucose.

L'acide lactique peut cependant être retransformé en acide pyruvique puis, grâce à un apport d'oxygène, poursuivre son métabolisme pour être dégradé dans le cycle de Krebs.

4. La filière de l'oxygène ou glycolyse aérobie

La différence fondamentale par rapport à la glycogénolyse anaérobie est, qu'en présence de suffisamment d'oxygène, la dégradation du glucose se poursuit.

Cette dégradation transforme ainsi l'acide lactique en acide pyruvique, puis la réaction se poursuit dans le cycle de Krebs, avec production finale d'eau, de gaz carbonique et libération d'ATP.

Lorsque l'effort s'effectue sur de longues distances, les réserves de glycogène s'épuisent, l'organisme fait alors appel aux ressources alimentaires.

C'est l'apport de glucides tout au long d'un effort en endurance aérobie qui permet d'assurer la production d'énergie.

Ce mécanisme explique pourquoi c'est bien l'alimentation pendant l'effort et non l'accumulation des kilomètres d'entraînement qui permet de soutenir une compétition de longue durée.

De même, tant que vous trouverez des pompes à essence sur votre parcours, rien ne vous empêchera de parcourir des centaines de kilomètres avec votre voiture.

La production d'acide lactique est très faible et l'effort peut ainsi durer des heures.

5. La lipolyse

Les gestes de la vie courante sont assurés par la dégradation d'un autre substrat non négligeable : les graisses ou lipides. Ce métabolisme est peu énergétique, mais il assure l'essentiel : les efforts de petite intensité.

La lipolyse est l'unique système de production d'énergie lorsque l'on travaille en dessous de la zone d'endurance aérobie. C'est le domaine de la promenade, du cyclotourisme, de la marche.

Si vous vous promenez dans la campagne, vous pouvez rester des heures au grand air. Une fois la sortie terminée, vous ne ressentirez pas la sensation de faim. En effet, les réserves glucidiques ne seront pas entamées, puisque seules les graisses auront permis ce type d'efforts.

Lorsque les efforts ont lieu dans la zone d'endurance aérobie, il s'installe un équilibre entre glycolyse et lipolyse où les deux métabolismes s'imbriquent pour fournir l'énergie nécessaire.

Il semble qu'il existe un pic de lipolyse qui se situerait aux alentours de quinze pulsations en dessous du seuil anaérobie.

Le fait de cibler ce pic de lipolyse permet d'épargner les réserves de glycogène au cours d'un effort de longue durée et retarde l'épuisement de la filière aérobie.

Cette information nous a été communiquée lors d'un colloque de l'INSEP, à l'occasion duquel l'éminent professeur Aldo Sassi du centre Mapei en Italie, a fait une conférence passionnante et très remarquée par les quelques dizaines d'entraîneurs présents dans une salle vide aux deux tiers.

6. Les limites entre aérobie et lipolyse

Le monde de l'entraînement sportif fonctionne sur des bases théoriques proposées dans les années 1980.

Les centres hospitalo-universitaires continuent de déterminer des seuils de 2 et 4 millimoles/litre de lactates devant correspondre aux seuils aérobie et anaérobie.

Ceci amène des aberrations invraisemblables, telles celles constatées à l'occasion d'un test à l'effort en CHU, où un jeune cycliste de 18 ans aurait dû s'entraîner dans sa zone d'endurance entre un seuil aérobie à 178 pulsations et un seuil anaérobie à 183 pulsations. Ceci suite à la mesure des taux de lactates.

Ce qui montre en outre la grande méconnaissance de l'entraînement de certains physiologistes, qui détiennent pourtant les clés du savoir !

Ces aberrations ont été constatées également par notre ami Robert Gauthier, ingénieur thermodynamicien, éminent chercheur et président du centre médico-sportif de Lyon, qui, lui, a les moyens matériels de fouiller plus en profondeur, grâce à du matériel sophistiqué et coûteux.

La réalité de notre propos est d'affirmer aujourd'hui que le seuil aérobie n'existe pas, car à tous niveaux du pouls de repos jusqu'au seuil anaérobie, il y a toujours imbrication entre les deux filières de lipolyse et glycolyse aérobie, sans qu'il soit possible d'établir une limite entre les deux systèmes.

Aucune sensation n'est capable de repérer ce seuil, qui est sorti tout droit de l'imagination des scientifiques.

Le taux de 2 millimoles/litre de lactates que nous continuons à lire sur tous les tests d'effort ne correspond à rien de tangible et surtout à aucun changement perceptible sur le terrain. Cette limite semble totalement arbitraire.

Dans cet ouvrage, nous sommes, malgré tout, contraints de vous présenter ce que vous retrouverez partout dans la littérature, mais nous avons admis une autre façon de définir un éventuel seuil aérobie : c'est la limite en dessous de laquelle l'organisme ne fonctionne qu'en lipolyse.

Les gestes de la vie de tous les jours nous sont permis par les lipides. Si ce mécanisme n'existait pas, tous les hommes de la terre seraient obèses et en mourraient probablement.

Cette limite correspond à la moitié de la fréquence cardiaque de réserve.

Pour bien comprendre la suite, nous devons définir ce que l'on appelle la fréquence cardiaque de réserve. Celle-ci représente la différence entre la fréquence cardiaque maximale et le pouls de repos.

Exemple : vous avez un pouls de repos à 50 pulsations et une fréquence cardiaque maximale à 190 pulsations.

Votre fréquence de réserve est donc de 190 – 50 = 140.

Demi-fréquence de réserve = 70, à laquelle s'ajoute le pouls de repos, soit 50.

Vous serez ainsi certain qu'au-dessous de 70 + 50, soit d'une fréquence cardiaque de 120 pulsations, vous fonctionnerez en lipolyse pure.

Comme vous le lirez tout au long de cet ouvrage, il y a parfois loin de la théorie à la réalité du terrain ! Les théories sont souvent tenaces et longues à disparaître ! L'époque de Galilée n'est pas si éloignée...

Heureusement, la connaissance évolue et nous devons évoluer avec elle.

7. L'interpénétration des filières énergétiques

Au cours d'un exercice d'intensité variée et suffisamment long, les différentes filières sont mises successivement en fonction, au fur et à mesure des besoins.

Tout se présente comme si nous, les êtres humains, étions des véhicules équipés de trois réservoirs d'énergie à la fois : un tout petit réservoir serait rempli de kérosène, un autre un peu plus grand serait rempli d'essence ordinaire, et le troisième, plus grand, de gazole.

Ces réservoirs seraient mis en route au fur et à mesure des besoins, et en fonction de l'intensité de l'effort : le kérosène pour doubler, l'essence en ville et le gazole sur une grande distance.

Au repos, le taux d'acide lactique est infime dans le sang, ce qui prouve que la glycolyse anaérobie est très peu sollicitée.

C'est la dégradation aérobie du glucose et des lipides qui est mise à contribution (le gazole dans notre exemple), pour assurer le métabolisme de base, en particulier le fonctionnement des organes vitaux (cerveau, rein, foie, cœur et poumons).

Le cyclisme dit de loisir, la randonnée, le cyclotourisme, la simple promenade en famille font appel essentiellement à la lipolyse et, de temps à autre, à la glycolyse aérobie. La production d'acide lactique est dans ce cas très réduite.

D'où la notion d'endurance, effort pouvant être prolongé pendant des heures sans fatigue excessive, à condition de boire et de s'alimenter (recharge en sucres).

Le cyclisme de compétition fait appel en priorité à la filière aérobie, mais comporte une plus ou moins grosse part de travail en anaérobie.

L'intervention du métabolisme anaérobie est cause de l'apparition de la fatigue musculaire par augmentation du taux des lactates.

À la fin de la compétition, les jambes sont lourdes, et c'est l'acide lactique qui en est responsable.

Certaines courses se font avec une production permanente d'acide lactique, comme une course contre la montre, l'ascension d'un col ou bien le cyclo-cross. La respiration est rapide, les jambes sont douloureuses.

D'autres disciplines telles que le kilomètre départ arrêté, la vitesse ou l'américaine, s'effectue à une intensité maximale ou sous-maximale.

C'est la filière anaérobie alactique qui est sollicitée tout d'abord, puis la filière de l'acide lactique qui prend le relais. Dans ce type d'effort, la filière aérobie intervient très peu.

Tous ces exemples illustrent un principe essentiel :

Plus un effort sera intense, plus il sera court.

Il n'est évidemment pas question de participer à une manifestation cyclosportive à la moyenne du record du monde de l'heure. De même, il serait absurde d'effectuer le prologue du tour de France à la vitesse d'un facteur en tournée...

Le graphique 3 met en évidence un principe fondamental : lorsqu'un métabolisme commence à s'épuiser, un autre système se met en route et prend le relais.

C'est la notion de seuil aérobie puis anaérobie qui reflète ce mécanisme. L'organisme n'attend jamais l'épuisement total d'un système énergétique pour mettre en route le suivant. Il y a toujours continuité dans la mise en route des différentes filières.

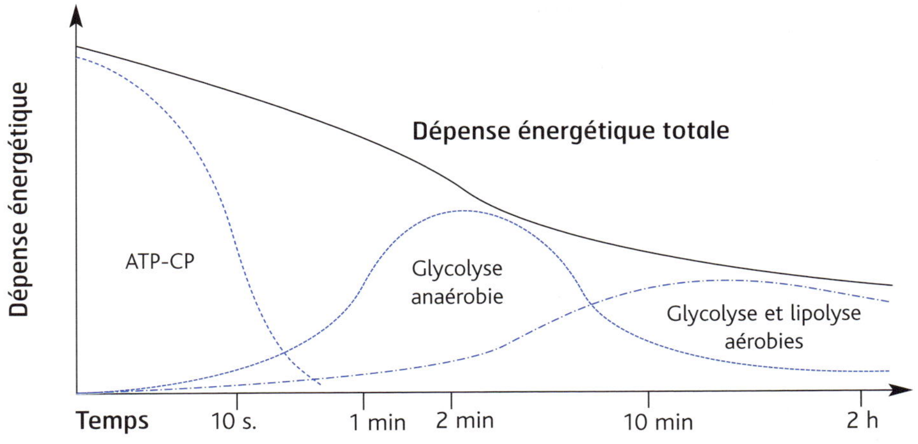

Interpénétration des trois filières énergétiques

Graphique 3 : Les filières énergétiques et leur délai d'intervention. D'après Howald, 1974.

C'est ce que Fox et Mattews appellent le « continuum énergétique » dans leur ouvrage traitant de *l'interval training*. C'est pourquoi la notion de seuil aérobie semble aujourd'hui obsolète.

Il n'y a jamais rupture entre lipolyse et glycolyse, mais bien glissement très progressif de l'usage exclusif des lipides jusqu'à une participation importante des glucides. Ce phénomène existe aussi lors du glissement de la glycolyse aérobie vers la glycogénolyse anaérobie.

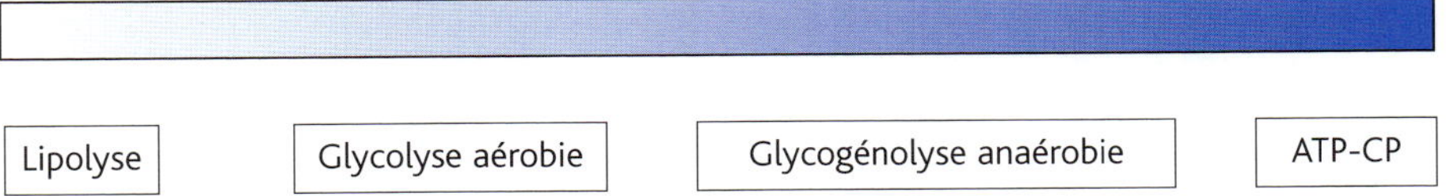

Graphique 4 : le continuum énergétique. En blanc, la zone d'endurance de base ou de lipolyse, en bleu clair, la zone de glycolyse aérobie, en bleu la zone de glycogénolyse anaérobie et en bleu foncé la zone des phosphagènes. Entre chaque filière, il a une lente évolution d'un métabolisme vers l'autre.

Jean-Yves Besineau, coureur cycliste

Malgré mes quarante-huit ans, dont trente-deux passés à participer à des compétitions cyclistes, ma passion pour le cyclisme ne s'est jamais démentie.

Pourtant, je ne suis jamais monté au plus haut niveau, je n'ai ni connu les premières catégories ni les nationales, car j'ai toujours privilégié mon activité professionnelle par rapport au cyclisme.

Je ne regrette rien, car pour moi le vélo n'est qu'un passage dans la vie, et rapidement une autre vie commence, et pas la plus facile.

Mon intérêt pour le suivi de l'entraînement date de 1992. À cette époque, je pensais qu'un test d'effort ne servait à rien mais je me suis interrogé en voyant l'un des membres de mon club s'entraîner différemment.

Suite à ses explications, je me suis orienté moi aussi vers cette autre façon de concevoir mon entraînement : montre cardiaque, tests d'effort, plan d'entraînement, sorties d'entraînement où le hasard n'existait plus, bref : un cyclisme complètement différent de ce que j'avais connu antérieurement.

Patrick Mallet m'a apporté son soutien, et cela a porté ses fruits : j'avais gagné ma première course à dix-neuf ans, je gagnais ma seconde à quarante. Je me classais même huitième sur soixante-dix lors d'un contre-la-montre en 1997, devant des nationaux.

Je pense sincèrement que, sans ces méthodes et l'entourage de mes proches, il y a bien longtemps que je ne ferais plus de vélo.

Aujourd'hui, les jeunes ont toutes les cartes en mains : des éducateurs plus efficaces, des tests performants. Peut-être leur manque-t-il un peu de mordant ?

Je voulais remercier dans ces colonnes Patrick, car c'est lui qui a raison, n'en déplaise à certains. C'est par le travail que les jeunes s'en sortiront et que nous nous débarrasserons du dopage. »

Chapitre 2

PHYSIOLOGIE DE L'EFFORT

A- La consommation d'oxygène

La vie est permise sur notre planète grâce à la présence d'oxygène dans l'atmosphère. Tous les mammifères et la plupart des êtres vivants utilisent cet oxygène qui permet l'oxydation des substrats pour produire de l'énergie et du mouvement.

L'oxygène est capté au niveau des alvéoles pulmonaires et est transféré dans le sang. Il se fixe sur une protéine, l'hémoglobine, qui est contenue dans le noyau du globule rouge.

Cette hémoglobine sert de véritable autobus à l'oxygène et le transporte partout dans l'organisme.

L'oxygène est véhiculé par le sang grâce au système artériel et veineux. Le sang oxygéné par son passage dans les capillaires pulmonaires arrive dans le ventricule gauche du cœur, lequel se contracte pour l'expulser vers l'ensemble de l'organisme.

En fonction des besoins, le cœur se contracte à un rythme plus ou moins élevé, mais toujours proportionnellement à l'intensité de l'effort tant que l'on reste en aérobie stricte. L'entraînement aboutit à une augmentation de volume du muscle cardiaque, ce qui lors de la systole (contraction) amène une augmentation du volume d'éjection.

Plus le système cardio-respiratoire est performant, plus la quantité d'oxygène apportée aux muscles squelettiques par unité de temps est élevée.

C'est ce que l'on appelle la consommation d'oxygène, véritable capacité du four musculaire à produire l'énergie propre aux sports d'endurance.

Cette consommation d'oxygène, exprimée en millilitres par kilo et par minute (ml/kg/min) ou en litres par minute (l/min) varie avec l'entraînement et s'accroît grâce au travail en endurance.

La consommation maximale d'oxygène ou VO2max d'un individu non sportif est estimée à 40 ml/kg/min (individu de poids normal). Elle est maximale autour de vingt ans, et diminue avec l'âge.

Avec l'entraînement, on peut la faire progresser de 10 à 20 %. C'est le critère principal d'estimation de la capacité physique à l'effort d'endurance.

La VO2max varie en fonction du sport ainsi qu'en fonction de l'entraînement. Ses valeurs peuvent aller jusqu'à plus de 80 millilitres par kilo par minute chez les cyclistes professionnels, et sont d'autant plus élevées que le cycliste est plus endurant.

L'usage de certaines substances dopantes comme l'érythropoïétine, qui rendent caduc l'entraînement, ont modifié les chiffres communément admis. La valeur maximale désormais atteinte est probablement très supérieure à ces chiffres d'un autre âge.

Ce critère, fondamental pour l'évaluation d'un sportif qui pratique un sport d'endurance, dépend également des origines génétiques de l'individu.

Il n'est pas rare de rencontrer plusieurs frères professionnels (les frères Simon, les frères Madiot, les frères Bobet ou les frères Indurain) ou professionnels de père en fils (Eddy et Axel Merckx).

B - La zone de transition aérobie, anaérobie

Lorsque le cycliste effectue un effort en endurance, il consomme essentiellement des sucres qui doivent être apportés en quantité suffisante pour maintenir le niveau du réservoir de diesel, permettant un effort de très longue durée.

La quantité d'oxygène absorbée grâce au système cardio-respiratoire suffit à assurer une totale transformation des substrats en énergie ; la quantité d'acide lactique produite est très faible.

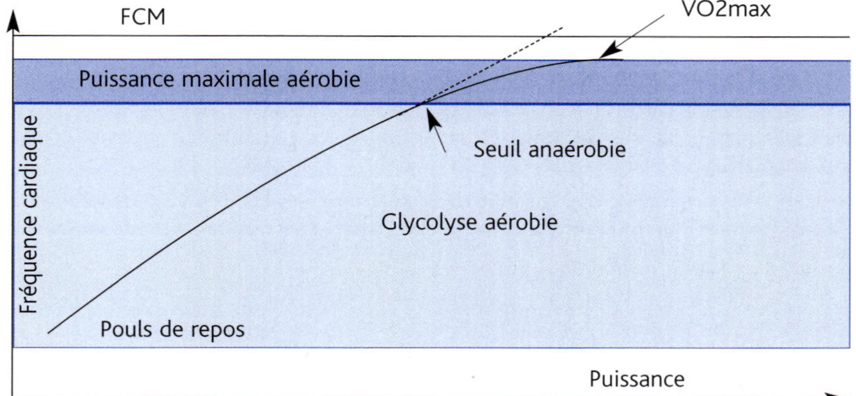

Graphique 5 : La zone de transition aérobie, anaérobie. C'est la zone où la glycolyse aérobie laisse place à la glycogénolyse anaérobie. Les efforts d'intensité sont limités dans le temps du fait de la faible capacité du système anaérobie lactique.

Lorsque l'effort s'intensifie, la fréquence cardiaque, témoin de la demande accrue en oxygène, augmente proportionnellement à l'intensité de l'effort, tant que l'on se situe dans la zone citée précédemment.

À un certain degré, malgré l'augmentation de l'intensité de l'effort, la fréquence cardiaque ne suit plus sa progression et plafonne, tandis que l'accélération nette de la fréquence respiratoire s'accompagne de douleurs musculaires progressivement importantes et d'une certaine perte de la coordination.

Le cœur et les poumons ne peuvent plus assurer l'équilibre entre les besoins et l'apport d'oxygène.

Nous sommes arrivés à un stade où le taux d'acide lactique augmente rapidement, montrant l'asphyxie progressive du muscle. Cette production de "charbon de bois" est estimée à des valeurs situées entre 4 et 8 millimoles par litre.

Cette zone est appelée seuil anaérobie. Si celui-ci est dépassé, le cycliste pénètre alors en zone de transition aérobie, anaérobie.

C'est une plage très importante à situer, car c'est celle de l'effort maximum en endurance. Au-dessus du seuil anaérobie, la zone de transition est également appelée zone de puissance maximale aérobie (dans la terminologie en usage). Nous préférons parler ici de zone de puissance aérobie, pour ne pas faire de confusion avec la PMA.

C'est à ce niveau que s'effectue une course contre la montre ou un record du monde de l'heure.

La connaissance du seuil anaérobie permet à la fois d'estimer le niveau de préparation du cycliste et d'affiner l'entraînement d'un coureur en fonction de sa spécificité. C'est le développement du travail en puissance aérobie qui déterminera au final la possibilité de performance.

En zone de puissance aérobie ou PA, l'augmentation de la fréquence cardiaque s'infléchit. La consommation d'oxygène est maximale lorsque la fréquence cardiaque n'augmente plus pour une puissance croissante. C'est la PMA.

Nous noterons que la PMA, comme la consommation d'oxygène, sont des valeurs qui pallient l'incapacité que nous avons de mesurer la consommation énergétique réelle de l'organisme humain, que nous ne pouvons pas estimer comme une automobile.

Il serait tellement commode d'affirmer qu'un cycliste donné consomme 2 grammes de glucose aux 10 kilomètres...

Cependant, nous savons calculer la quantité d'oxygène nécessaire pour oxyder les substrats, ainsi que la vitesse réelle que cela représente, et que la puissance exprimée en watts correspondante.

D'où trois notions qui représentent la même entité : la VO2max ou consommation maximale d'oxygène, la PMA, qui représente la puissance musculaire exprimée en watts, et la VMA, qui donne la vitesse correspondant à ces deux autres critères.

Si l'effort à la PMA dure plus de 5 minutes, la filière énergétique change, et c'est la glycogénolyse anaérobie qui prend le relais (graphique 3) : l'organisme ne peut plus fournir suffisamment d'oxygène.

La consommation maximale d'oxygène se situe à la fréquence cardiaque maximale qu'un sportif est capable d'exploiter pendant un effort d'endurance.

Elle est exprimée en litres d'oxygène ou en millilitres par minute et par kilo. La PMA représente la puissance maximale qu'un cycliste est capable de développer sur un effort de 5 minutes.

C'est également la vitesse maximale qu'un cycliste est capable de développer dans un effort d'endurance. On dénomme cette notion VMA ou vitesse maximale aérobie.

Le seuil anaérobie se situe chez un cycliste sans préparation particulière aux alentours de 85 à 90 % de sa fréquence cardiaque maximale. C'est le reflet du rendement du cycliste au moment précis où est effectuée cette détermination.

Pour tous nos calculs dans cet ouvrage, nous utilisons la fréquence cardiaque maximale mesurée l'hiver sur un long sprint.

Cette donnée représente la capacité maximale réelle du sportif. Au fil de la préparation, cette fréquence cardiaque varie, ce qui peut fortement perturber les mesures, pour peu que l'on n'ait pas pris la précaution de conserver une valeur précise et fixe.

La PMA se situe aux alentours de 97 % de la fréquence cardiaque maximale, parfois, au-dessus en fonction du travail effectué par le sportif.

L'analyse que nous avons effectuée sur quinze ans de tests montre que ce seuil est d'autant plus bas que le cycliste est de plus haut niveau et qu'il ne le sollicite pas. Ceci n'a rien de physiologique, mais est bien en rapport avec une insuffisance de travail de qualité, insuffisance mise en évidence tout au long de cet ouvrage.

Il est très élevé chez les sujets les plus faibles, souvent à la limite du surrégime, et est bas chez les meilleurs qui accumulent les longues sorties à petite allure.

Comme on le verra plus tard, il est d'autant plus difficile de monter ce seuil que l'on est plus performant ; il faut alors travailler beaucoup plus fort que les autres.

Lorsque la consommation d'oxygène est basse, un effort de faible intensité suffit pour monter la fréquence cardiaque assez haut : la répétition d'efforts mal dosés repousse aisément le seuil anaérobie vers des sommets.

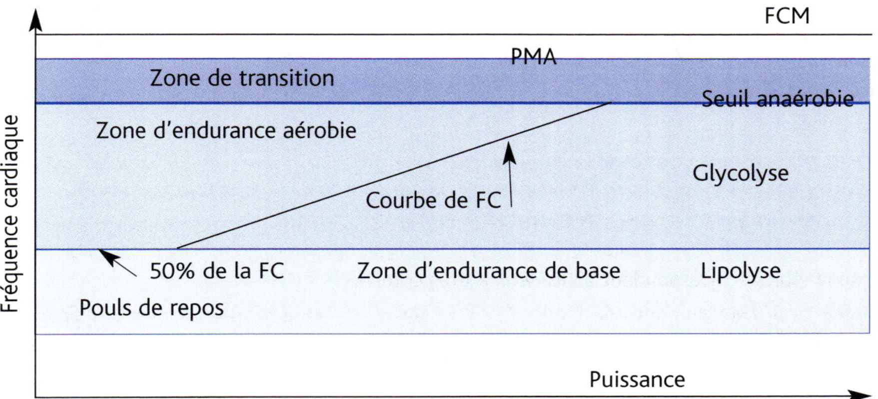

Graphique 6 : La zone de travail en aérobie ou zone de l'endurance. Nous n'avons pas fait figurer le seuil aérobie, qui semble plus aujourd'hui une notion théorique qu'une véritable entité.

Le graphique 7 montre deux courbes quasiment parallèles, celle de la fréquence cardiaque et celle de la puissance, ce qui illustre la proportionnalité du travail cardiaque et de l'effort musculaire.

C'est pourquoi il est possible d'énoncer un principe fondamental : l'augmentation de la fréquence cardiaque est proportionnelle à l'augmentation de la puissance.

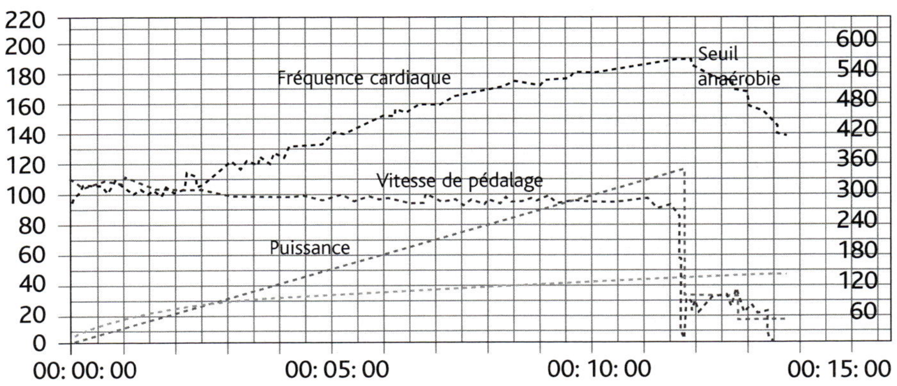

Graphique 7 : Courbe obtenue lors d'un test d'effort. La courbe de la fréquence cardiaque montre son évolution au cours de l'effort. La cassure de la droite de régression se situe aux alentours de 185 pulsations.

Cette courbe est le résultat d'un test d'effort réalisé sur cycloergomètre Cardgirus. On remarquera que la fréquence cardiaque est linéaire dans la zone d'endurance, alors que, dans les premières minutes, le cycliste maintient une fréquence cardiaque plus ou moins stable : c'est la zone de lipolyse qui assure le début de l'effort.

Dans ce cas précis, la fréquence cardiaque ne commence réellement à s'élever qu'à partir de 90 watts. La fréquence cardiaque n'évolue plus linéairement dès que le seuil anaérobie est franchi.

Un cycliste bien préparé doit présenter un seuil anaérobie le plus élevé possible le jour de l'objectif, idéalement vers 93 à 95 % ; tandis que la PMA se situe alors aux alentours de 95 à 97 %. Pour en arriver là, il faut beaucoup de travail pour les meilleurs ! Cela n'a de l'intérêt que dans la mesure où la récupération reste bonne.

Dans le cas contraire, il s'agirait de surentraînement.

C - Le principe fondamental de l'entraînement d'un coureur cycliste

Imaginons une course d'automobiles toutes identiques, dont le réservoir d'essence a été conçu pour la durée de la course, au mètre près. C'était d'ailleurs le cas il y a quelques années.

Le vainqueur terminera la course en panne sèche sur la ligne. Les adversaires trop prudents auront encore des réserves à l'arrivée mais seront loin derrière, tandis que les plus téméraires seront tombés en panne bien avant la fin de l'épreuve ; roulant à une vitesse supérieure, ils auront consommé davantage de carburant et n'en auront pas suffisamment pour terminer.

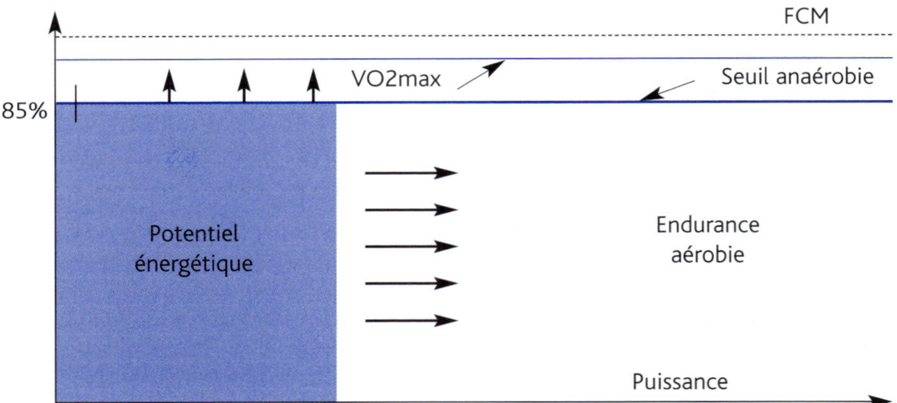

Graphique 8 : Le principe de l'entraînement du cycliste en période de préparation. Le travail essentiel consiste à développer les qualités d'endurance et, donc, l'amélioration de la consommation d'oxygène. Pendant cette période, le travail en intensité est réduit. Le volume bleuté représente ce que l'on peut considérer comme le réservoir d'énergie dont dispose le sportif pour pratiquer son sport. À cette période, la priorité est au travail d'endurance aérobie.

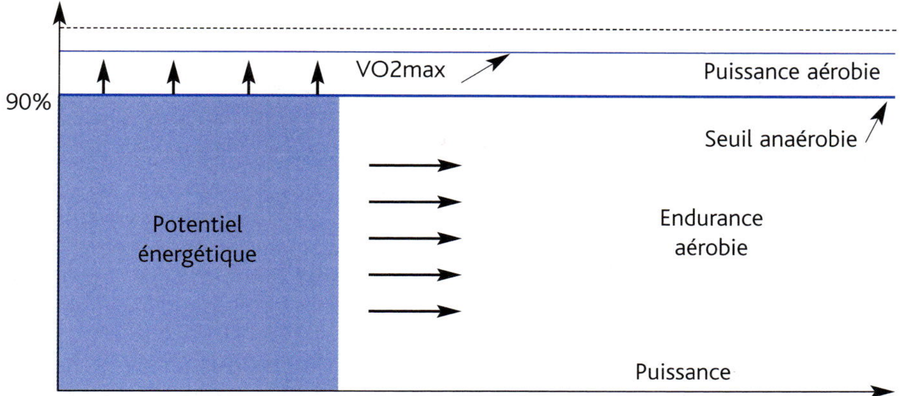

Graphique 9 : En période de compétition, le travail consistera toujours en un entraînement en endurance, mais aussi en intensité pour élever le seuil anaérobie, afin d'arriver à l'objectif avec le plus grand réservoir d'énergie possible. Si aucun travail en puissance aérobie n'est réalisé pour maintenir le seuil anaérobie à une valeur convenable (89-91 %), celui-ci descend constamment et il est très difficile de le remonter. C'est la diésélisation.

Ceci est le principe même de la compétition contre la montre ou du record de l'heure. Dans les sports comme le cyclisme, l'essentiel des efforts s'effectue dans la zone d'endurance aérobie.

Ce sport, particulièrement dans les compétitions sur route, tire son énergie de la combustion aérobie du glucose.

Les deux graphiques 8 et 9 présentent la finalité du travail d'entraînement. Il faut savoir qu'un organisme humain ne tire toujours profit d'un travail physique que de façon temporaire.

Au bout d'un certain temps d'activité, tout le bénéfice acquis par l'entraînement est perdu. Tout comme si un maçon construisait un mur sur des sables mouvants. Le mur terminé le soir, il n'en resterait plus rien au matin il faudrait recommencer ainsi tous les jours.

Le principe d'entraînement consistera donc à développer le potentiel énergétique, afin d'acquérir une consommation d'oxygène la plus élevée possible.

L'entraînement est l'art d'augmenter le réservoir d'énergie et de le remplir à bon escient. La priorité sera donc toujours accordée au développement de l'endurance.

Si l'entraînement est bien conçu, le réservoir d'énergie, qui représente le potentiel du sportif, grandira.

Lorsque ce réservoir est suffisamment grand, il faut le remplir en fonction des besoins de façon à arriver le jour de la compétition avec le réservoir d'énergie le plus grand possible, et le mieux rempli possible : c'est là tout le principe de la préparation d'un coureur cycliste (*cf.* graphiques 8 et 9).

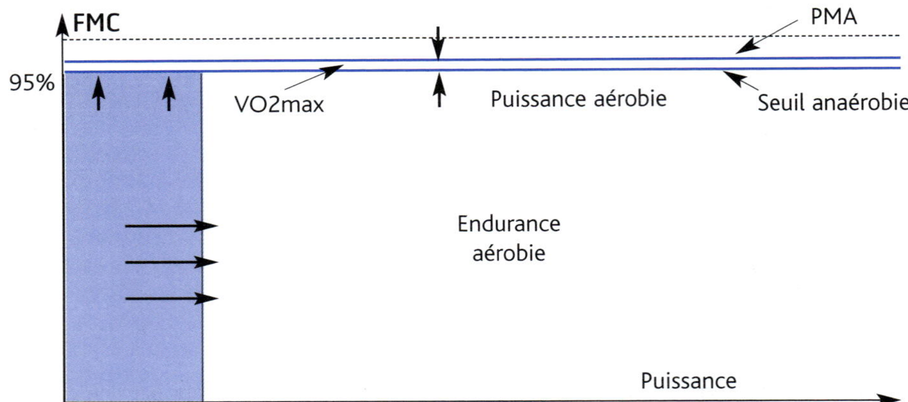

Graphique 10 : Voici l'erreur fondamentale que font bon nombre de coureurs cyclistes : travailler en intensité alors que l'on n'a pas développé l'aptitude à l'endurance. Le potentiel n'évolue pas et tout se fait en surrégime, puis en surentraînement. On ne suit pas le rythme en course, et on en rajoute dans la semaine, croyant précisément manquer de rythme.

Le seuil anaérobie peut être modifié en fonction de l'entraînement.

Il ne s'agit pas d'une valeur rigide, mais bien d'une notion très importante. Et évolutive.

Il diminue si le travail s'effectue uniquement en zone d'endurance aérobie, et augmente si l'on travaille l'intensité en zone de puissance aérobie. C'est le principe de la programmation de l'entraînement.

Un cycliste bien préparé se présentera lors de son objectif principal avec une consommation d'oxygène élevée et un seuil anaérobie élevé, afin d'exploiter ses possibilités au maximum.

Si le planning d'entraînement est construit sur une saison complète, l'objectif suivant sera atteint avec une consommation d'oxygène encore plus élevée, de façon à ce que le sportif s'améliore au fil du temps et soit plus performant en fin de saison qu'au début.

La principale qualité d'un cycliste bien entraîné sera de pouvoir exploiter un pourcentage très important de sa VO2max.

Selon Weineck, un sportif bien entraîné peut utiliser 100 % de sa VO2max pendant 10 minutes, 95 % pendant 30 minutes, 90 % pendant 40 minutes, 85 % pendant une heure, 80 % pendant 2 heures, et 70 % pendant 3 à 4 heures.

La compréhension de ce mécanisme est fondamentale pour bien cibler sa préparation sportive. C'est ce qu'il manque à la plupart des coursiers, hélas...

Bien s'entraîner, on l'a vu, c'est exploiter le maximum de sa PMA. Or, on sait que la connaissance du seuil anaérobie est fondamentale, et que c'est précisément à ce niveau-là que s'effectuera une échappée pendant laquelle on tiendra en respect tout un peloton.

D'où une nouvelle notion : la PES, ou puissance exploitable au seuil. Cela implique que le pourcentage de PMA maximal puisse être utilisé. Cela met à mal l'entraînement traditionnel avec accumulation de kilomètres à petite allure, car au final, peu importe la quantité, et on revient bien sûr sur la qualité.

Si un cycliste s'est trompé en roulant toute la saison hivernale en groupe « à fond la tête dans le guidon » sans ne jamais travailler en zone d'endurance, et s'il a prévu une épreuve de grand fond type Paris-Brest et retour, il risque de ne jamais voir Brest !

Le graphique 10 illustre notre propos. C'est un schéma bien classique où l'on met la charrue avant les bovidés.

N'oublions surtout pas que même si elle se déroule à vive allure, une compétition sur route quelle qu'elle soit reste un exercice d'endurance, et non un effort type kilomètre départ arrêté.

Pourtant, à observer les groupes à l'entraînement l'hiver, nous avons la conviction que ce principe n'est pas acquis, puisque la seule chose qui occupe les cyclistes semble bien de lâcher coûte que coûte les copains sans se soucier d'un travail plus efficace et surtout plus constructif.

Le graphique 11 met en évidence les méfaits des grandes sorties à petite allure : baisse du seuil anaérobie, augmentation de la VO2max, baisse de la récupération.

C'est pourquoi nous constatons depuis des années que le top-niveau atteint par une grande majorité des cyclistes se situe... lors de la première course de la saison.

Essayez donc de monter votre maison en une journée, sans fondations et à toute vitesse. Le pari est pris qu'elle s'effondrera dans la nuit.

C'est bien ce qui arrive à bon nombre de coursiers, qui ne savent comptabiliser que les kilomètres, et qui plafonnent dès le mois d'avril.

Depuis quelques années, un grand nombre de compétitions très variées s'offre désormais à tous.

L'apparition des épreuves cyclosportives, particulièrement en montagne, offre une telle diversité qu'une préparation physique tout azimut devient problématique.

Un coureur, qui a déjà du mal à gérer son entraînement, lorsqu'il s'agit d'un enchaînement de courses de durées voisines de dimanche en dimanche, se voit désormais offrir une multitude d'activités.

Ce sont des cyclosportives, compétitions de VTT, courses à étapes, raids multisport, duathlons, triathlons, compétitions qui n'ont vraiment rien de comparable, ni en durée, ni en intensité.

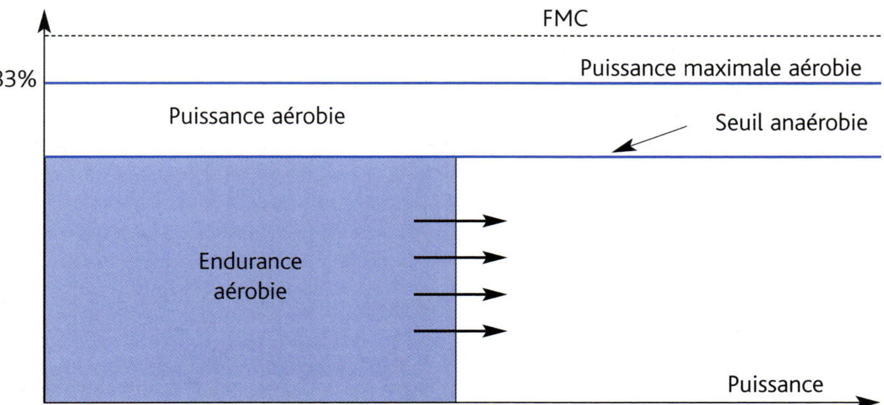

Graphique 11 : La tendance au sous-entraînement. Le travail est exclusivement constitué de longues sorties à petite allure, sans sollicitation de la puissance aérobie. Le seuil anaérobie baisse toute la saison, le potentiel physique reste très en dessous des capacités du coureur.

La plus grande part de ces cyclistes prépare tout à la fois, au galop, sans tenir compte des exigences requises par chaque type d'effort.

C'est pour cela que, malgré deux épreuves de préparation, l'étape du Tour 1998 a vu, sur 5000 participants, près de 2500 abandons!!!

Un coureur sur deux n'était pas préparé pour une telle épreuve.

Chez les compétiteurs, puisque tout le monde s'entraîne à peu près de la même façon, personne ne se rend compte des carences de l'entraînement.

Hélas, il manque tout: comment améliorer sa PMA, comment remonter son seuil anaérobie, comment éviter la baisse de la récupération, nul ne sait.

Précisons qu'il est plus facile d'empêcher un seuil anaérobie de descendre que de le remonter!

Mais rouler pendant des heures en écoutant le walkman, tout le monde sait faire! Personne ne s'en prive...

Observons les professionnels dans une étape de 280 kilomètres. Ils ne sont pas suicidaires et ils savent qu'ils repartiront le lendemain; ils roulent pendant les 250 premiers kilomètres à un train tranquille pendant lesquels les préoccupations principales sont l'hydratation et l'alimentation.

C'est l'application de la préparation « aux sensations ».

Parfois, un groupe attaque dès le départ et le reste du peloton va les laisser s'user pendant des heures, avant « d'embrayer » et de les rattraper à quelques encablures de l'arrivée. C'est le jeu du chat et de la souris.

Précisons que cela était toujours le cas avant l'arrivée de la potion magique EPO... Désormais, ils « font le départ »... Et sont encore là pour l'arrivée.

Le graphique 11 représente la maladie chronique de tous ceux qui ont définitivement mis au placard le travail de la qualité, en préférant la quantité. Comme nous l'avons dit plus haut, c'est la PES qui dégringole.

Chacun enchaîne les heures de selle, mais à petite allure, afin de « faire du foncier », ce qui à notre sens est aussi clair dans les esprits que le « fond de l'air ». C'est le cyclotourisme de luxe.

Toutes ces longues sorties ne peuvent guère se faire qu'à fréquence cardiaque basse, et le seuil anaérobie baisse tout au long de la saison, ainsi d'ailleurs que la vitesse de pédalage...

Nous avons tenté dans cet ouvrage de montrer l'importance d'un seuil anaérobie correct, situé entre 90 et 92 % de la fréquence cardiaque maximale: c'est ce que nous appelons puissance exploitable au seuil anaérobie, ou PES.

Nous verrons dans le chapitre « Statistique » l'intérêt de cette notion, qui explique pourquoi des « avaleurs de kilomètres » à petite allure voient leurs seuils respectifs désespérément bas, et quand bien même leur VO2max serait élevée, ils n'en exploitent en fait qu'une faible partie.

Cette notion est très importante, car elle montre que seuil anaérobie et PMA sont très liés et qu'on ne peut développer l'un en oubliant l'autre.

Il faut se rendre à l'évidence: cette notion fondamentale qui veut qu'un cycliste apprenne à l'entraînement ce qu'il va devoir subir en compétition fait défaut, de la catégorie minime àux élites amateurs.

On se moque partout de s'entraîner bien ou mal du moment « qu'on roule ».

On dit souvent qu'un âne ne fera jamais un bon cheval de course, mais si l'on est confronté à une compétition d'ânes, c'est forcément l'un d'entre eux qui gagnera...

C'est ici que le bat blesse : l'entraînement doit être réfléchi, car on ne peut pas faire toujours n'importe quoi. Cela doit faire peur à la majorité des pelotons, car sincèrement, si un travail de qualité était réalisé, il y a longtemps que nous le saurions.

Marck Petillat, cyclosportif

Je suis un cycliste consterné et démoralisé. J'aime passionnément ce sport, mais lorsque je vois l'image qu'il véhicule désormais, je ne vois plus très bien son avenir. Ce merveilleux loisir, apprentissage de la vie! On se demande où est passé le sport, où est passé le bon sens. Le procès Festina a accouché d'une souris, avec une conclusion qui laisse perplexe : puisque tout est pourri dans le cyclisme professionnel, il n'y a plus rien à sauver, il n'y a pas de coupables plus coupables que les autres. La faute de Virenque et des autres, en fait, est de s'être fait remarquer. Mais légalement, il n'y a rien contre eux.

Lorsque je lis le ramassis d'imbécillités collectées par des crétins de journalistes, je me demande si pro veut encore dire professionnel, si directeur sportif ne se rapproche pas davantage de comique troupier, s'il est encore possible de monter au plus haut niveau quand il vous reste encore un brin de matière grise. Le grand penseur Menthéour n'a-t-il pas affirmé qu'intellectuel dans ce milieu était une obscénité ?

J'ai lu comment Durand conçoit l'alimentation à l'entraînement, avec une douzaine de parts de flan dans la poche arrière, comment Halgand fait bombance au repas du soir (Mallet, ta diététique est à revoir), comment Bourguignon remplace l'entraînement par des compétitions toute l'année, (dopage, pas besoin, je ne suis jamais fatigué, mais je n'ai aucun résultat), comment un conseiller (à déconseiller) expliquait comment un cyclosportif doit travailler la force, en côte, avec le 53x11 (j'ai essayé, et je suis monté à pied). Bref, je résume : plus tu es mauvais, plus tu dois faire de battage pour que tout le monde le sache. La c... serait-elle la nouvelle philosophie de ce monde cycliste ?

Dommage, car dans tout cela, personne ne parle plus du vrai cyclisme, celui qui fait rêver les cadets, celui dans lequel les petits clubs se débattent, sans argent, sans éducateurs, sans salariés grassement payés, mais avec des bénévoles passionnés, avec les moyens du bord, au milieu de cyclistes déboussolés par la tentation et les salaires mirobolants de leurs idoles. Patrick, continue, car ceux-là ont besoin de toi.

Les autres, leur maison s'effondre sur eux, rongée par les termites. Dans vingt ans, on ne parlera plus guère de la génération EPO que comme celle qui a assassiné le cyclisme.

Après le procès Festina, j'attendais la mise en examen des fossoyeurs de notre cyclisme, de Baal, de Verbrugen. Je m'attendais à ce qu'ils soient poursuivis pour non-assistance à personne en danger. Dommage. Ils sont irresponsables, mais pas coupables. »

Chapitre 3

L'ENTRAÎNEMENT : PRINCIPES ET EFFETS

A. Les principes de l'entraînement

1. La notion d'endurance

Au contraire des disciplines de sprint, le cyclisme est un sport imposant des durées élevées lors des compétitions (jusqu'à plusieurs heures). L'entraînement doit permettre de développer le potentiel de l'individu, et lui permettre d'effectuer des efforts de plus en plus longs et intenses.

L'aptitude à rouler en aisance respiratoire pendant une longue durée c'est l'endurance aérobie ou capacité aérobie.

L'oxygène fourni par le système cardio-respiratoire est produit en suffisamment grande quantité pour brûler le glucose sanguin nécessaire à la production d'énergie. Deux notions sont inséparables : la durée et l'intensité de l'effort.

L'augmentation du volume de travail dans la zone d'endurance aérobie a pour effet d'adapter l'organisme à des efforts inhabituels et développe la capacité du système cardio-respiratoire ; la consommation d'oxygène s'améliore.

C'est ainsi, par exemple, qu'un cycliste qui pédale à 30 kilomètres/heure et a une fréquence cardiaque de 150 pulsations par minute en début de saison, voit sa fréquence cardiaque descendre de 10 pulsations par minute au bout d'un mois d'entraînement toujours à la même vitesse.

Inversement, si le même cycliste présente une fréquence cardiaque de 140 à 30 kilomètres/heure, un mois après, il roulera pour la même fréquence cardiaque à 33 kilomètres/heure.

La machine humaine, pendant le sommeil, tourne au ralenti, et le besoin d'oxygène pour l'ensemble des organes est réduit au minimum. Le cœur lui aussi se repose, et il bat en conséquence très lentement.

Dès le lever, le cœur se met à accélérer, ne serait-ce que pour lutter contre la pesanteur. L'augmentation de la fréquence cardiaque n'est alors pas directement proportionnelle à l'intensité de l'effort, puisque c'est la lipolyse qui assure la totalité de la production d'énergie.

Les besoins de la vie courante ne peuvent en aucun cas permettre une compétition : l'habitude d'efforts, même importants, lors des activités quotidiennes, n'autorise guère que des efforts de même nature.

Un jardinier capable de labourer 100 mètres dans sa journée ne pourra jamais en labourer dix fois plus s'il ne s'y est pas préparé !

C'est pourquoi pour progresser, il est indispensable de travailler à un certain niveau d'efficacité, et d'adapter son organisme de façon progressive.

Le but de l'entraînement est donc d'habituer un organisme à subir des efforts de compétition, alors qu'il n'y est pas préparé à la naissance.

Il est admis depuis une quinzaine d'années que le seuil aérobie, à partir duquel débute la zone d'endurance est celui pour lequel l'acide lactique atteint 2 millimoles par litre de sang. Ce seuil se situe autour de 70 % de la fréquence cardiaque maximale.

Pourquoi 2 millimoles, et pas 2,5, 3 ou plus ? Il faut savoir que ce seuil ne s'accompagne d'aucun changement manifeste chez le cycliste ou le sportif en général.

Cette estimation par l'intermédiaire de la mesure du taux de lactates semble largement sujette à caution, d'autant qu'elle donne lieu parfois à des valeurs étonnantes.

Ainsi l'un des cyclistes du pôle espoir des Pays de la Loire s'est vu annoncer un seuil aérobie à 178 pulsations et un seuil anaérobie à 183 pulsations. Quelle est la crédibilité du médecin dans ce cas-là ?

ZONES	INDICATEURS PHYSIOLOGIQUES	SOURCES ÉNERGÉTIQUES	DURÉE EXERCICE	SITUATION
Alactique, vitesse, puissance	Vitesse (>> VMA) Intensité max FC non significative	Alactique	1 à 10 sec.	Sprint court, démarrage
Anaérobie mixte, vitesse, puissance	Vitesse (>> VMA) Intensité sous-max FC non significative	Alactique + lactique	10 à 30 sec.	Sprint
Lactique	Vitesse (> VMA) Intensité et durée FC non significative	Lactique + aérobie	30 sec. à 1 min 30	Sprint long, Km sur piste, attaque
Puissance maximale aérobie	95 à 100% de la FC max (=VMA)	Aérobie + lactique	1 min 30 à 15 min	Poursuite, prologue pour faire le trou
Puissance anaérobie sous-maximale	90 à 95% de la FC max	Aérobie + lactique	15 min à 1 heure	Contre la montre, cyclocross
Endurance critique haute	80 à 90% de la FC max	Aérobie + lactique	1 heure à 2 h 30	Course en ligne
Endurance critique basse	70 à 80% de la FC max	Aérobie glycolyse ++++ lipolyse +	Plus de 2 h 30	Course par étapes
Endurance de base	< 70% de la FC max	Aérobie lipolyse ++++ glycolyse +	Jusqu'à plus de 7 heures	Entretien, récupération, régénération

Tableau 1 : Les différentes intensités de l'effort (terminologie en vigueur).

Si nous avons bien compris la physiologie de l'effort, afin d'améliorer la consommation d'oxygène, il serait indispensable que ce cycliste passe le plus clair de son entraînement entre 178 et 183. Essayez, mais sans garantie...

Si la mesure des lactates aboutit à de telles absurdités, à quoi bon s'en servir ? Peut-on penser que ce cycliste d'un excellent niveau se situe en lipolyse à 170 pulsations ? Nous avons déjà précisé en page 13 notre opinion à ce sujet...

La seule chose que nous pouvons affirmer, c'est qu'un coureur est capable de repérer son seuil anaérobie à la pulsation près par rapport à notre test. Cela ne correspond pas forcément avec la mesure de lactates effectuée en CHU ou dans un centre de cardiologie.

Tout travail en dessous du seuil aérobie n'apporte qu'une faible amélioration de la condition physique.

C'est ce que l'on appelle endurance de base, entre 60 % et 70 % de la fréquence cardiaque maximale. C'est la zone où l'énergie est uniquement fournie par la consommation des graisses. C'est le rythme du jogging.

C'est la zone de travail foncier.

2. Les différents types d'effort et leur intensité

a) Le travail en endurance de base ou endurance fondamentale

Le travail dans cette zone est la base de toute préparation. L'énergie provient de la consommation des graisses et des sucres. La préparation en endurance fondamentale que l'on appelle aussi foncier, permet :

- de perdre l'excès de poids accumulé l'hiver suite à une alimentation généralement inadaptée,
- d'améliorer le pédalage et le jeu de cheville,
- de développer la souplesse de pédalage et la vélocité,
- enfin d'entretenir la condition physique.

ENDURANCE DE BASE	CARACTÉRISTIQUES
Intensité	60% à 70% de la FCM
Distance	Progressive jusqu'à 50 à 60 km maximum
Type	Travail continu
Braquet	42 X 17 à 42 X 21 selon catégorie
Vitesse pédalage	100 à 120 tours par minute

Tableau 2 : Travail en endurance fondamentale.

b) Le travail en endurance critique basse

Toute la zone comprise entre le seuil aérobie et le seuil anaérobie est la partie de l'activité cardiaque correspondant à l'effort d'endurance aérobie, selon la terminologie précédemment employée ou communément zone de travail en endurance. Désormais, cette zone est séparée en deux : l'endurance critique basse et endurance critique haute. Il s'agit là encore d'une décision sans fondement physiologique.

ENDURANCE CRITIQUE BASSE	CARACTÉRISTIQUES
Intensité	70% à 80% de la FCM
Distance	Supérieure à 2 h 30
Type	Travail continu
Vitesse pédalage	90 à 110 tours par minute

Tableau 3 : L'entraînement en zone d'endurance critique basse.

Le travail effectué dans la zone comprise entre seuil aérobie et seuil anaérobie n'a pas partout la même efficacité, que l'on se rapproche de l'un ou de l'autre des deux seuils.

Lorsque l'on s'entraîne en endurance, entre 70 et 80 % de la fréquence cardiaque maximale, on est capable de rouler des heures durant sans fatigue, à condition d'absorber des substrats énergétiques réguliers ainsi qu'un apport hydrique pendant l'effort.

Cette zone fait appel à la fois à la lipolyse et à la glycolyse aérobie.

C'est la zone privilégiée par un grand nombre de cyclistes, dans le but d'effectuer ce qu'ils appellent le travail foncier, sur de très longues sorties. Rappelons ici que ce type d'entraînement ne prépare pas aux efforts de compétition.

c) Le travail en endurance critique haute

Quand le niveau d'intensité augmente, entre 80 % de la fréquence cardiaque maximale et le seuil anaérobie, on entre en zone d'endurance critique haute, anciennement puissance aérobie.

C'est la plage d'intensité qui permet l'entraînement en côtes, en échappée, en cols, et le travail sur de plus grands braquets. C'est la vitesse correspondant en général à la course. La glycolyse y est essentielle.

ENDURANCE CRITIQUE HAUTE	CARACTÉRISTIQUES
Intensité	Entre 80% et seuil anaérobie
Distance	1 h à 2 h 30
Type de travail	Continu, fractionné, Fartlek ou IT long
Récupération	Active

Tableau 4 : Le travail en zone d'endurance critique haute.

À ce niveau, il faut déjà produire un effort nettement plus important que celui du simple travail en endurance basse. La durée de travail dans cette zone pourra encore durer un bon moment, malgré le fait que l'organisme accumule davantage de fatigue.

Le taux d'acide lactique sanguin continuant à augmenter, le sportif est très proche de l'essoufflement, qu'il atteint au seuil anaérobie.

Le fait de travailler à la limite de cette zone habitue l'organisme à supporter l'acide lactique, et le seuil anaérobie monte progressivement.

À ce niveau, glycolyse aérobie (encore en grande partie) et glycolyse anaérobie participent à la production d'énergie. La lipolyse n'est plus sollicitée.

d) Le travail en zone de puissance aérobie

PUISSANCE AÉROBIE	CARACTÉRISTIQUES
Intensité	Entre le seuil et la PMA
Distance	15 minutes à une heure (pour les meilleurs)
Type de travail	Endurance intermittente, fractionné, Fartlek ou IT Long
Récupération	Active

Tableau 5 : Le travail en puissance aérobie.

La puissance aérobie sous-maximale s'appelle aussi zone de transition aérobie anaérobie. La filière anaérobie lactique prend progressivement le relais de la filière aérobie.

C'est la zone dans laquelle s'effectue l'essentiel d'un contre-la-montre ou un cyclo-cross.

L'essoufflement et le mal aux jambes sont constants, puisqu'il y a production d'une quantité déjà importante d'acide lactique.

e) Le travail à la PMA ou consommation maximale d'oxygène

Le stade ultime de ce travail en puissance aérobie est le moment où la fréquence cardiaque n'augmente plus quand la vitesse ou la puissance augmente.

La fréquence respiratoire atteint son maximum ; c'est la limite de l'effort d'endurance.

C'est la zone privilégiée de l'effort de prologue contre-la-montre ou de poursuite, la fin d'un effort de contre-la-montre, l'effort total du finisseur.

PMA	CARACTÉRISTIQUES
Intensité	À la PMA, vitesse maximale aérobie
Distance	1 min 30 à 15 min (°)
Type de travail	Endurance intermittente, fractionné court
Récupération	Active

Tableau 6 : Le travail à la PMA. (°) : la durée de l'effort à la PMA dépend du degré de préparation.

Il est difficile de poursuivre pendant très longtemps un tel effort, car le muscle s'épuise très vite compte tenu de l'augmentation rapide du taux d'acide lactique et du manque d'oxygène (asphyxie partielle).

Un spécialiste d'efforts type prologue est rarement performant sur la totalité d'un contre-la-montre de longue durée. Il y a cependant des exceptions : Boardman, Marie, Indurain, etc.

Ceci est lié à la différence d'intensité entre ces deux types d'efforts ; le premier s'effectue à une intensité proche de la PMA, alors que le second se limite au seuil anaérobie.

Schématiquement, si un coureur entame une poursuite à ce niveau, s'y maintient toute la course et termine au même niveau, il réalisera la meilleure performance dont il est capable à ce moment.

Ceci est très théorique, car il faut un entraînement très pointu pour pouvoir tenir longtemps à ce rythme.

Un contre-la-montre sera en général effectué en zone de puissance aérobie sous-maximale, et seulement à la fin, à la PMA.

Si un coureur débute un contre-la-montre très en dessous du seuil anaérobie et ne se maintient que de temps en temps au niveau de la zone de transition aérobie anaérobie, même s'il effectue la fin de course "à fond", il ne récupérera jamais le temps perdu.

Si au contraire il part au sprint, il sera épuisé bien avant l'arrivée...

L'art de travailler au bon rythme, c'est ce que l'on appelle être dans l'allure.

f) Le travail en anaérobie lactique

Le travail à la PMA est l'effort limite du système aérobie. À ce niveau, il y a production d'une quantité d'acide lactique non négligeable.

Si l'effort se prolonge, par exemple sur un long sprint, il y a de moins en moins intervention du métabolisme aérobie, et la production d'acide lactique augmente encore jusqu'à des niveaux très élevés (jusqu'à plus de 20 mmol/l).

ANAÉROBIE LACTIQUE	CARACTÉRISTIQUES
Intensité	Supérieure à la VMA
Durée	1 à 3 min
Type	Fractionné, Fartlek ou IT Long
Récupération	Active
Vitesse pédalage	90 à 120 tours par minute

Tableau 7 : Entraînement en zone anaérobie lactique.

C'est l'effort du kilomètre départ arrêté, de l'attaque en course, l'effort pour rentrer sur des échappés ou pour terminer une poursuite sur piste. Il faut bien comprendre le phénomène que représente le passage vers la filière lactique.

Si l'effort s'intensifie quand le coureur a déjà atteint sa PMA, le système cardio-vasculaire a atteint sa capacité maximale de fonctionnement et ne peut plus guère fournir davantage d'oxygène.

Il en est de même pour la fréquence respiratoire, maximale, qui empêche la captation de nouvelles molécules d'oxygène.

Il n'accélérera donc pas son rythme, et la seule possibilité pour fournir l'énergie demandée sera le passage vers la glycogénolyse anaérobie.

g) Le travail en zone anaérobie alactique

ANAÉROBIE ALACTIQUE	CARACTÉRISTIQUES
Intensité	Maximale
Durée	8 à 40 secondes maximum
Type	IT court
Récupération	Active
Vitesse pédalage	90 à 120 tours par minute
Braquet	Maximal

Tableau 8 : L'entraînement en zone anaérobie alactique.

Enfin, le maximum de l'effort se situe à la fréquence cardiaque maximale : c'est l'effort total, l'effort à respiration bloquée : c'est l'effort du sprint. C'est ce que l'on appelle la puissance maximale.

Tout travail en intensité sans base d'endurance aboutit très vite à un plafonnement de la performance. Intensité et durée doivent impérativement être inversement proportionnelles au cours d'une séance d'entraînement.

Une notion essentielle découle de ce qui précède :

Une sortie d'entraînement de longue durée ne pourra s'effectuer qu'à allure modérée. Plus un effort sera intense, plus il sera bref.

Les durées d'effort présentées dans les tableaux 2 à 8 sont les durées communément admises. Pour les efforts intenses, elles correspondent à des sujets déjà très entraînés et montrent surtout les capacités maximales d'un individu.

B. Les effets de l'entraînement

L'analyse statistique de notre fichier, qui compte plus de 8000 tests d'effort toutes catégories cyclistes confondues, nous a permis de confirmer les notions érigées par les chercheurs en biologie du sport.

1. Travail en endurance

Le travail de l'endurance aérobie développe l'aptitude du système cardio-respiratoire au transport de l'oxygène : la consommation d'oxygène s'élève.

Pour la même raison, le pouls de repos s'abaisse et l'écart entre le pouls de repos et la fréquence cardiaque maximale augmente.

2. Travail en puissance

Le travail en puissance sollicite davantage la musculature, et permet de s'entraîner à tirer des braquets de plus en plus importants. L'organisme s'habitue à travailler en anaérobie partielle.

Plus on s'approche de la PMA, plus courte est la durée de l'effort. Cette zone est la plage principale dans laquelle évolue un coureur cycliste en course, c'est pourquoi il lui est indispensable de s'y adapter.

3. Travail à la puissance maximale aérobie ou travail à la VO2max

L'effet d'un travail dans cette zone est donc de repousser le seuil anaérobie et, ainsi, d'améliorer le rendement de la mécanique humaine.

La conséquence du travail en puissance est une accumulation d'acide lactique dans les muscles concernés par le pédalage. Il en résulte une récupération plus difficile.

De plus, l'augmentation de la durée d'efforts autour du seuil anaérobie permet d'habituer les muscles à supporter un certain taux d'acide lactique.

Le travail dans cette plage permet au coureur d'apprendre à supporter la douleur et lui fournit une force psychologique dans les moments difficiles.

La puissance maximale aérobie correspond à la vitesse maximale à laquelle un coureur est capable de rouler dans un effort d'endurance. C'est la vitesse de la poursuite ou d'un contre-la-montre dans sa partie terminale. Cette vitesse est appelée VMA ou vitesse maximale aérobie.

Elle est essentielle à connaître, car dépasser sa VMA, c'est se mettre en dette d'oxygène, et donc provoquer une montée d'acide lactique. Celle-ci engendre des douleurs musculaires, et impose un ralentissement de l'allure.

Nous avons présenté plus haut l'intérêt que représente la notion de fréquence cardiaque de réserve.

Pour le travail en endurance dans la zone aérobie, celle-ci est limitée par la hauteur du seuil anaérobie, la PMA et bien sûr par le pouls de repos.

Un cycliste dont le seuil anaérobie est à 85 % de sa fréquence maximale, par exemple un seuil à 170 pulsations par minute pour un sujet dont la fréquence cardiaque maximale est de 200 et la PMA à 178, ne peut guère, à l'effort, exploiter la plage entre 178 et 200 pulsations.

Nous vérifierons d'ailleurs plus loin que la fréquence cardiaque maximale dérive pendant la période de compétitions et que notre coureur ne dépasse pas probablement les 185 pulsations.

Il ne peut effectuer que des sprints autour de 180-185 pulsations ou du travail en anaérobie lactique autour de 180 pulsations.

Entre les deux, il est en état d'asphyxie totale, donc limité à des efforts brefs, comme par exemple un sprint long ou une attaque pour s'extraire du peloton, voire pour un final de contre-la-montre, pendant lequel l'effort est total.

Celui dont le seuil anaérobie se situerait, le jour de l'objectif, aux alentours de 95 % de la fréquence cardiaque maximale, soit 190 pour un cycliste dont la FCM est à 200 et la PMA à 197, pourra exploiter en totalité sa fréquence cardiaque de réserve.

NOM	POULS DE REPOS	FCM	FRÉQUENCE DE RÉSERVE	POULS À LA PMA	RÉSERVE DISPONIBLE
BR. S	48	202	154	170	122
RI. D	52	170	118	162	110
Me. A	40	202	162	192	152
Ar. C	78	180	102	160	82
Th. C	84	200	116	198	114

Tableau 9 : La fréquence cardiaque de réserve. On constate ici qu'elle est en réalité pondérée par la hauteur de la PMA, niveau maximal atteint lors d'un effort en endurance.

Il bénéficiera d'un rendement maximal et pourra ainsi tirer le meilleur parti de sa propre mécanique.

Plus le seuil anaérobie est bas, plus la fréquence cardiaque de réserve est réduite. Nous en voulons pour preuve le tableau 9.

Nous voyons nettement dans ce tableau 9 l'avantage que représente un entraînement bien conduit : Me. A présente un pouls de repos bas, témoin d'un excellent travail aérobie, et à l'approche de l'objectif, son seuil anaérobie élevé (97 % de la FCM) lui procure une plage de fréquence de réserve de 152 pulsations, et un rendement quasiment maximal.

Cependant tout ceci mérite d'être tempéré : si la VO2max est élevée, un seuil élevé est intéressant pour obtenir le rendement le plus grand possible.

Dans le cas contraire, si la VO2max est basse, il ne s'agit ni plus ni moins que d'un surentraînement total !

4. Travail en anaérobie lactique

Les efforts en anaérobie lactique ne peuvent pas être soutenus très longtemps en raison de la douleur musculaire provoquée par l'accumulation des lactates.

Mais il est nécessaire de s'habituer à ce type d'effort à l'entraînement pour pouvoir s'adapter au rythme de course et à pouvoir répondre aux attaques incessantes.

C'est l'effort pour sortir d'un peloton, pour contrer une attaque ou pour résister au retour du peloton lors d'une échappée.

C'est l'effort du finisseur. Il doit être suivi d'une récupération partielle, qui permettra une resynthèse partielle du glycogène à partir de l'acide lactique.

Cette diminution de l'intensité de l'effort permettra un remboursement partiel de la dette d'oxygène, seule façon de maintenir l'effort à haut niveau.

L'effet de ce type de travail sera d'augmenter la tolérance à l'acide lactique.

Chez le jeune coureur, et en particulier chez les minimes et les cadets, il existe un déficit dans les enzymes impliquées dans la glycogénolyse anaérobie, déficit qui limite ce processus et explique la faible tenue en puissance du jeune coureur.

Un jeune sportif hypothèque ses chances de poursuivre à un bon niveau une carrière pourtant bien commencée lorsque les efforts sont trop axés sur cette filière anaérobie lactique au détriment du travail aérobie.

Par exemple, il est très éprouvant pour un cadet de pratiquer la poursuite ou un cyclo-cross, sauf qualités exceptionnelles.

Alors quand on assiste à des entraînements d'un cadet à 40 kilomètres/heure derrière la voiture de son père, il y a de quoi s'inquiéter. Ce n'est pourtant pas si rare que cela.

L'effort en anaérobie lactique ne peut être maintenu très longtemps. Le coureur qui ne sait pas sortir d'un peloton et qui produit une accélération très sévère et trop longue se verra incapable de maintenir un rythme suffisamment rapide et se verra toujours reprendre par ses adversaires.

C'est aussi le cas de celui qui veut absolument s'extraire d'un peloton qui roule à vive allure...

Ceci s'observe dans toutes les fins d'étapes sur le tour de France !

5. Le travail en intensité maximale

Le travail dans cette zone permet de développer les qualités de sprinter, la vitesse, la force, la vitesse de réaction et la vitesse de rotation de jambes.

Le meilleur moyen pour améliorer ces qualités est de travailler en *interval training* court.

C. Les effets métaboliques de l'entraînement

Un cycliste en début de saison a perdu, surtout s'il n'a pas travaillé l'hiver, l'essentiel de son potentiel physique et les bénéfices de la saison précédente.

La consommation d'oxygène redescend alors à un niveau minimal. À ce moment, le seuil anaérobie est bas, de même que la récupération.

Ceci à condition qu'il n'y ait pas eu débauche d'exercices intensifs, tels le cross country, le ski de fond en période de repos sportif, de sports collectifs en salle (basket-ball, hand-ball).

Dans ce cas, on risque de trouver un seuil anaérobie très élevé.

Tout le savoir-faire de l'entraîneur sera alors de conserver la condition physique et d'éviter de perdre la totalité du bénéfice de la saison écoulée.

1. Le métabolisme aérobie

Lors d'un entraînement en endurance, il se produit trois adaptations majeures de l'organisme.

a) Augmentation de la quantité de myoglobine

La myoglobine est une protéine de stockage de l'oxygène au niveau du muscle.

Lors d'un entraînement en endurance, les muscles qui ont travaillé contiennent une quantité de myoglobine bien plus importante que les muscles restés au repos.

b) Augmentation de la dégradation du glycogène

Comme nous l'avons vu plus haut, en présence d'une quantité suffisante d'oxygène, le glycogène est dégradé en gaz carbonique et en eau, avec production d'ATP. La conséquence en est une augmentation de la consommation maximale d'oxygène ou VO2max.

c) Augmentation de la dégradation des lipides

La dégradation des lipides, qui participent au métabolisme des glucides, est une source importante de production d'énergie. Cette dégradation augmente considérablement lors de l'entraînement en endurance, permettant ainsi d'épargner le stock de glycogène.

2. Le métabolisme anaérobie lactique

On constate après un entraînement dans la zone anaérobie lactique une augmentation importante des enzymes entrant dans la dégradation du glycogène, d'où une augmentation de la vitesse de dégradation de ce substrat.

La quantité d'énergie fournie par cette filière augmente également. D'où une augmentation des besoins en substrats énergétiques.

Notons que ce type de travail ne trouve pas vraiment sa place dans le sport d'endurance, mais concerne surtout la piste, avec le kilomètre départ arrêté, la poursuite, autant d'exercices très intenses.

3. Le métabolisme anaérobie alactique

L'entraînement dans cette zone amène une augmentation importante des réserves en ATP et en créatine phosphate, amenant un accroissement des performances en sprint et une augmentation de la durée de l'effort.

D'autre part, il existe une importante augmentation de l'activité des enzymes liées à cette filière énergétique.

Ceci entraîne une accélération de la dégradation et de la resynthèse des phosphagènes.

D. Les effets physiologiques de l'entraînement

1. Les effets du travail en endurance

L'entraînement amène un nombre important de changements sur l'organisme humain.

a) Augmentation du volume cardiaque

En fait, c'est le ventricule gauche dont le volume augmente, suite à l'accroissement du travail qui lui est imposé. Cet accroissement permet une augmentation du volume d'éjection systolique, permettant l'envoi vers la périphérie d'une quantité accrue d'oxygène.

b) Abaissement du pouls de repos

Lors de l'intersaison, il est aisé de constater que le pouls de repos est plus élevé qu'en saison de compétition. Dès que le travail d'endurance reprend, il s'abaisse à nouveau, jusqu'à un minimum qui correspond à la période de forme.

Ceci traduit une économie de travail pour le cœur. Lorsque le cycliste développe son aptitude à l'endurance, puisqu'à chaque battement, il envoie une plus grande quantité de sang, donc d'oxygène, il n'a pas besoin de battre plus vite. On peut considérer que l'entraînement à l'endurance rend le cœur plus efficace.

c) Augmentation du volume d'éjection systolique

Lors de la contraction cardiaque (systole), le volume de sang expulsé vers la périphérie augmente. En cas d'effort, c'est le débit de la pompe cardiaque qui sera augmenté, puisque :

Débit cardiaque = fréquence cardiaque X volume d'éjection systolique

d) Augmentation du volume du muscle

Lors d'un entraînement en endurance, le muscle sollicité augmente de volume, tandis que dans sa structure, un nombre considérable de petits vaisseaux, les capillaires, apparaît.

En outre, un plus grand nombre d'unités motrices est sollicité.

C'est l'adaptation du cœur aux besoins de l'effort sportif.

2. Les effets du travail en anaérobie lactique

a) Pas d'augmentation de la VO2max

On assiste même assez souvent à une diminution de la consommation d'oxygène lors d'une période de travail en anaérobie lactique.

b) Baisse d'utilisation du glycogène musculaire

Il y a augmentation de la consommation des acides gras, ce qui compense la diminution de l'utilisation du glycogène musculaire et repousse l'apparition de la fatigue.

La baisse de l'utilisation du glycogène est due à l'insuffisance d'apport d'oxygène, et donc à une réduction de la combustion du glucose.

c) Diminution de la production d'acide lactique

L'élévation de la lipolyse épargnant le glycogène, limite la production d'acide lactique et permet de repousser le seuil anaérobie.

d) Augmentation du volume d'éjection systolique

e) Augmentation du taux de la FCM exploitable

Cette notion, nous l'avons constamment vérifié sur nos 8000 tests d'effort et ce, sans exception. La fréquence cardiaque correspondant à la PMA varie tout au long de l'année, en fonction du niveau de préparation et du type de travail effectué.

Les cyclistes élites et les nationaux, qui bénéficient d'une consommation d'oxygène élevée, présentent souvent un seuil anaérobie bas et une FCM exploitable basse.

À l'inverse, les tests chez plus faibles et chez les jeunes montrent une fréquence cardiaque très proche de celle obtenue sur un effort de sprint long en course à pied.

Combien de fois avons-nous vu une élite ayant mesuré sa fréquence cardiaque l'hiver autour de 200 pulsations incapable de dépasser 170 pulsations en pleine saison !

3. Les effets de l'entraînement en anaérobie alactique

a) Augmentation de la PMA

La PMA ou puissance maximale aérobie ou encore consommation maximale d'oxygène ou VO2max, augmente au cours de l'effort anaérobie alactique.

Ceci s'explique principalement par une élévation importante du débit cardiaque. Cela démontre encore une fois l'intérêt de l'américaine sur piste et des séries de sprints courts.

b) Augmentation du volume d'éjection systolique

4. Les effets du travail en endurance intermittente

L'endurance intermittente permet la conservation d'un niveau élevé de myoglobine, laquelle représente une réserve importante d'oxygène pour le muscle.

Pour Georges Gacon, ce type de travail permet de solliciter davantage la lipolyse, en épargnant le glycogène.

E. La récupération

1. Définition

Dès que l'effort est interrompu, les besoins de l'organisme en oxygène devraient revenir à la normale, puisque le sportif retrouve une activité de repos.

Or la simple lecture du pouls pendant la récupération montre que celui-ci descend plus lentement qu'on aurait pu le penser.

Ce phénomène montre que, lors de la récupération, la consommation d'oxygène reste encore élevée et correspond au remboursement de la dette contractée pendant l'effort.

C'est ce que l'on appelle la dette d'oxygène. Celle-ci est associée à la resynthèse des réserves énergétiques épuisées lors de l'effort, et à l'élimination de l'acide lactique.

La décroissance du pouls lors de la récupération s'effectue rapidement dans les deux à trois premières minutes, puis beaucoup plus lentement ensuite.

La phase rapide s'appelle composante alactique de la dette d'oxygène et représente le temps nécessaire à la reconstitution de la majeure partie des réserves de phosphagènes.

C'est cette phase qui concerne un coureur cycliste en compétition, car c'est elle qui détermine sa capacité à attaquer ou à contrer plusieurs fois de suite.

C'est l'analyse des 90 premières secondes que nous effectuons lors de notre propre test de récupération.

Le taux de récupération pour l'ensemble de notre fichier avoisine les 24 %. Ce calcul analyse la décroissance de la fréquence cardiaque dès la fin de l'effort et pendant les 90 premières secondes.

La seconde phase de la récupération, qui demande des heures pour retrouver le pouls de repos initial, est la composante lactique de la dette d'oxygène.

C'est la durée nécessaire pour éliminer l'acide lactique. Le test de Ruffier donne une très bonne idée de la récupération lactique. Le pouls de récupération P3 doit retrouver une valeur très proche du pouls de repos pour que l'on puisse affirmer que la récupération est complète (moins de 10 points d'écart).

Si l'on va plus loin dans l'analyse et si l'on effectue un test d'effort le lendemain d'une compétition dure, on constate un effondrement du seuil anaérobie, qui peut descendre sous les 80 %.

C'est encore un signe de mauvaise récupération.

Lorsque celle-ci est totale, tous les paramètres retrouvent les valeurs antérieures à l'effort qui les a perturbés.

2. Resynthèse des phosphagènes

85 % de la créatine phosphate sont resynthétisés en 2 minutes. Cela signifie qu'un effort maximal sollicitant exclusivement la filière des phosphagènes se récupère très rapidement.

Cependant, les coureurs cyclistes ne sont pas tous égaux quant à la récupération des phosphagènes. Dans une compétition sur route, même si le rythme soutenu se situe pour une large part dans la zone aérobie pure, le cycliste est soumis sans arrêt à des changements de rythme: attaques violentes, contre-attaques, relances, sprints exigeant à chaque fois une rapide resynthèse des phosphagènes.

C'est pourquoi nous analysons au chapitre 7 cette récupération, qui fait bien souvent la différence entre sujets de capacités équivalentes.

3. Resynthèse du glycogène musculaire

a) Efforts d'endurance

Après un entraînement en endurance, la récupération du glycogène musculaire s'effectue lentement. En présence d'un régime alimentaire riche en glucides, il faut un minimum de 5 à 6 heures pour récupérer 50 % du stock de glycogène.

Dans le cas contraire, s'il n'y a pas d'apport glucidique, seulement 10 % des réserves seront reconstituées dans le même temps, moins de 20 % le seront en 48 heures.

b) Efforts épuisants de courte durée

Si des exercices intermittents de courte durée, mais très intenses, sont pratiqués, on constate une récupération du glycogène beaucoup plus rapide, même en l'absence de prise de glucides.

La récupération complète ne prendra que 24 heures.

Voilà pourquoi nous vous reparlerons de séries de sprints courts tout au long de cet ouvrage.

4. Resynthèse du glycogène hépatique

Après une heure d'exercice intense, les réserves hépatiques en glycogène sont quasiment épuisées.

Si le régime alimentaire est riche en glucides, une surcompensation se produit au cours des 24 heures suivant l'exercice.

Dans le cas d'un régime pauvre en glucides, il n'y a pas ou peu de régénération des réserves en glycogène.

Cette notion est fondamentale pour comprendre les techniques de récupération explicitées en fin d'ouvrage.

5. Élimination de l'acide lactique

Lors d'efforts en anaérobie, la récupération n'est complète qu'après disparition de l'acide lactique du sang et des muscles utilisés au cours de ces efforts.

Après un effort très intense, il faut à peu près 25 minutes pour éliminer la moitié de l'acide lactique, le sujet restant au repos total pendant la récupération (récupération passive).

Au cours d'une récupération active (maintien d'un rythme léger), l'acide lactique s'élimine beaucoup plus vite.

La récupération active doit comporter un exercice entre 50 et 70 % de la FCM.

Si cet exercice s'effectue à un rythme plus élevé, la récupération sera bien plus lente, avec une nouvelle production d'acide lactique.

a) Excrétion de l'acide lactique (urine et sueur)

Cette voie d'élimination est négligeable à l'exercice.

b) Conversion en glucose ou glycogène

L'acide lactique est un produit du métabolisme du glucose et peut donc être reconverti en glycogène, mais cette réaction chimique est très lente.

c) Élimination sous forme d'eau et de gaz carbonique

La presque totalité de l'acide lactique est éliminée sous forme de gaz carbonique et d'eau. Ces réactions biochimiques ont lieu dans le muscle strié squelettique.

C'est notre exemple du charbon de bois, utilisé sur un barbecue, où il terminera sa combustion complète sous forme de cendres.

L'apport d'oxygène permet en effet à l'acide lactique de continuer sa dégradation dans le cycle de Krebs.

6. La surcompensation

L'organisme humain est ainsi fait que lors d'une agression, il réagit en opposant des défenses excessives par rapport à l'attaque dont il fait l'objet.

Lors d'une blessure de la peau, la réparation s'effectue avec une surproduction très importante de cellules, qui iront combler la blessure en laissant une cicatrice visible par le fait des cellules en surnombre.

De même, la prise d'une grosse dose de sucre rapide provoque une réaction immédiate du pancréas. Celui-ci sécrète une quantité d'insuline supérieure aux besoins, permettant ainsi de dégrader ce sucre et de le stocker sous forme de glycogène dans le foie, tout en provoquant une hypoglycémie réactionnelle.

En effet, l'organisme ne fait pas de nuances et stocke tout le sucre disponible, ne conservant pas même le minimum disponible pour les gestes de la vie courante.

Il en est de même lors de la récupération d'un exercice. Au cours de la récupération suivant un effort, il y a régénération des substrats énergétiques, mais à un niveau supérieur au niveau initial.

C'est ce que l'on appelle la surcompensation.

Cet état ne dure pas et, au bout d'un certain temps, il y a retour au niveau initial. Ce phénomène concerne tous les substrats : phosphagènes, glycogène, protéines et acides gras libres.

La surcompensation dépend de l'intensité et de la durée de l'exercice. Ses délais d'intervention sont variables d'un sujet à l'autre.

Il faut en général 24 heures pour les phosphagènes et 36 à 48 heures pour le glycogène après un exercice ayant entraîné l'épuisement des réserves.

Lors d'une séance d'*interval training* court, chaque sprint d'une série nécessite quelques secondes seulement pour resynthétiser les phosphagènes.

Mais la répétition de plusieurs sprints par série et de plusieurs séries par séance amène à un épuisement total des réserves.

Dès la fin de l'effort, le coureur conserve un train régulier, un léger effort facilitant la récupération.

Le cycliste produit un nouvel effort dès que sa fréquence cardiaque redescend à 70 % de la fréquence cardiaque maximale. Ainsi, au cours de la série d'*interval training*, la récupération est toujours incomplète et favorise l'épuisement des réserves.

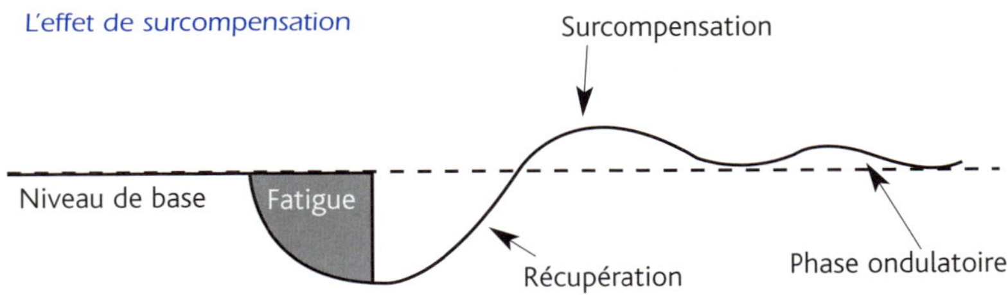

Graphique 12 : La surcompensation amène une élévation transitoire du niveau de performances dans les heures qui suivent une séance d'entraînement (d'après Matveev).

L'effet de surcompensation intervient donc après une séance de travail en intensité.

La surcompensation s'adresse principalement aux phosphagènes et à la glycolyse. Si les séances d'entraînement se font avec récupération incomplète, elle en sera d'autant plus importante.

Le principe de travail sera donc le suivant :

- microcycles de répétitions d'efforts avec récupération incomplète,
- séances de travail rapprochées (24 heures pour le sprint, 48 heures pour le travail en puissance).

L'effet de surcompensation se perd si les séances d'entraînement sont insuffisamment rapprochées. Il est donc nécessaire de prévoir des séances de travail comportant des efforts de glycolyse aérobie très régulièrement (au moins deux fois par semaine).

On peut aisément constater sur le terrain la stagnation d'un sportif qui ne s'entraîne qu'une fois par semaine en supplément du dimanche.

On est dans ce cas plus près d'une simple conservation de la condition physique que d'un entraînement véritable. Les progrès sont alors extrêmement faibles.

Le graphique 13 montre l'intérêt que présentent des charges d'entraînement bien réparties dans le temps.

Chaque séance intervient à l'acmé de la surcompensation et le sportif est de plus en plus performant, ses réserves en glycogène augmentant à chaque fois. C'est l'effet recherché au cours d'un microcycle d'intensité, où par exemple plusieurs séances de travail en mode fractionné s'enchaînent sur trois jours de suite.

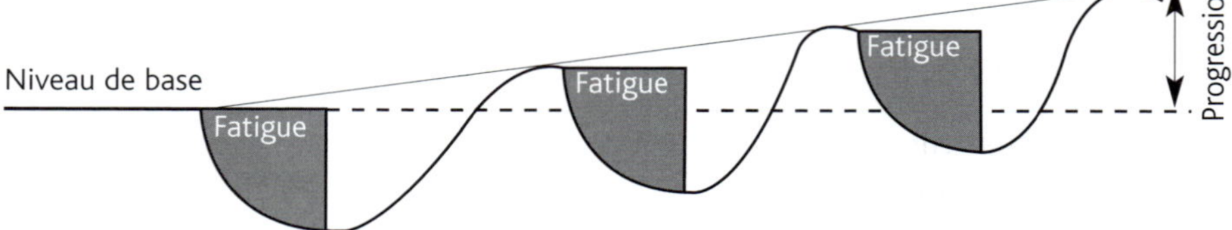

Graphique 13 : L'exploitation parfaite du phénomène de surcompensation. Sur ce graphique, chaque séance d'entraînement intervient au maximum de la surcompensation de la séance précédente : il se produit alors au fil des séances de travail une augmentation nette du niveau de performances (d'après Matveev).

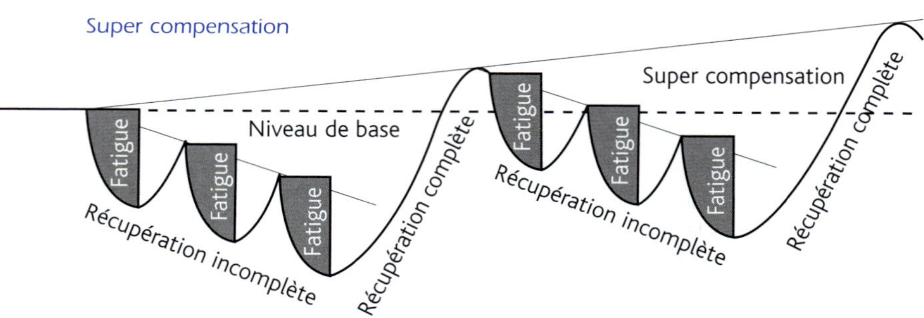

Graphique 14 : Utilisation d'un enchaînement de charges de travail intenses avec récupération incomplète. Cet enchaînement amène en finale une récupération avec surcompensation supérieure à celle suivant une charge unique : c'est la super-surcompensation (d'après Matveev).

Chaque accumulation de charge est suivie d'un épuisement des réserves en glycogène, puis d'un stockage supplémentaire.

Tout le problème consiste dans la nécessité de phases de récupération, car une trop grande série de séances dures risquerait immanquablement d'aboutir à l'inverse de l'effet recherché : un surentraînement avec épuisement physique.

Tout l'art de la programmation de l'entraînement réside ici : savoir enchaîner les charges de travail et varier les séances. Il faut savoir régénérer l'organisme et permettre la surcompensation de toutes les formes de réserves (phosphagènes et ATP, glycogène).

F. Les différents modes d'entraînement

Afin de développer les qualités nécessaires à un coureur cycliste, il est indispensable de tenir compte des diverses durées et intensités propres à chaque discipline. Avant d'énumérer les différents modes de travail, il est nécessaire d'aborder l'échauffement.

1. L'échauffement

L'échauffement est un principe fondamental de l'entraînement. Lors d'un effort, l'organisme passe brusquement de l'état de repos à l'état d'activité, parfois intense.

Ce passage est difficile pour l'organisme.

S'il n'y est pas préparé, le muscle squelettique souffre et risque un accident grave : un coureur à pied voulant effectuer un 100 mètres sans échauffement a tous les risques de subir une rupture du tendon d'Achille.

De même pour tout sportif non échauffé qui risque contracture, élongation ou claquage.

L'échauffement doit permettre au sportif, dès le départ de la compétition, de répondre à n'importe quelle sollicitation. Il doit être capable d'un effort, même très violent, aussitôt le départ de la course donné.

En cyclisme, on confond souvent échauffement et sensation d'échauffement. Au lieu d'un travail préparatoire correct, on perd son temps à se masser (mal) avec des baumes chauffants de tous types. Mais il faut savoir qu'une pommade chauffante n'agit qu'en surface et ne pénètre pas le muscle. Elle n'apporte guère qu'une sensation de chaleur.

L'échauffement facilite la remise en route de la mécanique humaine ; il permet, par l'augmentation du travail cardio-vasculaire, d'ouvrir les vaisseaux capillaires, donc d'augmenter l'irrigation du muscle.

L'augmentation des échanges gazeux amène davantage d'oxygène vers les muscles qui ne seront ainsi pas asphyxiés dès le départ de la course.

L'échauffement doit débuter par une période de travail avec petit plateau, pour stimuler la vitesse de jambes. Puis le rythme s'accélère, le braquet augmente, et sur une quinzaine de minutes, la fréquence cardiaque s'élève.

On doit terminer cette phase par un effort d'intensité élevée, mais de durée très brève avec quelques sprints pour terminer. Une période de retour au calme s'ensuit, et l'échauffement se termine au bout d'au moins 20 à 30 minutes pour l'ensemble des trois périodes.

Quand le travail est ainsi préparé, on peut affronter n'importe quel type d'efforts.

L'échauffement doit être solitaire et fonction de l'effort qu'il prépare. Plus la course est dure (contre-la-montre), plus il doit être long.

Les coureurs ont souvent peur que la distance effectuée à l'échauffement ne leur manque en fin de course. C'est pourquoi ils sabotent cette phase essentielle de la compétition.

Ainsi que nous l'avons expliqué plus haut, c'est l'alimentation en course qui permettra de tenir jusqu'au bout, et les kilomètres parcourus à l'entraînement n'auront aucune incidence sur le résultat final.

Il n'y a rien de plus désastreux qu'un départ à froid, surtout si un adversaire met le feu au peloton en « faisant le départ ». Les muscles non préparés refusent alors les sollicitations de leur propriétaire, qui passe alors un sale quart d'heure...

2. L'entraînement par intervalle ou *interval training* (IT)

Cette méthode, mise au point par des Allemands à Freiburg (travaux de Reindell et Gerschler, 1962) est exposée dans deux ouvrages (cités dans la bibliographie) signés par E. Fox et D. Mathews.

Elle est plus connue sous le nom anglais d'*interval training*. Très utilisée par les athlètes du monde entier, elle est peu connue cependant dans les milieux cyclistes.

Les entraîneurs des pistards seuls utilisent cette méthode de travail, aux résultats incomparables. Sur la route hélas, l'empirisme est roi et ne tolère pas de concurrence.

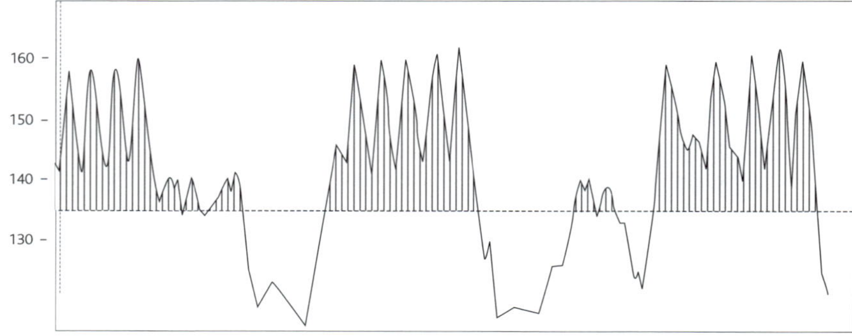

*Graphique 15 : Exemple de trois séries d'*interval training*. On remarquera la vitesse à laquelle la fréquence cardiaque descend après un sprint court.*

L'*interval training* nous paraît indispensable à connaître, tant pour le pistard que pour le routier. Nous allons donc nous pencher en détail sur cette façon de concevoir l'entraînement.

Le principe de l'entraînement par intervalle consiste à entrecouper la séance de travail de périodes de récupération active.

a) La production d'énergie

Lors d'efforts intenses, il y a interaction entre les filières ATP-CP et glycogénolyse anaérobie.

Lors du travail continu, une grande part est prise par la filière de l'acide lactique ou glycogénolyse anaérobie, et une part moins importante est réservée à la filière des phosphagènes (ATP-CP).

Au cours de l'*interval training*, la glycogénolyse anaérobie est beaucoup moins sollicitée, au profit de la filière ATP-CP.

Il s'ensuit une réduction importante de la production d'acide lactique, donc moins de fatigue, et ceci quelle que soit la durée de l'exercice intermittent.

b) La resynthèse des phosphagènes

Lors d'une course continue, la filière des phosphagènes est rapidement épuisée et n'est pas restaurée. Lors d'une course intermittente, les réserves sont reconstituées au cours de la récupération qui suit l'effort (*Interval training* - Fox et Matthews).

C'est le remboursement partiel de la dette d'oxygène dans sa partie alactique qui permet la répétition d'efforts sur une durée totale très supérieure à celle d'un effort continu.

De plus, la filière de la glycogénolyse anaérobie est épargnée, et il n'y a qu'une faible production d'acide lactique.

On peut donc transformer l'économie de fatigue en une augmentation d'intensité et de charge de travail.

Il a été démontré que grâce à ce type de travail, on peut réaliser des charges de travail 2,5 fois supérieures à un travail continu.

c) Le transport d'oxygène

L'*interval training,* avec de nombreux efforts entrecoupés de récupérations courtes, favorise le système de transport d'oxygène et améliore la capacité du système d'énergie aérobie.

d) La terminologie de l'*interval training*

- Période de travail : c'est la durée de l'effort.

- Récupération : c'est la phase de repos qui suit une période de travail ou une série d'efforts. Elle peut être soit passive, quasiment en roue libre, soit active, avec un train modéré, soit combinée.

- Distance.

- Fréquence : c'est le nombre de séances par semaine.

- Série : la répétition de périodes de travail entrecoupées de récupération active est une série d'*interval training*. L'ensemble des séries entrecoupées de récupération passive s'appelle la séance de travail.

- Microcycle : c'est l'ensemble des séances de travail (par exemple lundi une séance, mardi deux séances).

- Cycle : c'est l'ensemble des microcycles (par exemple quatre semaines de travail en endurance maximale aérobie).

Il est possible par un bon programme d'*interval training* d'améliorer l'une ou l'autre des filières énergétiques et de construire un plan d'entraînement sur huit semaines ou plus avec un gain de performance considérable.

Cette méthode de travail peut être appliquée pour développer tout type de qualités, tout type de métabolismes.

Si les coursiers savaient utiliser l'*interval training*, nul doute qu'ils passeraient moins de temps sur leur vélo pour un gain d'efficacité.

e) Les différentes formes d'*interval training*

*(1) L'*interval training *par intervalles très courts*

Comme nous l'avons vu précédemment, les efforts sont très brefs, d'environ 8 à 20 secondes.

Ils permettent de ne solliciter que la filière anaérobie alactique et ne génèrent donc pas la production d'acide lactique.

L'avantage est d'améliorer la force explosive, tout en produisant un remboursement de la dette d'oxygène en excès.

Cet excédent permet ainsi d'améliorer la récupération et d'éliminer l'acide lactique des jambes lourdes.

Cet acide lactique entre alors dans le cycle de Krebs et est éliminé sous forme d'eau et de gaz carbonique, avec production d'ATP et d'énergie.

Ce travail est à réaliser préférentiellement lors de la séance de décrassage du lendemain d'une course dure ou à la fin d'un entraînement très intense.

Une séance de récupération devrait contenir essentiellement des exercices de ce type.

(2) L'interval training par intervalles courts

La durée moyenne de l'effort est d'1 à 3 minutes. La fréquence cardiaque se situe au niveau de la zone de transition.

La récupération entre les efforts varie d'1 à 3 minutes, tandis que la récupération entre les séries varie d'1 à 5 minutes.

Ce type de travail améliore la puissance aérobie, mais provoque la production d'une grande quantité d'acide lactique.

Il est fondamental de coupler ce type d'exercices avec des séries d'intervalles très courts, de façon à éliminer partiellement l'acide lactique et d'enchaîner des séries plus dures.

(3) L'interval training par intervalles longs

La durée des efforts varie de 4 à 15 minutes, à une fréquence cardiaque proche du seuil anaérobie. La récupération entre les efforts est courte, de 1 à 6 minutes.

Ce type d'effort est très proche de l'entraînement fractionné. Le principe de l'*interval training*, permettant un remboursement excessif de la dette d'oxygène, est le coup de soufflet que l'on apporte au poêle à bois qui s'étouffe.

C'est une avancée qui nous vient de l'athlétisme, un progrès considérable par rapport au traditionnel mode continu. Il ne faut surtout pas s'en priver.

L'aboutissement de ce mode de travail est l'endurance intermittente, qui exploite au maximum les principes érigés par Fox et Mattews dans leur ouvrage passionnant.

3. L'entraînement fractionné

Le principe est proche de l'*interval training*, mais il diffère sur trois points :

a) La durée de l'effort

L'effort est d'une durée beaucoup plus longue, atteignant les trois quarts de la distance de course.

b) L'intensité de l'effort

L'intensité est essentiellement celle de la compétition et se situe autour de la zone de transition aérobie anaérobie ou du seuil anaérobie.

c) La récupération

Du fait de l'intensité des efforts et d'une production d'acide lactique élevée, la récupération sera plus complète.

d) Intérêt

Selon la façon dont sera pratiquée la séance, on peut améliorer soit l'endurance aérobie, soit la puissance aérobie.

De tous les modes discontinus, la méthode par entraînement fractionné est celle qui peut provoquer le plus de dégâts lorsqu'on ne la maîtrise pas.

On fait alors souvent des erreurs en utilisant des durées trop importantes pour l'intensité choisie.

Mieux vaut donc rester raisonnables sur les durées choisies, et répéter plus souvent les exercices. L'efficacité sera de loin supérieure, sans perturber les capacités de récupération.

(1) Amélioration de la capacité du système aérobie

Il s'agit de parcourir les trois quarts de la distance de compétition à une vitesse légèrement inférieure à celle de la course.

Ceci ne peut se concevoir que dans la mesure où la distance de compétition n'est pas exagérément longue. Cette méthode est idéale pour la préparation d'un contre-la-montre d'une vingtaine de kilomètres.

Dans le cas inverse, on choisira un autre mode de travail, de façon à ne pas finir le travail totalement épuisé.

Autant le fractionné court peut avoir un intérêt certain, autant le travail de longue durée n'apportera que des désillusions s'il est mal réalisé.

(2) Amélioration de la puissance aérobie

Il s'agit de parcourir la moitié de la distance de compétition à une vitesse égale ou légèrement supérieure à celle-ci.

Ceci bien évidemment ne peut s'appliquer que pour des compétitions de courte durée, inférieures à une vingtaine de kilomètres pour un contre-la-montre. Ce type de travail est parfaitement adapté à la poursuite par exemple.

Même remarque de précédemment, il ne s'agit pas d'effectuer de tels efforts sur plus de 5 minutes. Plus long serait un véritable saccage.

Cette méthode est utilisée par exemple pour la préparation d'un contre-la-montre ou pour améliorer le train en cas d'échappée.

Au cours de la préparation d'une poursuite, la distance totale parcourue dans la séance pourra être d'une fois et demie à deux fois supérieure à la distance de course.

Ceci sans dépasser un travail total de 30 minutes, soit par exemple six fois 5 minutes ou mieux douze fois 2 minutes 30 secondes.

Nous préférons, quant à nous, travailler soit en *interval training*, soit (principalement) en endurance intermittente.

Cependant, lorsque le terrain s'y prête, en particulier lors de parcours vallonnés, il est possible d'effectuer un travail très pointu, ainsi que l'illustre l'exemple ci-après.

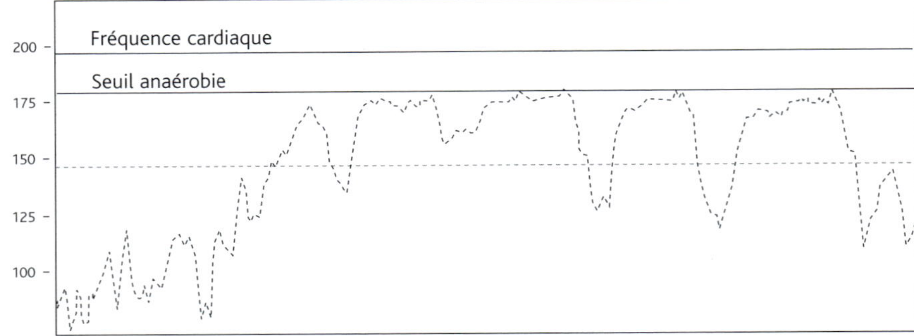

Graphique 16 : L'entraînement fractionné. Exemple d'enchaînement d'efforts de 5 minutes.

Il s'agit d'un entraînement réalisé au cours d'un stage, qui consistait à tenir pendant 5 minutes au seuil anaérobie, puis de le dépasser sur les 30 dernières secondes. Chaque coureur devait récupérer pendant 3 minutes, avant de recommencer l'exercice.

Lors du premier exercice, la fréquence de récupération se situait à 15 pulsations en dessous du seuil anaérobie.

La première montée de la fréquence cardiaque correspond à la fin de l'échauffement et au repérage du seuil anaérobie réalisé à cette occasion.

Le graphique suivant illustre un autre type de travail où le fractionné peut être utilisé avec bonheur : la préparation d'un contre-la-montre par équipe.

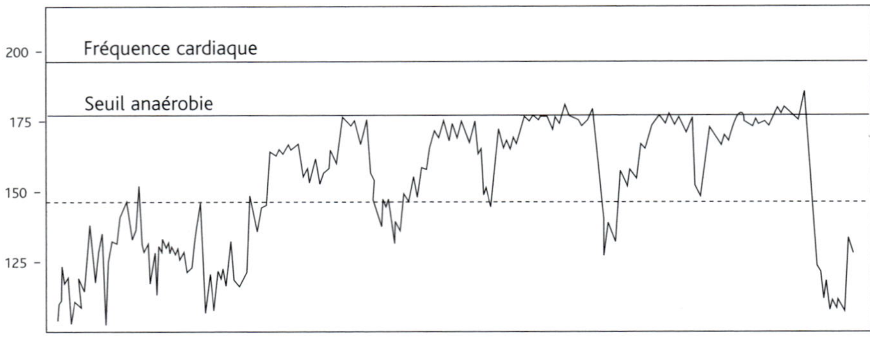

Graphique 17 : Exemple de travail fractionné dans la préparation du CLM par équipe.

Dans le cas qui nous intéresse, il s'agissait d'effectuer quatre efforts de 5 minutes, dont le dernier devait se terminer à la PMA, simulant ainsi les dernières minutes d'une compétition de ce type.

4. Le *fartlek training*

Il s'agit d'une méthode de travail combinant entraînement par intervalles et entraînement fractionné, au gré du coureur. Elle est proposée par Paul Köchli dans son livre et a été utilisée par Bernard Hinault.

Cette sortie est rythmée par le profil du terrain. C'est une sortie d'intensité.

Cette séance peut être agencée comme le sent le cycliste, mêlant intensité, endurance tranquille, travail au seuil anaérobie, à la PMA, sur une distance moyenne, selon la difficulté de la séance.

Voici par exemple une séance de *fartlek* sur un parcours vallonné :

- 20 minutes d'échauffement progressif.
- 10 minutes en endurance aérobie à 70 % de la FCM.
- Montée d'une côte en force à 30 tours de pédale par minute.
- Descente en vélocité maximale.
- Montée suivante au seuil anaérobie.
- Récupération sur le plat à 15 pulsations en dessous du seuil.
- Ascension suivante en danseuse, avec attaque violente en haut.
- Montée en puissance à 70 tours par minute au seuil anaérobie.
- Montée d'une côte en plaçant deux démarrages successifs.
- Retour au calme.

Ce type de travail a bien sûr moins d'intérêt en terrain plat.

Le graphique 18 illustre parfaitement ce type d'entraînement, qui permet l'enchaînement d'exercices fort différents, ce qui rompt la monotonie de séances uniformes et permet de travailler les points faibles du coureur : attaque, vivacité de réaction, puissance, force, vélocité, sprint, tout y est réalisé.

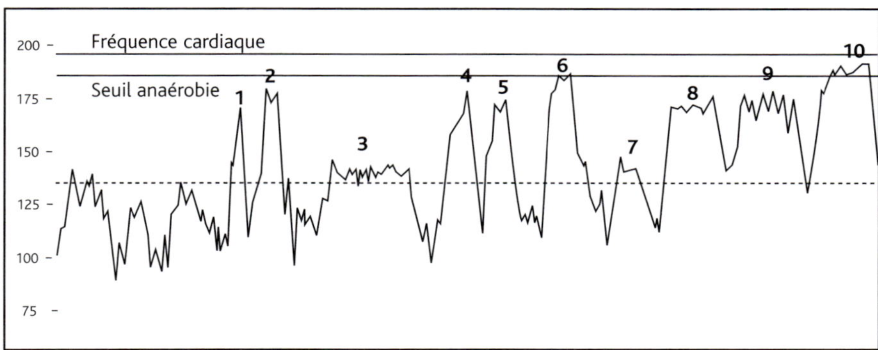

Graphique 18 : Exemple d'entraînement en fartlek training.

Cet exemple illustre bien ce type de travail.

C'est un mélange de tous les types de travail. Après un échauffement visant à s'approcher du seuil anaérobie (1 et 2), force (3), puissance avec plusieurs attaques et sprints en côte (4 et 8), travail au seuil anaérobie (6), montée en danseuse avec attaque violente (4), jeu de course dans un col avec montée au-delà du seuil anaérobie (10).

5. L'entraînement continu

C'est l'unique méthode de travail utilisée par la quasi-totalité des compétiteurs cyclistes. L'entraînement continu à rythme lent permet de parcourir des distances importantes sans fatigue apparente, mais ne permet qu'un gain très relatif au niveau de la consommation d'oxygène, et ne prépare pas un cycliste à la compétition, dans laquelle il n'y aura jamais de temps de repos avec rythme lent.

Le cycliste ne disposant pas de l'énergie nécessaire pour parcourir de nombreux kilomètres à allure rapide, il se contente de rouler en endurance critique basse, très loin de l'allure de compétition. C'est ce que nous appelons le cyclotourisme de luxe.

Le problème de ce type de sortie est que même si le cycliste ne semble pas fatiguer particulièrement, son organisme demande un temps très long pour récupérer. Plusieurs jours pour une sortie de 5 heures et plus.

Si l'allure est trop soutenue, c'est à une véritable course que se livrent les protagonistes.

C'est bien là le problème de cyclistes capables de rouler en groupe « la tête dans le guidon » pendant 3 à 5 heures, aux antipodes de la notion d'endurance. C'est la principale cause des erreurs de préparation hivernale.

D'autre part, si nombre de coureurs obtiennent une consommation d'oxygène élevée, leur seuil anaérobie reste souvent désespérément bas. Ils deviennent ainsi de véritables diesels. De plus, leur récupération s'effondre et les changements de rythme en course sont de plus en plus difficiles.

En outre, si le cycliste s'entraîne sur un mode qui n'a rien à voir avec la compétition, puisque son rythme est constant et les changements de rythme inexistants, il s'expose à deux conséquences importantes : la baisse du seuil anaérobie, qui fait de lui un hyperdiesel, et un effondrement de la récupération, qui le rend incapable de supporter les changements de rythme.

Les coureurs en mal de récupération, qui ne connaissent que le continu à rythme constant, devraient pourtant essentiellement travailler les changements de rythme, pour mieux s'adapter aux conditions de course.

Si l'on fait le bilan du travail continu, c'est assurément le mode d'entraînement qui apporte le moins d'efficacité en terme de rapport efficacité par kilomètre réalisé.

Si l'accumulation des heures de selle aboutit cependant à une nette progression de la consommation d'oxygène, c'est assurément la méthode qui présente le plus bas rendement.

On s'imagine rarement ce qu'endure un organisme qui s'oblige à rester en selle des heures durant. Il n'y a pas pour autant de justification pour tant de sacrifices et de travail, car bien souvent, les progrès ne justifient pas toutes ces heures gaspillées.

Même si le travail continu est le plus répandu, ce n'est sûrement pas la meilleure méthode pour progresser.

À une époque où tous les corps de métier réclament une réduction du temps de travail, nous sommes convaincus que les cyclistes aussi y ont droit.

La meilleure façon de réduire ce temps de travail, c'est assurément de diminuer fortement le temps passé sur le vélo à allure réduite pour un gain de performance incertain, en alternant au contraire toutes les méthodes présentées dans ce chapitre.

Nous rappellerons une fois de plus qu'une sortie de 5 heures en endurance basse demande au moins 2 jours pour refaire le stock de glycogène.

Une sortie comportant du travail intense mais entrecoupé de phases de récupération sera entièrement surcompensée le lendemain.

Depuis des lustres, on a rajouté la quantité là où l'on ne savait pas travailler la qualité.

Ici encore, les coureurs à pied et les marathoniens sont très en avance sur le cyclisme. Qui aurait l'idée, pour courir 42 kilomètres, d'en parcourir 250 dans la semaine ?

La distance la plus longue parcourue par un marathonien chaque semaine avoisine la moitié de celle de la course !

Nous pensons que le mode continu est de loin le plus mauvais de tous les modes d'entraînement.

Pour tous les plans de travail proposés plus loin, vous ne trouverez jamais de séances de très longue durée à petite allure. Lorsqu'il est possible de faire mieux en moins de temps, c'est aussi du temps consacré à autre chose ou aux études, ou à la famille...

Nous pensons qu'un jeune coureur junior ou espoir a certainement d'autres impératifs que de perdre son temps des après-midi entiers sur son vélo, alors que nous retrouvons des tests d'effort sensiblement identiques malgré l'accumulation des kilomètres.

Il vaut mieux à notre sens exploiter 92 % d'une PMA de 380 watts en gardant jus et bonne récupération que 83 % d'une PMA de 420 watts saturée et sans récupération !

Dans les deux cas, on obtient une puissance exploitable de 346 watts au seuil, mais les conditions ne sont pas les mêmes et la récupération risque d'être pénalisée dans le deuxième cas.

6. L'endurance intermittente

L'endurance, pour un coureur cycliste, c'est la capacité à soutenir des efforts à un pourcentage élevé de la PMA. Celui qui pourra utiliser 90 % de sa PMA pendant 30 minutes sera plus performant que celui qui dans le même temps n'en utilisera que 80 % (pour des PMA comparables).

L'accroissement de la performance d'un coureur cycliste passe évidemment par l'amélioration de la capacité à rouler vite, en échappée, à soutenir un train élevé pendant le temps nécessaire pour distancer ses adversaires.

Les cyclistes sont habitués à exploiter leurs capacités de base, mais non à les développer. Invariablement, le seuil anaérobie baisse de mois en mois et les performances stagnent, car ils ne cherchent pas à améliorer les critères essentiels de la performance : VMA, tenue au seuil anaérobie, tenue à la PMA.

Ils ont pris l'habitude depuis des décennies d'accumuler des milliers de kilomètres à allure tranquille ou au contraire à faire la course à la moindre sortie de groupe.

L'apport des notions déjà utilisées depuis fort longtemps en course à pied nous semble d'un intérêt considérable. Là encore le cyclisme se prive en général d'une avancée très importante.

Comme à l'habitude, la plupart des connaissances sur l'entraînement cycliste sont issues de sports bien en avance par rapport au nôtre, et principalement de l'athlétisme.

Le pourcentage de la PMA utilisable diminue avec le temps. Un coureur échappé depuis très longtemps voit sa vitesse baisser, de même un spécialiste du contre-la-montre ou celui qui, tentant le record de l'heure, « coince » souvent vers la fin de l'épreuve.

Une course à niveau élevé épuise assez vite les réserves musculaires en glycogène. Plus un coureur est performant, plus il utilise ses graisses pour épargner ce glycogène.

P.O. Astrand estime que l'endurance intermittente est la meilleure méthode pour développer les capacités à l'endurance.

Georges Gacon, spécialiste de l'endurance, estime que le travail en endurance au-dessous de 95 % de la PMA permet d'augmenter la consommation des acides gras, donc d'économiser le stock de glycogène disponible.

Aldo Sassi affirme avoir constaté un pic de lipolyse 15 pulsations en dessous du seuil anaérobie. Toutes ces informations sont exploitables par cette méthode d'endurance intermittente, ou EI.

a) La notion de vitesse maximale aérobie

La VMA ou vitesse maximale aérobie est la vitesse qui correspond à un effort à la PMA, donc à une consommation maximale d'oxygène.

On estime que la VMA est obtenue lorsqu'on est capable de maintenir pendant 5 minutes et à rythme constant une vitesse la plus élevée possible.

Ce test est particulièrement intéressant à effectuer lorsque l'on prépare des poursuiteurs ou des spécialistes du contre-la-montre, car il permet de vérifier les progrès réels du coureur.

L'amélioration de la PMA entraîne, comme disait Lapalisse, l'élévation de la VMA.

Pour élever la VMA, il faut donc travailler à des intensités proches de la PMA, donc à des fréquences cardiaques très élevées, et à des vitesses elles aussi d'autant plus élevées que le sportif sera performant.

b) La méthode d'endurance intermittente

Développée par Georges Cacon, cette méthode est une variante de l'*interval training*, ainsi que du travail fractionné, et réside dans le fait de réaliser un travail d'endurance élevée entrecoupé de périodes de récupération.

Cette alternance de périodes de travail et de repos met en jeu un mécanisme intramusculaire de transfert d'oxygène par l'intermédiaire de la myoglobine.

Cette protéine, responsable du transport cellulaire qu'effectue l'hémoglobine dans le sang, joue le rôle d'une pompe, qui libère l'oxygène rapidement, pour se recharger très vite.

C'est ce que certains appellent l'effet turbo de ce mode de travail.

Ce système permet un ravitaillement local et immédiat du muscle en oxygène, ce que ne permet pas un mode de travail continu.

Le muscle peut ainsi travailler longtemps à haut régime, sans produire de lactates.

L'une des différences essentielles avec la méthode d'*interval training* est l'importance de la variation de la fréquence cardiaque entre effort et récupération. L'endurance intermittente quant à elle limite l'amplitude des variations de fréquence cardiaque (5 à 10 pulsations).

L'endurance intermittente présente donc trois avantages essentiels :

- Le développement de la PMA.
- Le développement des capacités de récupération.
- L'augmentation de la charge de travail au cours d'une même séance.

c) Le principe de travail

- Durée des enchaînements : 15-15 ; 20-20 ; 30-30, les temps étant toujours exprimés en secondes. Le premier nombre correspond au temps de travail, le second à la durée de la récupération.

La durée de la récupération est déterminée pour limiter la décroissance du pouls entre 5 et 10 pulsations au maximum.

Elle dépend des capacités du cycliste. En effet, s'il récupère très mal, le temps d'effort sera inférieur à celui de récupération. Le travail sera alors de type 20-30 ; 30-40.

À l'inverse, dans le cas de sujets présentant une grosse capacité de récupération, on choisira de diminuer cette phase plutôt que d'augmenter la durée des efforts. Par exemple, on enchaînera des fractions de 30-20 ; 30-15 ; 40-20.

Dans le cas de récupérations moyennes, le temps d'effort et celui de récupération sont identiques.

- Intensité : 90 % à 95 % de la PMA, seuil anaérobie.

Le parcours optimal pour l'endurance intermittente comporte de longues côtes pour y travailler à un niveau élevé tout en limitant la décroissance du pouls lors de la récupération.

Ceci est encore plus intéressant lorsque l'on peut monter un petit col : on pourra ainsi rester très près du seuil anaérobie en alternant des efforts de 20-20 sans fatigue excessive.

La courbe de fréquence cardiaque ci-après a été enregistrée lors d'un travail dans un col de 10 kilomètres de long, par un cycliste effectuant un exercice de 20-20 au seuil anaérobie.

Comme à l'habitude, le seuil avait été estimé à l'échauffement (les deux exercices au début de la courbe, réalisés dans deux côtes).

Nous pouvons vérifier que la baisse de la fréquence cardiaque en période de récupération ne dépasse jamais les 5 pulsations si la durée de cette phase est correctement choisie.

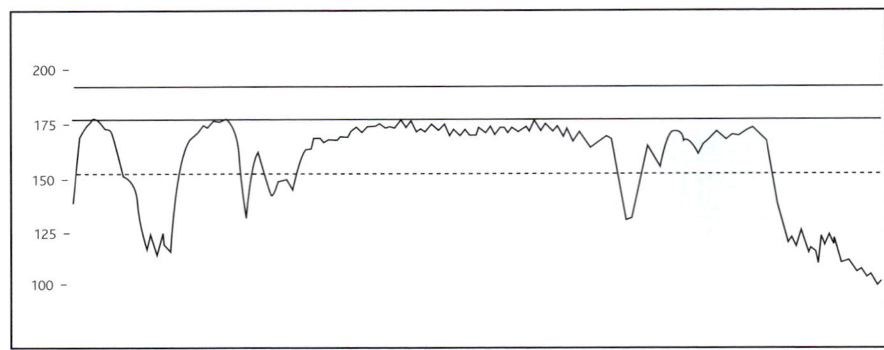

Graphique 19 : Exemple d'exercice en endurance intermittente.

Cette méthode de travail est indiscutablement celle qui permet la plus grosse charge de travail à la PMA, par répétition d'un grand nombre d'efforts sans fatigue particulière.

Pour montrer l'intérêt de cette méthode, nous citerons l'exemple d'un duathlète dont l'unique mode de travail est le travail intermittent. Il y a quelques années, il présentait une consommation d'oxygène réduite (59 ml/kg/mn).

Aujourd'hui, il fait partie des 20 meilleurs Français et tourne régulièrement à 78 ml/kg/mn, et à l'eau claire. Ce cas est loin d'être isolé.

Cette méthode est peu utilisée dans le milieu cycliste routier. Cependant, nous rappellerons que ce mode de travail est beaucoup développé sur piste par ceux qui pratiquent l'américaine.

Car enfin, qu'est-ce que l'américaine, sinon de l'EI en 40-40 ? Tous ceux qui l'ont utilisé appréciaient pourtant le gain de « jus » qu'elle apportait... Malheureusement, personne n'a jamais eu l'idée de s'en servir pour préparer les routiers !

C'est cela aussi, le cyclisme d'aujourd'hui !

7. Le travail de la force musculaire

Notion fondamentale à utiliser en priorité lors de la reprise de l'entraînement.

Peu utilisé par la plupart des coureurs, ce travail permet un excellent complément du cycle de musculation hivernal, en utilisant l'outil habituel du cycliste : son vélo.

Nombre de jeunes coureurs souffrent d'un manque de force musculaire, et pourtant, lors de l'entraînement en groupe, chacun s'efforce d'arriver le premier en haut de chaque côte.

Ceci ne présente aucun intérêt. À l'inverse, se servir de ces côtes pour progresser et gagner en force musculaire, c'est à coup sûr une excellente façon de travailler.

Dans ce cas, ce sont les cuisses et les mollets qui travaillent. La fréquence cardiaque doit rester basse, puisque le système cardio-respiratoire n'est pas sollicité.

Aldo Sassi, entraîneur de la Mapei, a longuement développé cette technique dans le stage qui s'est déroulé en novembre 1998 à l'INSEP. Nous allons résumer les données essentielles.

SEMAINE	DURÉE DES EFFORTS	NOMBRE DE RÉPÉTITIONS	DURÉE DE SÉANCE
SEMAINE 1	30 s	5	45 min
SEMAINE 2	1 min	5	45 min
SEMAINE 3	1 min 30	5	45 min
SEMAINE 4	2 min	5	45 min
SEMAINE 5	2 min 30	5	1 h
SEMAINE 6	3 min	5	1 h
SEMAINE 7	3 min 30	5	1 h
SEMAINE 8	4 min	5	1 h
SEMAINE 9	4 min 30	5	1 h 30
SEMAINE 10	5 min	5	1 h 30
SEMAINE 11	5 min	6	1 h 30
SEMAINE 12	5 min	6	1 h 30

Tableau 10 : Progression de l'entraînement de la force sur 3 mois.

Le travail doit s'effectuer dans une côte suffisamment longue et présentant un pourcentage voisin de 6 à 8 %.

Il s'agit d'effectuer un travail de durée progressive, au cours de 5 à 6 répétitions d'1 à 5 minutes. La vitesse de pédalage se situe autour de 35 à 40 tours par minute, et le coureur travaille sans tirer sur le guidon.

Le braquet est variable en fonction des capacités de chacun, et sera augmenté au fur et à mesure que le cycliste constatera ses progrès.

La récupération entre deux ascensions s'effectue en vélocité. Le temps de récupération dépendra du temps d'effort.

En période de préparation spécifique, ce type d'exercices verra sa durée augmenter chaque semaine, avec au départ cinq efforts de 30 secondes. Cette méthode semble très efficace, et pourra être utilisée avec bonheur.

Tout d'abord, il faut préciser que la durée de l'effort proposé lorsque l'on monte à 40 tours par minute permet à chaque cuisse un effort de plus d'une seconde.

Cette durée suffit pour induire une activité enzymatique accrue au sein de la cellule musculaire, et l'oxydation des molécules de substrats est accrue.

Il en résulte une meilleure adaptation de la cellule musculaire, qui devient plus forte sans pour autant que le muscle n'augmente de volume.

Il semble d'autre part que pour une efficacité maximum, un muscle doit travailler dans la position qu'il prendra en course, ce qui n'est pas le cas sur un banc de musculation.

Le propriétaire de la salle de sports ne connaît pas obligatoirement les besoins du cycliste, et vous risquez d'effectuer des mouvements inadaptés, en prenant des pectoraux là où il vous faut développer les quadriceps.

Enfin et surtout, tout effort de force effectué trop vite devient un travail cardiaque, et donc de la puissance. Enfin, il n'y aura jamais traumatisme musculaire du fait de charges trop lourdes, car il est aisé de gérer son braquet afin de ne pas monter une côte en balançant les épaules, ce que nous recommandons.

8. Le travail de la vélocité

Autre notion fondamentale de l'entraînement.

En observant des coureurs tels Lance Armstrong, nous sommes bien obligés de constater l'efficacité de son coup de pédale... Pour ceux qui ont calculé sa vitesse de rotation, qui avoisine les 115 tours par minute, il semble qu'il y ait une alternative à l'augmentation invraisemblable des braquets depuis quinze ans.

Si l'on remonte dans l'histoire du cyclisme, on remarquera que la totalité des records de l'heure, tous les coureurs ont tourné entre 105 et 106 tours par minute.

Cela n'est sûrement pas un hasard. C'est le fruit d'un travail et la conséquence d'un ensemble d'éléments que nous allons détailler ci-dessous.

a) Le pourcentage de fibres rapides

On sait qu'un sprinter possédant un grand nombre de fibres rapides est capable de tourner les jambes beaucoup plus vite qu'un cycliste très endurant. Les sprinters, comme les spécialistes du BMX, sont capables de rotations extrêmes, tandis que les cyclistes non habitués à travailler leur vélocité en sont bien incapables.

b) La capacité de coordination

Nous avons remarqué également que les pratiquants très mal coordonnés étaient incapables de tourner les jambes. C'est le cas de la plupart des débutants et de ceux qui n'arrivent pas à se donner un rythme de pédalage régulier.

c) La force musculaire

Il a été remarqué que l'amélioration de la force influait directement sur l'amélioration de la vitesse de pédalage (Weinek, biologie du sport). D'où l'intérêt de coupler le travail de la force et celui de la vélocité.

d) Le sexe et l'âge

Ces deux critères dépendent du précédent. La femme présente un déficit de force de 15 % par rapport à l'homme.

De même, le principal effet du vieillissement est la fonte musculaire, donc la déperdition de force et donc de vélocité qui en découlent.

D'où la nécessité pour toute personne avançant en âge de développer un travail constant de la vélocité.

e) Les outils nécessaires au travail de la vélocité

Peu onéreux, ils sont apparus depuis quelques années sur le marché. Ils s'appellent compte-tours, et il en existe chez Polar, chez Sigma ou chez d'autres fabricants...

Nous sommes convaincus que le compte-tours et son corollaire le compteur sont aussi importants que le cardiofréquencemètre dans la recherche de la performance.

Il faut savoir qu'il est possible de trouver sur le marché un ensemble compteur + compte-tours à moins de 30 euros.

Ce prix ne nous semble en rien un frein à une acquisition. De plus, ces outils fonctionnent très bien ! La seule contrainte est de fixer les capteurs sur la roue arrière.

	42	43	44	45	46	47	48	49	50	51	52	53	54	55
12	35,6	36,4	37,2	38,1	38,9	39,8	40,6	41,5	42,3	43,2	44	44,9	45,7	46,5
13	32,8	33,6	34,4	35,2	35,9	36,7	37,5	38,3	39,1	39,8	40,6	41,4	42,2	42,9
14	30,5	31,2	31,9	32,6	33,4	34,1	34,8	35,5	36,3	37	37,7	38,4	39,2	39,8
15	28,4	29,1	29,8	30,5	31,1	31,8	32,5	33,2	33,9	34,5	35,2	35,9	36,6	37,2
16	26,7	27,3	27,9	28,6	29,2	29,8	30,5	31,1	31,7	32,4	33	33,6	34,3	34,8
17	25,1	25,7	26,3	26,9	27,5	28,1	28,7	29,3	29,9	30,5	31,1	31,7	32,3	32,8
18	23,7	24,3	24,8	25,4	26	26,5	27,1	27,6	28,2	28,8	29,3	29,9	30,5	31
19	22,5	23	23,5	24,1	24,6	25,1	25,7	26,2	26,7	27,3	27,8	28,3	28,9	29,3
20	21,3	21,8	22,3	22,9	23,4	23,9	24,4	24,9	25,4	25,9	26,4	26,9	27,4	27,9
21	20,3	20,8	21,3	21,8	22,2	22,7	23,2	23,7	24,2	24,7	25,2	25,6	26,1	26,6
22	19,4	19,9	20,3	20,8	21,2	21,7	22,2	22,6	23,1	23,5	24	24,5	24,9	25,3
23	18,5	19	19,4	19,9	20,3	20,8	21,2	21,6	22,1	22,5	23	23,4	23,8	24,3
24	17,8	18,2	18,6	19	19,5	19,9	20,3	20,7	21,2	21,6	22	22,4	22,9	23,3
25	17,1	17,5	17,9	18,3	18,7	19,1	19,5	19,9	20,3	20,7	21,1	21,5	21,9	22,3

Tableau 11 : La vitesse obtenue en fonction du braquet à 80 tours par minute. Légende horizontale : les plateaux. Légende verticale : les pignons.

Dans les trois tableaux que nous proposons, nous allons montrer la différence existant entre pédaler avec une rotation de jambes de 80 tours comme la plupart des cyclistes, à 90 tours ou à 100 tours, vitesse qui permet d'oxygéner au mieux ses muscles.

Quelques mois de travail régulier permettent d'augmenter sa vitesse de pédalage et de s'approcher naturellement des 100 tours, ce qui devient vite une habitude.

Certains ont tendance naturellement à tourner très vite, mais avec des braquets insignifiants, leur conférant le handicap inverse : une absence totale de puissance. Pour ceux-là, c'est évidemment la force qu'il faudra développer.

Les tableaux 11 à 13 rappellent ce que nos cyclistes ont oublié depuis longtemps: à 100 tours par minute, on roule quand même près de 12 kilomètres/heure plus vite qu'à 80 tours/minute. Pour rouler à 45 kilomètres/heure, il faut un 50 x 14 à 100 tours, et les 53 x 12 à 80 tours/minute.

Nos coureurs, amateurs comme professionnels, pendant quinze ans, ont suivi les conseils des sirènes: braquets démesurés, manivelles toujours plus grandes, et ne sont arrivés nulle part.

Peut-être aurait-il fallu rallonger les jambes avec des prothèses spéciales... ou renforcer des cerveaux malmenés ?

	42	43	44	45	46	47	48	49	50	51	52	53	54	55
12	40	40,9	41,9	42,8	43,8	44,8	45,7	46,7	47,6	48,6	49,5	50,5	51,4	52,3
13	36,9	37,8	38,7	39,6	40,4	41,3	42,2	43,1	43,9	44,8	45,7	46,6	47,5	48,3
14	34,3	35,1	35,9	36,7	37,5	38,4	39,2	40	40,8	41,6	42,4	43,3	44,1	44,8
15	32	32,8	33,5	34,3	35	35,8	36,6	37,3	38,1	38,9	39,6	40,4	41,1	41,8
16	30	30,7	31,4	32,1	32,9	33,6	34,3	35	35,7	36,4	37	37,8	38,6	39,2
17	28,2	28,9	29,6	30,2	30,9	31,6	32,3	32,9	33,6	34,3	35	35,6	36,3	36,9
18	26,7	27,3	27,9	28,6	29,2	29,8	30,5	31,1	31,7	32,4	33	33,6	34,6	34,9
19	25,3	25,9	26,5	27,1	27,7	28,3	28,9	29,5	30,1	30,7	31,3	31,9	32,5	33
20	24	24,6	25,1	25,7	26,3	26,9	27,4	28	28,6	29,1	29,7	30,3	30,9	31,4
21	22,9	23,4	23,9	24,5	25	25,6	26,1	26,7	27,2	27,8	28,3	28,8	29,4	29,9
22	21,8	22,3	22,9	23,4	23,9	24,4	24,9	25,4	26	26,5	27	27,5	28	28,5
23	20,9	21,4	21,9	22,4	22,9	23,4	23,8	24,3	24,8	25,3	25,8	26,3	26,8	27,3
24	20	20,5	20,9	21,4	21,9	22,4	22,9	23,3	23,8	24,3	24,8	25,2	25,7	26,2
25	19,2	19,7	20,1	20,6	21	21,5	21,9	22,4	22,9	23,3	23,8	24,2	24,7	25,1

Tableau 12 : La vitesse obtenue en fonction du braquet à 90 tours par minute.

Les constructeurs ne pourront jamais fabriquer de couronnes de 5 dents, ni de plateau de 70 dents !

Des problèmes musculaires innombrables sont apparus ainsi que des tendinites qui ont justifié l'arrivée massive des corticoïdes, et cependant les moyennes n'ont pas augmenté pour autant. Elles auraient même dû diminuer s'il n'y avait eu... la potion magique.

Évidemment, si l'on retire l'EPO et autres gâteries des statistiques, jamais le record de l'heure n'aurait taquiné les 60 kilomètres...

De plus, lorsque les tendons sont fichus, il n'y a plus de solution.

Les ergonomes, les premiers, après avoir été à l'origine de ces excès, ont fait marche arrière, mais comme d'habitude dans ce milieu, il existe une telle inertie qu'avant que les cyclistes ne suivent, il faudra des décennies.

Surtout lorsque le champion du monde de contre-la-montre Honchar a remporté la course à moins de 80 tours par minute...

Contrairement à ce que l'on voit tous les jours à l'entraînement, nul n'a que faire du grand plateau tant qu'il n'est pas arrivé à 42 kilomètres à l'heure !

À 100 tours/minute et avec un braquet de seulement 42 x 17, la vitesse dépasse déjà plus les 31 kilomètres/heure... Le gain est supérieur à 3 dents par rapport à la même vitesse à 80 tours par minute.

Les cyclistes ne savent plus tourner les jambes, mais lorsque l'on veut s'en donner la peine, ce travail est d'une efficacité considérable.

	42	43	44	45	46	47	48	49	50	51	52	53	54	55
12	44,4	45,5	46,6	47,6	48,7	49,7	50,8	51,8	52,9	54	55	56,1	57,1	58,1
13	41	42	43	43,9	44,9	45,9	46,9	47,9	48,8	49,8	50,8	51,8	52,7	53,6
14	38,1	39	39,9	40,8	41,7	42,6	43,5	44,4	45,3	46,3	47,2	48,1	49	49,8
15	35,6	36,4	37,2	38,1	38,9	39,8	40,6	41,5	42,3	43,2	44	44,9	45,7	46,5
16	33,3	34,1	34,9	35,7	36,5	37,3	38,1	38,9	39,7	40,5	41,3	42,1	42,8	43,6
17	31,4	32,1	32,9	33,6	34,4	35,1	35,8	36,6	37,3	38,1	38,8	39,6	40,3	41
18	29,6	30,3	31	31,7	32,4	33,2	33,9	34,6	35,3	36	36,7	37,4	38,1	38,7
19	28,1	28,7	29,4	30,1	30,7	31,4	32,1	32,7	33,4	34,1	34,7	35,4	36,1	36,7
20	26,7	27,3	27,9	28,6	29,2	29,8	30,5	31,1	31,7	32,4	33	33,6	34,3	34,9
21	25,4	26	26,6	27,2	27,8	28,4	29	29,6	30,2	30,8	31,4	32	32,6	33,2
22	24,2	24,8	25,4	26	26,5	27,1	27,7	28,3	28,9	29,4	30	30,6	31,2	31,7
23	23,2	23,7	24,3	24,8	25,4	25,9	26,5	27	27,6	28,2	28,7	29,3	29,8	30,3
24	22,2	22,7	23,3	23,8	24,3	24,9	25,4	25,9	26,5	27	27,5	28	28,6	29,1
25	21,3	21,8	22,3	22,9	23,4	23,9	24,4	24,9	25,4	25,9	26,4	26,9	27,4	27,9

Tableau 13 : La vitesse obtenue en fonction du braquet à 100 tours par minute.

Nous avons vu les mêmes coureurs gagner plus de 50 watts en un hiver en travaillant simplement la force et la vélocité conjointement.

Mais ce n'étaient ni des élites ni des pros...

G. Mode d'entraînement et filière énergétique

E. Fox et D. Matthews ont étudié le pourcentage d'amélioration pour chaque filière en fonction du mode d'entraînement.

FILIÈRE	ANAÉROBIE ALACTIQUE	ANAÉROBIE LACTIQUE	AÉROBIE
Entraînement continu	5 %	5 %	90 %
Interval training	10 à 80 %	10 à 80 %	10 à 80 %
Entraînement fractionné	20 %	10 %	70 %
Fartlek	20 %	40 %	40 %

Tableau 14 : Mode d'entraînement et filières énergétiques.

Le tableau 14 montre l'intérêt des différents modes de travail présentés plus haut.

L'entraînement continu, de longue durée en général, ne peut permettre de développer que les processus énergétiques aérobies, mais de façon lente.

Avec un plan de travail bien ciblé, l'*interval training* permet de développer indifféremment chaque filière, en fonction des besoins. Particulièrement adapté au demi-fond en athlétisme, et à la piste, il permet des progrès importants.

Ce mode de travail est performant, mais est exigeant pour le mental : il faut s'astreindre à une discipline stricte, et ne surtout pas faire à sa fantaisie. C'est une méthode pour gens forts dans leur tête.

Le travail fractionné permet surtout une amélioration des processus aérobies, même s'il est également bénéfique à la filière anaérobie alactique.

L'américaine sur piste est un parfait exemple de travail fractionné, avec effort assez bref et récupération de durée équivalente.

La méthode de *fartlek* permet de développer chacune des trois filières, mais présente davantage de difficultés pour sa mise en œuvre, car il faut trouver un terrain adapté suffisamment vallonné pour être efficace.

L'endurance intermittente n'est pas présentée dans ce tableau, mais elle permet de développer à la fois la VMA, et donc la consommation d'oxygène, d'élever le seuil anaérobie et de développer la lipolyse.

Tout dépend donc du niveau d'intensité choisi au cours des exercices. C'est la méthode de travail qui permet le mieux de cibler le travail à effectuer. L'endurance intermittente permet en effet de travailler à la pulsation près.

C'est assurément la méthode que nous recommandons, mais comme pour l'*interval training*, elle demande beaucoup d'attention, de concentration et un travail généralement solitaire, qui ne cadrera jamais avec les sorties collectives, qui ressemblent plus souvent à des courses qu'à un véritable travail préparatoire à la compétition.

H. L'évaluation de la charge de travail

On appelle charge de travail la quantité d'énergie dépensée au cours d'un entraînement. Elle est le produit de l'intensité de l'effort par sa durée.

En affectant à chaque type d'effort un coefficient différent, on peut évaluer la charge de travail et l'utiliser pour construire un plan d'entraînement. Paul Köchli, dans l'ouvrage de Claude Genzling « Cyclisme sur route », propose une série de coefficients s'appliquant aux diverses intensités d'entraînement.

Cette méthode est très pratique et permet enfin d'estimer vraiment quel travail a été effectué au cours d'une sortie ou d'un cycle de travail, d'une autre façon que le sempiternel décompte des kilomètres, dont on ne sait jamais comment ils ont été parcourus.

Le principe est le suivant :

Charge = coefficient x temps

Le temps est exprimé en heures.

Paul Köchli a proposé une terminologie que nous avons adaptée à celle en vigueur aujourd'hui.

Les différents coefficients sont attribués aux intensités correspondantes ; nous retiendrons principalement :

1. Endurance critique basse : 30

Cette plage correspond à la zone aérobie, entre 70 et 80 % de la fréquence cardiaque maximale. C'est l'entraînement en zone d'endurance critique basse.

2. Endurance critique haute : 45

Cette zone correspond à la zone d'endurance critique haute et à l'arrivée au seuil anaérobie, soit de 80 % au seuil anaérobie (85 à 92 % dans la grande majorité des cas).

3. Puissance maximale aérobie : 55

Cette intensité correspond à la zone comprise entre seuil anaérobie et PMA. C'est la plage du travail en puissance maximale aérobie.

4. Anaérobie lactique : 80

C'est un effort au-dessus de la puissance maximale aérobie, soit un effort en zone lactique. La durée de l'effort n'excède pas 25 secondes à 2 minutes.

5. Anaérobie alactique : 90

C'est l'effort total, qui n'excédera pas 25 à 30 secondes. C'est le sprint, l'effort le plus intense du sport cycliste.

Le principe de calcul est simple : quand on connaît l'intensité de l'exercice réalisé, l'estimation de la charge de travail est facile. Voici quelques exemples :

3 heures en endurance critique basse ou intensité faible :

charge = 3 x 30 = 90

L'heure est égale à une unité, une demi-heure sera notée 0,5; un quart d'heure sera noté 0,25 et trois quarts d'heure 0,75. On arrondit à la dizaine la plus proche.

Une heure et demie en puissance à 80 % de la fréquence cardiaque maximale:

charge = 1,5 x 45 = 67,5 (on arrondit à 70)

Une heure en fractionné au seuil anaérobie:

charge = 1 x 55 = 55

Une demi-heure d'*interval training* court, intensité maximale:

charge = 0,5 x 90 = 45

Il est difficile de ne comptabiliser que les efforts effectués dans ce cas: on tient donc compte également des phases de récupération. Si l'on fait trois séries de sprints de 10 secondes avec 2 minutes entre les sprints et 5 minutes entre les séries, on aura effectué une demi-heure d'IT.

2 heures de *fartlek training* en intensité légère (endurance critique haute):

charge = 2 x 45 = 90

En supposant que l'entraînement de la semaine ait été constitué par les exemples ci-dessus, la charge de travail totale sera le cumul des charges, soit:

Charge de la semaine: 90 + 70 + 55 + 45 + 90 = 350

La charge de travail permet une progression logique tout au long du cycle de préparation, puis de compétition. Tout effort inférieur à la zone d'endurance aérobie pourra être considéré comme de charge nulle, puisqu'elle n'apporte aucune amélioration du potentiel énergétique d'un sportif. C'est le cas du cyclotouriste ou de l'homme qui cultive son jardin: l'intensité de l'activité physique s'apparente à la vie de tous les jours.

PLAGE DE TRAVAIL	FILIÈRE ÉNERGÉTIQUE	COEFFICIENT DE CHARGE	POURCENTAGE DE LA FCM
Intensité faible	Endurance critique basse	30	70 à 80 %
Intensité légère	Endurance critique haute	45	De 80 % au seuil anaérobie
Intensité moyenne	PMA	55	Du seuil anaérobie à la PMA
Intensité submaximale	Puissance anaérobie lactique	80	Au-dessus de la PMA
Intensité maximale	Anaérobie alactique	90	100 %

Tableau 15: La relation entre charges de travail et filières énergétiques.

Désormais, il est possible de connaître exactement le temps passé dans chaque plage de travail grâce aux montres cardiaques enregistreuses. Ceci simplifie bien sûr les calculs, mais permet une précision dans la gestion de l'entraînement impossible il y a quelques années.

Pour le candidat à la programmation de l'entraînement, évaluer les charges de travail est un exercice indispensable, qui permet d'harmoniser les microcycles entre eux et les cycles de travail en fonction des besoins et des objectifs.

Dans les exemples de plans d'entraînement qui suivent, nous avons utilisé le calcul des charges pour constituer nos microcycles, de façon à éviter des erreurs d'appréciation et afin de proposer réellement une progression des difficultés. Enfin nous les avons fait disparaître dans un souci de simplification.

I. Les principes de structuration de l'entraînement

Il découle des chapitres précédents six principes fondamentaux, énoncés par Weineck dans son « Manuel d'entraînement ».

1. Principe d'augmentation progressive de la charge de travail

Ce principe repose sur une augmentation progressive de la durée du travail, ainsi que de l'intensité. Des charges toujours identiques n'aboutiraient qu'à la stagnation et à la conservation de la condition physique en l'état.

2. Principe de charge d'entraînement continue

La capacité de performance ne peut s'améliorer que dans le cas où les microcycles de travail s'y enchaîneraient sans interruption. Dans le cas contraire, le sportif stagne ou perd tout le bénéfice du travail préalablement accompli.

Il s'agit de ne pas rompre la continuité de la préparation, tant que l'on n'y est pas obligé par une apparition d'une fatigue excessive (conséquence d'un enchaînement de courses dures). Bien évidemment, cela ne concerne ni les phases de coupure après l'objectif, ni les périodes de transition, indispensables dans un plan d'entraînement.

Cela explique cependant pourquoi, suite à une chute, à une affection bronchique ou à une grippe qui interrompt totalement la préparation pendant une à deux semaines, il est quasiment nécessaire de reprendre la préparation trois semaines en arrière.

3. Principe de périodicité des charges d'entraînement

Un cycliste ne peut pas être en forme toute l'année. Il est nécessaire d'adapter l'entraînement en proposant des cycles de récupération, des périodes de travail et une ou plusieurs coupures dans la saison. C'est pourquoi l'entraînement est organisé autour d'objectifs majeurs, véritables points d'orgue de la saison.

Ces objectifs majeurs seront au nombre de deux le plus souvent, et parfois de trois, le dernier objectif étant souvent plus difficile à préparer du fait de l'accumulation des compétitions. Il suffit d'observer comment les professionnels les plus en vue sont littéralement passés à travers les jeux Olympiques et les championnats du monde, qui terminent une saison très longue.

4. Principe de variation des charges d'entraînement

L'entraînement du cycliste comprend des séances de travail très différentes (endurance, vélocité, force, puissance, travail du sprint, lipolyse) qui ne nécessitent pas la même durée de récupération.

On ne peut épuiser chaque jour les réserves de glycogène par exemple sans ménager des moments de récupération. Il sera nécessaire de diversifier l'entraînement, en sollicitant chaque jour une filière énergétique différente.

5. Principe de la succession judicieuse des charges d'entraînement

Lors d'une séance d'entraînement, il faut s'adapter à l'installation progressive de la fatigue. Dès la fin de l'échauffement, il faudra placer des exercices nécessitant un éveil psychomoteur maximal.

C'est le cas du travail de la force explosive, du sprint. Viendra ensuite le travail nécessitant une récupération incomplète, comme l'endurance intermittente. Enfin la séance se terminera avec le travail d'endurance.

6. Principe d'efficacité du stimulus de la charge d'entraînement

L'efficacité de l'entraînement n'apparaît qu'à partir d'un certain niveau de travail. C'est pourquoi il est souhaitable de toujours travailler l'endurance au-delà de 70 % de la fréquence cardiaque maximale. Au-dessous de ce niveau, on n'effectue guère que du travail en endurance de base, où la filière principale utilisée est la lipolyse. Il n'y a pas dans ce cas d'amélioration de la consommation d'oxygène.

C'est pourquoi bon nombre de cyclistes, bien qu'accumulant des kilomètres, présentent souvent une stagnation de leur progression. C'est là tout le problème de l'efficacité par rapport au temps passé sur le vélo.

Yannick Botrel, BEES

Entraîneur du VC Châteaulin et de la section sport études de Châteaulin

Quoi ? On nous aurait menti ? Le dopage existe réellement ?

Eh oui, en cet été 1998, le cyclisme vient de vivre un moment clé de son histoire. La langue de bois des colloques et autres assemblées générales a dû laisser la place à une terrible réalité : oui, le dopage existe ! Et avec quelle ampleur !

C'est en fait un secret de polichinelle dans le « milieu » cycliste. Le grand public découvre, les initiés feignent la surprise et certains tentent encore de minimiser le phénomène. Autour du cyclisme gravite beaucoup de monde, des individus aux appellations plus ou moins floues, des gourous, des entraîneurs miracles et autres soigneurs. Est-ce trop demander que de souhaiter voir mettre un peu d'ordre dans tout cela ?

Heureusement, nombreux sont ceux, parmi les éducateurs, les entraîneurs, les médecins, qui veulent encore croire en un sport propre. Les connaissances dans le domaine de l'entraînement ont considérablement évolué, et sont aujourd'hui à la portée de tous ceux qui le souhaitent. Un travail sérieux et méthodique amène inéluctablement de bons résultats. C'est ce langage qui doit l'emporter auprès des jeunes.

De nombreux ouvrages traitent de l'entraînement. Il faut cependant reconnaître que leur accès n'est pas toujours aisé pour le pratiquant.

Un homme possède l'art de faire passer les connaissances au terrain. C'est le docteur Patrick Mallet, que les coureurs de notre club ont découvert en 1998. En quelques mois, un véritable dialogue s'est instauré. La conception des plans d'entraînement implique une collaboration entraîneur-coureur, entraîneur-médecin, coureur-médecin. C'est à travers un langage simple, des tests de terrain, des données directement exploitables que les jeunes peuvent suivre concrètement leur progression et vérifier le bien fondé des plans proposés. Plusieurs d'entre eux ont déjà récolté les fruits de leur travail, après quelques mois de collaboration.

Depuis une dizaine d'année, nous travaillions de la sorte, mais hélas avec les moyens d'un petit club confronté aux difficultés d'accès aux tests des centres de médecine sportive. Le travail que nous effectuons dorénavant avec Patrick Mallet est plus motivant pour les jeunes, car le suivi est régulier et la compréhension des critères retenus dans les tests est devenue très facile : évolution de la VO2, du seuil anaérobie et de cette notion si importante de récupération...

Si vous ne connaissez pas encore « la boîte à Mallet », dépêchez-vous de la découvrir. En un seul coup d'œil, la VO2, le seuil anaérobie et la récupération sont visualisés. Nos jeunes se sont rapidement approprié cette boîte et ont su en tirer bénéfice. Nul besoin de longs discours, cet outil est révélateur du bien fondé de votre travail à l'entraînement mais aussi de vos erreurs.

Chacun doit donc pouvoir trouver dans cet ouvrage matière à progresser et s'offrir un maximum de plaisir à la pratique de ce sport. Rien n'est laissé au hasard : l'entraînement, la récupération, l'hygiène, la pathologie, la diététique...

Ce livre indispensable est le fruit du travail de recherche de Patrick Mallet, médecin de terrain passionné qui n'en finit plus de compléter nos connaissances. »

Chapitre 4

LA PROGRAMMATION DE L'ENTRAÎNEMENT

A. Principe

La programmation de l'entraînement est un concept fort éloigné de la conception habituelle du coureur cycliste de niveau moyen. Pour la plupart, le principe est de bien se préparer l'hiver, pour être prêt dès les premières courses, et de rester en forme le plus longtemps possible. C'est ainsi que celui qui « fait le début de saison » reste à un bon niveau pendant deux mois, et disparaît pour le reste de la saison...

La période de forme est éphémère. Elle est longue à obtenir, et du fait de l'accumulation d'importantes charges de travail et de l'apparition de fatigue, elle ne dure jamais très longtemps.

La planification de l'entraînement a pour objet d'amener la forme au moment où elle doit être là: le jour de l'objectif choisi.

Si un coureur choisit, dès le début de sa préparation, des objectifs majeurs (jusqu'à trois au maximum), répartis sur toute la saison de compétitions, il sera possible d'harmoniser une programmation de l'entraînement cohérente. De cette façon, les objectifs seront atteints au sommet de la forme physique...

Le paradoxe du cyclisme, vécu dans les clubs en général est de retrouver souvent les coureurs en surentraînement avant et en tout début de saison, tandis que l'on s'installe en sous-entraînement dès les premières courses !

Ceci est dû au désir d'être prêt pour débuter la saison, mais l'entraînement étant stéréotypé et répétitif d'une semaine sur l'autre, la courbe de progression est plate de mars à juin. Ensuite, c'est la dégringolade ou le vélo au clou jusqu'à l'année suivante.

Programmer, c'est construire sa saison de compétitions, c'est entrer en phase de récupération quand il le faut et non pas quand on est déjà « cuit » comme le dit le vocabulaire imagé du cycliste. C'est maîtriser les événements, pas les subir.

Il faut bien comprendre qu'une saison cycliste ne s'improvise pas. Les compétitions devraient être choisies avec soin, dans la logique de progression que réclame l'organisation de la saison en vue des objectifs prévus.

Il ne faut pas non plus se tromper sur la définition de ce qu'est un objectif. Nous voyons souvent des coureurs confondre un objectif fixé à l'avance avec leur désir de monter de catégorie (date totalement aléatoire), qui n'est en fait que l'objectif général de la saison. Nous voyons également régulièrement des cyclistes qui ont déterminé leur objectif quinze jours avant la date de la compétition !

Dès la parution du calendrier des compétitions, un coureur devrait pouvoir établir son programme de course et fixer ses objectifs. Ainsi sa préparation pourrait s'organiser de façon totalement cohérente.

C'est une autre façon de concevoir sa saison. Trop souvent, les coureurs pédalent au jour le jour, tout en considérant qu'une fois que la saison de compétitions est démarrée, il suffit d'entretenir la condition physique...

Dans les pages qui suivent, nous allons exposer la façon de concevoir un entraînement progressif et raisonnable, sans démesure, ni précipitation.

1. La périodisation de l'entraînement

Le principe de la programmation consiste en une division de la saison de compétition en périodes. On définit autant de périodes qu'il y a d'objectifs majeurs. Une période est constituée de trois phases.

a) Les différentes phases de la période

(1) Préparation

L'objectif de la préparation est l'acquisition de la condition physique. Il s'agit d'augmenter les charges de travail, pour accroître les qualités aérobies, avec de grandes durées et de petites intensités.

Au début, principalement de novembre à décembre, c'est la préparation physique générale ou préparation hivernale (non spécifique).

Le cycliste développe une activité importante, en variant les plaisirs. Il pourra pratiquer natation, musculation, roller, tennis de table, VTT.

Cette préparation hivernale présente deux intérêts essentiels :

- Préserver la condition physique.
- Développer les qualités des muscles qui participent indirectement au pédalage (dos, abdomen).

La seconde phase est la préparation spécifique, qui est consacrée essentiellement à l'entraînement cycliste proprement dit, période durant laquelle le volume d'abord, puis l'intensité augmentent.

(2) Compétition

Les objectifs prioritaires sont logiquement situés à l'époque des championnats. Dans cette période, le travail est plus intense et les séances sont plus variées.

Il ne faut pas épuiser les réserves énergétiques à l'entraînement et, au contraire, développer les qualités anaérobies, avec de grandes intensités et de petites durées.

À l'approche de l'objectif majeur, l'intensité et volume de travail augmentent. Le cycliste arrive ainsi aux compétitions cibles correspondant à l'aboutissement de la planification.

Une fois les compétitions cibles passées, suit une courte période de récupération, de façon à régénérer les réserves énergétiques épuisées.

La fin de saison s'effectuera sur la lancée, avec un certain relâchement, souvent dû à une démobilisation, au chaud soleil d'été, à la longueur de la saison, au manque d'objectifs et enfin à la difficile remise en route après les vacances estivales. Il est certain que tous les coureurs qui accumulent sans réserve les kilomètres depuis octobre commencent à ressentir une profonde saturation dès le début juillet, et dans le contexte des vacances, ils ne préparent plus rien de sérieux en général à cette période.

(3) Transition

C'est le retour à une activité plus tranquille, permettant la récupération des efforts précédents. C'est une période essentielle qui permet la régénération et la désaturation.

b) Simple périodisation

La saison cycliste peut ainsi être découpée en cycles de travail répartis autour d'une période à objectif unique. Cette période peut se situer par exemple au mois de juin, époque des championnats. L'enchaînement des cycles d'entraînement sera alors le suivant :

SIMPLE PÉRIODISATION	ORGANISATION
novembre - décembre	Préparation physique hivernale
janvier - février	Préparation cycliste spécifique
mars - mai	Début des compétitions
juin - juillet	Objectifs majeurs (championnats)
août - septembre	Fin de saison, objectifs secondaires
octobre	Transition - désaturation

Tableau 16 : Exemple de simple périodisation.

Ceci est un exemple de simple périodisation, construit pour la préparation d'un seul objectif, les championnats régionaux par exemple.

c) Double et triple périodisations

Dans le cas où les objectifs majeurs seraient très espacés dans le temps, on effectuera une double périodisation, voire une triple périodisation.

TRIPLE PÉRIODISATION	ORGANISATION
novembre à décembre	Préparation physique générale
janvier à fin février	Préparation cycliste spécifique
début mars	Compétition
mi-mars	Objectif
fin mars	Récupération - transition
avril	Préparation physique générale
mai à mi-juin	Compétition
mi-juin	Objectif
après l'objectif	Récupération - transition
juillet	Préparation physique générale
août	Compétition
fin août	Objectif
septembre - octobre	Transition

Tableau 17 : Exemple de triple périodisation.

Un coureur cycliste désirant effectuer une saison de compétition sur route puis la saison hivernale de cyclo-cross devra effectuer une double périodisation : une période de transition est indispensable pour enchaîner les deux disciplines.

Dans l'exemple du graphique 20, notre cycliste a pour objectif une belle course de début de saison, fin mars, les championnats en juin, puis une compétition nationale en août.

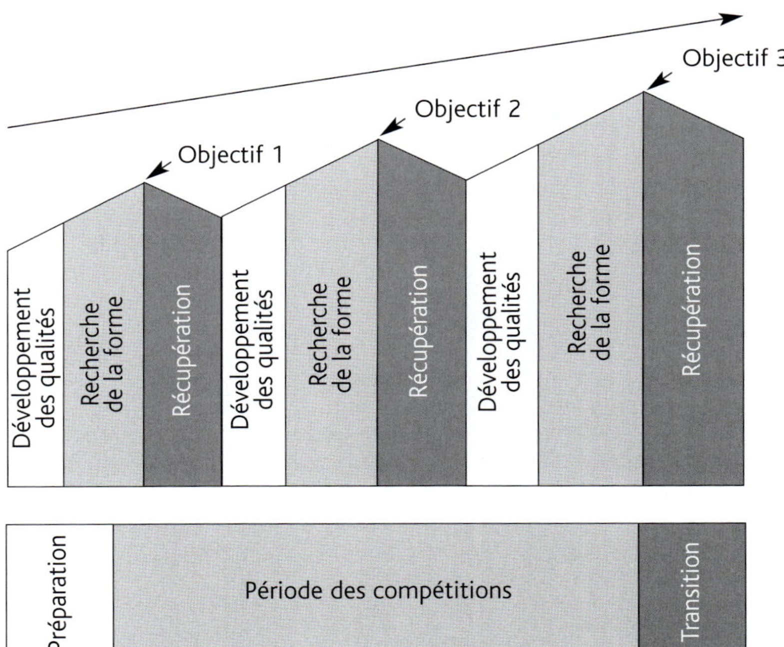

Graphique 20 : Organisation de la saison de compétition autour de trois objectifs majeurs.

2. Le microcycle d'entraînement

Le microcycle d'entraînement est constitué de séances d'exercice. Celles-ci seront réparties pour amener une surcompensation. Le microcycle dure une semaine, pour des raisons de commodité, mais peut durer plus ou moins au gré de l'entraîneur. Celui-ci est souvent amené à organiser le microcycle en deux parties, séparées par des journées de repos.

Les microcycles sont combinés les uns aux autres pour assurer une continuité dans la progression de la charge de travail, tout au long du cycle. Les charges de travail doivent tenir compte de la récupération.

Pour Paul Köchli, la durée des séances de travail doit diminuer au long de chaque partie du microcycle, tandis que l'intensité augmente. Pour J.-F. Meyer, une séance très dure est aisément supportée au lendemain d'une période de récupération.

Une proposition qui nous semble pratique pour le coureur cycliste amateur est de diviser la semaine en deux parties. La première pourra aller du mardi au jeudi, avec repos le vendredi, la seconde du samedi au dimanche avec repos le lundi.

La première partie de la semaine ainsi définie permettra une préparation axée sur l'adaptation à la compétition, avec vélocité, force explosive, efforts brefs et très intenses, ainsi qu'endurance et séances d'*interval training* le dernier jour pour reconstituer les réserves énergétiques.

La seconde partie de la semaine sera consacrée à la compétition.

Cette organisation permet de définir deux jours de repos fortement conseillés (même pour les élites), évitant les problèmes de saturation dont sont victimes certains coureurs, qui, ayant beaucoup de temps libre, rouleraient dans le cas contraire tous les jours matin et soir.

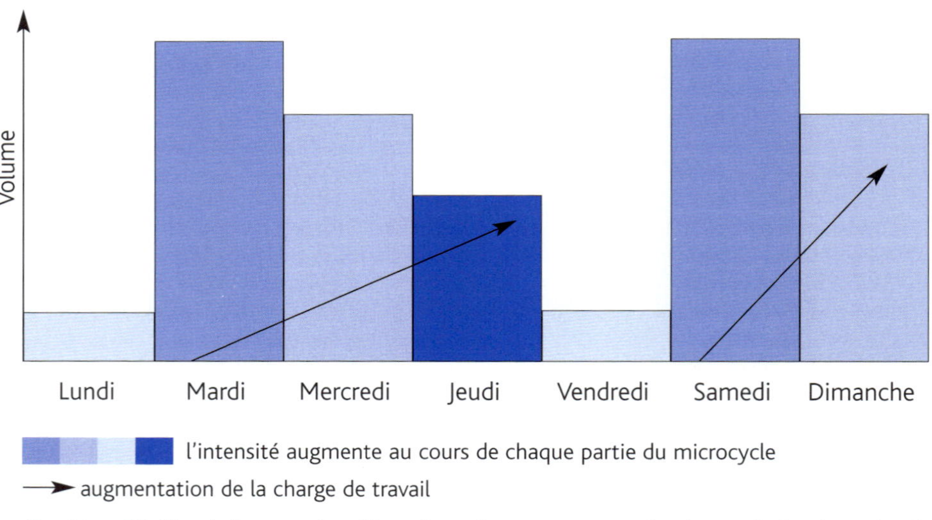

Graphique 21 : L'enchaînement des efforts d'entraînement au cours du microcycle. La séparation de la semaine d'entraînement en deux parties permet de dégager deux jours de repos, d'où un travail plus cohérent (d'après Paul Köchli). Le volume de travail diminue au cours de chacune des deux parties du microcycle.

3. Le macrocycle

Portmann a défini ainsi le macrocycle: c'est une succession de microcycles comprenant la somme des séances de travail nécessaires pour atteindre l'objectif.

Le macrocycle comprend 4 à 12 semaines et sa durée dépend du nombre d'objectifs majeurs au cours de la période de compétition.

Pendant la période de compétition, le premier macrocycle débute en même temps que ladite période, c'est-à-dire de mi-février à fin mars, et se termine après l'objectif majeur et la récupération qui suit.

Le second macrocycle débute après cette période de récupération et se termine après la récupération suivante. Il en va de même en cas de troisième objectif. En avant-dernière semaine, il est prévu un microcycle de repos actif, avec limitation des efforts, tant d'endurance que d'intensité.

Lors de la semaine précédant l'objectif, l'effet de surcompensation sera recherché, en effectuant une charge de travail importante, qui se terminera 48 heures avant la compétition cible.

En résumé :
La programmation d'un entraînement nécessite le choix d'un, deux, voire trois objectifs majeurs par saison cycliste. Chaque période de compétition doit être suivie d'une phase de transition.

Le programme d'entraînement comprend essentiellement une période de préparation et une période de compétition. La construction des microcycles est basée sur la surcompensation. Une séance d'entraînement est consacrée au volume ou à la puissance d'un métabolisme, phosphagènes, glycogénolyse anaérobie ou glycolyse aérobie, et il faut éviter de mélanger tous les genres.

Pour que la planification de la saison soit réalisable, il est nécessaire de ne pas se tromper dans le choix de ses objectifs, et de ne pas les multiplier, ni de modifier les choix en cours de préparation.

B. La période de préparation hivernale non spécifique

Il est aisé de montrer que l'arrêt de la compétition est suivi très vite d'une baisse très importante de la condition physique. Plus le cycliste est resté longtemps inactif, plus il lui sera difficile de retrouver la forme. On estime que sept semaines sans entraînement suffisent pour redescendre à son niveau de base.

Pour Karpovitch, une semaine sans entraînement correspond à deux semaines de travail perdues.

Le principe de la préparation hivernale sera donc de conserver l'essentiel de la condition physique pour reprendre la préparation spécifique, sans l'obligation de perdre beaucoup de poids.

1. Les buts de la préparation hivernale

a) Compenser les effets nuisibles de la compétition

Une saison complète de cyclisme amène une saturation, qu'il sera bon d'éliminer. De plus, l'intersaison permettra de récupérer des efforts accomplis, de réparer les blessures, les contractures musculaires, les souffrances des muscles paravertébraux et de réparer les traumatismes provoqués par les chutes. Ce sera aussi l'époque de se rééquilibrer sur le plan biologique par une alimentation saine et variée.

Nous pensons régulièrement à emmener la voiture au garage pour une révision, mais l'organisme n'a pas la même chance, et le cycliste a trop tendance à négliger son squelette, qui pourtant lui permet de vivre et d'accomplir son loisir préféré.

b) La conservation de la condition physique

Dès la fin de saison, les besoins physiques étant diminués par l'inactivité relative, le poids s'élève si les habitudes alimentaires ne sont pas adaptées. Il faut donc contrôler son alimentation et ne tolérer qu'une prise de poids minime. Les graisses superflues serviront de réserve pour la période de compétition.

D'autre part, un sportif en inactivité est un lion en cage. Il est indispensable pour son équilibre de lui proposer une activité régulière.

Trop de cyclistes renoncent à toute activité physique dès lors qu'ils ont rangé le vélo aussitôt la dernière course terminée. Aucune activité pendant deux mois, puis une semaine de libations pour la fin de l'année et les voilà gros et gras prêts à reprendre l'entraînement.

Le but de la préparation hivernale est précisément d'empêcher cette inactivité préjudiciable, d'autant que rien ne justifie de gâcher en deux mois ce qui a été si difficilement construit pendant tout le reste de l'année.

c) Compenser les insuffisances du cyclisme

Le cyclisme n'est pas un sport complet. L'essentiel de l'effort est supporté par le membre inférieur, par le bassin et la colonne vertébrale.

Pour un développement harmonieux, le coureur doit profiter de cette période pour travailler les muscles inactifs: épaules, bras, colonne vertébrale, et pour renforcer ceux qui participent au pédalage.

Ces muscles devraient être entretenus toute l'année, mais c'est en période hivernale seulement que le coureur prend conscience de la nécessité d'entretenir son squelette. Celui-ci a été souvent mis à mal par les gros développements, les longues manivelles, les chutes, et l'entretien de la musculature devient alors une nécessité absolue, sans laquelle la saison suivante a de grands risques d'être hypothéquée.

d) Retrouver une hygiène de vie

Pour certains coureurs de bon niveau, la saison cycliste n'est qu'un enchaînement de courses dures, de courses à étapes, de critériums aux quatre coins du pays. La saison hivernale servira aussi à retrouver une hygiène alimentaire, à retrouver un sommeil régulier, des horaires de repas fixes.

2. L'activité physique traditionnelle en période hivernale

Dans les temps préhistoriques du cyclisme, on préconisait une multitude d'activités adaptées ou non au cycliste, mais qui occupaient chaque jour de la semaine.

C'est cette préparation que nous proposons ci-dessous, car c'est celle que vous trouverez dans les pages de toutes les revues cyclistes des mois d'hiver et dans les anciens livres consacrés au cyclisme et à sa préparation.

La préparation hivernale est un peu galvaudée aujourd'hui, et il faut bien reconnaître que chacun la fait à sa sauce, et que tout le monde est sûr que son travail est le meilleur...

Nous ne pouvions pas ne pas évoquer ici l'activité habituelle, qui si elle n'est pas indispensable, a ou a eu son utilité en des temps anciens.

Le principe de l'activité hivernale, dans un premier temps, était d'oublier le vélo et de pratiquer des activités variées et peu dangereuses axées sur l'entretien des muscles utiles au cyclisme.

Cette façon de concevoir l'activité hivernale provient également de la saturation éprouvée par de nombreux coursiers suite à une accumulation démesurée de kilomètres, et à l'envie de diversifier leur activité.

Cependant, devant le constat que nous faisons tous les ans de l'état musculaire de la majorité des coureurs, nous sommes de moins en moins certain de la nécessité de rajouter des traumatismes musculaires à des organismes déjà bien fatigués.

C'est pourquoi nous nous attacherons à montrer les limites et les pièges de certaines activités hivernales présentées ci-dessous.

C'est pourquoi tout d'abord nous montrerons l'intérêt de certaines activités physiques, puis dans un second temps nous essaierons d'envisager la préparation hivernale autrement.

Ces activités sont basées sur la détente musculaire, la souplesse, les étirements et ne doivent jamais être intenses ni épuisantes.

a) La natation

Sport prioritaire en cette période.

La natation est un sport porté, où l'influence de la pesanteur est réduite, et qui permet des efforts peu importants, mais un travail très utile de renforcement musculaire, particulièrement indispensable pour le dos.

Il faudra nager doucement, puis effectuer des mouvements d'étirement et d'assouplissement, de la nage sur le dos et nage libre principalement.

Il serait souhaitable d'effectuer une à deux séances de piscine toutes les semaines, dès la fin des courses jusqu'au début de la préparation spécifique.

Les exercices que l'on peut faire dans une piscine :

S'étendre sur le dos en s'accrochant au bord de la piscine. Chaque mouvement sera effectué avec une vingtaine de répétitions au moins.

- Mouvements de pédalage et de rétropédalage.
- Mouvements de ramener des jambes sur l'abdomen (genoux joints).
- Ciseaux latéraux de grande et petite amplitudes pour solliciter les abducteurs et les adducteurs.

b) Le footing

C'est un excellent entretien de la condition physique, mais également un piège.

Il doit être pratiqué sans essoufflement, en endurance stricte. Le footing est une activité hivernale essentielle, qui développe les qualités aérobies du cycliste. Pratiqué régulièrement, il permet de conserver les acquis de la saison sportive.

Le footing peut être pratiqué du début novembre jusqu'à la mi-janvier. Il est à la base de l'entraînement hivernal. Il est nécessaire de courir plusieurs fois par semaine, avec des durées progressives.

En novembre : deux séances par semaine, mercredi et dimanche idéalement, à raison de 15 à 20 minutes pour un cadet, et 30 minutes pour un junior ou senior.

En décembre : 3 à 4 séances par semaine. Par exemple mardi, mercredi, vendredi et dimanche.

En janvier, deux séances, puisque le vélo reprend ses droits. En cas d'intempéries, on pourra continuer jusqu'à mi-février.

La durée des séances pourra être augmentée, mais pas l'intensité, ce qui sera l'affaire de la préparation spécifique.

Attention, le footing n'est pas la course à pied. Tous les muscles étant sollicités lors du footing, la fréquence cardiaque monte plus vite que sur le vélo. Il sera bon d'utiliser un cardiofréquencemètre, afin de limiter ses efforts.

Nous devons attirer l'attention de tous ceux qui souffrent chroniquement du dos : le footing leur est largement déconseillé. Il faut prendre en compte l'accumulation des traumatismes portés à chaque foulée, lorsque tout le poids du corps pèse et où les amortisseurs s'appellent les disques intervertébraux.

D'autre part, remarquons que les muscles sollicités lors du pédalage ne sont pas ceux qui servent à la course à pied. Ce qui fait de cette pratique une activité moins efficace pour un coureur cycliste que la pratique de la bicyclette, VTT, VTC, cyclo-cross ou vélo.

c) Les sports de ballon : volley-ball, basket-ball

Tous les sports collectifs sont des sports d'intensité et nous conseillons de développer le geste technique plutôt que d'effectuer des matches, inadaptés à cette période de l'année.

De plus, le football ou le rugby sont déconseillés en raison du risque d'accident musculaire ou articulaire. Il serait dommage de compromettre sa saison cycliste pour une entorse grave de la cheville avec un mois dans le plâtre à la clé !

d) Le ski de fond

Ce sport développe la consommation d'oxygène, et ne présente pas de danger en principe, au contraire du ski alpin, plutôt déconseillé à cause du risque traumatique.

Le cardiofréquencemètre est ici encore indispensable, car les pulsations cardiaques augmentent très vite, et l'on risque de dépasser la zone de travail en aérobie, surtout chez un cycliste non habitué à la pratique du ski de fond et hors condition.

L'important est de bien cibler la date d'un séjour à la montagne. Si le cycliste est resté deux mois inactifs et s'il a effectué le ski de fond à Noël, le risque est grand de passer à côté du sujet avec surentraînement quasi garanti.

Si, au contraire, le stage de ski correspond à l'achèvement d'une période de préparation bien réalisée, le bénéfice sera considérable et visible dès le dimanche suivant. Nous conseillerons donc davantage le ski de fond aux vacances de février qu'à Noël, période ou beaucoup de cyclistes ne sont pas prêts pour une telle aventure.

e) Le renforcement musculaire

Il s'agit dans un premier temps de renforcer la musculature non utilisée dans le sport cycliste. Il n'est pas nécessaire d'utiliser des charges lourdes, mais au contraire de multiplier les répétitions avec de petits poids. Dans un second temps, il s'agit de renforcer les muscles qui participent au pédalage.

Le renforcement musculaire des jeunes s'effectue avec une simple barre de 10 kilos pour un léger travail de musculation ou avec un manche à balai pour du travail d'assouplissement et d'étirements. Les répétitions s'effectueront par séries de 10 ou 20, et augmenteront progressivement.

Nous insistons sur le fait que le travail musculaire doit s'effectuer avec lenteur, sous peine dans le cas inverse de solliciter le cœur à des fréquences élevées.

(1) Exercices à pratiquer debout

- Relevés de buste, pour le renforcement lombaire.
- Rotations du tronc, dans les deux sens.
- Inclinaisons latérales du tronc.
- Flexions des jambes, avec augmentation progressive des répétitions, puis des charges. Il est plus efficace d'effectuer 30 répétitions avec 20 kilos, que 5 avec 40 kilos.

(2) Exercices à pratiquer couché sur le ventre

- Pompes pour le renforcement musculaire des bras.
- Relevés de buste pour le renforcement lombaire.

(3) Exercices à pratiquer couché sur le dos

- Jambes fixes : relevés de buste, abdominaux.
- Buste fixe : relevés de jambes jointes sur la poitrine.
- Ciseaux et pédalage avant et arrière, flexions extensions des jambes.
- Ciseaux avec petite et grande amplitudes pour travailler les adducteurs et les abducteurs.

f) La musculation

La musculation ne visera pas à l'acquisition d'une masse musculaire importante et inutile, mais bien à développer des qualités qui ne sont pas assez travaillées par les cyclistes.

La musculation s'effectue avec des poids croissants et a pour objet de renforcer les muscles non sollicités par les mouvements précédents ou de les développer davantage, mais sans excès :

- Épaules avec mouvements d'abduction adduction.
- Flexion extension des bras à la poulie.
- Flexion extension contrariée de la jambe.
- Mouvements d'épaulé-jeté.
- Presse : c'est l'outil préférentiel du sprinter. Il permet le développement des muscles des cuisses, qui prennent force et volume. Cet appareil est à manier avec précaution et à éviter chez les jeunes.

Nous rappellerons que tout travail de musculation doit impérativement être entrecoupé d'étirements et de phases de relaxation. Ces exercices permettront une récupération active, tout en évitant les contractures. De plus, ils stimuleront la vascularisation des muscles sollicités par le travail de force.

Il ne faut pas oublier qu'un gain de muscles de 2 kilos inutiles au pédalage risque d'être ressenti plutôt comme un désavantage quand il faudra monter des côtes.

Cette musculation a pour but de développer la force et le volume des muscles qui travaillent. Elle a donc un corollaire logique : un régime alimentaire supplémenté pendant cette période en acides aminés (protéines).

Les mouvements devront s'effectuer le plus souvent possible dans des positions proches de la situation de pédalage. Travailler sur un stepper par exemple s'effectuera sur l'avant-pied, le bassin incliné pour se rapprocher le plus possible de la position sur le vélo.

Il ne faudra pas oublier le développement des muscles lombaires et s'habituer, par exemple, pendant les squats à effectuer quelques séries de flexions en avant, pour amener le buste à 90 % par rapport aux jambes, puis à se relever doucement.

De même, les squats devront épargner les tendons des genoux, et la meilleure façon d'opérer est de pratiquer les demi-squats, où la flexion s'arrête quand la cuisse atteint l'horizontale.

La musculation utilisera des charges qui ne seront pas déterminées au hasard, mais bien après une évaluation de la performance maximale.

Chez les jeunes coureurs, on utilisera des charges de travail correspondant à 40 à 60 % du poids du corps.

Nous rappelons une fois de plus que tous les mouvements doivent être effectués lentement, afin de ne pas faire monter la fréquence cardiaque.

g) Le VTT

Discipline agréable l'hiver, le VTT doit être utilisé sans effort excessif, en promenade. Il est moins exigeant que le cyclo-cross et, à part les spécialistes, il devra lui être préféré pour les sujets trop justes physiquement.

Cette discipline ne doit être pratiquée qu'avec l'esprit de la promenade, car la fréquence cardiaque augmente très vite au moindre effort dans un terrain un peu difficile.

Le VTT permet de longues promenades en forêt, dans la campagne, et chaque fois qu'il fera beau pendant cette période, il ne faudra surtout pas s'en priver.

h) Le tennis de table

Ce sport est très utile pour développer les réflexes et a le gros avantage d'être sans danger. De plus, il est pratiqué en salle, ce qui est parfois bien commode l'hiver. Il peut être couplé dans ce cas avec une bonne séance de culture physique et d'étirements.

i) Le patin à roulettes

Le jeune coureur qui possède ce genre d'outil et qui a la chance d'avoir à proximité de son domicile un vélodrome pourra utiliser ses patins l'hiver, lorsqu'il est impossible d'utiliser le vélo de piste (piste mouillée).

Le roller est en effet l'un des meilleurs moyens de conserver la condition physique.

Travailler dans la zone de lipolyse en novembre jusqu'à mi-décembre, puis en endurance (70 à 80 % de la FCM), en effectuant de temps à autre quelques sprints.

j) Le home-trainer

Utilisé par certains quand il pleut ou quand il gèle, le home-trainer peut se révéler un précieux outil de travail.

Une distinction doit être faite entre les traditionnels appareils à trois rouleaux et ceux de la nouvelle génération.

Si l'on a la curiosité d'utiliser un cardiofréquencemètre pendant l'exercice sur home-trainer trois rouleaux, on constate qu'à charge nulle, la fréquence cardiaque s'élève très vite, sans pour autant avoir effectué un travail efficace.

Seul le travail en vélocité ou d'échauffement (piste) peut justifier l'emploi d'un tel appareil, lequel ne devrait plus guère être utilisé que dans les musées et les expositions.

Une large gamme d'outils très supérieurs en possibilités est apparue sur le marché depuis quelques années, permettant un choix de diverses intensités et capables d'apporter un réel progrès à leurs utilisateurs.

Certains d'entre eux permettent même désormais une analyse informatique de l'entraînement, décortiquant le travail effectué avec précision.

Le lecteur trouvera à la fin de cet ouvrage une étude des différents modèles les plus couramment disponibles chez les revendeurs.

Certains appareils sont très performants, et peuvent concurrencer pour un prix moindre des outils tels les bicyclettes utilisées en médecine du sport par les CHU et les centres médico-sportifs (Orion®, Cardgirus®, Technogym® etc.).

Il est ainsi possible de tout mesurer, tout évaluer.

Nous pouvons trouver aussi d'autres appareils sur le marché, plus proches du vélo d'appartement dont la pratique n'est pas particulièrement conseillée, du fait d'une position fantaisiste et d'un volant d'inertie trop insuffisant pour assurer un pédalage régulier. La présence de cale-pieds y est rare, et la selle rudimentaire.

L'utilisateur fera ainsi son choix, en fonction de ses possibilités financières et en appréciant le service rendu par chaque appareil.

Pour un prix modique, chacun peut aujourd'hui faire l'acquisition d'un appareil de qualité, permettant l'essentiel : l'entraînement lorsqu'il n'y a pas la possibilité de rouler à l'extérieur du fait de trop mauvaises conditions météorologiques.

L'utilisateur pourra alors effectuer des exercices de type 20-20 ou 30-30, des efforts d'*interval training*, des exercices de travail de la force ou de la vélocité ou un véritable programme d'entraînement lorsqu'on ne dispose pas de possibilités de s'entraîner le soir quand il fait nuit ou qu'on manque de temps.

Celui qui ne peut rouler que le week-end trouvera ici un outil précieux.

(1) Les exercices hivernaux à pratiquer sur home-trainer

Pratiquer le home-trainer tout l'hiver n'a d'intérêt que si cela apporte quelque chose au cycliste, sinon il vaut mieux le ranger dans un coin que faire joujou avec...

Le principal bénéfice sera de permettre une activité quand la pratique est souvent impossible : verglas, neige, tempête. Une longue période d'intempéries pouvant ruiner en janvier ou février toute une préparation physique sérieuse, on trouvera sur ce genre d'outil un moyen de compensation très utile.

En période d'intersaison, de novembre à décembre, la pratique du home-trainer peut permettre une activité physique avec conservation du geste de pédalage.

Il faudra pratiquer alors deux à trois fois par semaine (une heure suffira), avec un petit braquet et une fréquence cardiaque maximale de 60 % de la FCM.

Une heure pleine sur ce type d'engin, chez soi, c'est monotone. Devant la télévision, avec la rétrospective d'une étape du tour, pourquoi pas. Gare à ne pas se prendre pour Pantani !

Il est possible d'adjoindre au travail précédent des séances de développement de la force, en effectuant des répétitions de travail avec braquet important et petite vitesse.

Nous avons précédemment détaillé le travail de la force, et il est parfaitement possible d'effectuer un cycle complet d'entraînement de la force et de la vélocité pendant les mois de novembre à janvier.

Dans le cas où le cycliste est bloqué chez lui pendant l'hiver (c'est souvent le cas dans le nord de la France), il ne perdra pas son temps.

Nous rappelons donc la modalité de travail de ce type de séance (ce n'est pas inutile).

Échauffement 10 minutes, en vélocité à 100 tours par minute.

Enchaîner cinq efforts de force, entrecoupés à chaque fois de 5 minutes de vélocité à 100 tours et à 60 % de la FCM.

Nous rappelons une fois de plus que le bon braquet est celui qui permet de travailler sans se déhancher et de limiter la fréquence cardiaque à 60 % de la FCM. La vitesse de rotation est impérativement de 40 tours au maximum.

Si vous ne pouvez pas maintenir la fréquence cardiaque à 60 % de la FCM, c'est probablement parce que vous utilisez un braquet trop important.

Dans ce cas, diminuez, car rien ne justifie de se prendre pour Armstrong. L'intérêt de ce travail étant d'induire une adaptation musculaire à un travail inhabituel, vous progresserez quand même, plus lentement, mais plus sûrement. Vous pouvez également baisser encore la vitesse de pédalage à 30 tours.

Ces exercices doivent être réalisés sans tirer sur le guidon.

Pour être efficace, le travail de la force doit être réalisé trois fois par semaine.

La première semaine, les exercices de force dureront 30 secondes, puis vous augmenterez de 30 secondes chaque exercice, jusqu'à cinq fois 5 minutes, puis six fois 5 minutes. Rien de plus.

N'oubliez pas de noter à chaque fois le braquet utilisé, cela vous permettra de mesurer vos progrès au bout de deux mois !

Les cyclistes présentent souvent un défaut qui leur vient de leurs débuts : un jeu de cheville inexistant et un pédalage avec le talon très relevé.

Il n'y a aucun transfert de l'énergie de la poussée vers la remontée et, de plus, le point mort bas entraîne un pédalage fortement haché, peu esthétique et peu efficace.

Un jeu simple consiste à réapprendre le pédalage : donner un coup de talon au sol en arrivant au point mort bas et immédiatement de donner un coup de genou au plafond. Ceci permet le transfert de l'énergie, gomme le point mort bas, et c'est l'articulation de la cheville qui permet ainsi de redonner une totale efficacité au pédalage.

Ces exercices ne peuvent se faire qu'à petite allure et, dans ce cas, le home-trainer revêt un intérêt primordial. Il est possible de travailler sur une jambe à la fois et d'acquérir assez rapidement une mobilité étonnante de la cheville. Essayer, c'est l'adopter disait un publiciste...

Comme nous l'avons vu, le home-trainer peut permettre de remplacer des séances de travail sur route, et peut naturellement être intégré dans un plan d'entraînement, sans rien perturber.

Un tel appareil nous paraît désormais indispensable, que ce soit pour vérifier sa position, pour travailler, pour corriger ses défauts (pédalage, balancement parasite des épaules). Il fait partie des investissements indispensables.

Ainsi que vous le verrez plus bas, les modèles basiques sont commercialisés à des prix abordables, autour de 150 euros, soit 7 à 8 % du prix de votre vélo !

k) Le cyclo-cross

Le cyclo-cross est souvent supplanté désormais par le VTT.

C'est une incomparable école de souplesse et d'agilité, qui doit entrer dans l'apprentissage des jeunes coureurs, et doit donc être pratiqué avec prudence, mais pas abandonné ! On pourra l'insérer dans la préparation lors de l'introduction du travail de la force.

Le cyclo-cross ne rentre pas dans la préparation hivernale, puisque la période de compétition du cyclo-cross se situe précisément pendant l'intersaison pour un routier.

Étant donné que les intensités atteintes dans cette discipline sont très élevées et proches de la FCM, il faut considérer le cyclo-cross comme un sport à part et ne surtout pas l'insérer systématiquement dans une préparation hivernale, dans laquelle il perturberait totalement les principes d'un travail foncier.

De même, une période de préparation nécessitera d'écourter la fin de la saison cycliste pour arriver au cyclo-cross en pleine possession de ses moyens et encore motivé.

Le cyclo-cross sera utilisé chez les coureurs nationaux et élites dans un cas particulier : lorsque le seuil anaérobie est désespérément bas.

La meilleure solution pour le remonter est de profiter de l'intersaison, à une période où la consommation d'oxygène baisse fortement.

On sait la difficulté que représente ce travail sur route, quand à 45 kilomètres/heure le cycliste ne dépasse guère à plus de 150 pulsations. Celui qui court tous les jours pendant l'été ne peut plus guère s'entraîner, et son seuil, sollicité exclusivement en course, a tendance à baisser.

Le cyclo-cross permettra un travail à une fréquence cardiaque élevée, dont le résultat sera une remontée notable du seuil anaérobie, pour peu que le travail d'endurance soit modéré pendant cette période.

À l'inverse, pour tout coureur en surrégime toute l'année, la pratique du cyclo-cross peut aggraver l'état physique, effondrer la récupération et ruiner toute la future saison cycliste.

Cette discipline, qui développe l'agilité et la souplesse, permet bien souvent d'éviter les chutes dans les pelotons et de déjouer bon nombre d'embûches.

Ce qui rend ce sport dur, bien souvent, ce sont ces changements de rythme incessants, qui vous font passer du vélo à la course à pied, sauter par-dessus un obstacle, se lancer dans une descente vertigineuse.

Celui qui effectue une saison complète de cyclo-cross l'hiver et la saison sur route en suivant devra à la suite impérativement effectuer une coupure puis un cycle de régénération afin de récupérer et de profiter du bénéfice acquis l'hiver.

Toutes les activités présentées ci-dessus ne peuvent être effectuées à la fois. Cependant il serait bon d'y consacrer un peu de temps chaque jour. Il n'est pas bien long d'effectuer une série de 20 abdominaux avant de se coucher ou des étirements au lever.

l) La programmation de la préparation hivernale

La préparation hivernale ne demande pas une charge de travail hebdomadaire très importante. Néanmoins, il faudra harmoniser toutes ces activités au mieux pour en tirer un bénéfice important sur le plan musculaire.

Chez les coureurs qui bénéficient de tout leur temps, ainsi que les coureurs élites ou nationaux membres de groupes sportifs, et chez les demandeurs d'emploi, le temps n'est pas vraiment un problème.

Il faudra au contraire apprendre à modérer les ardeurs, car le cyclisme est l'unique pôle d'intérêt et sert de défouloir chez le coureur très motivé.

Chez les autres, il faudra adapter la préparation en fonction de la disponibilité.

ACTIVITÉ	LUNDI	MARDI	MERCREDI	JEUDI	VENDREDI	SAMEDI	DIMANCHE
Gym	30 min	30 min	30 min	30 min	30 min	30 min	30 min
Footing	-	30 min	-	30 min	-	30 min	-
Piscine	1 h	-	1 h	-	1 h	-	-
Muscu.	-	1h 30	-	1h 30	-	1h 30	-
Divers	-	-	VTT - 2 h	-	-	-	VTT - 2h

Tableau 18 : Activité physique en novembre.

ACTIVITÉ	LUNDI	MARDI	MERCREDI	JEUDI	VENDREDI	SAMEDI	DIMANCHE
Gym	45 min	30 min	45 min	30 min	45 min	30 min	45 min
Footing	-	1 h	-	1 h	-	1 h	1 h 30
Piscine	1 h	-	1 h	-	1 h	-	-
Muscu.	-	1h 30	-	1h 30	-	1h 30	-

Tableau 19 : Activité physique en décembre.

Les tableaux 18 et 19 montrent comment peut s'agencer une semaine d'activités diverses en période hivernale.

Pour le coureur disponible, il est possible d'effectuer plusieurs activités par jour.

Pour les autres, on s'arrangera pour effectuer la gymnastique de façon régulière et la piscine le week-end.

Notons qu'à notre sens, chaque footing contient de nombreux exercices d'étirements et d'assouplissements.

La gymnastique est un regroupement de diverses activités : étirements, renforcement musculaire, stretching, assouplissements. Celui qui s'efforcera de trouver chaque jour un créneau pour cette activité en tirera un profit considérable.

Il faut noter que pour le scolaire, il ne reste plus vraiment de temps pour les devoirs à la maison puisque chaque soir, une activité différente est proposée. De même pour celui qui rentre tard le soir après le travail, pour qui cette multiplication d'activités devient vite une contrainte.

C'est pourquoi il nous paraît souhaitable d'envisager une autre organisation des activités hivernales, tout aussi efficace, mais moins contraignante.

3. La préparation moderne

Devant le nombre considérable de préparations hivernales complètement ratées, avec pléthore d'activités mal réalisées, il nous semble urgent de proposer un autre mode de fonctionnement, plus apte à apporter satisfaction et à retarder la saturation qui s'empare des pelotons à l'approche des beaux jours.

Il est vrai qu'accumuler les heures d'entraînement dès novembre, voire pour certains en continu après la saison cycliste, n'est pas propice à la progression.

D'autre part, une activité différente chaque soir perturbe de façon importante les études des scolaires, au point que le premier trimestre se termine souvent de façon difficile.

Les pathologies dorsolombaires se multiplient chaque jour davantage dans la population et les cyclistes n'y échappent pas. Dans ces cas-là, la course à pied pose problèmes et est même parfois totalement contre-indiquée.

Les salles de musculation ont vu des erreurs consternantes se multiplier. Entre ceux qui ne s'occupent pas des cyclistes dont ils ont la charge et ceux qui ne connaissent ni le sport cycliste ni les disciplines qui le composent, bon nombre de coureurs n'ont jamais tiré quelque avantage que ce soit des nombreuses séances à la presse ou aux divers ateliers.

Les squats ont ravagé bon nombre de genoux, et le bénéfice était souvent un gain de poids de 2 kilos de pectoraux, ce qui plaît aux demoiselles, mais perturbe quelque peu les ascensions délicates.

Les efforts de force effectués trop vite deviennent des exercices de puissance, les sportifs manquent d'oxygène puisqu'ils travaillent souvent en atmosphère confinée.

Tout ceci remet en cause la pratique de la musculation en salle, d'autant qu'elle n'est jamais suivie des étirements indispensables et des assouplissements que la force réclame pourtant.

Enfin, pour être efficace, la musculation doit être effectuée trois fois par semaine, ce qui n'est pas toujours facile à réaliser.

Les stages de ski de fond faits à l'envers en anaérobie quand on croit faire de l'endurance, alors que la consommation d'oxygène est au plus bas, les sports collectifs générateurs d'entorses, toutes ces activités étant génératrices de tant de soucis ont contraint certains entraîneurs à envisager une autre forme de préparation.

C'est l'école italienne qui semble être à l'origine de cette nouvelle conception. Les chercheurs ont tout d'abord remarqué que par rapport aux Français, ils avaient souvent deux mois d'avance à la fin de la préparation spécifique.

Bizarre, d'autant que les cyclistes ne s'arrêtaient pas totalement de pratiquer, et qu'au lieu de se disperser dans de multiples activités dont personne n'est capable d'affirmer le bienfait, ils se contentaient de remonter rapidement sur leur vélo pour travailler force et vélocité.

Nous, de ce côté-ci des Alpes, nous conseillions de ne plus toucher au vélo pendant deux ou trois mois, et la remise en route était plus ou moins laborieuse. Pendant un mois, nous pratiquions « du foncier », chose informe où chacun met ce qu'il veut.

Le foncier, c'est comme le fond de l'air, c'est impalpable, cela ne veut rien dire, mais tout le monde pratique ! Chacun a sa propre définition, mais personne ne peut expliquer à quoi cela peut bien servir...

De plus, nous voyons tous les jours des jeunes cyclistes handicapés sur le plan musculaire, incapables d'effectuer un test de Ruffier sans s'appuyer quelque part ou sans pouvoir laisser les talons au sol, des jeunes sans abdominaux, ni lombaires.

Combien de cyclistes pédalent en dépassant avec les genoux l'axe du tube horizontal au point mort haut tellement les adducteurs sont rétractés ? Combien pédalent à l'inverse avec les jambes écartées, « en canard », parce que les abducteurs n'ont pas travaillé depuis trente ans ?

Pour toutes ces raisons, il nous semble indispensable de proposer une activité propre à corriger tous ces défauts, liés aussi à une initiation au cyclisme défaillante dans les premières années de pratique. Nous proposons donc l'organisation suivante :

ACTIVITÉ	LUNDI	MARDI	MERCREDI	JEUDI	VENDREDI	SAMEDI	DIMANCHE
Gym	45 min	30 min	45 min	30 min	45 min	30 min	45 min
Force vélocité	-	-	1 h à 1h 30	-	1 h à 1h 30	-	1 h à 1h 30
Piscine	-	1 h	-	-	1 h	-	-

Tableau 20 : L'activité physique en novembre et décembre.

Comme le montre le tableau 20, l'activité physique est largement réduite par rapport aux méthodes traditionnelles, mais davantage centrées sur le travail musculaire et l'entretien des qualités du cycliste.

La gymnastique proposée peut s'effectuer à la maison, avec un outil très onéreux : un manche à balai. Il s'agira de développer assouplissements, étirements, renforcement des abdominaux, des lombaires, de travailler les adducteurs et les abducteurs. Ceci peut se faire aisément une demi-heure avant le coucher.

Un tel travail quotidien garantira une musculature beaucoup plus souple et plus efficace.

La natation n'a pas pour but d'aligner les longueurs de bassin, mais d'effectuer des mouvements d'assouplissement, beaucoup plus faciles à réaliser dans l'eau, puisque la pesanteur est fortement diminuée.

On pourra ainsi effectuer pédalage, ciseaux, ramené des jambes sur le ventre. Les nages recommandées sont le dos, la nage libre. Éviter la nage papillon et tout travail en sous-l'eau, générateur de sinusites.

Le développement de la force et de la vélocité n'est pas un luxe. Depuis une quinzaine d'années, on assiste à une surenchère au niveau des manivelles et des braquets, qui ont considérablement ralenti la vitesse de jambes.

D'autre part, le rapport poids/puissance de la plupart des coureurs met en évidence un déficit de la force. Si celle-ci n'est pas développée, elle n'a aucune chance de s'améliorer.

Deux mois d'arrêt de la pratique cycliste, et tout est à refaire, comme tous les ans.

Il nous paraît donc souhaitable de ne pas interrompre totalement la pratique du cyclisme.

Après deux semaines de repos complet, nous conseillons aux coureurs de remonter sur le vélo, non pas pour s'entraîner, mais bien pour travailler la force et la vélocité.

Pour les cadets, il faudra choisir un faux plat, qui suffira pour cette activité, et le gravir lentement, à 40 tours/minute, sans tirer sur le guidon. Le braquet utilisé doit permettre de monter sans se déhancher, sous la surveillance d'un éducateur.

Les ascensions dureront 30 secondes la première semaine et augmenteront de 30 secondes chaque semaine. Chaque sortie demandera cinq ascensions consécutives. Le reste de la sortie s'effectuera à 100 tours de pédale par minute, à la fréquence cardiaque de 120 pulsations.

Des juniors aux seniors, l'activité sera la même, à la différence près que la côte choisie doit présenter un pourcentage régulier de 6 à 8 %.

Ce travail, en cas d'intempéries, peut être également réalisé sur home-trainer. Attention à ne pas se tromper dans le choix de la force de frottement pour un jeune cadet ! Tout déhanchement sera exclu.

Ce type de préparation hivernale nous offre entière satisfaction depuis que nous le proposons. Nous ne trouvons plus de pathologie tendineuse en période hivernale, pas plus que de cyclistes en surrégime dès le début de la préparation spécifique.

De plus, chaque cycliste travaillant ainsi reprend l'entraînement avec un gain de vélocité considérable et une force accrue de quelques dizaines de watts, sans jamais avoir sollicité la filière aérobie. À l'inverse de la course à pied ou du ski de fond.

La durée de la sortie sera de 1 heure en novembre, 1 heure 30 en décembre, quand le travail de la force demandera 4, puis 5 minutes.

C. L'étape de la préparation spécifique

La préparation spécifique est constituée par la reprise de l'entraînement aérobie et conduit à la période de compétition.

Elle commence généralement dès le début du mois de janvier, à l'exception des seniors élites et nationaux qui reprennent la bicyclette dès le début décembre quand ils ont réellement mis le vélo au clou.

Le principe de la période de préparation spécifique est dans un premier temps la poursuite de l'entraînement en endurance fondamentale, entamé avec les diverses activités hivernales. Cette préparation foncière se fait de façon progressive.

Dans un second temps, l'entraînement visera à l'acquisition du potentiel aérobie, par un travail en volume, enfin on introduira progressivement le travail en puissance, puis le rythme de la compétition.

Un coureur régional par exemple va entamer la période de compétition dès le début mars : s'il attaque la préparation spécifique dès janvier, il dispose donc de 8 semaines pour se préparer. C'est largement suffisant pour arriver en condition correcte aux premières courses.

Un cadet ou un minime entame sa saison début avril. La préparation spécifique débutera en février.

Plus on est jeune et plus on vient vite en forme. Si un vétéran doit continuer à rouler de peur de ne pas retrouver sa condition, un cadet ou un minime doit limiter la durée du travail en préparation spécifique.

L'obsession de la plupart des coureurs est d'être prêts pour la première course, comme si cette première était l'objectif majeur de la saison. Il s'ensuit une précipitation qui nuit à la préparation.

La première course, c'est un peu la générale d'une pièce de théâtre. Tout le monde est là, journalistes, critiques, amis. Dans le cas de la générale des cyclistes, il y a du beau monde sur le bord de la route : entraîneurs, éducateurs, responsables de clubs, sélectionneurs...

C'est une revue d'effectifs, et personne ne veut y participer en manque de préparation.

Cette première course est souvent une course de classement, épreuve de préparation par excellence. Désormais, les cyclistes se préparent pour les courses de préparation, qui ont lieu une semaine ou quinze jours avant le début officiel de la saison !

Chez les élites, ce sont les compétitions sur la Côte d'Azur, sur la côte basque ou vendéenne, et là encore, chacun veut absolument briller dans un peloton de 250 coureurs où tout le monde a fourbi les armes.

Tout le monde vit dans l'angoisse de « s'être raté » malgré les montagnes d'heures de travail.

Voilà pourquoi cette première course revêt une si grande importance pour la majeure partie des compétiteurs.

Le premier but à atteindre est d'être capable dès les premières courses, de tenir dans les roues, de participer à la course, voire de s'échapper, mais avec une marge de progression, et non pas en arrivant le premier jour de course au top-niveau !

Mais que les mauvaises habitudes et les idées reçues sont difficiles à oublier !

On répartit ces 8 à 12 semaines de préparation en 2 ou 3 cycles de travail, cycles progressifs essentiellement.

1. L'entraînement personnalisé

Vers la fin des années 70, sont apparus les premiers cardiofréquencemètres. Appareils alors peu pratiques et coûteux, ils sont depuis devenus commodes et accessibles. C'est pourquoi nous encourageons tout cycliste désireux de progresser à acquérir ce type d'outil.

Le principe est le suivant :

Tout modèle de qualité est composé d'un émetteur et d'un récepteur, parfois enregistreur des fréquences cardiaques.

L'émetteur se présente sous forme d'une ceinture thoracique et le récepteur sous celle d'une montre multifonction ou d'un compteur (nombre de tours, vitesse de rotation des jambes).

Il doit être serré suffisamment pour que, quel que soit le mouvement effectué sur le vélo, la fréquence cardiaque apparaisse sur le récepteur. L'émetteur sera placé en regard de la base cardiaque, à la pointe du sternum.

Le récepteur sera fixé sur le guidon, pour plus de commodités sur un support en mousse.

Il existe plusieurs modèles de cardiofréquencemètres. Pour notre part, nous avons testé les montres Polar®, très fiables, et les montres Pulse Monitor®, les appareils Sigma®, Vetta® et Cateye®. Pour les montres Polar®, sur le modèle PE 3000®, nous avons un recul de quinze années sans panne.

Nous avons analysé à part quelques modèles à la fin de l'ouvrage (chapitre : les outils de l'entraînement), de façon à aiguiller le lecteur vers un choix optimal.

Le principe d'utilisation de ces appareils est simple. Selon le travail prévu lors d'une séance, il est possible de fixer les limites supérieures et inférieures de la plage de travail. Si l'on dépasse le niveau prévu, l'alarme se déclenche et avertit le cycliste.

L'alarme aiguë indique un dépassement du seuil supérieur, tandis qu'un son plus grave signale un travail en dessous de la zone définie.

Nombre d'utilisateurs ne se servent pas correctement de leurs cardiofréquencemètres, et en particulier de la ceinture, insuffisamment serrée.

Le seul témoin d'un fonctionnement normal de l'émetteur est le petit cœur clignotant qui s'affiche sur la plupart des montres. Ce clignotement doit être régulier, car le compteur de pulsations ne peut fonctionner qu'à condition que l'écart entre les battements soit constant. Si la ceinture est mal mise, le petit cœur ne bat plus régulièrement.

Grâce au cardiofréquencemètre, le jeune cycliste peut ainsi apprendre à percevoir les réactions de son corps lors d'un effort ou pendant une période de récupération.

La possession d'un tel outil est indispensable pour appliquer correctement un plan d'entraînement.

C'est vraiment un entraîneur permanent, qui indiquera si le rythme est correct, trop lent ou trop rapide. Beaucoup de coureurs professionnels utilisent désormais ce type d'outil, et nul doute :

Mieux vaut une montre cardiaque qu'un vélo équipé dernier cri quand on est lâché dans toutes les courses.

Le cardiofréquencemètre est un achat de première intention.

Ne faites pas ce que m'a dit un jour un père de coureur : « Vous comprenez, nous avons acheté le vélo 4600 euros et nous n'avons plus de quoi acheter une montre cardiaque... »

Lors d'une planification d'entraînement, nous ne faisons pas référence à la vitesse de course, mais à la vitesse du cœur, donc à la fréquence cardiaque.

C'est le compte-tours d'une automobile. La vitesse horaire est trop conditionnée par le relief, le vent, les conditions atmosphériques et le rendement de la chaussée, pour être fiable.

La fréquence cardiaque est une lecture directe de l'intensité de l'effort. La vitesse horaire ne sera utilisée que dans les cas où la fréquence cardiaque n'est pas exploitable.

C'est le cas du travail en endurance intermittente ou à chaque fois que le temps de travail est trop court pour faire monter le cœur. Nous verrons plus loin comment repérer la vitesse correspondant à la fréquence cardiaque cible.

Nous conseillerons alors de s'équiper d'un compteur pouvant accepter un compte-tours (chez Polar® ou chez Sigma® par exemple).

2. Le pignon fixe

Éternel motif de discussion, le pignon fixe regroupe autant de détracteurs que de partisans. Ceci est souvent lié au conflit dans les clubs provoqués par des entraînements en groupe où l'adepte du pignon fixe doit subir les petits malins qui roulent « grosse plaque » tout l'hiver.

C'est aussi le fait d'entraîneurs vieillissants qui ont connu la glorieuse époque de la piste, et qui ont gardé traditionnellement ces habitudes.

Nous ne trancherons pas ici le débat. Le pignon fixe présente un certain nombre de désavantages qu'il faut préciser. Tout d'abord, l'élan provoqué par le pédalage avec pignon fixe ne permet pas de développer ni la qualité ni la souplesse du geste.

Ce type de travail fixe le coureur sur un seul braquet et sur la seule vélocité, alors que les techniques modernes semblent se tourner vers un travail mixte de vélocité et de force musculaire.

D'autre part, utiliser un braquet trop petit et effectuer une vélocité importante pose également un autre problème, celui d'une rapide augmentation des pulsations, sans rapport avec la charge, donc sans efficacité musculaire.

Le début de la phase de travail spécifique consiste en une augmentation du volume d'endurance de base, tout en développant les qualités de souplesse et de vélocité.

D'après Aldo Sassi, lors du congrès de l'INSEP des 14 et 15 novembre 1998, il est désormais préférable d'effectuer dans une même séance du travail en force musculaire, puis de la vélocité.

Si le coureur ne dispose que d'un unique vélo pour effectuer ce type de travail, il sera dans l'impossibilité de l'effectuer.

Certains entraîneurs conseillent aux coureurs de commencer l'entraînement spécifique avec le dérailleur pendant une quinzaine de jours, puis d'installer le pignon fixe dans un second temps.

Ceci est effectivement utile dans leur logique pour ceux qui n'ont pas remonté sur leur vélo depuis la fin de la saison et qui ont perdu ou qui n'ont pas acquis un geste de pédalage de qualité.

C'est aussi reconnaître les insuffisances de ce mode d'entraînement.

Le pignon fixe doit être utilisé sans excès, pour une raison essentielle : un cycliste doit être véloce et puissant, puisque par définition, la vitesse est en relation directe avec le braquet et la rotation de jambes :

Vitesse = braquet x vitesse de pédalage/temps

Cette formule est tirée de la formule universelle selon laquelle :

Puissance = force x vélocité

Il ne faut donc pas être véloce au détriment de la force. On va plus vite avec un braquet de 51 x 14 à 90 tours par minute (42 km/h), qu'avec 53 x 13 à 70 tours par minute (36,5 km/h) !

L'utilisation d'un petit braquet permet une rotation de jambes de 100 à 120 tours par minute. Un trop petit plateau n'apporte rien, car la vélocité est développée au détriment de la force. On cherchera donc un compromis permettant de développer les deux qualités, en alternant le travail de la force, puis de la vélocité.

À titre indicatif, les braquets utilisés pour le pignon fixe sont les suivants:

CATÉGORIE	MINIMES	CADETS	JUNIORS	SENIORS
Braquet	42 X 20	42 X 19	42 X 18	42 X 18
Progression	42 X 19	42 X 18	42 X 17	42 X 17
Distance (km)	15 à 20	25 à 30	30 à 40	50 à 60

Tableau 21 : Usage du pignon fixe.

La distance parcourue en pignon fixe ne sera pas plus longue en raison du risque majeur de ce type d'entraînement: la tendinite du genou, à une période de l'année où les intempéries sont très fréquentes et où les muscles et les tendons souffrent particulièrement.

Tous les ans, nous rencontrons des cyclistes qui ont fait 1500, 2000 kilomètres en pignon fixe. Ils ont bien sûr beaucoup gagné en vélocité, mais sont souvent incapables de tirer des braquets seulement moyens.

3. La progression des efforts d'entraînement

Le début de la préparation spécifique est consacré, nous l'avons vu, au travail de vélocité en pignon fixe. Pour celui qui ne veut pas entrer dans les complications, il s'offre une autre possibilité: placer le dérailleur sur le plus petit développement et travailler exclusivement en souplesse et en développant la vitesse de jambes.

Pendant cette période, les circuits sont plats, les distances augmentent peu. La fréquence cardiaque de travail se situe autour de 60 à 70 % de la fréquence cardiaque maximale, soit 140 à 150 pulsations par minute (pour un cycliste de vingt ans).

Lors de l'abandon du pignon fixe, le coureur va progressivement augmenter le braquet tout en modifiant ses parcours.

L'introduction de la puissance aérobie va se faire au départ par le choix de parcours en côtes, dans lesquelles il sera effectué des accélérations avec braquet intermédiaire ainsi que de la musculation à petite vitesse et braquet plus important.

La fréquence cardiaque sera la même que précédemment, avec dans les côtes des passages à 80 % de la fréquence cardiaque maximale (160 pulsations par minute). Dans cette deuxième phase, les distances augmentent, amenant l'amélioration de la consommation d'oxygène.

Vers la moitié de la période d'entraînement spécifique, le volume de travail augmente moins vite, mais la charge de travail augmente par l'introduction progressive de travail en puissance, de travail fractionné et de *fartlek training*.

Il est alors important de travailler la récupération. Chaque sortie dure se terminera avec une ou deux séries d'*interval training* très court. La distance de compétition est atteinte trois semaines avant le début des courses. La semaine du dernier cycle coïncide avec le début des compétitions.

La première course représente une charge de travail plus élevée que les derniers entraînements. En effet, les premières courses sont très exigeantes, tant le nombre de coureurs engagés est important et les conditions climatiques souvent pénibles.

D'autre part, bon nombre sont au « top niveau » comme nous l'avons vu plus haut, et les conditions climatiques sont très dures : au début du printemps, il fait froid, il pleut souvent, le vent est violent et la récupération d'une course à cette époque est plus difficile.

La charge d'entraînement est évaluée traditionnellement en kilomètres parcourus. Beaucoup considèrent que plus ils passent de temps sur leur vélo l'hiver, et plus ils réussiront leur saison. Plus vite aussi interviendra la saturation.

Un minime peut entamer la saison avec 500 kilomètres, sa catégorie ne demande pas un gros travail d'endurance et doit être considérée comme une initiation au cyclisme. Un cadet se contente de 1000 kilomètres pour affronter ses adversaires. Un coureur junior a besoin de 1500 kilomètres pour débuter sa saison en bonne condition. Seuls les juniors nationaux doivent travailler davantage (2000 kilomètres et plus), car de belles courses les attendent dès le départ de la saison.

Pour un junior première année, rien ne justifie davantage de travail : la progression des charges est d'autant plus difficile à concevoir qu'elle s'étale sur une longue période, et chez les jeunes coureurs, la saturation arrive très vite. D'autre part, l'affinage s'effectuera avec les premières courses. Beaucoup s'imaginent que le kilométrage effectué en début de saison apporte forcément une qualité proportionnelle.

Si l'on analyse tous les enregistrements de fréquence cardiaque, même chez les meilleurs coureurs élites, on peut démontrer qu'un tiers environ du temps passé sur le vélo ne sert à rien, puisque la plus grosse partie de la sortie d'entraînement a été réalisée à une fréquence cardiaque inférieure à 60 % de la FCM.

Il est à remarquer que depuis des lustres, nous n'avons plus vraiment notion de la quantité de travail nécessaire pour arriver réellement en bonne condition sur les premières compétitions, puisque sont mélangés gaillardement nombre de kilomètres parcourus et travail véritablement effectué.

Nous sommes convaincus qu'un jeune coureur cycliste, au lieu de passer des heures inutiles sur son vélo, devrait consacrer davantage de temps à ses études, et ne passer que le temps nécessaire à une véritable amélioration de la condition physique sur son engin.

Graphique 22 (voir page suivante) : La progression d'un coureur cycliste en fonction de l'entraînement. La courbe 1 représente l'évolution de la fréquence cardiaque lors du premier objectif, la courbe 2 représente celle du second objectif et la courbe 3 celle réalisée lors du troisième objectif. On constate une diminution de la pente au fil du temps du fait d'une meilleure aptitude à l'endurance et une élévation du seuil anaérobie et de la VO2max, témoin du travail en puissance. Dans le même temps, le pouls de repos baisse.

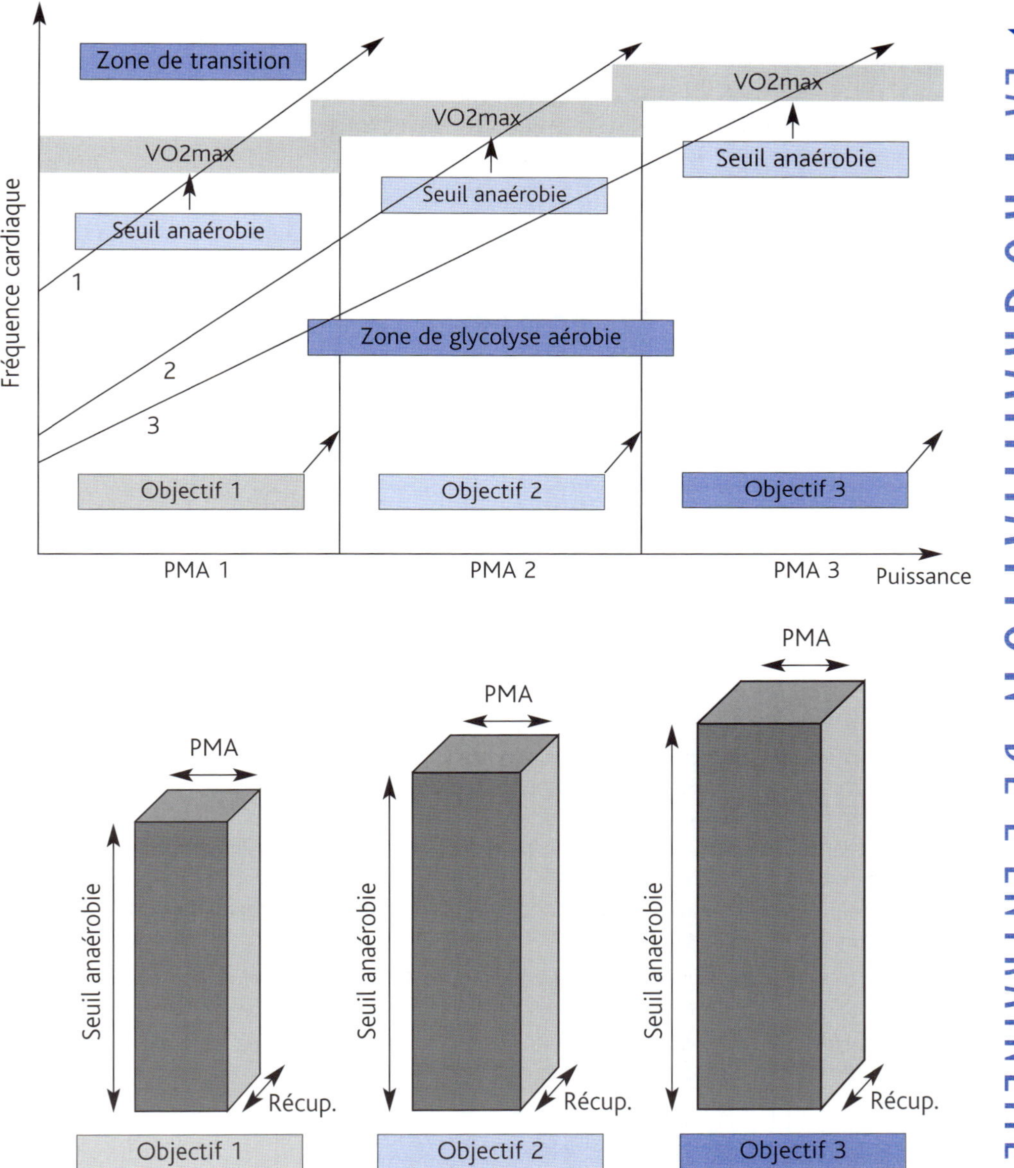

Graphique 22 : La progression du sportif est schématisée ici sous forme de boîte, sur laquelle nous avons reporté les trois éléments essentiels de la performance : seuil anaérobie, PMA et récupération. La boîte grandit avec la progression de l'entraînement.

Les cyclistes en échec scolaire seraient sûrement moins nombreux s'ils ne négligeaient pas tant leurs études.

Rappelons que le cyclisme ne fait vivre qu'un nombre infime d'individus, et vouloir ne faire que du vélo, arrêter l'école, c'est s'engager sur une voie pavée d'embûches, de laquelle on ne ressort pas sans dégâts !

Mieux vaut y penser à temps que de regretter à trente ans, de n'avoir aucun bagage et un avenir bien sombre.

CATÉGORIE	NOMBRE DE KILOMÈTRES
Minimes	500
Cadets	1000
Juniors	1500
Juniors nationaux	2000
Seniors	2000
Vétérans	2500 à 3000
Seniors élites	4000 à 5000

Tableau 22 : Nombre de kilomètres d'entraînement nécessaires pour entamer la saison selon les catégories.

L'important est donc de travailler utilement plus qu'énormément !

Les coureurs de trente-cinq ans et plus le savent bien : ils ont besoin de plus d'entraînement pour venir en forme. Alors ils dépasseront allégrement les 2000 kilomètres d'endurance avant de se confronter aux plus jeunes.

Les seniors nationaux ou élites atteignent les courses avec 3500 à 5000 kilomètres, mais bien souvent ils roulent toute l'intersaison.

Début février, il n'est pas rare d'atteindre les 7000 à 8000 kilomètres. Mais comment ont-elles été réalisées, ces heures de selle ?

Quant aux régionaux, leur préparation dépendra du temps libre et ils arriveront aux compétitions avec 1500 à 2500 kilomètres pour les mieux préparés (et les plus disponibles).

Nous naviguons toujours dans l'à-peu-près. Nul ne sait réellement s'il est vraiment nécessaire de s'imposer autant de kilomètres, mais c'est écrit dans les bouquins des années 70...

Puisque c'est écrit, tout le monde s'empresse de reprendre ce canevas, même si finalement, le tableau 22 ne veut rien dire : tant qu'il n'y a aucune notion de qualité, les kilomètres ne sont que de la poudre aux yeux.

4. L'enchaînement des charges de travail hebdomadaires

Si l'on divise le microcycle en deux parties séparées par un jour de repos, on peut l'agencer comme dans les trois tableaux suivants. Il n'est pas possible d'arriver au même niveau de préparation si l'on ne peut pas disposer d'un temps de travail suffisant.

À l'inverse, un senior départemental au chômage disposant de tout son temps peut aboutir à un niveau de préparation très avancé.

Il vaut donc bien mieux se préparer en fonction de son temps libre qu'en fonction de sa catégorie, tout en sachant limiter ses ambitions en les adaptant à ses possibilités réelles.

Dans nos plans d'entraînement, nous proposons un travail qui dépend du temps libre et de la disponibilité du cycliste, bien plus qu'en se référant à une catégorie, qui d'ailleurs ne correspond pas toujours au niveau réel du coureur.

Exemple 1 :

JOUR	ACTIVITÉ
Lundi	Repos
Mardi	Endurance
Mercredi	Puissance
Jeudi	Intensité
Vendredi	Repos
Samedi	Endurance
Dimanche	Endurance et puissance

Tableau 23 : Organisation de la semaine d'entraînement.

Le tableau 23 permet sur le microcycle de profiter de la surcompensation dès le mardi ou mercredi, tout en imposant deux jours de repos obligatoires.

Exemple 2 :

JOUR	ACTIVITÉ
Lundi	Repos
Mardi	Endurance
Mercredi	Puissance
Jeudi	Repos
Vendredi	Repos
Samedi	Endurance
Dimanche	Endurance et puissance

Tableau 24 : Organisation de la semaine d'entraînement.

Il n'est pas envisageable de s'entraîner tous les jours, au risque de saturer très vite et de ne pas permettre aux muscles de récupérer correctement. S'il n'est possible de s'entraîner que trois ou quatre fois par semaine, il faudra garder ce rythme de découpage hebdomadaire, mais en répartissant les charges de travail différemment.

Exemple 3 :

JOUR	ACTIVITÉ
Lundi	Repos
Mardi	Repos
Mercredi	Endurance
Jeudi	Puissance
Vendredi	Piste
Samedi	Repos
Dimanche	Endurance et puissance

Tableau 25 : Organisation de la semaine d'entraînement.

Les exemples ci-dessus montrent un enchaînement d'unités de travail permettant de bénéficier de la surcompensation.

Celui du tableau 25, avec ses cumuls de charge sur trois et deux jours amène un effet de surcompensation maximal dont le coureur va profiter dès le dimanche après le repos du samedi.

Beaucoup de coureurs nationaux ou élites croient à tort qu'une journée de repos est une journée perdue. C'est pourquoi ils ignorent ces journées indispensables, qui les amènent assez souvent à une stagnation et au plafonnement des performances.

Dans le tableau 24, les deux jours de repos consécutifs du jeudi et du vendredi imposent une récupération de longue durée. On la met donc à profit pour espérer une surcompensation consécutive aux efforts d'intensité des jours précédents. Celle-ci intervient au meilleur moment pour celui qui courra tout le week-end.

Dans l'exemple du tableau 25, la sortie du vendredi est nécessaire pour procurer un effet de surcompensation le dimanche. Dans le cas contraire, les deux jours de repos consécutifs amènent une récupération complète et annulent l'effet du cumul des charges de mercredi et jeudi.

Effectuer des sorties d'entraînement entrecoupées de jours de repos, sans cumul de charges avec récupération complète n'amène pas de surcompensation.

La progression est plus lente. De même pour celui qui ne peut pas s'entraîner dans la semaine ou qui ne dégage qu'un après-midi, par exemple le mercredi (scolaires).

Dans ce cas, la progression sera restreinte, voire inexistante, car l'effet de surcompensation ne jouera jamais, et le bénéfice d'une sortie sera perdu lorsque sera effectuée la suivante.

De plus, dans un tel cas, comment construire un véritable plan d'entraînement, alors que le cycliste ne dispose d'aucune séance de travail en dehors de la compétition ?

Il vaudrait mieux alors faire l'acquisition d'un home-trainer et travailler de façon régulière qu'envisager de courir sans préparation suffisante, comme nous le constatons trop souvent.

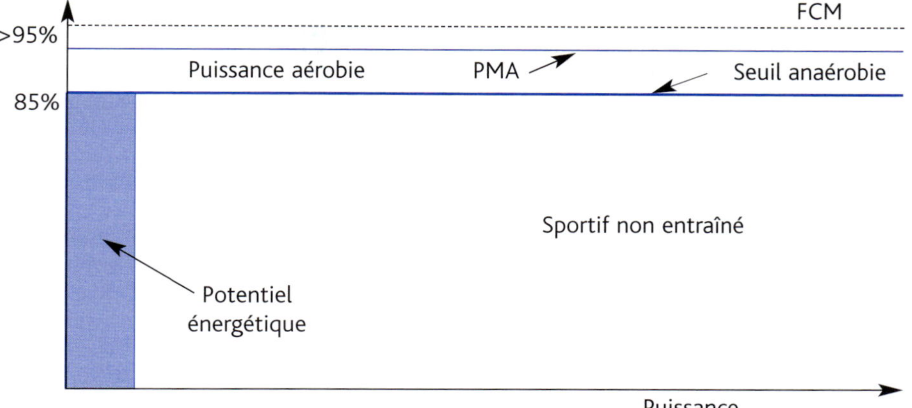

Graphique 23 : Schéma symbolisant le coureur sans entraînement : la consommation d'oxygène est très faible et le seuil anaérobie bas. Le réservoir d'énergie disponible est très réduit.

De même, les scolaires qui passent la semaine à l'internat ne peuvent pas la plupart du temps emmener leur vélo au lycée. Ils se trouvent souvent dans la situation de vouloir courir en ne pouvant monter sur leur engin que le samedi.

Il est totalement illusoire d'attendre des résultats, et l'entreprise est vouée la plupart du temps à l'échec.

Rappelons en effet que ce n'est pas la course qui donne la condition physique. La compétition est la conclusion, l'aboutissement d'un travail fait à l'entraînement.

C'est la répétition de nombreux exercices sans cesse renouvelés qui aboutit à une modification de la physiologie et à une adaptation aux efforts de la compétition.

5. Comment apprécier sa propre progression ?

En dehors des tests d'effort sur bicyclette, il existe un certain nombre de tests plus ou moins faciles à réaliser sur le terrain. Nous présentons ici les plus simples et les plus reproductibles.

Ces tests permettent de situer les limites d'un sujet à un moment donné. Pour savoir si l'on progresse, il suffit de temps à autre de répéter ces quelques exercices, fiables s'ils sont bien faits.

a) Le test de Ruffier

Comme nous l'avons vu précédemment, ce test est un outil précieux pour suivre l'amélioration de la condition physique.

Il serait intéressant d'effectuer une courbe à l'année, retraçant l'évolution d'un test pris chaque semaine au lever et à jour fixe.

L'indice de Ruffier, pris le matin de la course, est un fidèle reflet de la progression de l'entraînement.

b) La courbe poids-pouls

Courbe à établir à l'année, simple à mettre en route. Sur une feuille de papier quadrillé, tracer deux courbes de couleurs différentes.

Le pouls et le poids sont pris chaque semaine, le matin au lever, à jour fixe. Ce sera le lendemain d'un jour sans entraînement ni compétition, ou le matin même de la course.

Tant qu'un cycliste progresse, son pouls baisse et sa courbe de poids descend pendant la préparation puis se stabilise.

L'amorce d'une méforme ou d'une fatigue se traduit très souvent par une chute du poids, tandis que le pouls de repos remonte.

Cette courbe permet ainsi de détecter un besoin de coupure ou de récupération, avant d'arriver à l'épuisement complet.

c) La mesure de la fréquence cardiaque maximale

La fréquence cardiaque maximale est un élément important, tant pour l'évaluation par test d'effort que pour situer ses limites à l'entraînement comme en compétition.

Cette mesure s'effectue une fois par an, à la reprise de l'entraînement, à une période où le niveau d'endurance est au plus bas, et où les performances plus limitées amèneront plus facilement le sportif à son maximal cardiaque.

Le cyclisme n'étant pas un sport complet, beaucoup de muscles ne travaillent pas à leur plus haut niveau et il est très dur de mesurer la FCM sur son vélo.

Il est cependant possible de mesurer la FCM lors d'un effort violent en VTT, ou après une longue accélération à vélo, avec sprint en haut de côte.

d) L'estimation du seuil anaérobie et de la PMA

Si l'échauffement est correctement effectué, il dure une vingtaine de minutes. Les dernières minutes de l'échauffement pourront être mises à profit pour un travail un peu plus précis que d'ordinaire, en tentant de situer ses limites du jour.

Ce test pourra être effectué pour chaque sortie de préparation spécifique après la phase de travail en endurance de base.

L'échauffement vise à mettre en route progressivement tous les mécanismes qui participeront à un entraînement de qualité.

Le cœur, comme les muscles, ont horreur d'un démarrage brutal. Il faudra accélérer doucement par paliers, en commençant par exemple 5 minutes à 100 pulsations, puis 5 minutes à 120, 5 minutes à 140, puis 5 minutes à 160.

Notre cycliste sera bien sûr équipé d'un cardiofréquencemètre et d'un chronomètre.

Il s'agit à partir de 160 pulsations d'augmenter sa fréquence cardiaque (et donc sa vitesse) de 5 pulsations par minute, jusqu'à épuisement.

Il est aisé de repérer à quel moment on commence à être moins à l'aise, plus essoufflé, plus désuni. Ceci correspond à l'entrée en zone de transition.

Puis, lorsqu'il n'est plus possible de continuer, que l'essoufflement est maximal et que les muscles demandent grâce, on peut affirmer être arrivé à la PMA.

Cet exercice est très utile pour adapter le travail prévu à la condition du jour.

Il faut savoir que le seuil anaérobie peut baisser de 10 à 15 pulsations si l'organisme n'a pas récupéré d'un week-end très difficile.

Si l'entraîneur avait situé le seuil anaérobie à 176 et que vous savez ne monter qu'à 165, vous ne ferez pas d'erreurs en vous contentant de cette dernière valeur.

Dans le cas contraire, il est possible de passer à côté de la compétition. Si vous avez couru la veille, il y a fort à parier que votre seuil est un peu plus bas, car la récupération n'est pas complète.

Si vous voulez utiliser la valeur habituelle de votre seuil anaérobie, sur un contre-la-montre, vous risquez de vous positionner en dette d'oxygène dès le départ, et de ne jamais récupérer. Vous resterez alors très au-dessous de vos capacités.

Inversement, si vous voyez votre seuil anaérobie monter suite à plusieurs courses très dures, vous saurez que vous êtes en train de vous surentraîner et pourrez vous rattraper avant d'« exploser ».

e) Le taux de récupération

Vous avez pu voir, tout au long de ce livre, l'importance de la récupération rapide lors d'une compétition. Il est donc très important de savoir calculer cette valeur, utile tout au long de la saison.

C'est une découverte personnelle que nous présentons ici. Sur l'ensemble de nos 23000 tests d'effort, nous avons remarqué que cette récupération correspondait parfaitement aux sensations d'un coureur lors d'une compétition. C'est en fait l'adaptation aux changements de rythme imposés pendant la course.

Il suffit d'un chronomètre pour compter une minute trente dès l'arrêt du test de PMA, et d'effectuer le calcul suivant :

$$\text{Taux de récupération} = \frac{(\text{pouls à la PMA} - \text{pouls 1 min 30})}{\text{pouls à la PMA}} \times 100$$

Par exemple, vous avez terminé votre test à 185 pulsations, et au bout d'une minute trente vous êtes descendu à 141 pulsations. Votre taux de récupération sera alors le suivant :

Taux de récupération = (185 – 141) x 100/185 = 4400/185 = 23 %

Le taux de récupération doit être le plus élevé possible pour permettre des changements de rythme répétés (relances, attaques, contre-attaques), particulièrement dans les courses nerveuses. C'est une qualité que le coureur doit savoir utiliser en course.

Il faut savoir que ce taux est assez différent si vous le mesurez sur route par rapport à celui mesuré sur le test d'effort. Ce dernier étant réalisé sur un effort intense, donne une valeur souvent inférieure à celle que vous mesurerez.

Peu importe, l'essentiel étant que vous surveilliez l'évolution de ce taux.

f) La mesure de la vitesse maximale aérobie

La VMA est la vitesse maximale que l'on est capable de tenir pendant 5 minutes. Elle correspond à la PMA.

La VMA sera estimée au mieux sur piste, lors d'un test qui doit comporter au minimum 12 à 15 paliers. Le coureur devra disposer d'un compteur de vitesse, et d'une montre cardiaque, pour vérifier les pulsations atteintes à la PMA.

Il effectue des paliers d'une minute, soit 2 ou 3 tours sur piste, en débutant à la vitesse de 25 kilomètres à l'heure.

À chaque palier, la vitesse augmente d'un kilomètre à l'heure, et ceci jusqu'au moment où le cycliste n'est plus capable de continuer. Le dernier palier atteint et totalement effectué correspond à la vitesse maximale aérobie.

Si, par exemple, le travail prévu doit s'effectuer à 95 % de la VMA, il sera facile de déterminer cette vitesse, et d'effectuer la séance au mieux.

Déterminer sa VMA pose davantage de problèmes sur route.

Il faudrait trouver un circuit abrité, de façon à éviter un vent trop favorable ou trop défavorable pendant tout le test, sur un terrain plat et sans perturbations imprévues de la vitesse (stop, balise).

Le déroulement du test s'effectuera de la même façon que précédemment.

Celui qui a la possibilité d'effectuer ce test de façon régulière (une fois par mois) pourra de plus vérifier l'évolution de sa préparation.

Cette vitesse maximale aérobie correspond à la VO2max, et bien évidemment évolue comme elle.

C'est le reflet de la performance maximale lors d'un effort à l'endurance.

6. Les différents types de séances d'entraînement

a) La vélocité

Ce type de séances est essentiel pour toutes les catégories et particulièrement chez les jeunes. Ce travail permet de développer les qualités du pédalage, l'amélioration du geste.

Le travail de la vélocité s'effectue dès la reprise de l'entraînement spécifique, et pendant les exercices de récupération, en fin de séance pendant la période de retour au calme.

VÉLOCITÉ	CARACTÉRISTIQUES
Fréquence de pédalage	100 à 150 tours
Durée	1h à 2h 30
Braquet	Petit plateau
Mode d'entraînement	Continu

Tableau 26 : La vélocité.

b) La force

Le travail de la force est la deuxième composante du pédalage. Il faut tourner les jambes rapidement, mais en étant capable d'emmener du braquet.

FORCE	CARACTÉRISTIQUES
Fréquence de pédalage	35 à 40 tours
Durée	1 à 5 minutes
Braquet	Maximal ou très élevé
Mode d'entraînement	Fractionné

Tableau 27 : Le travail de la force musculaire.

Le travail de la force s'effectue dans des côtes moyennement pentues, autour de 6 à 8 %.

Il consiste à monter assis, sans tirer sur le guidon, avec un braquet important et une vitesse de pédalage réduite.

La durée des efforts varie de semaine en semaine, débutant par 1 minute, se terminant par cinq répétitions de 5 minutes. Entre deux ascensions, il sera nécessaire de développer les qualités de vélocité.

c) La puissance musculaire

La puissance musculaire combine la vélocité et la force musculaire. L'entraînement de la puissance s'effectue avec un braquet proche de celui utilisé en compétition, à un rythme de pédalage élevé.

Ce travail peut s'effectuer seul ou en petit groupe.

PUISSANCE	CARACTÉRISTIQUES
Fréquence de pédalage	80 à 120 tours
Durée	30 s à 10 min
Braquet	Maximal ou très élevé
Mode d'entraînement	Fractionné, IT, EI

Tableau 28 : Le travail de la puissance.

Les relais seront alors courts. En cas de sortie seule, il est préférable de travailler en endurance intermittente, en 20-20 ou en 30-30 ou bien en 30-20 dans le cas de récupération excellente.

Il faudra prendre soin de varier la durée des efforts en fonction de leur intensité (tableau 29). Nous rappellerons que plus l'effort est intense, plus il doit être court.

ZONE DE TRAVAIL	NIVEAU D'INTENSITÉ	DURÉE DES EFFORTS
Endurance critique haute	80 % au seuil	15 min
Seuil anaérobie	Entre 85 et 100 %	10 min
Zone de transition	Entre seuil et PMA	5 min

Tableau 29 : les durées d'effort lors du travail en puissance.

Il sera possible, seul, d'effectuer le travail de la puissance en mode fractionné, où la durée de la récupération active sera identique au temps d'effort.

Nous recommandons de limiter les efforts à un maximum de 5 minutes en zone de transition.

Il vaudra mieux répéter plusieurs fois ce type d'efforts, qui, entrecoupés de périodes de récupération, seront beaucoup plus efficaces, puisque l'acide lactique sera en partie éliminé au fur et à mesure de sa formation.

7. La programmation annuelle de l'entraînement

Pour construire un plan d'entraînement, il est au préalable indispensable de définir l'unité d'entraînement. C'est ce que l'on appelle un microcycle.

Pour plus de commodités, nous définirons une semaine de travail comme microcycle.

La progression d'un sportif nécessite un plan d'entraînement comprenant une progression des efforts, mais pas de façon désorganisée.

On sait qu'il n'est pas possible d'effectuer une augmentation de la charge d'entraînement semaine après semaine sans certaines restrictions.

Il semble que l'organisme supporte difficilement plus de quatre microcycles consécutifs d'augmentation de la charge de travail. Six semaines consécutives ou davantage aboutissent à une fatigue et à un plafonnement de la performance.

Il semble donc préférable de découper la programmation en cycles d'un mois de travail, composé d'un ensemble de trois microcycles de travail, et d'un quatrième de récupération partielle.

Toute l'année sportive peut ainsi être organisée aisément, en fonction des objectifs.

Cette forme de préparation permet ainsi de ménager l'organisme en permettant l'acquisition d'une forme optimale à l'approche des compétitions sélectionnées.

Nous allons présenter les principaux types de cycles qui peuvent être utilisés dans la construction d'un plan d'entraînement.

Ces cycles sont à connaître, et nous invitons le lecteur à passer un peu plus de temps dans la lecture des pages suivantes.

Observons que ce n'est pas parce que la majeure partie des coursiers roule « au feeling » qu'il faut se plier à cette non-méthode !

Toutes les semaines suivantes ont été regroupées par quatre, afin de constituer des cycles de travail, répartis donc en quatre microcycles indissociables.

Ne picorez pas au hasard les informations, elles sont cohérentes et correspondent à chaque fois à une logique de travail.

a) Le cycle progressif

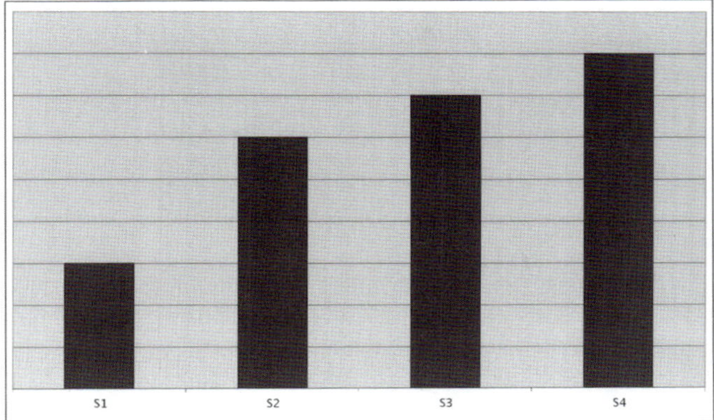

Graphique 24 : Le cycle progressif.

Ce cycle convient parfaitement en début de préparation, et pour arriver en condition correcte au début de la période de compétition. La quatrième semaine présente une charge de travail inférieure, permettant une récupération partielle.

Chaque semaine comporte une charge de travail inférieure à la suivante, et cela pendant trois semaines consécutives. La dernière semaine présente une diminution de la charge de travail, mais ne peut être considérée comme une semaine de repos.

Le cycle progressif permet de réadapter l'organisme aux efforts d'entraînement, après plusieurs mois de forte diminution de l'activité sportive.

Si un second cycle progressif suit, il sera débuté avec une charge de travail identique au deuxième microcycle du cycle précédent.

b) Le cycle sommatif

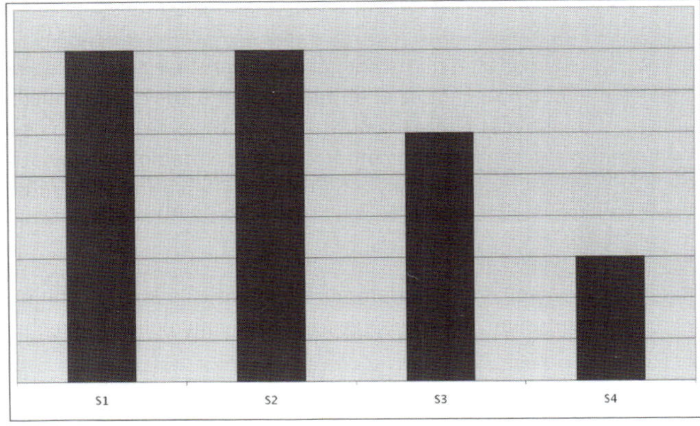

Graphique 25 : Le cycle sommatif.

Ce cycle comporte trois semaines consécutives de travail très dur. Un tel cycle vise l'obtention de la forme sportive optimale, dans l'optique d'un objectif majeur. Comme toujours, le cycle se termine par une semaine de récupération partielle.

c) Le cycle alternatif

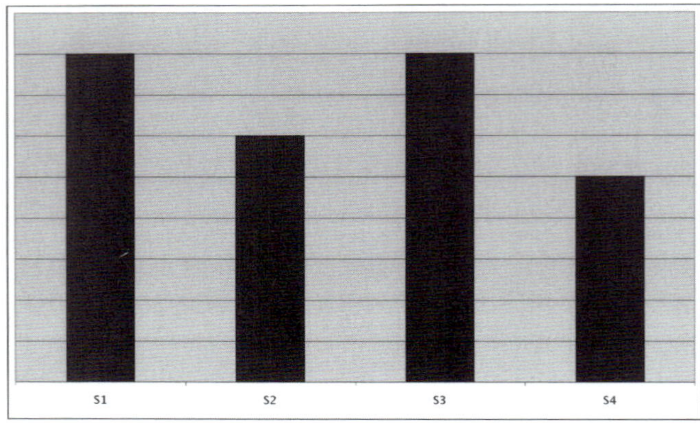

Graphique 26 : Le cycle alternatif.

Ce cycle permet d'enchaîner deux objectifs importants rapprochés, qui ne permettent pas la réalisation d'un processus de préparation complet.

Pendant ce cycle, deux microcycles de travail important seront séparés par un microcycle de charge moindre, permettant au cycliste de souffler un peu tout en maintenant une activité assez importante.

Il est fréquent que deux objectifs soient très rapprochés. Ce type de cycle permettra alors de ne pas se rater et de conserver une condition physique optimale à l'abord du second objectif.

d) Le cycle de régénération

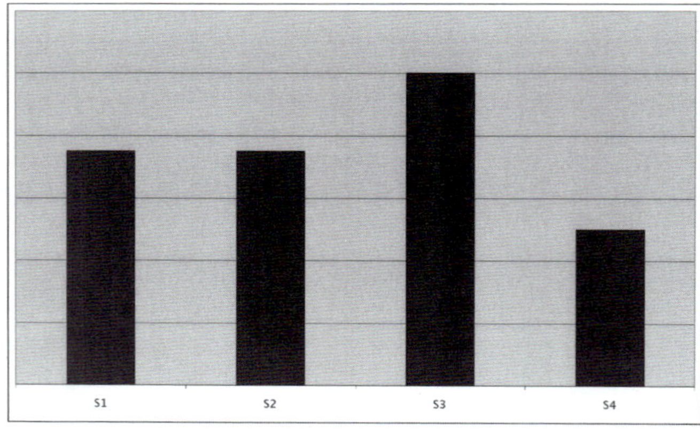

Graphique 27 : Le cycle de régénération.

Le cycle de régénération convient après un travail dur et son aboutissement, l'objectif. Il permet à l'organisme de récupérer dans les meilleures conditions.

e) Le cycle régressif

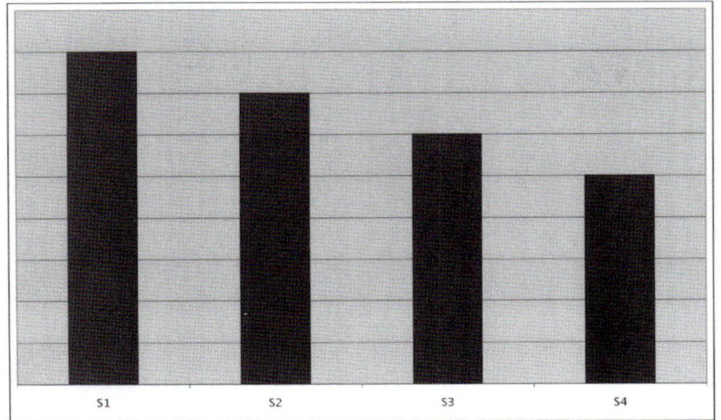

Graphique 28 : Le cycle régressif.

Ce cycle convient parfaitement en fin de saison, afin d'éviter un arrêt brutal du travail d'entraînement.

Il n'est pas profitable d'arrêter brusquement son activité sportive dès la dernière course. Il fait encore souvent beau fin septembre, et le cycliste habitué à sortir régulièrement sur son engin risque de tourner en rond.

Même si l'on ne fait que de la promenade, on pourra prendre plaisir à profiter du beau temps et des belles couleurs de l'automne.

De plus, il faut savoir réadapter son alimentation, en diminuant progressivement les quantités ingérées. C'est pourquoi une diminution progressive de l'activité est souhaitable.

L'enchaînement de ces cycles de travail peut ainsi donner l'aspect suivant sur une saison cycliste.

f) Application à la programmation d'objectifs

Le graphique 29 ci-après présente un plan d'entraînement avec objectif en fin de semaine 16.

On notera les trois cycles progressifs, puis le cycle sommatif et le cycle de génération, qui intervient après l'objectif. Il n'y a pas de surprise, tout y est logique.

L'objectif ne tombe pas du ciel, mais il est savamment préparé des semaines à l'avance.

Exemple de programmation pour un objectif majeur

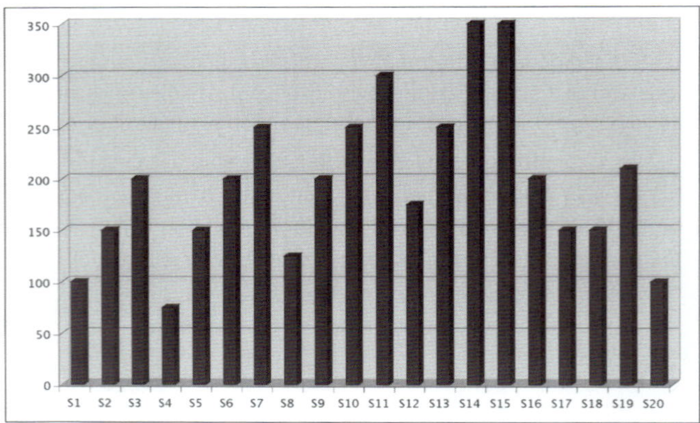

Graphique 29 : Programmation avec un objectif en semaine 16.

Exemple de programmation pour deux objectifs

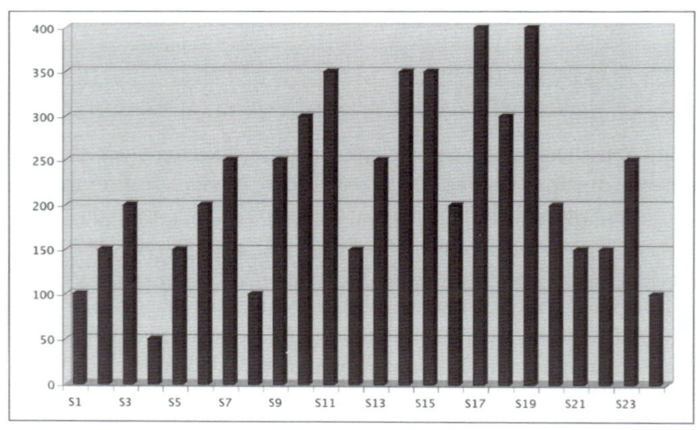

Graphique 30 : Programmation avec deux objectifs en semaine 16 et en semaine 20.

Dans le cas du graphique 30, les deux objectifs sont trop rapprochés pour entreprendre un cycle de préparation complet.

On inclura alors un cycle alternatif aussitôt le premier objectif passé, qui permettra le maintien de la condition physique. La forme sportive sera ainsi conservée et le deuxième objectif pourra être abordé sans dommages.

8. Exemples de plans d'entraînement

a) Le pourcentage de la fréquence cardiaque

Toutes les fréquences cardiaques proposées sont des pourcentages de la fréquence cardiaque maximale.

Il sera possible à tous ceux qui le souhaitent d'utiliser la fréquence cardiaque de réserve et d'en extraire le pourcentage désiré.

Les deux exemples ci-dessous expliciteront la différence entre les deux types de calcul, différence qui n'est pas négligeable.

Voici comment calculer ces valeurs :

(1) Pourcentage de la FCM

Par exemple, 80 % de la fréquence cardiaque maximale, pour une FCM de 195 pulsations :

85 % Fréquence cardiaque max. = FCM x 85/100, soit :

195 x 85/100 = 165,75 (on arrondit à 166)

(2) Pourcentage de la fréquence de réserve

Supposons un coureur dont la FCM est à 195 et le pouls de repos à 45. Sa fréquence de réserve et de 195 – 45 = 150

Pour calculer 85 % de la FC de réserve, on procède ainsi :

% de la FC = FCR x 85/100 + pouls de repos = (195-45) x 85/100 + 45 =
150 x 85/100 + 45 = 172,5 (arrondi à 172).

La différence entre les deux calculs n'est pas négligeable. Voici l'exemple pour un même coureur, dont la FC maximale est 200 et le pouls de repos 50.

Comme on le voit sur le tableau 30, la différence s'accroît au fur et à mesure que le pourcentage diminue.

Cette différence est notable quand on arrive autour de 70 % de la fréquence cardiaque. On peut ainsi arriver à plus de 20 pulsations entre les deux calculs.

Pour un coureur jeune dont le pouls est bas, la différence est notable, et travailler à 70 % fait apparaître un écart de 15 pulsations.

Il est certain que le calcul en fonction de la fréquence de réserve est largement plus précis, car il permet d'utiliser les paramètres propres à chacun.

FC MAXIMALE	POURCENTAGE	PAR RAPPORT FC MAXIMALE	PAR RAPPORT FC RÉSERVE
200	90 %	180	185
200	80 %	160	170
200	70 %	140	155

Tableau 30 : Différence de calculs entre les pourcentages de la FCM et de la fréquence cardiaque de réserve.

Quand on voit qu'il faudrait dans cet exemple pédaler à 155 pulsations pour entrer en zone aérobie, on ne peut qu'être perplexe en analysant les sorties « aérobies » effectuées par les élites à... 130 pulsations de moyenne.

Est-on sûr qu'il s'agisse d'un travail vraiment efficace ?

Dans nos propositions de plans d'entraînement, nous n'avons pas la possibilité de proposer une autre méthode de calcul que le pourcentage de la FCM.

Bien évidemment, nous ne pouvons connaître ni la fréquence cardiaque maximale du lecteur, ni sa fréquence cardiaque de repos.

b) Plans pour la préparation spécifique

Les plans d'entraînement que nous donnons en exemples sont faits pour montrer l'agencement des charges de travail au cours d'une semaine, ainsi que l'augmentation progressive des charges de travail au cours du cycle de préparation.

Il n'y sera jamais question de vitesse horaire, mais de travail cardiaque, seul témoin de l'intensité de l'effort.

Ces plans d'entraînement ne sont que des exemples, qu'il faudra adapter aux possibilités de chacun. L'important est d'en comprendre la construction, bien plus que de les appliquer à la lettre.

Celui qui ne sera pas disponible les jours indiqués, ou qui manquera une séance, devra en tirer les conséquences et s'adapter.

D'autre part, n'oublions pas que plus que la course aux kilomètres d'entraînement, l'essentiel est la qualité du travail réalisé.

Un bon entraînement, c'est un peu comme une sauce, où les ingrédients sont ajoutés au fur et à mesure de la confection.

Au début de l'entraînement, il y a au moins 90 % de lipolyse. À la fin de la période de travail foncier, on attaque l'endurance qui occupe au moins 80 % du temps total.

Le programme se construit ainsi, en développant le travail des différentes filières énergétiques.

Si le lecteur ne devait lire que cette page, qu'il retienne les quelques lignes qui suivent.

Nos jeunes coureurs ne lisent pas. C'est là le défaut principal d'une société où l'essentiel de la culture est issu de la télévision.

Si un jeune cycliste ne devait lire que quelques pages, ce serait celles consacrées au plan d'entraînement, et principalement la page 111.

- Pas d'entraînement sérieux sans montre cardiaque.
- L'endurance est le principe fondamental du cyclisme en dehors des disciplines du sprint (vitesse, kilomètre départ arrêté).
- Un coureur cycliste routier doit toujours avoir en tête que l'amélioration de son endurance est seule garante de sa réussite.
- Le bénéfice de l'entraînement ne se conserve pas : si on arrête de développer une filière énergétique, on perd tout le bénéfice du travail antérieurement accompli.
- Le travail en intensité ne devrait être que la cerise sur le gâteau.
- Souvenez-vous : une semaine de perdue, c'est deux semaines d'entraînement qui sont

gâchées ; ne pas vouloir respecter ce principe, c'est aller tout droit à l'échec.

– L'entraînement, c'est une adaptation de l'organisme à des efforts de durée et d'intensité progressive. Ce n'est ni une balade, ni une course.

– Préparation hivernale absente ou ratée, saison compromise.

– Ne confondez pas quantité et qualité. Le nombre de kilomètres parcourus n'a aucun intérêt. C'est la façon dont ils ont été accomplis qui compte.

– Attention aux sorties en groupe : elles sont rarement des sorties de qualité, sauf pour des coureurs de même niveau travaillant ensemble et de la même façon.

– Les objectifs majeurs se déterminent l'hiver, pas une semaine à l'avance.

– Si vous refusez le dopage, sachez que vous devrez travailler davantage. Vos résultats seront plus constants, plus durables et votre santé meilleure.

Vous pourrez alors être fier de votre progression.

– Corollaire : mieux vaut faire huitième d'un classement NC que premier du classement C ! (NC = non chargé, C = l'inverse).

– Une saison cycliste, c'est comme une maison : si on la construit sans plans, la finition sera difficile et tout finira par s'écrouler.

Le cyclisme est un sport difficile, où très peu d'individus arrivent au plus haut niveau. Ne gâchez pas votre avenir professionnel pour des chimères.

– N'abandonnez jamais vos études sans formation pour faire carrière dans le cyclisme… Le jour de la reconversion, vous vous en mordrez les doigts.

– L'essentiel, c'est de s'amuser et de se faire plaisir dans son sport. Dès que le cyclisme devient une contrainte, il est temps de mettre le vélo au clou.

– Pour arriver, il ne faut surtout pas attendre que cela vienne tout seul.

– Il est très important d'avoir un bon entraîneur, mais un jour, il faudra compter sur soi-même, donc se retrousser les manches pour comprendre l'essentiel et devenir autonome.

– Ne cherchez pas à atteindre un niveau pour lequel vous n'êtes pas fait : les désillusions peuvent amener à la tentation du dopage !

Dernière précision avant d'aborder les plans d'entraînement : tous ceux qui auraient utilisé une préparation hivernale contenant des exercices de force-vélocité poursuivront leur progression comme prévu, jusqu'à atteindre six répétitions de 5 minutes.

Lorsque vous serez arrivé à ce qui correspond à la semaine 12 de préparation hivernale (voir le tableau 10 page 60), vous remplacerez toutes les séances de force-vélocité proposées dans les plans par les enchaînements suivants :

Vous effectuerez des séances d'exercices de six fois 5 minutes de force, et trois quarts d'heure de vélocité pour une durée totale d'une heure trente.

De même, vous remplacerez les sorties d'endurance de base par des sorties de force vélocité, sans jamais dépasser trois sorties de ce type par semaine.

Rappelez-vous que la force musculaire doit être travaillée trois fois par semaine pour amener un renforcement des muscles utilisés en montée et sur le plat.

Les plans d'entraînement ne sont en aucun cas une vue de l'esprit, mais sont véritablement conçus afin d'améliorer l'adaptation à supporter tout ce que le cycliste va subir en course.

Rien dans ces plans d'entraînement ne correspondra à des sorties « peinardes », ce type de sortie que l'on fait le walkman dans les oreilles.

Un détail encore : tout le monde parle de foncier, mais personne ne sait ce que c'est, ni à quoi cela peut bien servir. Alors, ne cherchez pas dans ces plans, vous n'en trouverez pas.

Nous avons pris une décision : tout ce qui ne sert à rien n'a pas sa place dans un plan d'entraînement sérieux.

Toutes nos propositions ont une utilité et ont été pensées pour amener une amélioration de votre condition physique, ainsi que votre aptitude à vous sortir de tous les types de situation.

Jérôme Darrouzes, compétiteur

Sud Chalosse Cyclisme (Landes)

Comme la plupart des cyclistes, je crois, ce sont les coureurs du tour (en particulier un certain Richard un après-midi de 1992) qui m'ont donné envie de faire du vélo en compétition. J'ai alors pris ma première licence. C'était en cadet seconde année.

Autant, devant la télé, le vélo semble facile, autant lorsqu'on pédale tout est moins évident. On passe alors une saison à sauter et à se faire larguer. Durs débuts !!!

J'ai alors essayé de comprendre pourquoi j'étais derrière et les autres devant. Petit à petit, je suis devenu passionné par l'entraînement, la physiologie de l'exercice. J'ai ainsi, un peu par hasard d'ailleurs, rencontré Patrick. J'ai alors découvert son livre et la méthode qu'il préconisait.

« Le cyclisme moderne » est un ouvrage simple, très complet et surtout abordable par tous. Tout le monde peut le lire et, à son contact, progresser.

Dans « Le corps surnaturé », Gérard Bruand explique :

« La valeur physique progresse comme un château de cartes. Plus l'édifice est élevé, plus il faut être habile et prudent pour ajouter des charges supplémentaires. » Je crois que ce livre et la méthode proposée par Patrick permettent de répondre à cela.

Voici maintenant deux ans que le club est suivi par Patrick. Le bilan est simple :

Saison 1999 : 4 coureurs - 4 victoires

Saison 2000 : 10 coureurs - 15 bouquets

Il n'a pas pour autant été facile d'imposer à tous les différentes méthodes de travail ; mais, petit à petit, on brise les réticences pour imposer le cardiofréquencemètre, la force, la vélocité ou encore l'endurance intermittente.

Il ne faut sûrement pas tout réduire à l'entraînement. Entente entre coureurs, envie de se faire plaisir ensemble sur un vélo sont les conditions évidentes de la réussite.

Pour terminer, je souhaiterais te remercier, Patrick, pour ton livre, ta méthode et tout le temps que tu nous consacres à nous « les petits coureurs » (cette expression ne comportant d'ailleurs aucun sens péjoratif).

Bonne route à tous.

« La plupart des chemins de montagne, quand on les regarde de loin, semblent escarpés, tourmentés. C'est la distance qui provoque cette illusion d'optique ; qu'on se rapproche et tous les éléments que l'erreur de perspective nous présentait en entassement chaotique se distinguent peu à peu les unes des autres et l'on s'aperçoit que ce qui, de loin, semblait un éperon impossible à gravir n'est qu'une pente tout à fait accessible. »

Sénèque, extrait de ***La constance du sage***

Chapitre 5

LE PLAN D'ENTRAÎNEMENT

A. Plans d'entraînement pour début de saison

1. Légende générale pour tous les plans d'entraînement

Par rapport aux versions précédentes, nous avons fait disparaître la charge de travail, car sa détermination prêtait à confusion. Depuis l'affaire Festina, le mot « charger » ne fait plus partie de la terminologie cycliste. Donc la charge non plus.

Dire que certains croyaient que la charge de travail était la quantité de médicaments utilisés pour l'entraînement ou la course...

Trêve de balivernes...

Ces exemples ont pour objet de montrer la construction d'une programmation d'entraînement, et ne sont pas à prendre obligatoirement à la lettre. Seuls comptent la méthode et l'esprit dans lequel ils ont été réalisés. À chacun d'y apporter sa touche personnelle.

Beaucoup ne pourront pas appliquer ces plans, à cause des intempéries ou des impératifs scolaires ou professionnels, mais chacun fera au mieux, de façon à éviter les dérives habituelles.

N'oublions pas que s'il existe tant de problèmes de dopage, c'est aussi que bien souvent, le coureur se trouve dans l'obligation de résultats, sans savoir comment y parvenir. Nous souhaitons simplement permettre à chaque coureur d'acquérir le minimum de connaissances pour établir lui-même sa propre programmation, en fonction de ses objectifs, de sa disponibilité.

2. Exemple de plan de travail sur 5 jours par semaine

Ce plan d'entraînement conviendra aux élites et aux meilleurs coureurs nationaux, pour peu qu'ils acceptent le choix de la qualité plutôt que la quantité.

La saison cycliste se termine fin octobre et il faut, dans ce cas, couper une quinzaine de jours pour se reposer un peu, puis recommencer à travailler assez tôt.

Ce principe a pour but de ne pas exagérément prendre de poids l'hiver et de bénéficier de la conservation de la condition physique, sans tout perdre pour cause d'inactivité. Quinze jours d'interruption permettront de maintenir un niveau correct.

D'autres préféreront inclure dans la préparation une saison de cyclo-cross, ce que nous conseillerons à tout coureur « diésélisé » par trop de kilomètres effectués à petite vitesse et qui présente un seuil anaérobie extrêmement bas.

Ce plan d'entraînement concerne les cyclistes de bon niveau qui ont le temps matériel de consacrer 4 à 5 jours par semaine à l'entraînement.

Dans le cas présent, nous proposons une reprise de l'entraînement dès la mi-novembre. La dernière semaine amène au 15 février, date approximative du début des courses.

Semaine 1

JOUR	MARDI	JEUDI	DIMANCHE
Durée	1 h 30	2 h	2 h
Type d'efforts	Endurance de base	Endurance de base	Endurance de base
Mode d'entraînement	Course	Course	Course

Le parcours est plat. Les pulsations cardiaques sont comprises entre 50 et 70 % de la fréquence cardiaque maximale, ceci afin de travailler en zone de lipolyse.

Le travail consiste en une réadaptation au pédalage avec vitesse de rotation de jambes supérieure à 100 tours par minute. Pendant ces sorties foncières, quelques courtes accélérations seront possibles pour solliciter uniquement la vitesse de pédalage.

Il est important de travailler la vélocité, qui a été mise à mal tout au long de la saison par l'utilisation de braquets très importants. L'objectif est de se réhabituer à rouler à 100 tours de pédale par minute.

La qualité du pédalage est également à revoir. En effet, bon nombre de cyclistes même au plus haut niveau poussent sur les pédales bien plus qu'ils ne tirent ! Sans jeu de cheville, il n'y a pas transfert d'énergie à la remontée de la pédale.

Il faut savoir que le travail foncier ne développe pas la capacité à l'endurance, la VO2max n'évolue pas pendant cette période. Il n'est donc pas nécessaire de multiplier les kilomètres inutiles au détriment du travail de la force et de la vélocité, trop souvent négligées.

Le foncier a également pour intérêt de s'effectuer en lipolyse, et donc d'éliminer les kilos superflus, accumulés suite à une mauvaise gestion de l'alimentation hivernale. Dans le cas présent, l'arrêt total a été très court, et cet aspect jouera moins.

Il existe une grande confusion dans les esprits : la plupart des coureurs mélangent allègrement la notion de foncier et l'endurance. Celle-ci améliore les capacités à l'endurance, pas le foncier.

Semaine 2

JOUR	MARDI	JEUDI	DIMANCHE
Durée	2 h	1 h 30	2 h
Type d'efforts	Endurance de base	Endurance critique basse	Endurance critique basse
Mode d'entraînement	Course	Force + vélocité	Force + vélocité

Le travail de lipolyse (endurance de base ou foncier) s'effectue dans le but de mobiliser les graisses.

Il s'agit donc de n'emporter aucun produit diététique quel qu'il soit. La seule obligation est d'emporter un bidon d'eau. Ce type de séance s'effectue idéalement le matin de bonne heure avant le petit déjeuner. Ceci limite la quantité de glucides circulants et favorise la combustion des graisses.

Le développement de la lipolyse est essentiel chez des cyclistes qui pratiquent des sorties d'entraînement de longue durée.

Dans ce cas, la sortie n'excédera pas une heure trente.

La journée de travail pourra ainsi être séparée en deux, le reste du travail prévu pouvant s'effectuer l'après-midi, à distance du déjeuner.

À noter que la barrière entre lipolyse et glycolyse aérobie n'existant pas, malgré l'invention arbitraire d'un seuil dit aérobie, il y a toujours une part importante de lipolyse même en zone d'endurance critique.

Les sorties à visée exclusive de lipolyse peuvent s'effectuer le matin de bonne heure en plus du plan présenté ici, mais ne comptent pas dans l'estimation de la charge de travail, ni dans la quantification traditionnelle des kilomètres, puisqu'elle n'apporte rien à la condition physique ni à l'amélioration de la performance.

La lipolyse atteint un pic qui se situe à 15 pulsations en dessous du seuil anaérobie, niveau de fréquence cardiaque permettant une épargne importante de la glycolyse, et cette zone sera désormais particulièrement travaillée.

La force musculaire est désormais développée de façon régulière, avec trois séances hebdomadaires. Il faudra choisir pour ce faire une côte permettant des efforts de 1 minute avec un pourcentage de 6 à 8 %.

Effectuer ainsi six à huit répétitions avec un braquet important, tout en se maintenant à 15 pulsations sous le seuil anaérobie.

La vitesse de pédalage sera basse, aux alentours de 35 à 40 tours par minute, afin de développer particulièrement l'appui sur la pédale puis le relevage. Ces exercices seront réalisés sans tirer sur le guidon, avec la seule force des jambes. En fin de sortie, le coureur enchaînera par du travail de vélocité pendant une demi-heure.

Semaine 3

JOUR	MARDI	MERCREDI	VENDREDI	DIMANCHE
Durée	2 h	2 h	2 h 30	2h 30
Type d'efforts	Force + vélocité	Endurance critique basse	2 h 30	Force + vélocité
Mode d'entraînement	Force + course	Force + course	Course	Force + course

Séances de force-vélocité : elles viseront à travailler la force musculaire. Toujours dans la zone de travail prévue précédemment, monter toutes les côtes avec un braquet important (le braquet maximal sans se déhancher), en travaillant le coup de pédale et en montant toujours assis.

Le travail de la force pour les semaines à venir sera effectué ainsi :

Au cours de la sortie, repérer une côte moyennement pentue (idéalement 6 à 8 %) permettant des efforts suffisamment longs. Monter cette côte cinq fois de suite, et redescendre en vélocité avant de recommencer. Durée des efforts : une minute trente.

Toutes ces ascensions se feront impérativement assis, sans tirer sur le guidon, avec une vitesse de rotation de 35 à 40 tours par minute.

La séance sera interrompue en cas de douleurs dorsales ou lombaires, comme cela se produit parfois quand le travail d'assouplissements, d'étirements et de renforcement musculaire n'a pas été correctement réalisé en période hivernale.

Les sorties d'endurance s'effectueront en endurance critique basse, entre 70 et 80 % de la fréquence cardiaque maximale ou de la fréquence cardiaque de réserve.

Semaine 4

JOUR	MARDI	MERCREDI	VENDREDI	DIMANCHE
Durée	1 h 30	2 h	1 h 30	1 h 30
Type d'efforts	Force + vélocité	Endurance critique basse	Force	Force + vélocité
Mode d'entraînement	Force + course	Force + course	Endurance intermittente	Force + course

Le parcours sera le plus souvent vallonné et les pulsations toujours dans la même plage que la semaine précédente.

Chaque sortie d'entraînement sera impérativement débutée par une vingtaine de minutes d'échauffement, avec accélération lente et progressive.

Chaque sortie devra comporter à la fin une ou deux séries de sprints de 10 secondes avec récupération active à 70 % de la FCM ou de la FCR entre deux sprints (IT).

Pour ces séries de cinq sprints, il faudra utiliser un braquet intermédiaire permettant de se lancer rapidement.

Les sorties d'intensité seront toujours terminées par une période de retour au calme d'un quart d'heure au moins.

Durée des efforts de force : 2 minutes.

Semaine 5

JOUR	MARDI	MERCREDI	VENDREDI	DIMANCHE
Durée	2 h	1 h 30	2 h 30	2 h
Type d'efforts	Endurance critique basse + endurance critique haute	Force + vélocité	Endurance critique haute + anaérobie alactique	Force + vélocité
Mode d'entraînement	Course + endurance intermittente	Force + course	Interval training + force	Force + course

La sortie du mardi sera consacrée à du travail d'endurance intermittente, qui sera entrecoupée d'endurance critique basse, le tout organisé de la façon suivante :

Par exemple :

- 20 minutes d'échauffement.
- 5 minutes en 30-30 au seuil anaérobie.
- Quatre répétitions de la séquence travail récupération suivante :
  - 5 minutes de 20-20 à 90 % de la VMA.
  - 5 minutes de récupération à 70 % de la FCM.

– Une série de cinq sprints courts de 10 secondes, avec récupération à 70 % de la FCM.

– Un enchaînement de trois fois le travail suivant :
  • 5 minutes en 30-20 à 95 % de la VMA.
  • 5 minutes de récupération à 70 % de la FCM.

– Une série d'IT de récupération et retour au calme.

Nous rappellerons que pour une efficacité totale de l'endurance intermittente, la fréquence cardiaque ne doit pas baisser de plus de 10 pulsations lors de la récupération.

La vitesse atteinte lors des efforts d'endurance intermittente sera égale à 95 % de la vitesse maximale aérobie.

Nous préciserons encore l'importance que revêt le fait d'effectuer des efforts en fonction de la vitesse, car l'inertie du système cardio-vasculaire fait que sur des efforts aussi courts que ceux d'endurance intermittente, le cœur n'a pas le temps de monter.

Chaque sortie d'entraînement sera impérativement débutée par une vingtaine de minutes d'échauffement, avec accélération lente et progressive.

Toutes les sorties devront comporter à la fin une ou deux séries de sprints de 10 secondes avec récupération active à 70 % de la FCM ou de la FCR entre deux sprints (IT).

Les sorties d'intensité seront toujours terminées par une période de retour au calme d'un quart d'heure au moins.

La durée des exercices de force sera de 2 minutes et 30 secondes, et ils seront réalisés comme précédemment.

Semaine 6

JOUR	MARDI	MERCREDI	VENDREDI	DIMANCHE
Durée	2 h 30	2 h	2 h	2 h
Type d'efforts	Endurance critique basse + endurance critique haute	Force + vélocité	Endurance critique haute + anaérobie alactique	Jeu de course
Mode d'entraînement	Course + endurance intermittente	Force + course	Interval training + force	Force + course

La sortie du mardi sera consacrée à du travail d'endurance intermittente, qui sera entrecoupée d'endurance critique basse, le tout organisé de la façon suivante :

Par exemple :

– 20 minutes d'échauffement.

– 5 minutes en 30-30 au seuil anaérobie.

- Quatre répétitions de la séquence travail récupération suivante :
  - 5 minutes de 20-20 à 90 % de la VMA.
  - 5 minutes de récupération à 70 % de la FCM.
- Une série de cinq sprints courts de 10 secondes, avec récupération à 70 % de la FCM.
- Un enchaînement de trois fois le travail suivant :
  - 5 minutes en 30-20 à 95 % de la VMA.
  - 5 minutes de récupération à 70 % de la FCM.
- Une série d'IT de récupération et retour au calme.

La vitesse atteinte lors des efforts d'endurance intermittente sera égale à 95 % de la vitesse maximale aérobie.

Le travail de la force s'effectuera sur des durées de 3 minutes. Le nombre d'ascensions sera toujours de cinq par sortie.

La séance d'entraînement en fractionné du vendredi est la première séance de travail en endurance critique haute depuis le début de l'entraînement.

Elle s'effectuera comme suit :

- Échauffement 20 minutes.
- Enchaînements de dix efforts d'1 minute au seuil anaérobie avec 1 minute de récupération à 70 % de la FCM ou de la FCR.
- Une série d'*interval training* avec 5 sprints de dix secondes.
- Enchaînement de cinq efforts de 2 minutes à 5 pulsations en dessous du seuil anaérobie. Récupération 2 minutes à 70 %.
- Une série d'*interval training* avec 5 sprints de 10 secondes.
- Enchaînement de trois efforts de 1 minute au-dessous du seuil anaérobie. Récupération 2 minutes à 70 %.
- Une série d'*interval training* avec 5 sprints de 10 secondes.
- Enchaînement de cinq efforts de 5 minutes en endurance critique haute, 10 pulsations au-dessous du seuil anaérobie.
- Récupération 5 minutes à 70 %.

La sortie de force-vélocité s'effectuera avec cinq ascensions, et la durée de chaque effort sera de 3 minutes et 30 secondes.

La séance du dimanche s'effectuera si possible en groupe, à quatre ou cinq. À quatre reprises au cours de la sortie, les cyclistes participeront à du « jeu de course ». Ceci consiste à rouler au train, et à faire attaquer le dernier coureur du groupe, avec un démarrage sec.

L'attaquant ne roulera pas trop fort, pour permettre aux autres de rentrer, chacun attaquant tour à tour. Puis tout le monde regroupé on recommencera une seconde fois.

Semaine 7

JOUR	MARDI	MERCREDI	VENDREDI	DIMANCHE
Durée	2 h 30	2 h	2 h	2 h 30
Type d'efforts	Endurance critique basse	Force + vélocité	Endurance critique haute + puissance maxi-male aérobie	Endurance critique haute + force
Mode d'entraînement	Course	Force	Interval training + endurance intermittente	Force + course

La séance de fractionné pourra s'effectuer ainsi :

- 20 minutes d'échauffement progressif avec une série de cinq sprints pour finir.
- Deux fois cinq efforts de force, 15 pulsations sous le seuil anaérobie avec 10 minutes de récupération en vélocité.
- Cinq séries de 2 minutes au seuil avec récupération 3 minutes entre les efforts.
- Une série d'*interval training* avec cinq sprints de 10 secondes.
- 10 minutes de travail de la vélocité.
- Une série de cinq ascensions avec braquet à chaque fois progressif, à 40 tours par minute, 15 pulsations sous le seuil anaérobie.
- 15 minutes de retour au calme.

Dans toute cette séance, le temps de récupération sera égal à celui de l'effort. Cette récupération s'effectuera comme toujours à 70 % de la FCM.

La séance d'*interval training* comportera deux à trois séries de sprints de 10 secondes.

Entre les sprints, la récupération sera active (70 % de la FCM). Entre les séries, elle sera passive, avec fréquence cardiaque autour de 50 %.

Exemple de séance pour le vendredi (endurance intermittente) :

- Échauffement 20 minutes.
- Quatre répétitions de la séquence travail suivante :
  - 5 minutes de 20-20 à 95 % de la VMA.
  - 10 minutes de récupération à 70 % de la FCM en vélocité.
- Une série de cinq sprints courts de 10 secondes, avec récupération à 70 % de la FCM.
- Un enchaînement de trois fois le travail suivant :
  - 10 minutes en 30-20 à 90 % de la VMA.
  - 5 minutes de récupération à 70 % de la FCM.
- Une série d'IT de récupération et retour au calme.

À partir de maintenant, il faudra effectuer une à deux séries d'*interval training* très court en fin d'entraînement dans toutes les sorties.

L'effort total ne sera pas prolongé plus de 8 secondes, durée idéale.

Ces séries de sprints seront toujours précédées d'un quart d'heure de travail en vélocité, pour permettre aux muscles de se réadapter à une intensité réduite.

Le travail de force-vélocité s'effectuera sur des durées de 4 minutes.

Il sera suivi de trois ascensions de la durée de la côte, dans laquelle on s'efforcera de monter en tournant les jambes et en mettant du braquet. À 50 mètres du sommet, il faudra placer une attaque la plus sèche possible.

Entre le travail de la force et ce dernier exercice, on aura pris soin de rouler tranquillement pendant un quart d'heure au moins.

Semaine 8

JOUR	MARDI	MERCREDI	VENDREDI	DIMANCHE
Durée	2 h	1 h 30	1 h 30	3 h 30
Type d'efforts	Endurance critique basse	Force + vélocité	Force + vélocité	Endurance critique haute + puissance maximale aérobie
Mode d'entraînement	Course	Course + force	Force	Course + interval training

Cette semaine est la quatrième du cycle progressif. Elle est allégée pour permettre une récupération partielle.

La séance du samedi sera constituée d'abord d'une vingtaine de minutes d'échauffement, puis d'un travail de la force pendant une demi-heure.

Elle se terminera par deux séries de cinq sprints en d'*interval training* puis par un retour au calme de 15 minutes.

La séance du jeudi pourra par exemple être constituée ainsi :

- 20 minutes d'échauffement.
- 5 minutes à 10 pulsations sous le seuil anaérobie.
- 5 minutes de récupération à 70 % de la FCM.
- Quatre répétitions de la séquence travail-récupération en endurance intermittente suivante :
  - 5 minutes de 20-20 à la VMA.
  - 5 minutes de récupération à 75 % de la FCM.
  - 5 minutes en 30-20 à 90 % de la PMA.
  - 5 minutes à 75 % de la FCM.
- Retour au calme 15 minutes.

Il est évident qu'une telle séance doit être bien préparée, sous peine de se tromper dans les enchaînements. Un bon conseil : recopier le travail du jour sur un carton, et glisser celui-ci dans un blister plastique de façon à le protéger de la pluie.

Les montées en force dureront pour chaque effort 4 minutes et 30 secondes.

Semaine 9

JOUR	MARDI	JEUDI	SAMEDI	DIMANCHE
Durée	2 h 30	2 h	1 h 30	3 h
Type d'efforts	Endurance critique basse + endurance critique haute	Endurance critique basse + puissance moyenne aérobie	Force + vélocité	Endurance critique basse
Mode d'entraînement	Course + fartlek	Interval training + endurance intermittente	Endurance + force	Endurance + interval training

La sortie de *fartlek* comportera des efforts variés, qui seront rythmés par les côtes rencontrées. Le choix du terrain sera primordial pour une efficacité maximale.

Chaque côte sera montée de façon différente.

Alterner ainsi les différents types de travail suivants :

- Montée avec gros braquet, assis, à une fréquence de pédalage de 40 tours par minute, à 80 % de la FCM. La descente s'effectuera en vélocité maximale.
- Montée en danseuse, avec braquet moyen.
- Montée en force, braquet important, avec sprint en haut.
- Montée avec braquet moyen, assis, sans tirer sur le guidon, à 50 tours par minute, avec sprint à mi-montée, sur 100 mètres.
- Montée d'une côte longue en 20-20, au seuil anaérobie.
- Ascension d'une côte courte, au sprint dès le bas.

Chaque descente s'effectuera en vélocité et, entre les montées, la fréquence cardiaque sera maintenue à 75 % de la FCM.

Ceci n'est qu'un exemple, mais montre l'enchaînement entre les efforts tantôt intenses, tantôt axés vers la récupération.

Durée des efforts en force-vélocité : 5 minutes.

Nous rappellerons que ces exercices devront être interrompus dès que se manifeste une douleur quelconque de nature musculaire, dans les cuisses ou au niveau lombaire.

La séance du jeudi sera la même que la semaine précédente.

Les sorties d'endurance du mercredi et du dimanche s'effectueront en groupe, à l'allure de la course dans la dernière heure.

La séance du jeudi pourra par exemple être constituée ainsi :

- 20 minutes d'échauffement.
- 5 minutes à 10 pulsations sous le seuil anaérobie.
- 5 minutes de récupération à 70 % de la FCM.
- Quatre répétitions de la séquence travail-récupération en endurance intermittente suivante :
  - 5 minutes de 20-20 à la VMA.
  - 5 minutes de récupération à 75 % de la FCM.
  - 5 minutes en 30-20 à 90 % de la PMA.
  - 5 minutes à 75 % de la FCM.
- Retour au calme 15 minutes en vélocité à 100 tours par minute.

Semaine 10

JOUR	MARDI	MERCREDI	JEUDI	SAMEDI	DIMANCHE
Durée	2 h 30	2 h	1 h 30	2 h	3 h
Type d'effort	Endurance critique haute	Endurance critique basse + endurance critique haute	Force + vélocité	Puissance maximale aérobie	Endurance critique basse
Mode d'en-traînement	Fartlek	Fractionné	Fractionné	Endurance intermittente	Course

La séance du mardi se déroulera ainsi :

- Montée avec gros braquet, assis, à une fréquence de pédalage de 40 tours par minute, à 80 % de la FCM. La descente s'effectuera en vélocité maximale.
- Montée en danseuse, en vélocité.
- Montée en force, braquet important, avec sprint en haut.
- Montée avec braquet moyen, assis, sans tirer sur le guidon, à 50 tours par minute, avec sprint à mi-montée, sur 100 mètres.
- Montée d'une côte longue en 20-20, au seuil anaérobie.
- Ascension d'une côte courte, au sprint dès le bas.

Chaque descente s'effectuera en vélocité et, entre les montées, la fréquence cardiaque sera maintenue à 75 % de la FCM.

La séance du mercredi introduit un travail fractionné dont le but est de s'habituer à travailler pendant une durée de plus en plus longue au seuil anaérobie.

Le problème auquel sont confrontés les cyclistes, y compris les meilleurs, est leur méconnaissance totale de leur physiologie. Pour effectuer ces exercices, il faudra apprendre à repérer ce seuil.

En pratique, il suffit d'apprendre à ressentir à quel moment l'essoufflement devient gênant. Ce n'est pas compliqué, et nous connaissons bon nombre de juniors qui ont appris à le faire. Alors pourquoi pas les nationaux !

Modalités de la séance :

- Échauffement 20 minutes.
- Répétition de cinq fois l'exercice suivant :
  - 4 minutes au seuil.
  - 3 minutes de récupération à 140 pulsations.
- Vélocité 100 tours pendant 20 minutes.
- Deux séries de cinq sprints de 10 secondes, entrecoupés de récupération à 130 pulsations. Entre les deux séries, vélocité à 120 pulsations.

Les efforts de force du jeudi se dérouleront sur une durée de 5 minutes, et comporteront six ascensions.

La séance du samedi pourra être constituée ainsi :

- 20 minutes d'échauffement.
- 5 minutes à 10 pulsations sous le seuil anaérobie.
- 5 minutes de récupération à 70 % de la FCM.
- Quatre répétitions de la séquence travail-récupération en endurance intermittente suivante :
  - 5 minutes de 20-20 à la VMA.
  - 5 minutes de récupération à 75 % de la FCM.
  - 5 minutes en 30-20 à 90 % de la PMA.
  - 5 minutes à 75 % de la FCM.

Le dimanche, la sortie pourra être collective et comporter pendant une heure et demie une simulation de compétition, en allure libre, avec rythme nerveux.

Ce travail sera complété par une série de cinq sprints courts entrecoupés d'une récupération active (70 % FCM).

Le dernier quart d'heure, on n'oubliera pas le nécessaire retour au calme à 50 % de la FCM.

Semaine 11

JOUR	MARDI	MERCREDI	JEUDI	SAMEDI	DIMANCHE
Durée	2 h 30	2 h 30	1 h 30	2 h	3 h
Type d'effort	Endurance critique basse	Endurance critique basse + endurance critique haute	Force + vélocité	Puissance maximale aérobie	Endurance critique basse
Mode d'entraînement	Fartlek	Fractionné	Fractionné	Endurance intermittente	Course

La séance du mardi se déroulera ainsi :

- Montée avec gros braquet, assis, à une fréquence de pédalage de 40 tours par minute, à 80 % de la FCM. La descente s'effectuera en vélocité maximale.
- Montée en danseuse, en vélocité.
- Montée en force, braquet important, avec sprint en haut.
- Montée avec braquet moyen, assis, sans tirer sur le guidon, à 70 tours par minute, avec sprint à mi-montée, sur 100 mètres.
- Montée d'une côte longue en 20-20, au seuil anaérobie.
- Ascension d'une côte courte, au sprint dès le bas.

Chaque descente s'effectuera en vélocité et, entre les montées, la fréquence cardiaque sera maintenue à 75 % de la FCM.

Le mercredi, séance de fractionné avec efforts au seuil anaérobie.

Modalités de la séance :

- Échauffement 20 minutes.
- Répétition de cinq fois l'exercice suivant :
  - 5 minutes au seuil.
  - 3 minutes de récupération à 140 pulsations.
- Vélocité 100 tours pendant 20 minutes.
- Deux séries de cinq sprints de 10 secondes, entrecoupés de récupération à 130 pulsations. Entre les deux séries, vélocité à 120 pulsations.

Les efforts de force du jeudi se dérouleront sur une durée de 5 minutes, mais il sera effectué cette fois six ascensions.

La séance du samedi pourra être constituée ainsi :

- 20 minutes d'échauffement.
- 5 minutes à 10 pulsations sous le seuil anaérobie.
- 5 minutes de récupération à 70 % de la FCM.
- Quatre répétitions de la séquence travail-récupération en endurance intermittente suivante :
  - 5 minutes de 20-20 à la VMA.
  - 5 minutes de récupération à 75 % de la FCM.
  - 5 minutes en 30-20 à 90 % de la PMA.
  - 5 minutes à 75 % de la FCM.

Le dimanche, les deux dernières heures seront effectuées à allure course. Si la sortie s'effectue en groupe, partager les coureurs en deux groupes égaux.

Par tranches de 5 minutes, il faudra rouler à allure course, en prenant des relais très courts (10 secondes). Les 5 minutes suivantes s'effectueront à allure modérée (vélocité). On pourra ainsi enchaîner pendant 1 heure ce type d'effort (en tout six fois 5 minutes de relais).

L'heure suivante comportera des exercices d'attaques, contre-attaques et relances.

Semaine 12

JOUR	MARDI	MERCREDI	JEUDI	SAMEDI	DIMANCHE
Durée	2 h 30	2 h 30	1 h 30	2 h	3 h
Type d'effort	Endurance critique haute	Endurance critique basse	Puissance maximale aérobie	Force + vélocité	Endurance critique haute + endurance critique basse
Mode d'en-traînement	Fartlek	Fractionné	Endurance intermittente	Fractionné	Course + force

La sortie de *fartlek* sera un peu plus courte, mais il faudra rechercher un maximum de côtes dures, afin d'ajouter la dernière touche à la préparation.

Toutes les côtes seront montées en force, alors que sur le plat, tout sera effectué à 100 tours par minutes, et à une fréquence de 150 pulsations.

Le mercredi, la séance de fractionné sera remplacée par une simple sortie en vélocité à 100 tours par minute avec fréquence cardiaque moyenne à 15 pulsations en dessous du seuil anaérobie.

La séance du jeudi pourra être constituée ainsi :

- 20 minutes d'échauffement.
- 5 minutes à 10 pulsations sous le seuil anaérobie.
- 5 minutes de récupération à 70 % de la FCM.
- Quatre répétitions de la séquence travail-récupération en endurance intermittente suivante :
  - 5 minutes de 20-20 à la VMA.
  - 5 minutes de récupération à 75 % de la FCM.
- Retour au calme tranquillement jusqu'à la fin de la sortie.

Les efforts de force du samedi se dérouleront sur une durée de 5 minutes, mais on effectuera six ascensions.

Après ces cinq montées, il faudra rouler pendant un quart d'heure en vélocité pure (100 tours par minute), puis effectuer trois ascensions avec un braquet plus important et en tournant les jambes. À 100 mètres du haut, placer une violente attaque et maintenir une allure très vive jusqu'en haut.

La séance du dimanche sera une répétition générale pour la semaine suivante. Elle s'effectuera en groupe et comportera des accélérations en force dans toutes les côtes, des séances de jeu de course avec attaques, contre-attaques et des séries de sprints courts.

Effectuer les 2 dernières heures en allure libre, en simulation de course. 15 minutes de retour au calme termineront la séance.

Semaine 13

JOUR	MARDI	MERCREDI	JEUDI	SAMEDI	DIMANCHE
Durée	2 h 30	2 h 30	1 h 30	2 h	Compétition
Type d'effort	Endurance critique haute	Endurance critique haute + endurance critique basse	Force + vélocité	Anaérobie alactique + endurance critique basse	-
Mode d'entraînement	Fartlek	Course	Fractionné	Interval training + course	-

La séance du mardi se déroulera ainsi :

– Montée avec gros braquet, assis, à une fréquence de pédalage de 40 tours par minute, à 80 % de la FCM. La descente s'effectuera en vélocité maximale.

– Montée en danseuse, en vélocité.

– Montée en force, braquet important, avec sprint en haut.

– Montée avec braquet moyen, assis, sans tirer sur le guidon, à 70 tours par minute, avec sprint à mi-montée, sur 100 mètres.

– Montée d'une côte longue en 20-20, au seuil anaérobie.

– Ascension d'une côte courte, au sprint dès le bas.

Chaque descente s'effectuera en vélocité et, entre les montées, la fréquence cardiaque sera maintenue à 75 % de la FCM.

Le reste de la sortie s'effectue en vélocité, à 100 tours/minute et à 15 pulsations sous le seuil anaérobie.

Le mercredi, séance de fractionné avec efforts au seuil anaérobie.

Modalités de la séance :

– Échauffement 20 minutes.

– Répétition de trois fois l'exercice suivant :
  • 10 minutes au seuil.
  • 5 minutes de récupération à 140 pulsations.

– Vélocité 100 tours pendant 20 minutes.

– Deux séries de cinq sprints de 10 secondes, entrecoupés de récupération à 130 pulsations. Entre les deux séries, vélocité à 120 pulsations.

Les efforts de force du jeudi se dérouleront sur une durée de 5 minutes, mais on effectuera six ascensions.

La séance du vendredi pourra être constituée ainsi :

- 20 minutes d'échauffement.
- 5 minutes à 10 pulsations sous le seuil anaérobie.
- 5 minutes de récupération à 70 % de la FCM.
- Répétition de la séquence travail-récupération en endurance intermittente suivante :
  - 5 minutes de 20-20 à la VMA.
  - 5 minutes de récupération à 75 % de la FCM.
  - 5 minutes en 30-20 à 90 % de la PMA.
  - 5 minutes à 75 % de la FCM.
- Retour au calme.

Ce plan d'entraînement amène le coureur avec suffisamment d'entraînement pour la première course.

Nous n'avons pas cherché à accumuler les kilomètres, mais à fournir au cycliste la qualité d'entraînement qui lui permettra d'améliorer toutes les composantes de la préparation physique.

C'est largement suffisant pour la plupart des coureurs. Les différentes filières énergétiques ont été développées, en privilégiant la filière aérobie.

Le cycliste est prêt pour aborder la période de compétition.

Le plan d'entraînement se termine avec le départ des coureurs pour les premières compétitions de la mi-février, telles que les plages vendéennes ou les courses sur la côte basque ou sur la Côte d'Azur, répétitions générales avant le grand départ de la saison cycliste.

Dans cet exemple, il faut imaginer que la première compétition est le début d'une semaine du même type que l'Essor basque.

Nous avons supprimé la charge de travail réalisée lors de chaque sortie présentée dans les précédentes éditions, car elles portaient parfois à confusion et n'étaient pas comprises par le lecteur.

C'est uniquement dans un souci de simplification, car nous nous en sommes servi pour la construction de ce plan.

Le plan d'entraînement précédent concerne des cyclistes à part, élites ou nationaux, dont le statut n'est plus vraiment celui d'amateurs, puisque rémunérés à l'année dans des groupes où leur activité consiste à s'entraîner et à courir, ceci à plein temps.

On peut bien sûr faire encore plus. Certains élites se présentent aux premières compétitions avec 5000 kilomètres et plus.

Est-on vraiment sûr de la qualité de toutes ces sorties ? Nous sommes aujourd'hui certains que sans les progrès de l'industrie pharmaceutique, nous aurions assisté à une forte régression des performances !

Ce qui est certain, c'est que celui qui suivra notre proposition n'arrivera pas aux courses diésélisé, très endurant mais sans rendement, ni calciné. Notre propos est de présenter les principes de plans d'entraînements, pas d'exposer tous les cas de figure.

L'hiver, chacun peut être confronté à des conditions climatiques extrêmes. Il peut arriver qu'il soit totalement impossible de sortir pour cause de neige ou de verglas pendant une semaine entière.

Il ne faudra alors pas perdre de vue que 8 jours de repos total, ce sont deux semaines de travail qui sont perdues. Le plan d'entraînement devra tenir compte de l'arrêt et repartir non pas à la semaine perdue, mais bien 15 jours plus tôt.

Ceci implique la nécessité d'un entretien sur home-trainer pour conserver le bénéfice du travail accompli. Bien sûr fastidieux, le home-trainer est malgré tout obligatoire pour ne pas prendre un trop grand retard. Cependant, rien ne justifie d'y passer 3 heures !

Toutes nos séances d'entraînement, choisies pour développer les qualités du cycliste, mais jamais très longues, peuvent être réalisées sur un home-trainer, à condition que la force de frottement puisse être modulable, et à condition que le coureur ait la ténacité nécessaire à la réalisation de l'exercice complet.

Dans ce cas, pas de temps à perdre : tout le temps passé sur le home-trainer doit comporter un travail précis, chaque minute doit être utilisée au mieux.

3. Exemple de plan de travail sur 4 jours par semaine

Ce plan s'adresse plus particulièrement aux coureurs nationaux et aux régionaux qui ont le temps de consacrer 4 jours hebdomadaires à l'entraînement. Il peut également convenir aux seniors premières et secondes catégories UFOLEP.

Dans le cas où vous préféreriez entamer votre préparation début décembre, tout en commençant les courses mi-février, voici ce que nous pouvons vous proposer :

Semaine 1

JOUR	MARDI	MERCREDI	DIMANCHE
Durée	1 h 30	2 h	2 h
Type d'efforts	Endurance de base	Endurance de base	Endurance de base
Durée	Course	Course	Course

Le parcours est plat. Les pulsations cardiaques sont comprises entre 50 et 70 % de la fréquence cardiaque maximale, ceci afin de travailler en zone de lipolyse.

Le travail consiste en une réadaptation au pédalage avec vitesse de rotation de jambes supérieure à 90 tours par minute. L'idéal sera de tourner les jambes à 100 tours de pédale.

N'oublions pas que le travail foncier est un passage obligé, car il permet de reprendre contact avec l'outil de travail, et facilite la réadaptation au pédalage.

Le principal handicap en fin de saison, à force d'utiliser des braquets considérables, c'est l'incapacité de tourner les jambes et de développer la puissance des cuisses au détriment des mollets, puisque bien souvent, on pousse sur les pédales plus qu'on ne tire.

De plus, l'endurance de base sollicitant essentiellement la lipolyse, permet de reperdre plus rapidement les kilos pris en hiver suite à une alimentation inappropriée.

Si vous avez suivi une préparation hivernale incluant la pratique du vélo avec travail de force et vélocité, vous remplacerez les sorties en endurance de base et en endurance critique basse par des séances de force-vélocité, en respectant l'augmentation des durées et des répétitions prévues, jusqu'à concurrence de six répétitions de 5 minutes.

Une variante aux exercices de force consiste à rouler à très petite allure et à effectuer un sprint avec effort total en restant bien assis sur votre selle. Cet exercice pourra être effectué à une dizaine de reprises.

Dans ce cas, vous ne tiendrez pas compte des durées proposées ci-dessous pour les exercices de force.

Nous vous rappelons que le travail de force assure une efficacité maximale lorsqu'il est développé trois fois par semaine.

Enfin nous rappelons que si la fréquence cardiaque s'élève anormalement, c'est probablement que la pente n'est pas suffisante ou que vous utilisez un braquet beaucoup trop grand (difficile de reprendre de bonnes habitudes...

Si c'est dans le but d'épater les copains, cela ne sert à rien, et si c'est pour y gagner une pathologie musculotendineuse sévère, le bénéfice est bien mince !

Semaine 2

JOUR	MARDI	MERCREDI	DIMANCHE
Durée	1 h 30	2 h 30	2 h 30
Type d'efforts	Force + vélocité	Endurance de base	Endurance de base
Durée	Fractionné	Course	Course

Le travail de la force musculaire commence. À partir de cette semaine, il va être effectué au moins deux fois par semaine.

Ce n'est pas une nouveauté, surtout pour ceux qui ont effectué ce type de travail tout l'hiver, plutôt que d'aller brasser de la fonte dans les salles de musculation.

Choisissez une côte longue et moyennement pentue (6 à 8 %). Montez cinq fois, assis, sans tirer avec les bras, à petite vitesse (35 à 40 tours par minute). Dès la fin de l'effort, faites demi-tour et redescendez en vélocité. Puis recommencez. Le braquet utilisé sera le plus gros vous permettant de monter sans balancer les épaules.

La durée de l'effort de force n'excédera pas une minute.

Ce type d'efforts sera effectué chaque semaine jusqu'à la fin de la préparation. Seule changera la durée de l'effort, où l'on rajoutera 30 secondes par montée chaque semaine.

Tout le reste de la sortie sera effectué en vélocité, à 100 tours de pédale par minute, de façon à étirer les muscles sollicités par la force.

Si des douleurs musculaires apparaissent au niveau dorsal ou lombaire, il faudra interrompre le travail de la force. Ce type de travail impose également des étirements, du stretching, des assouplissements qu'il sera bon de réaliser une fois descendu du vélo. Musculation et étirements sont absolument complémentaires.

Semaine 3

JOUR	MARDI	MERCREDI	VENDREDI	DIMANCHE
Durée	1 h 30	2 h 30	1 h 30	2 h 30
Type d'efforts	Force + vélocité	Endurance critique basse	Force + vélocité	Endurance critique basse
Durée	1 h 30	2 h 30	1 h 30	2 h 30

Le travail de la force sera réalisé comme précédemment.

Durée des cinq efforts de force : une minute trente. En dehors des côtes, travail de vélocité aux alentours de 70 % de la FCM, et à 100 tours/minute.

Le parcours pourra être légèrement vallonné pendant la sortie du mercredi.

La fréquence cardiaque sera située aux alentours de 70 % de la fréquence cardiaque maximale.

Rouler en vélocité à 100 tours par minute, tout en montant tous les faux plats et les côtes du parcours en force (sur une minute trente maxi), puis en souplesse en essayant de beaucoup tourner les jambes.

La fréquence cardiaque ne dépassera pas 70 % de la FCM.

Semaine 4

JOUR	MARDI	VENDREDI	DIMANCHE
Durée	1 h 30	1 h 30	2 h
Type d'efforts	Force + vélocité	Force + vélocité	Endurance critique basse
Mode d'entraînement	Course	Course	Course

Cette semaine est la quatrième du cycle. La charge de travail sera donc moins importante que les trois microcycles précédents, et l'activité sera orientée essentiellement sur la force, la vélocité et l'endurance critique basse.

Le travail de la force s'effectuera mardi comme vendredi sur des durées de 2 minutes, avec à chaque fois cinq répétitions.

Le reste de ces sorties sera consacré à la vélocité à 100 tours/minute.

Sortie du dimanche : le parcours sera le plus souvent vallonné, et les pulsations toujours dans la même plage d'endurance critique basse, soit entre 70 % et 80 % de la FCM ou de la FCR.

Semaine 5

JOUR	MARDI	MERCREDI	VENDREDI	DIMANCHE
Durée	1 h 30	2 h 30	1 h 30	2 h
Type d'efforts	Force + vélocité	Endurance critique basse	Force + vélocité	endurance critique basse + endurance critique haute
Mode d'entraînement	Course	Course	Course	Course

La séance du mardi se déroulera ainsi :

- Montée avec gros braquet, assis, à une fréquence de pédalage de 40 tours par minute, à 80 % de la FCM. La descente s'effectuera en vélocité maximale.
- Montée en danseuse, en vélocité.
- Montée en force, braquet important, avec sprint en haut.
- Montée avec braquet moyen, assis, sans tirer sur le guidon, à 70 tours par minute, avec sprint à mi-montée, sur 100 mètres.
- Montée d'une côte longue en 20-20, au seuil anaérobie.
- Ascension d'une côte courte, au sprint dès le bas.

La sortie du mercredi comprendra toutes les heures une série de cinq sprints courts de 10 secondes, avec récupération à 70 % de la FCM.

Elle comprendra également cinq répétitions de 2 minutes au seuil anaérobie, entrecoupées de trois minutes de récupération en vélocité.

Sorties du vendredi

Travail en force et vélocité comme à l'habitude, avec cinq ascensions. La durée des efforts en force atteindra 2 minutes 30 secondes.

Le dimanche, dans la sortie en groupe, on commencera à travailler les relais, sur des durées d'une vingtaine de secondes, à une fréquence cardiaque correspondant à 15 pulsations en dessous du seuil anaérobie. Ceci pourra se faire sur trois répétitions de 10 minutes.

Semaine 6

JOUR	MARDI	MERCREDI	VENDREDI	DIMANCHE
Durée	1 h 30	2 h 30	2 h	2 h 30
Type d'efforts	Force + vélocité	Endurance	Endurance critique haute	Endurance + puissance
Mode d'entraînement	Course	Course	Course	Course

La séance du mardi se déroulera ainsi :

- Montée avec gros braquet, assis, à une fréquence de pédalage de 40 tours par minute, à 80 % de la FCM. La descente s'effectuera en vélocité maximale.
- Montée en danseuse, en vélocité.
- Cinq montées en force, sur une durée de 3 minutes.
- Montée avec braquet moyen, assis, sans tirer sur le guidon, à 70 tours par minute, avec sprint à mi-montée, sur 100 mètres.
- Montée d'une côte longue en 20-20, au seuil anaérobie.
- Ascension d'une côte courte, au sprint dès le bas.

La sortie du mercredi comprendra toutes les heures une série de cinq sprints courts de 10 secondes, avec récupération à 70 % de la FCM.

Elle comprendra également cinq répétitions de 3 minutes au seuil anaérobie, entrecoupées de 3 minutes de récupération en vélocité.

La séance d'endurance intermittente (vendredi) sera constituée comme suit :

- 20 minutes d'échauffement.
- Trois fois l'enchaînement suivant :
  - 5 minutes de 20-20 au-dessus du seuil anaérobie.
  - 5 minutes récupération à 70 % de la FCM ou de la FCR.
  - 5 minutes à la VMA en 20-20.
  - 5 minutes récupération à 70 % de la FCM ou de la FCR.
  - 5 minutes de 20-20 au-dessus du seuil anaérobie.
  - 5 minutes de récupération à 70 % de la FCM ou de la FCR.
- Retour au calme à 70 % de la FCM ou de la FCR.

Toutes les périodes de récupération doivent se faire en vélocité à 100 tours, ce qui doit maintenant être automatique.

Rappelons que l'endurance intermittente peut se pratiquer à deux, en relais courts, ce qui peut paraître moins monotone. Les deux coureurs effectueront ainsi des relais appuyés d'une vingtaine de secondes, sur des séries de 5 minutes, entrecoupées de phases de récupération en vélocité de 5 minutes.

La sortie du dimanche comprendra trois répétitions de 5 minutes de relais courts de 10 secondes, à quatre coureurs au maximum. Ceci correspond à de l'endurance intermittente en 10-40.

Les relais seront effectués à une vitesse correspondant au seuil anaérobie. Entre les efforts, 10 minutes en récupération partielle à 140 pulsations.

Puis l'avant-dernier quart d'heure sera effectué en allure libre, avec attaques, contre-attaques, et relances.

Ce travail sera ponctué par une série de cinq sprints de 10 secondes, entrecoupés de récupération active (il faudra pédaler tranquillement en attendant que le pouls redescende à 130, puis enchaîner un second sprint).

Le dernier quart d'heure sera consacré au retour au calme.

Semaine 7

JOUR	MARDI	MERCREDI	VENDREDI	DIMANCHE
Durée	1 h 30	2 h 30	2 h	2 h 30
Type d'efforts	Force + vélocité	Endurance + puissance	Endurance + puissance maximale aérobie	Endurance + puissance
Mode d'entraînement	Course + force	Force	Endurance intermittente	Course + force

La séance du mardi se déroulera ainsi :

- Montée avec gros braquet, assis, à une fréquence de pédalage de 40 tours par minute, à 80 % de la FCM. La descente s'effectuera en vélocité maximale.
- Montée en danseuse, en vélocité.
- Cinq montées en force, sur une durée de 4 minutes.
- Montée avec braquet moyen, assis, sans tirer sur le guidon, à 70 tours par minute, avec sprint à mi-montée, sur 100 mètres.
- Montée d'une côte longue en 20-20, au seuil anaérobie.
- Ascension d'une côte courte, au sprint dès le bas.

Mercredi : développement du travail fractionné au seuil anaérobie.

Modalités :

- Échauffement 20 minutes.
- Enchaîner cinq fois 1 minute au seuil anaérobie, avec récupération de 2 minutes entre les efforts.
- Un quart d'heure en vélocité 100 tours/minute à 140 pulsations.
- Enchaîner cinq fois 2 minutes au seuil anaérobie, avec récupération de 2 minutes entre les efforts.
- Retour au calme en vélocité à 100 tours/minute.

La séance d'endurance intermittente du vendredi pourra être composée comme suit :

- 20 minutes d'échauffement.
- Trois fois l'enchaînement suivant :
  - 5 minutes de 20-20 au-dessus du seuil anaérobie.
  - 5 minutes récupération à 70 % de la FCM ou de la FCR.
  - 5 minutes à la VMA en 20-20.
  - 5 minutes récupération à 70 % de la FCM ou de la FCR.
  - 5 minutes de 20-20 au-dessus du seuil anaérobie.
  - 5 minutes de récupération à 70 % de la FCM ou de la FCR.
- Retour au calme à 70 % de la FCM ou de la FCR.

La sortie du dimanche comprendra quatre répétitions de 5 minutes de relais courts de 10 secondes, à quatre coureurs au maximum. Ceci correspond à de l'endurance intermittente en 10-40. Les relais seront effectués à une vitesse correspondant au seuil anaérobie.

Entre les efforts, dix minutes en récupération partielle à 140 pulsations.

Puis on effectuera une demi-heure en allure libre, avec attaques, contre-attaques, et relances, puis un retour au calme dans le dernier quart d'heure.

Semaine 8

JOUR	MARDI	MERCREDI	VENDREDI	DIMANCHE
Durée	1 h 30	2 h	1 h 30	2 h 30
Type d'efforts	Force + vélocité	Vélocité	Force + vélocité	Endurance critique basse + endurance critique haute
Mode d'entraînement	Course	Course	Course	Course

Cette semaine, quatrième du cycle, sera allégée, pour permettre aux organismes de récupérer.

La sortie du mardi comportera cinq ascensions d'une durée de 4 minutes. Tout le reste de la sortie sera effectué en vélocité pure, sans dépasser 140 pulsations.

Le souci majeur de cette sortie, outre la force, est de développer une bonne qualité de pédalage et de retrouver une vélocité mise à mal par vingt ans de braquets démesurés.

La séance du mercredi sera constituée d'une simple sortie d'une heure trente en vélocité pure, dans laquelle on tournera les jambes à 100 tours par minute, à une fréquence cardiaque de 15 pulsations en dessous du seuil anaérobie.

La sortie du vendredi sera la seconde en force et vélocité au cours de cette semaine de récupération. Seront inclus cinq efforts de force musculaire, à petite allure et gros braquet.

Il faudra, comme à l'habitude, enchaîner cinq ascensions.

Durée des efforts de force : 4 minutes.

La sortie du dimanche comprendra deux répétitions de 5 minutes de relais courts de 10 secondes, à quatre coureurs au maximum. Ceci correspond à de l'endurance intermittente en 10-40.

Les relais seront effectués à une vitesse correspondant au seuil anaérobie.

Entre les efforts, 10 minutes en récupération partielle à 140 pulsations.

Puis on effectuera un quart d'heure en allure libre, avec attaques, contre-attaques, et relances, puis un retour au calme dans le dernier quart d'heure.

Nous rappellerons qu'il est exclu de terminer une sortie sur un effort violent et un sprint pour finir. L'organisme a besoin d'un retour au calme progressif, ce qui évitera également bien des déboires à ceux qui sont sujets au malaise vagal.

Semaine 9

JOUR	MARDI	MERCREDI	VENDREDI	DIMANCHE
Durée	1 h 30	2 h 30	2 h	3 h
Type d'efforts	Force + vélocité	Endurance critique basse + endurance critique haute	Endurance critique haute	Endurance critique basse + force
Mode d'entraînement	Endurance critique basse + force	Course	Endurance intermittente	Course + force

La séance du mardi se déroulera ainsi :

– Montée avec gros braquet, assis, à une fréquence de pédalage de 40 tours par minute, à 80 % de la FCM. La descente s'effectuera en vélocité maximale.

– Montée en danseuse, en vélocité.

– Cinq montées en force, sur une durée de 3 minutes.

– Montée avec braquet moyen, assis, sans tirer sur le guidon, à 70 tours par minute, avec sprint à mi-montée, sur 100 mètres.

– Montée d'une côte longue en 20-20, au seuil anaérobie.

– Ascension d'une côte courte, au sprint dès le bas.

En dehors des ascensions, toute la sortie sera composée de travail en vélocité à 100 tours par minute, à une fréquence de 70 % de la FCM, ce qui représente à peu près de 140 à 150 pulsations ou de 60 % de la FCR.

Composition de la sortie du mercredi :

– Échauffement 20 minutes.

– Enchaîner cinq fois 3 minutes au seuil anaérobie, avec récupération de 2 minutes entre les efforts.

– Un quart d'heure en vélocité 100 tours/minute à 140 pulsations.

– Enchaîner une fois 5 minutes au seuil anaérobie.

– Rouler un quart d'heure en vélocité à 100 tours/minute à 15 pulsations en dessous du seuil anaérobie.

– Retour au calme un quart d'heure.

La séance d'endurance intermittente du vendredi pourra être composée comme suit :

– 20 minutes d'échauffement.

– Trois fois l'enchaînement suivant :
- 5 minutes de 20-20 au-dessus du seuil anaérobie.
- 5 minutes récupération à 70 % de la FCM ou de la FCR.

- 5 minutes à la VMA en 20-20.
- 5 minutes récupération à 70 % de la FCM ou de la FCR.
- 5 minutes de 20-20 au-dessus du seuil anaérobie.
- 5 minutes de récupération à 70 % de la FCM ou de la FCR.

– Retour au calme à 70 % de la FCM ou de la FCR.

La sortie du dimanche comprendra quatre répétitions de 5 minutes de relais courts de 10 secondes, à quatre coureurs au maximum. Ceci correspond à de l'endurance intermittente en 10-40.

Les relais seront effectués à une vitesse correspondant au seuil anaérobie.

Entre les efforts, 10 minutes en récupération partielle à 140 pulsations.

Puis effectuer une demi-heure en allure libre, avec attaques, contre-attaques, et relances, puis un retour au calme dans le dernier quart d'heure.

Semaine 10

JOUR	MARDI	MERCREDI	VENDREDI	DIMANCHE
Durée	1 h 30	3 h	2 h	3 h
Type d'efforts	Force + vélocité	Endurance critique basse + endurance critique haute	Puissance maximale aérobie	Endurance critique basse + endurance critique haute
Mode d'entraînement	Force	Course + force	Endurance intermittente	Course + force

La séance du mardi se déroulera ainsi :

– Montée avec gros braquet, assis, à une fréquence de pédalage de 40 tours par minute, à 80 % de la FCM. La descente s'effectuera en vélocité maximale.

– Montée en danseuse, en vélocité.

– Cinq montées en force, sur une durée de 3 minutes et 30 secondes.

– Montée avec braquet moyen, assis, sans tirer sur le guidon, à 70 tours par minute, avec sprint à mi-montée, sur 100 mètres.

– Montée d'une côte longue en 20-20, au seuil anaérobie.

– Ascension d'une côte courte, au sprint dès le bas.

En dehors des ascensions, toute la sortie sera composée de travail en vélocité à 100 tours par minute, à une fréquence de 70 % de la FCM, ce qui représente à peu près de 140 à 150 pulsations.

Composition de la sortie du mercredi :

– Échauffement 20 minutes.

– Enchaîner cinq fois 3 minutes au seuil anaérobie, avec récupération de 3 minutes entre les efforts.

- Un quart d'heure en vélocité 100 tours/minute à 140 pulsations.
- Enchaîner une fois 5 minutes au seuil anaérobie.
- Effectuer un quart d'heure en vélocité à 15 pulsations en dessous du seuil anaérobie.
- Retour au calme pendant un quart d'heure.

La sortie d'endurance intermittente du vendredi sera composée ainsi :

- 20 minutes d'échauffement.
- Quatre fois l'enchaînement suivant :
  - 5 minutes de 20-20 à la VMA.
  - 5 minutes récupération à 75 % de la FCM ou de la FCR.
  - 5 minutes à la VMA en 30-30.
  - 10 minutes récupération à 75 % de la FCM ou de la FCR.
- Une série de sprints courts de 10 secondes à la fin de chaque enchaînement.
- Retour au calme à 70 % de la FCM ou de la FCR.

La sortie du dimanche comprendra cinq répétitions de 5 minutes de relais courts de 10 secondes, à quatre coureurs au maximum.

Les relais seront effectués à une vitesse correspondant au seuil anaérobie.

Entre les efforts, 10 minutes en récupération partielle à 140 pulsations.

Puis on effectuera trois quarts d'heure en allure libre, avec attaques, contre-attaques, et relances, puis un retour au calme dans le dernier quart d'heure.

Semaine 11

JOUR	MARDI	MERCREDI	JEUDI	SAMEDI	DIMANCHE
Durée	2 h	3 h	1 h 30	1 h	3 h
Type d'effort	Endurance critique haute	Endurance critique basse + endurance critique haute	Puissance maximale aérobie	Endurance critique basse + anaérobie analactique	Endurance critique basse + endurance critique haute
Mode d'entraînement	Fartlek	Course + fractionné	Endurance intermittente	Interval training + course	Course + force

La séance du mardi se déroulera ainsi :

- Montée avec gros braquet, assis, à une fréquence de pédalage de 40 tours par minute, à 80 % de la FCM. La descente s'effectuera en vélocité maximale.
- Montée en danseuse, en vélocité.
- Cinq montées en force, sur une durée de 3 minutes et 30 secondes.

- Montée avec braquet moyen, assis, sans tirer sur le guidon, à 70 tours par minute, avec sprint à mi-montée, sur 100 mètres.
- Montée d'une côte longue en 20-20, au seuil anaérobie.
- Ascension d'une côte courte, au sprint dès le bas.

En dehors des ascensions, toute la sortie sera composée de travail en vélocité à 100 tours par minute, à une fréquence de 70 % de la FCM, ce qui représente à peu près de 140 à 150 pulsations.

Composition de la sortie du mercredi :

- Échauffement 20 minutes.
- Enchaîner cinq fois 4 minutes au seuil anaérobie, avec récupération de 3 minutes entre les efforts.
- Un quart d'heure en vélocité 100 tours/minute à 140 pulsations.
- Enchaîner une fois 5 minutes au seuil anaérobie.
- Effectuer un quart d'heure en vélocité à 15 pulsations en dessous du seuil anaérobie.
- Retour au calme pendant un quart d'heure.

La sortie d'endurance intermittente du jeudi sera composée ainsi :

- 20 minutes d'échauffement.
- Quatre fois l'enchaînement suivant :
  - 5 minutes de 30-30 à la VMA.
  - 5 minutes récupération à 75 % de la FCM ou de la FCR.
  - 5 minutes à la VMA en 30-30.
  - 10 minutes récupération à 75 % de la FCM ou de la FCR.
  - Une série de cinq sprints courts (10 secondes).
- Retour au calme à 70 % de la FCM ou de la FCR.

La séance du samedi comportera essentiellement de la vélocité à 70 % de la FCM, mais comportera trois séries de cinq sprints de 10 secondes. Entre deux sprints, attendre de redescendre à 140 pulsations, puis recommencer. Entre deux séries, un quart d'heure de récupération en endurance de base sera nécessaire.

La sortie du dimanche comprendra cinq répétitions de 5 minutes de relais courts de 10 secondes, à quatre coureurs au maximum.

Les relais seront effectués à une vitesse correspondant au seuil anaérobie.

Entre les efforts, 10 minutes en récupération partielle à 140 pulsations.

Puis rouler trois quarts d'heure en allure libre, avec attaques, contre-attaques et relances, puis un retour au calme dans le dernier quart d'heure.

Semaine 12

JOUR	MARDI	MERCREDI	VENDREDI	DIMANCHE
Durée	1 h 30	2 h 30	1 h 30	3 h
Type d'efforts	Endurance critique haute + force	Endurance critique basse	Endurance critique haute	Endurance critique basse + endurance critique haute
Mode d'entraînement	Fartlek	Course	Course	Course + force

Troisième microcycle de récupération partielle, cette semaine précède le début des compétitions.

La séance du mardi se déroulera ainsi :

- Montée avec gros braquet, assis, à une fréquence de pédalage de 40 tours par minute, à 80 % de la FCM. La descente s'effectuera en vélocité maximale.
- Montée en danseuse, en vélocité.
- Cinq montées en force, sur une durée de 3 minutes et 30 secondes.
- Montée avec braquet moyen, assis, sans tirer sur le guidon, à 70 tours par minute, avec sprint à mi-montée, sur 100 mètres.
- Montée d'une côte longue en 20-20, au seuil anaérobie.
- Ascension d'une côte courte, au sprint dès le bas.

Mercredi : effectuer une simple sortie en vélocité à 75 % de la FCM dans laquelle seront inclues deux séries de cinq sprints de 10 secondes.

Vendredi : entraînement en endurance, à 15 pulsations en dessous du seuil anaérobie.

La sortie du dimanche comprendra six répétitions de 5 minutes de relais courts de dix secondes, à quatre coureurs au maximum.

On en profitera pour effectuer une dizaine de sprints départ arrêté, en restant toujours bien assis.

Les relais seront effectués à une vitesse correspondant au seuil anaérobie.

Entre les efforts, 10 minutes en récupération partielle à 140 pulsations.

Puis rouler une heure en allure libre, avec attaques, contre-attaques et relances, puis un retour au calme dans le dernier quart d'heure.

C'est une véritable répétition pour la compétition de la semaine suivante.

Cette sortie peut être utilement remplacée par une compétition type interclubs.

Ce plan est largement suffisant pour la plupart des coureurs nationaux et pour les meilleurs juniors.

Les différentes filières énergétiques ont été développées, en privilégiant la filière aérobie. Le cycliste est prêt pour aborder la période de compétition.

Nous remarquerons qu'il n'y a pas une seule sortie sans intérêt, comme les coureurs ont trop souvent l'habitude de les multiplier. Chaque heure de travail a son utilité.

Chaque semaine de récupération partielle aussi. C'est peut-être pourquoi le kilométrage parcouru semblera à certains insuffisant.

Nos propositions peuvent tenir la comparaison par rapport à ce qui se fait traditionnellement. Ici, le coureur ne part jamais à l'aventure avec trois pâtes de fruit et un bidon d'eau pure.

Il est possible de l'appliquer sans modifications, certains l'on fait depuis trois ou quatre années avec succès.

Rappelons-nous seulement que si vous calculez en kilomètres votre travail, vous serez sûrement frustré, mais si vous ciblez la qualité, vous constaterez que ce travail offre une préparation complète pour votre saison.

De plus, vous ne risquerez pas de ressentir la moindre saturation dès les beaux jours, car vous n'aurez pas accumulé un nombre colossal d'heures inutiles et usantes.

4. Exemple de plan d'entraînement avec 3 jours d'entraînement par semaine

Cette proposition de plan d'entraînement concerne ceux qui ont un peu moins de temps à consacrer à leur préparation, certains nationaux, les Juniors 2, les Seniors R1.

Ceux-ci travaillent ou sont aux études le plus souvent, et ne disposent que rarement d'un horaire aménagé.

Dans ce cas, il est possible d'effectuer une sortie le mardi et l'autre le jeudi, comme le font la plupart des coureurs. Le choix le meilleur sera l'enchaînement mercredi et jeudi, pour bénéficier de la surcompensation.

D'autre part, les scolaires disposent de leur mercredi après-midi, on en profitera pour la séance d'endurance critique basse en mode continu, qui sera la sortie la plus longue de la semaine.

Nous proposons une reprise de l'entraînement dès le début décembre afin d'affiner la préparation en se donnant le temps nécessaire.

Semaine 1

JOUR	MERCREDI	VENDREDI	DIMANCHE
Durée	1 h 30	2 h	2 h
Type d'efforts	Vélocité	Vélocité	Vélocité
Mode d'entraînement	Course	Course	Course

Le parcours est plat. Les pulsations cardiaques sont comprises entre 50 % et 70 % de la fréquence cardiaque maximale.

Le principe du pédalage est de donner un coup de talon au sol en arrivant au point mort bas, puis de donner un coup de genou aux étoiles, de façon à effectuer un transfert d'énergie et de gommer ce fameux point mort bas.

Pour ceux qui présentent des problèmes de pédalage, qui pédalent avec la cheville bloquée, il est possible de travailler en 20-20 : 20 secondes en poussant sur les pédales, 20 secondes en tirant, pendant 5 minutes.

Puis on effectuera le même travail en pédalant d'une jambe, puis de l'autre, de façon à corriger les faiblesses musculaires trop souvent constatées, et afin d'obtenir un pédalage harmonieux et efficace.

Dans chaque sortie de la semaine, vous effectuerez une série de sprints départ arrêté.

Surtout, roulez à très petite allure avant de lancer votre sprint. À vous de choisir un braquet pas trop extravagant pour accélérer. Toutes les sorties en endurance pourront contenir de tels efforts, effectués vers la fin de la sortie.

Semaine 2

JOUR	MERCREDI	VENDREDI	DIMANCHE
Durée	1 h 30	2 h	2 h 30
Type d'efforts	Vélocité	Endurance critique basse	Force + vélocité
Mode d'entraînement	Course	Course	Course + force

Le parcours est plat, et les pulsations restent dans la zone 70 % à 80 % de la FCM lors de la sortie en endurance critique basse, au-dessous de 70 % pour les sorties d'endurance de base.

Les muscles lombaires doivent être réadaptés à la position du cycliste : il faudra rouler alternativement les mains en haut et en bas du guidon.

Le travail de la force se fait désormais dans une côte, toujours la même si possible, dont le pourcentage avoisine les 6 % à 8 %.

Il s'agit de monter avec le plus grand braquet possible, sans balancer les épaules ni tirer sur le guidon. C'est une sollicitation des cuisses, pas du buste qui est demandée.

La rotation de jambes ne dépassera pas 40 tours/minute. Il ne faudra pas tirer pas sur le guidon. Seules les cuisses et les jambes feront le travail.

Durée des efforts de force : 1 minute avec 5 répétitions.

En dehors des côtes et des faux plats, la fréquence cardiaque restera basse, si la vitesse de pédalage reste en de ça de 40 tours.

Toutes les sorties seront toujours précédées d'un bon échauffement d'une vingtaine de minutes, où sera estimé le niveau du seuil anaérobie et la vitesse correspondante.

Ce repérage sera essentiel pour la suite, et permettra à des cyclistes toujours incapables de juger de leurs progrès d'être à cette occasion attentifs à l'efficacité de leur entraînement.

Le travail de la force sera toujours complété par une séance d'étirements et d'assouplissements après l'entraînement.

Semaine 3

JOUR	MERCREDI	VENDREDI	DIMANCHE
Durée	1 h 30	2 h	2 h 30
Type d'efforts	Force + vélocité	Endurance critique basse	Force + vélocité
Mode d'entraînement	Course + vélocité	Course	Course + force

Le travail de la force s'effectuera de la même façon que précédemment et sera réalisé à 40 tours de pédales par minute. Le reste de la sortie est consacré au développement de la vélocité, avec rotation à 100 tours de pédale par minute.

La sortie du vendredi s'effectue en vélocité, et à une fréquence cardiaque avoisinant les 75 % de la FCM.

Même sortie pour le dimanche, mais sera inclus le travail désormais traditionnel de la force musculaire, à 40 tours de pédale par minute.

Le prochain cycle verra une modification du travail de la force et l'introduction d'autres modes d'entraînement.

Semaine 4

JOUR	MERCREDI	VENDREDI	DIMANCHE
Durée	1 h 30	1 h 30	2 h 30
Type d'efforts	Force + vélocité	Endurance critique basse + endurance critique haute	Endurance critique basse + force
Mode d'entraînement	Course + vélocité	Endurance intermittente	Course + force

Ce microcycle est le quatrième du cycle et est consacré à une récupération partielle.

Le microcycle sera essentiellement consacré à l'endurance de base en vélocité et à la force.

Le travail de la force s'effectue comme d'habitude, entrecoupé par des descentes en vélocité à plus de 100 tours de pédales par minute.

Semaine 5

JOUR	MERCREDI	VENDREDI	DIMANCHE
Durée	1 h 30	1 h 30	2 h 30
Type d'efforts	Force + vélocité	Endurance critique basse + endurance critique haute	Endurance critique basse
Mode d'entraînement	Course + vélocité	Endurance intermittente	Course + force

Chaque sortie d'entraînement sera impérativement débutée par une vingtaine de minutes d'échauffement, avec accélération lente et progressive.

La durée de l'ascension pour cette semaine est de 2 minutes et 30 secondes, à répéter cinq fois. On redescend en tournant les jambes, puis on remonte la côte en suivant.

Pour ceux qui ne pourraient pas trouver une côte suffisamment longue (pour les semaines à venir), il faudra multiplier les ascensions pour obtenir la même durée de travail.

Tout le reste de la sortie sera constitué de vélocité à 100 tours par minute, à une fréquence cardiaque de 75 % de la FCM.

Les sorties comportant du travail en puissance seront achevées par une période de retour au calme d'un quart d'heure.

La sortie du vendredi en endurance intermittente sera composée ainsi :

- 10 minutes en 30-30 à 15 pulsations sous le seuil anaérobie.
- Récupération 5 minutes à 70 % de la FCM.
- 5 minutes 20-20 au seuil anaérobie.
- Récupération 5 minutes à 70 % de la FCM.
- 5 minutes 20-20 au seuil anaérobie.
- 15 minutes en ECB à 70 % de la FCM puis recommencer.

Dans le cas où la récupération serait trop rapide, tout sera fait sur le mode 30-20 ou 20-20. Inversement, si vous n'arrivez pas à descendre la fréquence cardiaque de cinq points, c'est le temps d'effort qui baissera (20-30).

Nous rappelons que la fréquence cardiaque ne doit pas baisser de plus de 10 pulsations, et que l'effet de récupération se ressent même si la fréquence cardiaque ne redescend que de 4 ou 5 pulsations.

Semaine 6

JOUR	MERCREDI	VENDREDI	DIMANCHE
Durée	2 h	1 h 30	2 h 45
Type d'efforts	Force + vélocité	Endurance critique basse + endurance critique haute	Endurance critique basse + endurance critique haute
Mode d'entraînement	Course + vélocité	Endurance intermittente	Course + force

La sortie d'endurance du mercredi s'effectue en intégrant le travail de la force au milieu d'un travail à 75 % de la FCM en vélocité à 100 tours/minute.

Durée des efforts : 3 minutes.

La séance du vendredi sera effectuée de la façon suivante :

- 10 minutes en 30-30 à la vitesse correspondant au seuil anaérobie.
- Récupération 5 minutes à 70 % de la FCM.

- 5 minutes 20-20 au-dessus de la vitesse correspondant au seuil anaérobie.
- Récupération 5 minutes à 70 % de la FCM.
- 5 minutes 20-20 à la vitesse correspondant au seuil anaérobie.
- 15 minutes en ECB (endurance critique basse), puis recommencer.

Si la sortie du dimanche s'effectue en groupe, on effectuera des relais courts (10 secondes) par durée de 5 minutes, à quatre ou cinq par groupe de niveau à peu près similaire, et chacun s'attachera à rouler pendant les efforts à la vitesse correspondant au seuil anaérobie.

Il y aura trois répétitions de 5 minutes effectuées ainsi.

Semaine 7

JOUR	MERCREDI	JEUDI	DIMANCHE
Durée	2 h	1 h 30	3 h
Type d'efforts	Force + vélocité	Puissance maximale aérobie	Endurance critique basse + endurance critique haute
Mode d'entraînement	Course + vélocité	Endurance intermittente	Course + force

Le travail du mercredi comportera comme à l'habitude cinq ascensions puis de la vélocité tout le reste de la sortie à 75 % de la FCM.

Durée des efforts : 3 minutes et 30 secondes.

La séance du jeudi sera réalisée ainsi :

- 20 minutes d'échauffement.
- Trois fois l'enchaînement suivant :
  - 5 minutes en 20-20 à 95 % de la VMA.
  - 5 minutes à 70 % de la FCM ou de la FCR.
- Trois fois l'enchaînement suivant :
  - 5 minutes en 20-20 au-dessus du seuil anaérobie.
  - 10 minutes à 10 pulsations en dessous du seuil anaérobie.
- Retour au calme.

La séance du samedi sera une sortie de vélocité, dans laquelle on inclura deux séries de sprints courts.

Le dimanche, répétition des exercices de relais rapide à quatre ou cinq, sur 5 minutes. Quatre séries seront ainsi réalisées, entrecoupées d'une dizaine de minutes de récupération (70 % de la FCM) en vélocité.

La dernière demi-heure, allure libre en groupe, à la vitesse de la compétition.

Semaine 8

JOUR	MERCREDI	JEUDI	DIMANCHE
Durée	1 h 30	1 h 30	2 h 30
Type d'efforts	Force + vélocité	Endurance critique basse + endurance critique haute	Endurance critique basse + endurance critique haute
Mode d'entraînement	Course + vélocité	Force	Course + force

Microcycle de récupération partielle.

Arrêt de ce travail de force en cas de douleurs lombaires ou paravertébrales.

Nous rappellerons qu'après l'entraînement, il est nécessaire d'effectuer une séance d'étirements et d'assouplissements.

Durée des efforts de force : 4 minutes.

Séance du jeudi : il s'agit d'une sortie en vélocité qui alternera 5 minutes d'un travail à 15 pulsations en dessous du seuil anaérobie, puis 5 minutes à 70 % de la FCM.

Cela se fera après un bon échauffement de 20 minutes, au cours desquelles l'allure montera de façon progressive, jusqu'au seuil anaérobie.

Dans la dernière demi-heure, réaliser deux séries de cinq sprints de 10 secondes, séries entrecoupées de 10 minutes de récupération.

Les sprints doivent être nerveux, avec un braquet adapté pour se lancer au plus vite. Pendant la récupération, il n'est pas question de faire roue libre, mais de pédaler afin d'effectuer une récupération active.

La sortie du dimanche, en groupe, comportera une dernière demi-heure à l'allure de la course.

Elle comportera dans la première heure deux séries de sprints très courts : l'effort total ne sera pas prolongé plus de 8 secondes, durée idéale.

Compte tenu du temps nécessaire pour se lancer, il faudra compter dans sa tête un minimum de 10 secondes, ce qui n'est pas toujours respecté, et qui, dans ce cas, ne sert à rien. Attendre d'être revenu à 70 % de la FCM pour exécuter le second sprint.

Entre les séries, la récupération sera passive, avec fréquence cardiaque autour de 50 % pendant 5 minutes.

Le reste de la sortie sera consacré à la vélocité à 100 tours/minute, à une fréquence proche de 75 % de la FCM.

Semaine 9

JOUR	MERCREDI	JEUDI	SAMEDI	DIMANCHE
Durée	2 h	2 h	1 h	3 h
Type d'efforts	Force + vélocité	Endurance critique basse	Puissance maximale aérobie	Endurance critique basse + endurance critique haute
Mode d'entraînement	Course + force	Force	Endurance intermittente	Course + force

Le travail du mercredi s'effectuera comme à l'habitude, avec cinq ascensions puis vélocité tout le reste de la sortie à 75 % de la FCM.

Durée des efforts : 4 minutes et 30 secondes.

La séance du jeudi s'effectuera ainsi :

- 20 minutes d'échauffement. Avec accélération progressive et repérage du seuil anaérobie. Le circuit choisi sera si possible vallonné afin d'effectuer le travail au seuil et au-dessus en côte.
- Trois fois l'enchaînement suivant :
  - 3 minutes au seuil anaérobie.
  - 30 secondes au-dessus du seuil anaérobie.
  - 5 minutes à 15 pulsations en dessous du seuil anaérobie.
- 30 minutes de récupération à 70 % de la FCM.
- Trois fois l'enchaînement suivant :
  - 4 minutes au seuil anaérobie.
  - 30 secondes au-dessus du seuil anaérobie.
  - 4 minutes à 15 pulsations en dessous du seuil anaérobie.
- Retour au calme.

Sortie du samedi : l'endurance intermittente sera effectuée ainsi :

- 20 minutes d'échauffement.
- Trois fois l'enchaînement suivant :
  - 5 minutes en 20-20 à la VMA.
  - 5 minutes à 70 % de la FCM ou de la FCR.
- 10 minutes de retour au calme.

Pour la sortie du dimanche, la dernière heure sera parcourue en allure libre, en simulation de course. Chacun devra attaquer, conter, relancer, comme il le ferait en course.

Semaine 10

JOUR	MERCREDI	JEUDI	SAMEDI	DIMANCHE
Durée	2 h	2 h	1 h	3 h
Type d'efforts	Force + vélocité	Endurance critique haute	Puissance maximale aérobie	Endurance critique basse + endurance critique haute
Mode d'entraînement	Course + force	Force + fartlek	Endurance intermittente	Course + force

Le mercredi, même travail qu'à l'habitude, mais sur cinq ascensions de 5 minutes.

La sortie du jeudi sera effectuée sur un parcours vallonné, où les côtes seront montées en puissance, avec sprint en haut à chaque fois (trois ou quatre côtes seulement).

Dans les descentes, on sollicitera la vélocité, avec un braquet très réduit.

Sur le plat, roulez à 15 pulsations au-dessous du seuil anaérobie.

Au cours de la sortie, entre deux ascensions, effectuez trois fois le travail suivant, en fonction du relief (sur le plat) :

- 4 minutes au seuil anaérobie.
- 1 minute au-dessus du seuil anaérobie.
- 4 minutes à 15 pulsations en dessous du seuil anaérobie.

Sortie du samedi : l'endurance intermittente sera effectuée ainsi :

- 20 minutes d'échauffement.
- Trois fois l'enchaînement suivant :
  - 5 minutes en 20-20 à la VMA.
  - 5 minutes à 70 % de la FCM ou de la FCR.
- 10 minutes de retour au calme.

Le dimanche, organisation en groupes de niveau similaire à quatre ou cinq, pour relais de 10 secondes.

La sortie comportera ainsi quatre séries de 5 minutes de ce type d'exercice.

Les relais se feront à allure rapide, la récupération dans les roues ne permettant pas à la fréquence cardiaque de beaucoup baisser (principe de l'intermittent).

La dernière heure sera toujours effectuée à allure compétition.

Semaine 11

JOUR	MERCREDI	JEUDI	SAMEDI	DIMANCHE
Durée	2 h	2 h	1 h 30	3 h
Type d'efforts	Force + vélocité	Endurance critique haute	Puissance maximale aérobie	Endurance critique basse + endurance critique haute
Mode d'entraînement	Course + force	Force + fartlek	Endurance intermittente	Endurance + endurance intermittente

Mercredi : même travail qu'à l'habitude, mais sur six ascensions de 5 minutes.

Nous rappellerons que si, dans votre région, il n'y a pas de côtes suffisamment longues, il suffira de multiplier les ascensions jusqu'à concurrence de 30 minutes de travail de la force.

Au cours de la sortie du jeudi, effectuer deux ascensions en puissance (montée rapide avec attaque à 50 mètres du sommet).

Puis répéter trois fois le travail suivant, en fonction du relief (sur le plat) :

- 5 minutes au seuil anaérobie.
- 1 minute au-dessus du seuil anaérobie.
- 4 minutes à 15 pulsations en dessous du seuil anaérobie.
- 2 minutes à 80 % de la FCM.
- Retour au calme avec une série de cinq sprints de 10 secondes.

La séance d'endurance intermittente du samedi s'organisera comme suit :

- 20 minutes d'échauffement.
- Trois fois l'enchaînement suivant :
  - 5 minutes en 30-20 à 95 % de la VMA.
  - 5 minutes à 70 % de la FCM ou de la FCR.
- 10 minutes de retour au calme.

La séance du dimanche comportera une heure d'allure libre où chacun s'efforcera d'enchaîner attaques, contre-attaques et changements de rythme.

Si vous roulez en peloton derrière des échappés, habituez-vous à revenir avec relais courts (10 à 15 secondes) sur les fuyards.

Vous constaterez combien ce type de travail est efficace par rapport à un relais de 3 kilomètres !

Terminer la sortie par deux séries de cinq sprints de 10 secondes, puis par une vingtaine de minutes de retour au calme. Pensez à finir votre bidon de boisson diététique.

Semaine 12

JOUR	MERCREDI	JEUDI	SAMEDI	DIMANCHE
Durée	1 h 30	1 h 30	1 h	Compétition
Type d'efforts	Force + vélocité	Endurance critique haute	Endurance critique haute	-
Mode d'entraînement	Course + force	Force + fartlek	Endurance intermittente	Endurance + endurance intermittente

Dernier microcycle avant le début des compétitions. La semaine sera allégée, de façon à permettre à l'organisme de récupérer du travail précédent.

Le travail de la force sera composé de six ascensions de 5 minutes.

Si le plan a été bien suivi, le cycliste pourra apprécier l'efficacité de ces exercices, s'il se souvient du braquet utilisé au début du plan d'entraînement.

La séance d'endurance intermittente du jeudi s'effectuera comme suit :

- 20 minutes d'échauffement.
- Trois fois l'enchaînement suivant :
  - 5 minutes en 30-20 à la VMA.
  - 5 minutes à 70 % de la FCM ou de la FCR.
- Trois fois l'enchaînement suivant :
  - 5 minutes en 30-30 à la VMA.
  - 5 minutes à 10 pulsations en dessous du seuil anaérobie.
- 10 minutes de retour au calme.

L'entraînement du samedi matin comportera deux à trois séries de sprints courts, dans une sortie de vélocité pure.

Le début des compétitions amène ainsi le coureur avec une amélioration de toutes les filières énergétiques, de la lipolyse à la PMA.

Le cycliste est encore perfectible (heureusement !), mais il est prêt à courir, en ayant maintenu son seuil à un niveau satisfaisant, en ayant développé la force et la vélocité, la qualité du pédalage, ses aptitudes à l'endurance.

Il est habitué à rouler au seuil anaérobie, peut supporter des changements de rythme violents.

Il ne reste plus qu'à démontrer sur le terrain l'intérêt de ces trois mois de travail.

N'oublions pas que bon nombre de coureurs arrivent aux courses à leur top niveau, sans aucune capacité de progression ultérieure. Dans le cas présent, il y a encore possibilité de progression importante, mais vous pourrez déjà participer à la course et tirer le meilleur parti de votre capacité présente.

Ce n'est pas le cas ici, et vous pourrez encore vous améliorer pour développer encore davantage votre potentiel énergétique en préparant les objectifs.

Encore faut-il en avoir. Nous vous engageons donc avant de vous lancer dans un plan d'entraînement, à effectuer le canevas de votre saison. Sinon, vous passerez à côté des belles courses pour n'avoir pas su les préparer.

Nous vous avons appris à juger de votre progression. C'est le moment pour vous de comparer par rapport aux années précédentes et de vérifier le bien fondé de ce type de préparation.

Vous constaterez sûrement que vous êtes prêts pour les compétitions avec un volume d'entraînement moindre, mais également en ayant abordé des méthodes de travail que vous n'aviez jamais utilisé.

5. Exemple de plan d'entraînement pour cadets, départementaux.

Ce plan peut convenir autant à des cadets qu'à des seniors départementaux. La distance de compétition est la même.

Les juniors départementaux 1 et 2 pourront également, avec bonheur, suivre ce plan, car d'une manière générale, leur profil se rapproche énormément de celui des cadets 2.

Dans le cas des cadets, la distance de compétition de 60 kilomètres, et de 80 kilomètres pour les championnats.

Le plan d'entraînement présenté ici débutera dès janvier pour les seniors et se terminera au début des compétitions, soit dès le premier dimanche de mars.

Nous partirons du principe que, dans ce plan de travail, le coureur cadet doit s'entraîner une fois par semaine sur piste. Les seniors remplaceront cette séance par une sortie sur route.

La saison cycliste commence le premier dimanche d'avril, et l'on peut proposer un plan d'entraînement de 10 semaines à compter du 15 janvier ou 8 semaines à partir du début février.

Nous avons choisi la seconde solution, car le risque majeur chez les cadets est une saturation rapide, et une baisse de forme bien avant les objectifs.

D'autre part, n'oublions jamais que la catégorie cadet n'est qu'une marche vers les juniors, et qu'il sera bien temps de travailler à 17 ans.

Les champions ont souvent débuté en juniors !

Notre proposition de plan est volontairement basée sur le travail en endurance, avec une simple initiation à l'entraînement fractionné et à l'*interval training*.

Le braquet utilisé pour le pignon fixe sera 42 x 19 ou 42 x 20. Les seniors sont peu passionnés par le pignon fixe, aussi ils pourront utiliser le dérailleur, mais avec le plus petit braquet dont ils disposent.

La sortie piste pourra être remplacée chez les seniors par une sortie courte d'*interval training* avec efforts courts et très courts.

C'est aussi ce que feront les cadets qui ne disposent pas d'une piste près de chez eux.

La période de travail en endurance de base revêt une grande importance, car le cadet arrête tôt les compétitions (septembre), et ne reprend son vélo que dans le mois de janvier. La réadaptation au pédalage est alors primordiale.

La préparation hivernale des cadets portera essentiellement sur la gymnastique personnelle, avec un quart d'heure de travail tous les soirs. Ceci a pour but de préparer la musculature au travail à venir.

Nous insistons fortement sur la nécessité de deux séances de piscine tout l'hiver, et dès l'arrêt de la compétition.

Nous incitons les cadets à effectuer de façon régulière en novembre et décembre des promenades en VTT, des ballades à bicyclette, mais qui ne revêtiront jamais l'aspect d'entraînements.

À partir des vacances de Noël, les cadets pourront commencer l'initiation à la force et à la vélocité. Cette activité est antérieure au plan d'entraînement et ne devra jamais dépasser une demi-heure à une heure.

Il faudra choisir une côte peu pentue (un bon faux plat suffit s'il est assez long), incluse si possible dans un petit circuit. Dans le cas contraire, il faudra la descendre et la remonter aussitôt à cinq reprises.

Il s'agit de monter cette côte sans tirer sur le guidon, à 40 tours par minute, et avec un braquet permettant de monter sans balancer les épaules. La fréquence cardiaque ne devra jamais dépasser 120 pulsations.

Une fois la côte escaladée, le reste du circuit sera parcouru en tournant les jambes le plus près possible de 100 tours par minute.

La durée de chaque montée en force ne dépassera pas 30 secondes la première semaine, puis augmentera de 30 secondes chaque semaine.

Nous demanderons ainsi aux cadets d'effectuer deux sorties de trois quarts d'heure jusqu'au début janvier, puis 1 heure jusqu'au début du plan d'entraînement (15 janvier).

Semaine 1

JOUR	MERCREDI	DIMANCHE
Durée	1 h	1 h 30
Type d'efforts	Force + vélocité	Vélocité
Mode d'entraînement	Course	Course

Le mercredi, la séance comportera cinq ascensions d'une côte d'un pourcentage de 6 à 8 %, s'élevant régulièrement.

Durée des efforts de force : 2 minutes 30 secondes. Si des douleurs dorsales apparaissaient, bien évidemment, le travail de la force serait interrompu.

Les sorties de vélocité doivent être mises à profit pour travailler la qualité du coup de pédale et pour vérifier que le jeu de cheville est satisfaisant.

Dans le cas contraire, on effectuera du travail en alternance, comme suit :

- 10 minutes de l'enchaînement suivant :
  - 30 secondes en poussant sur les pédales.
  - 30 secondes en tirant sur les pédales.
- 5 minutes de l'enchaînement suivant :
  - 30 secondes en pédalant de la jambe gauche, sans se déhancher.
  - 30 secondes en pédalant de la jambe droite, sans se déhancher.

Semaine 2

JOUR	MERCREDI	JEUDI	DIMANCHE
Durée	1 h	1 h 30	2 h
Type d'efforts	Vélocité	Vélocité + force	Endurance de base + endurance critique basse
Mode d'entraînement	Course	Course + force	Course

Le parcours du jeudi est agrémenté de quelques côtes, où l'on monte assis, sans tirer sur le guidon, à 40 tours par minute, à une fréquence cardiaque de 75 % de la FCM. Le reste du temps, la fréquence cardiaque se situe entre 60 % et 70 % de la FCM.

Durée des efforts de force : 3 minutes. Nous rappellerons qu'il n'est pas question d'effectuer ces efforts dans une côte à 8 %, mais à 3 % !

Le dimanche, pédaler en vélocité à 100 tours en ECB. La fréquence cardiaque moyenne de la sortie se situera à 75 % de la FCM. Dans la sortie, seront inclues quelques côtes peu pentues, qui seront montées lentement, à 40 tours par minute, sans tirer sur le guidon, en force pure. Il sera également possible de faire quelques sprints «aux pancartes».

Semaine 3

JOUR	MERCREDI	JEUDI	DIMANCHE
Durée	1 h 30	1 h 30	2 h
Type d'efforts	Endurance critique basse	Force + vélocité	Endurance critique basse
Mode d'entraînement	Course	Course + force	Course

La sortie du mercredi se déroulera en endurance critique basse, entre 70 % et 80 % de la FCM. Sélectionner des parcours comportant davantage de côtes, pas très pentues mais permettant de travailler la force des cuisses et des mollets, comme à l'habitude.

Durée des efforts de force : 3 minutes et 30 secondes.

Dans les régions où les côtes sont rares, on pourra se servir d'un ouvrage d'art (pont), pour travailler la force. Par exemple, dans le nord de Charente-Maritime, nous ne sommes pas vraiment gâtés, et nous utilisons pour le développement de la force le pont de l'Ile de Ré, en l'absence bien évidemment de vent violent. Cependant, ce pourcentage est trop important pour les cadets, qui se contenteront de faux plats dans la campagne.

Le dimanche, il faudra travailler avec un braquet un peu plus important, avec une fréquence cardiaque proche de 70 % de la FCM. Le parcours comportera quelques côtes, dont les moins pentues seront montées en force, comme à l'habitude.

Entre les côtes, tout sera effectué avec une vélocité proche de 100 tours.

Semaine 4

JOUR	MERCREDI	JEUDI	DIMANCHE
Durée	1 h 30	1 h 30	2 h
Type d'efforts	Force + vélocité	Endurance critique basse	Endurance critique basse
Mode d'entraînement	Course	Course	Course

Le microcycle est le quatrième du cycle, donc une semaine de récupération partielle.

Le travail de la force musculaire est désormais le principal but de la séance du mardi. Il est à signaler que celui qui aurait des difficultés à rouler de nuit pendant les soirées d'hiver pourra intervertir cette sortie avec celle du mercredi après-midi.

Durée des efforts de force : 3 minutes.

Chaque sortie d'entraînement sera impérativement débutée par une vingtaine de minutes d'échauffement, avec accélération lente et progressive. Les sorties un peu plus dures seront de même terminées par une période de retour au calme d'un quart d'heure.

Semaine 5

JOUR	MARDI	MERCREDI	VENDREDI	DIMANCHE
Durée	1 h 30	2 h	Piste	2 h
Type d'efforts	Force + vélocité	Endurance critique haute	Anaérobie alactique + endurance critique haute	GP-PP
Mode d'entraînement	Course + force	Course	Interval training - force	Endurance + force

La séance du mardi comportera cinq ascensions, comme à l'habitude.

Durée des efforts de force : 3 minutes et 30 secondes.

Dans la descente, on utilisera le plus petit braquet possible pour tourner les jambes et développer la vélocité maximale.

La séance sur piste peut se dérouler ainsi :

- Échauffement 20 minutes.
- Rouler à plusieurs en passant le relais tous les demi-tours (160 pulsations).
- Une série de cinq sprints avec un sprint lancé à la sortie du dernier virage tous les tours.
- Dix tours à 160 pulsations par minute avec sprint tous les deux tours.
- 5 minutes à 170 pulsations par minute avec relais tous les tours.

– Une série de trois sprints lancés à l'attaque du dernier virage. Un sprint tous les deux tours.

– 5 minutes à 160 pulsations avec relais tous les demi-tours.

– Une série d'IT de trois sprints de 10 secondes avec récupération entre les sprints à 140 pulsations.

– 10 minutes de retour au calme.

Le coureur qui n'aurait pas la possibilité d'effectuer la séance sur piste pourra la réaliser bien évidemment sur route.

Semaine 6

JOUR	MARDI	MERCREDI	VENDREDI	DIMANCHE
Durée	1 h 30	2 h	Piste	2 h
Type d'efforts	Endurance critique basse + endurance critique haute	Force + vélocité	Anaérobie alactique + endurance critique haute	Endurance critique basse + force
Mode d'entraînement	Endurance	Course	Interval training - force	Course + force

Les cadets de deuxième année peuvent effectuer le mardi un peu d'endurance intermittente.

S'ils ont la possibilité de rouler à trois, ils peuvent ainsi prendre des relais courts de 20 secondes, et rester dans les roues pendant 40 secondes.

S'ils ne sont que deux à rouler ensemble on effectuera des relais courts de 20 secondes pendant 3 minutes, 10 pulsations en dessous du seuil anaérobie.

Si ce travail est bien supporté, les cadets 2 pourront enchaîner 3 minutes de 20-20 avec 5 minutes de récupération à 70 % puis recommencer deux ou trois fois cet exercice.

De même, les cadets première année, à deux ou à trois, pourront s'entraîner en relais courts, en conservant l'intensité de travail de 80 % de la FCM lors de la prise du relais.

Si le seuil anaérobie n'est pas connu, il faut savoir que, chez les cadets, la zone de transition se situe en général autour de 90 % de la fréquence cardiaque maximale, soit un peu plus de 180 pulsations par minute.

La force sera effectuée le mercredi, comme à l'habitude, à 40 tours par minute, et sans tirer sur le guidon.

Seuls les jeunes ayant effectué du travail hivernal de renforcement musculaire seront habilités à effectuer le travail de la force.

Durée des efforts de force : 4 minutes.

La séance sur piste peut se dérouler ainsi :

– Échauffement 20 minutes.

– Rouler à plusieurs en passant le relais tous les demi-tours (160 pulsations).

– Une série de cinq sprints avec un sprint lancé à la sortie du dernier virage tous les tours.

– Dix tours à 160 pulsations par minute avec sprint tous les deux tours.

– 5 minutes à 170 pulsations par minute avec relais tous les tours.

– Une série de trois sprints lancés à l'attaque du dernier virage. Un sprint tous les deux tours.

– 5 minutes à 160 pulsations avec relais tous les demi-tours.

– Une série d'IT de trois sprints de 10 secondes avec récupération entre les sprints à 140 pulsations.

– 10 minutes de retour au calme.

La séance d'*interval training* comportera deux séries de sprints courts. L'effort total ne sera pas prolongé plus de 8 secondes.

La récupération s'effectuera en récupération active, à 140 pulsations par minute, sur un petit braquet.

Entre les séries, la récupération sera passive, avec fréquence cardiaque autour de 100 pulsations.

À partir de maintenant, il est souhaitable effectuer une à deux séries d'*interval training* court en fin d'entraînement dans toutes les sorties.

Chez les cadets, les séries d'IT comporteront trois sprints d'effort maximal de 8 secondes. Le jeune coureur attendra de redescendre à 140 pulsations pour entamer le sprint suivant.

Pour ce type de travail, chacun choisira le braquet qui lui convient. Seule exigence : il faut être capable de lancer rapidement le sprint.

Semaine 7

JOUR	MARDI	MERCREDI	VENDREDI	DIMANCHE
Durée	1 h 30	2 h 30	Piste	2 h 30
Type d'efforts	Force + vélocité	Endurance critique basse	Anaérobie alactique + endurance critique haute	Endurance critique haute + force
Mode d'entraînement	Course + force	Course	Interval training - force	Course + force

Le travail de la force sera le même que d'habitude, sur une durée de 4 minutes et 30 secondes.

Nous rappellerons que ce travail ne sera pas effectué en cas de douleurs musculaires lombaires ou dorsales. Il faudra alors consulter un kinésithérapeute rapidement.

Une sortie de force musculaire doit impérativement être suivie après la douche par une séance d'étirements et d'assouplissements. Ceci est une nécessité, car le travail de la force provoque une rétraction musculaire constante.

La sortie du mercredi nécessite en terrain vallonné si possible, et chaque montée s'effectuera sur un braquet intermédiaire, avec attaque en haut de côte.

Les descentes nécessiteront un braquet minimal, pour solliciter la vélocité.

La séance sur piste peut se dérouler ainsi :

- Échauffement 20 minutes.
- Rouler à plusieurs en passant le relais tous les demi-tours (160 pulsations).
- Une série de cinq sprints avec un sprint lancé à la sortie du dernier virage tous les tours.
- Dix tours à 160 pulsations par minute avec sprint tous les deux tours.
- 5 minutes à 170 pulsations par minute avec relais tous les tours.
- Une série de trois sprints lancés à l'attaque du dernier virage. Un sprint tous les deux tours.
- 5 minutes à 160 pulsations avec relais tous les demi-tours.
- Une série d'IT de trois sprints de 10 secondes avec récupération entre les sprints à 140 pulsations.
- 10 minutes de retour au calme.

La fin de la sortie collective du dimanche comportera un quart d'heure d'allure libre, type vitesse de compétition, suivi par un quart d'heure de retour au calme.

Semaine 8

JOUR	MARDI	JEUDI	DIMANCHE
Durée	1 h 30	2 h	Compétition
Type d'efforts	Force + vélocité	Endurance critique basse	-
Mode d'entraînement	Course + force	Course	-

Le début des compétitions amène ainsi le coureur avec 1000 kilomètres, et un entraînement lui permettant d'entamer la période de compétition sans retard par rapport aux autres.

Depuis 1997, le braquet imposé aux cadets est le 52 x 16 au lieu du 50 x 16. Ceci demande un effort supplémentaire aux cadets, qui ne sont pas ménagés par cette mesure.

Ainsi se termine la préparation spécifique, dont le but était d'amener le coureur en condition suffisante pour participer à la course, sans se faire lâcher à la première occasion, tout en se mêlant à des attaques, à des contres ou simplement en prenant les relais.

Nous avons développé tous les points essentiels, et même si nous ne sommes pas au sommet de la préparation, la condition physique est garantie.

Ce travail permet d'éviter les aberrations qui font qu'un jeune coureur est prêt à courir dès la fin du mois de janvier, puis voit sa forme passée au début des courses. Ceci se constate si souvent qu'il n'est pas inutile de le préciser.

B. La préparation de l'objectif

Il reste maintenant à amener le cycliste de compétition au sommet de sa forme pour l'objectif choisi en début de l'hiver. Nous allons considérer que, pour les seniors élites, le premier objectif est une classique de début de saison qui se fera sur la lancée des courses de préparation, comme l'Essor basque, les courses de la côte vendéenne et de la Côte d'Azur.

Pour que la suite soit cohérente, nous allons considérer que l'objectif majeur se situe au 1er avril. C'est une course d'un jour.

Les élites et les nationaux courent souvent plusieurs fois dans la semaine, ce qui nous empêche de proposer un objectif loin dans la saison.

Rappelons que ceci n'est qu'un exemple, dont le but est de monter le cheminement et la construction d'un tel plan d'entraînement.

1. Plan d'entraînement avec quatre sorties par semaine

Ce type d'entraînement convient à tout cycliste disponible ayant le temps de rouler quatre fois chaque semaine, voulant se préparer pour un objectif majeur, du type championnat ou classique pour amateurs ou juniors.

L'objectif choisi se situe première semaine de mars.

Nous allons saupoudrer notre exemple de quelques compétitions, pour nous rapprocher de la réalité.

Nous imaginerons que nos coureurs sont allés participer aux courses de début de saison sur la côte, avec une semaine en février très dure.

Premier microcycle (2e semaine de février)

JOUR	MARDI	MERCREDI	JEUDI	VENDREDI	SAMEDI	DIMANCHE
Activité	Compétition	Compétition	Compétition	Repos	Compétition	Compétition

Voici une semaine type de compétitions sur la côte à la mi-février.

Toutes les courses ne seront pas obligatoirement terminées, car avec plus de deux cents coureurs au départ, elles ressemblent davantage à une loterie. Le temps très aléatoire à cette époque de l'année en rajoute pour aboutir souvent à une semaine de galère.

Début mars, il existe quelques belles classiques (par exemple Bordeaux Saintes), course de près de 200 kilomètres. Cette compétition ne sera pas un objectif dans notre plan, mais notre cycliste y participera.

La semaine de course a provoqué une accumulation d'acide lactique dans les muscles, car le rythme y était élevé, et beaucoup ont souffert. La récupération doit être rapide pour continuer la préparation. Nous allons donc enchaîner un cycle alternatif, qui permettra de récupérer la semaine suivante comme suit :

Second microcycle (3e semaine de février)

JOUR	MARDI	MERCREDI	VENDREDI	DIMANCHE
Durée	2 h 30	2 h 30	-	-
Type d'efforts	Endurance critique basse + endurance	Endurance intermittente	Compétition	Compétition
Mode d'entraînement	Force	Course	Course + force	-

Le mardi : travail fractionné, qui se déroulera ainsi :

- 20 minutes d'échauffement.
- Trois fois l'enchaînement suivant :
  - 5 minutes au seuil anaérobie.
  - 3 minutes à 15 pulsations sous le seuil.
  - 2 minutes à la PMA, avec un sprint court pour finir.
- 15 minutes récupération en vélocité 100 tours.
- Trois fois l'enchaînement suivant :
  - 10 minutes au seuil anaérobie.
  - 5 minutes à 15 pulsations sous le seuil.

La séance d'endurance intermittente du jeudi pourra par exemple être constituée ainsi :

- 20 minutes d'échauffement.
- 5 minutes à la vitesse correspondant au seuil anaérobie.
- 5 minutes de récupération à 70 % de la FCM.
- Quatre répétitions de la séquence travail-récupération en endurance intermittente suivante :
  - 5 minutes de 20-20 à la VMA.
  - 5 minutes de récupération à 75 % de la FCM.
  - 5 minutes en 30-20 à la vitesse correspondant au seuil.
  - 5 minutes à 75 % de la FCM.
- Retour au calme 15 minutes.
- Un quart d'heure de relais très courts (10 secondes) à quatre, allure course.

Le reste de la sortie sera effectué en vélocité à 100 tours/minute.

Troisième microcycle (4e semaine de février)

JOUR	MARDI	MERCREDI	VENDREDI	DIMANCHE
Durée	1 h 30	3 h	2 h 30	-
Type d'efforts	Anaérobie alactique + vélocité	Endurance critique basse + endurance critique haute	Endurance intermittente	Compétition
Mode d'entraînement	Interval training	Course + force	Interval training	-

La séance de fractionné du mercredi pourra s'effectuer ainsi :

- 20 minutes d'échauffement progressif avec une série de cinq sprints pour finir.
- 1 heure en endurance critique basse, à 70 % de la FCM.
- Cinq séries de 5 minutes au seuil.
- Récupération 3 minutes entre les efforts.
- Une demi-heure d'endurance critique à 15 pulsations en dessous du seuil anaérobie.
- Le reste de la sortie sera effectué en endurance à 70 % de la FCM, en sollicitant la vélocité à 100 tours/minute.

Dans toute cette séance, le temps de récupération sera toujours égal à celui de l'effort. Cette récupération s'effectuera comme toujours à 70 % de la FCM.

La séance d'endurance intermittente du vendredi pourra par exemple être constituée ainsi :

- 20 minutes d'échauffement.
- 5 minutes à 10 pulsations sous le seuil anaérobie.
- 5 minutes de récupération à 70 % de la FCM.
- Quatre répétitions de la séquence travail-récupération en endurance intermittente suivante :
  - 5 minutes de 20-20 à la VMA.
  - 5 minutes de récupération à 75 % de la FCM.
  - 5 minutes en 30-20 à 90 % de la PMA.
  - 5 minutes à 75 % de la FCM.
- Retour au calme 15 minutes.
- Un quart d'heure de relais très courts (10 secondes) à quatre, allure course.

Le reste de la sortie sera effectué en vélocité à 100 tours/minute.

Quatrième microcycle (1re semaine de mars)

JOUR	MARDI	JEUDI	VENDREDI	DIMANCHE
Durée	2 h 30	3 h 30	2 h 30	-
Type d'efforts	Endurance critique basse + endurance	Endurance critique basse + endurance critique haute	Endurance intermittente	Objectif
Mode d'entraînement	Force	-	Course	-

Le mardi, travail fractionné, qui se déroulera ainsi :

- 20 minutes d'échauffement.
- Trois fois l'enchaînement suivant :
  - 5 minutes au seuil anaérobie.
  - 3 minutes à 15 pulsations sous le seuil.
  - 2 minutes à la PMA, avec un sprint court pour finir.
- 15 minutes récupération en vélocité 100 tours.
- Trois fois l'enchaînement suivant :
  - 10 minutes au seuil anaérobie.
  - 5 minutes à 15 pulsations sous le seuil.

Le mercredi : 3 heures 30 d'entraînement collectif en vélocité, dont la dernière heure à allure course, où l'on développera des attaques sèches, des relances et où les côtes seront montées en puissance avec attaque en haut.

Séance du vendredi :

- 20 minutes d'échauffement.
- 5 minutes à la vitesse correspondant au seuil anaérobie.
- 5 minutes de récupération à 70 % de la FCM.
- Quatre répétitions de la séquence travail-récupération en endurance intermittente suivante :
  - 5 minutes de 20-20 à la VMA.
  - 5 minutes de récupération à 75 % de la FCM.
  - 5 minutes en 30-20 à la vitesse correspondant au seuil.
  - 5 minutes à 75 % de la FCM.
- Retour au calme 15 minutes.
- Un quart d'heure de relais très courts (10 secondes) à quatre, allure course.

Le reste de la sortie sera effectué en vélocité à 100 tours/minute. Dimanche, c'est le premier objectif de la saison. Si rien n'est venu perturber la préparation, le coureur est prêt.

2. Autre plan d'entraînement pour quatre sorties par semaine

Les objectifs ne sont pas les mêmes. Ces coureurs sont moins disponibles, car leur activité professionnelle ou scolaire ne leur permet pas autant de libertés que les seniors élites ou nationaux.

Ils ne sont pas si nombreux, ceux qui travaillent et peuvent dégager malgré tout un après-midi pour s'entraîner ou une journée supplémentaire pour courir.

Nous adapterons donc notre plan de travail en considérant que l'objectif sera une belle course organisée un dimanche. Nous proposons donc un plan de travail hebdomadaire mixte aérobie anaérobie.

Premier microcycle (1re semaine de mars)

JOUR	MARDI	MERCREDI	VENDREDI	DIMANCHE
Durée	1 h 30	3 h	2 h 30	-
Type d'efforts	Anaérobie alactique + vélocité	Endurance critique basse + endurance critique haute	Endurance intermittente	Compétition
Mode d'entraînement	Interval training	Course + force	Interval training	-

La progression vers l'objectif s'effectue par un cycle progressif, puis par un cycle sommatif.

La séance du mardi sera consacrée au travail de la force.

Comme précédemment, la côte choisie sera pentue, aux alentours de 6 à 8 %.

On effectuera six efforts sur une durée de 5 minutes, à 40 tours de pédale par minute, assis, sans tirer sur le guidon.

On montera ensuite deux fois supplémentaires en puissance, à 80 tours par minute, avec un braquet moyen, en plaçant un violent démarrage à 50 mètres du sommet.

Le reste de la sortie sera effectué en vélocité à 100 tours de pédale par minute et à 70 % de la FCM.

Nous rappelons que ce travail ne sera effectué qu'en l'absence totale de douleurs dorsales ou lombaires, ce qui peut arriver quand le travail de préparation hivernale a été soit éludé, soit mal réalisé.

Mercredi, la séance sera consacrée au maintien du seuil anaérobie à un niveau élevé, par un travail fractionné.

Déroulement de la séance :

- 20 minutes d'échauffement.
- Enchaîner cinq fois l'exercice suivant :
  - 3 minutes à la vitesse correspondant au seuil anaérobie.
  - 3 minutes de récupération à 70 % de la FCM.

Le reste de la sortie comportera une alternance de 10 minutes à 70 % de la FCM en vélocité à 100 tours/minute et 5 minutes à 15 pulsations en dessous du seuil anaérobie.

À chacun de repérer ce seuil pendant l'échauffement. Si le lecteur a pris l'habitude de le faire, c'est un jeu d'enfant.

Ce seuil évolue sans cesse et baisse fortement dans le cas où le cycliste n'aurait pas récupéré de la compétition du dimanche, et il est dans ces conditions difficile de se servir des informations du test d'effort.

La séance d'endurance intermittente du vendredi s'effectuera comme suit :

- 20 minutes d'échauffement.
- Trois fois l'enchaînement suivant :
  - 5 minutes en 20-20 à 95 % de la VMA.
  - 5 minutes à 70 % de la FCM ou de la FCR.
- Trois fois l'enchaînement suivant :
  - 5 minutes en 20-20 à la VMA.
  - 5 minutes à 10 pulsations en dessous du seuil anaérobie.
- 15 minutes à 80 % FCM.
- 10 minutes à 90 % de la VMA en 20-20.
- 10 minutes de retour au calme.

Si le coureur a prévu une compétition le samedi, on supprimera cette séance, car il est fort probable que le coureur n'aura pas récupéré le lendemain matin.

Deuxième microcycle (2e semaine de mars)

JOUR	MARDI	MERCREDI	JEUDI	SAMEDI	DIMANCHE
Durée	1 h 30	1 h 30	1 h 30	1 h	-
Type d'effort	Force + vélocité	Seuil anaérobie	Puissance maximale aérobie	Endurance critique basse + interval training	-

Mardi : travail de la force et de la puissance.

Six ascensions de 5 minutes en force à 40 tours par minute, puis un quart d'heure de vélocité.

Puis trois ascensions de la même côte en puissance à 80 tours/minute, avec attaque en haut.

Séance de fractionné du mercredi :

- 20 minutes d'échauffement.
- Enchaîner cinq fois l'exercice suivant :
  - 4 minutes à la vitesse correspondant au seuil anaérobie.
  - 3 minutes de récupération à 70 % de la FCM.

Le reste de la sortie comportera une alternance de 10 minutes à 70 % de la FCM en vélocité à 100 tours/ minute et 5 minutes à 15 pulsations en dessous du seuil anaérobie.

La séance d'endurance intermittente du jeudi s'effectuera comme suit :

- 20 minutes d'échauffement.
- Trois fois l'enchaînement suivant :
  - 5 minutes en 20-20 à 95 % de la VMA.
  - 5 minutes à 70 % de la FCM ou de la FCR.
- Trois fois l'enchaînement suivant :
  - 5 minutes en 30-30 en zone de PMA.
  - 10 minutes à 10 pulsations en dessous du seuil anaérobie.
- 15 minutes à 80 % FCM en 30-30.
- 5 minutes à 90 % de la VMA en 20-20.
- 10 minutes de retour au calme.

Le samedi, la séance sera constituée de trois séries de cinq sprints courts (10 secondes).

Entre les sprints, récupération active jusqu'à 70 % de la FCM. Entre les séries, 10 minutes en vélocité à 100 tours/minute.

Troisième microcycle (3e semaine de mars)

JOUR	MARDI	MERCREDI	JEUDI	SAMEDI	DIMANCHE
Durée	1 h 30	1 h 30	Piste	-	-
Type d'efforts	Force + vélocité	Seuil anaérobie	Puissance maximale aérobie	Compétition	Compétition
Mode d'entraînement	Course + fractionné	Fractionné	Endurance intermittente	-	-

Le mardi, la séance sera strictement la même que la semaine précédente.

Séance de fractionné du mercredi :

- 20 minutes d'échauffement.
- Enchaîner cinq fois l'exercice suivant :
  - 5 minutes à la vitesse correspondant au seuil anaérobie.
  - 3 minutes de récupération à 70 % de la FCM.

Le reste de la sortie comportera une alternance de 10 minutes à 70 % de la FCM en vélocité à 100 tours/minute et 5 minutes à 15 pulsations en dessous du seuil anaérobie.

La séance d'endurance intermittente du jeudi s'effectuera sur piste dans la mesure du possible. Elle sera constituée ainsi :

- 20 minutes d'échauffement.
- Deux fois l'enchaînement suivant :
  - 10 minutes en 20-20 à 90 % de la VMA.
  - 5 minutes à 70 % de la FCM ou de la FCR.
- Trois fois l'enchaînement suivant :
  - 5 minutes en 20-20 à la VMA.
  - 5 minutes à 10 pulsations en dessous du seuil anaérobie.
- 5 minutes à 90 % de la VMA en 20-20.
- 10 minutes de retour au calme.

Pour ceux qui ont la maîtrise de la piste, nous conseillons vivement de remplacer cette séance de travail par une initiation à l'américaine, dans le cas bien sûr où un partenaire serait disponible.

Ce travail est le meilleur que nous connaissions pour développer la PMA, il ne faut surtout pas s'en priver. Cette américaine pourrait durer une vingtaine de minutes.

Dans certains clubs aguerris à ce genre d'exercices, il est possible de trouver une dizaine de coureurs capables de se livrer à une véritable compétition, extrêmement salutaire pour le dimanche.

Tous ceux qui en ont l'habitude savent qu'une séance d'américaine lors des compétitions du vendredi soir leur apporte une « pêche » exceptionnelle le dimanche lors de la course sur route. C'est tout simplement l'effet de la surcompensation.

Nous préciserons enfin que celui qui n'a pas la possibilité de travailler sur piste pourra bien sûr remplacer cette séance par la même séance sur route. À part l'américaine, évidemment.

Le samedi matin, même si l'on devait courir l'après-midi, il sera bon d'effectuer une sortie d'une heure dans laquelle on inclura deux à trois séries d'*interval training* avec sprints de 10 secondes.

Le samedi, une compétition est prévue. Rester tranquille au sein du peloton, et attendre la dernière demi-heure pour faire quelques efforts. Cette compétition n'est pas prévue pour faire un exploit, mais bien dans le cadre d'une simple préparation.

Quatrième microcycle (4e semaine de mars)

JOUR	MARDI	MERCREDI	VENDREDI	DIMANCHE
Durée	1 h 30	2 h	1 h 30	-
Type d'efforts	Force + vélocité	Seuil anaérobie	Puissance maximale aérobie	Compétition
Mode d'entraînement	Course + force	Fractionné	Endurance intermittente	-

3. Plan d'entraînement avec cinq sorties par semaine

La sortie du mardi comportera toujours un travail de la force, en alternance avec celui de la vélocité, au sein d'une séance en endurance critique basse.

Effectuer six ascensions de 5 minutes en force à 40 tours/minute. Penser, aussitôt rentré de l'entraînement, à la séance d'étirements et d'assouplissements indispensables.

La sortie du mercredi peut s'effectuer sur un circuit vallonné, où toutes les côtes seront montées en puissance, avec sprint en haut. Dans ce cas, la vitesse de pédalage est libre, ainsi que la fréquence cardiaque.

Sur le plat, alterner 5 minutes à 15 pulsations en dessous du seuil anaérobie et 5 minutes à 70 % de la FCM pendant tout le temps de la sortie en dehors des côtes.

La séance d'endurance intermittente du vendredi s'effectuera comme suit :

- 20 minutes d'échauffement.
- Deux fois l'enchaînement suivant :
  - 10 minutes en 30-20 à 90 % de la VMA.
  - 5 minutes à 70 % de la FCM ou de la FCR.
  - 5 minutes à la VMA en 20-20.
- 10 minutes à 70 % de la FCM.
- Trois fois l'enchaînement suivant :
  - 5 minutes en 30-30 à la VMA.
  - 5 minutes à 10 pulsations en dessous du seuil anaérobie.
- 15 minutes à 80 % FCM en 30-30.
- 10 minutes à 90 % de la VMA en 20-20.
- 10 minutes de retour au calme.

Cette séance, comme la semaine précédente, pourra être remplacée par une course à l'américaine, dans le cas bien sûr ou l'on dispose d'un partenaire.

La durée de cette mini-compétition ne dépassera pas une demi-heure.

Le samedi, on effectuera trois séries de cinq sprints de 10 secondes au cours d'une sortie d'endurance d'une heure.

La récupération active s'effectuera à 70 % de la FCM.

Premier microcycle (1re semaine d'avril)

JOUR	MARDI	MERCREDI	JEUDI	SAMEDI	DIMANCHE
Durée	1 h 30	2 h	1 h 30	1 h 30	-
Type d'efforts	Force + vélocité	Seuil anaérobie	Puissance maximale aérobie	Force + vélocité	Compétition
Mode d'entraînement	Course + fractionné	Fractionné	Endurance intermittente	Course + fractionné	-

La séance du mardi s'effectue de la même façon que la semaine précédente.

Séance de fractionné du mercredi :

- 20 minutes d'échauffement.
- Enchaîner cinq fois l'exercice suivant :
  - 5 minutes à la vitesse correspondant au seuil anaérobie.
  - 3 minutes de récupération à 70 % de la FCM.

Le reste de la sortie comportera une alternance de 10 minutes à 70 % de la FCM en vélocité à 100 tours/ minute et 5 minutes à 15 pulsations en dessous du seuil anaérobie.

La séance d'endurance intermittente du jeudi s'effectuera comme suit :

- 20 minutes d'échauffement.
- Deux fois l'enchaînement suivant :
  - 5 minutes en 20-20 au-dessus du seuil anaérobie.
  - 5 minutes à 70 % de la FCM ou de la FCR.
  - 5 minutes à la VMA en 30-30.
- Trois fois l'enchaînement suivant :
  - 5 minutes en 20-20 à la VMA.
  - 5 minutes à 10 pulsations en dessous du seuil anaérobie.
- 15 minutes à 70 %.
- 10 minutes à 90 % de la VMA en 20-20.
- 10 minutes de retour au calme.

Cette séance pourra être remplacée par une américaine d'une vingtaine de minutes dans le cas où l'on disposerait d'un partenaire et d'un temps clément.

La séance du samedi matin comportera trois séries de cinq sprints courts. Ce travail est excellent pour éliminer l'acide lactique encore présent dans les muscles.

Le samedi, une seconde séance de force-vélocité sera effectuée, avec six ascensions de 5 minutes à 40 tours/minute.

Second microcycle (2e semaine d'avril)

JOUR	MARDI	MERCREDI	JEUDI	SAMEDI	DIMANCHE
Durée	1 h 30	2 h	Piste	-	-
Type d'efforts	Force + vélocité	Endurance critique basse + endurance critique haute	Puissance maximale aérobie	Compétition	Compétition
Mode d'entraînement	Course + fractionné	Fractionné	Endurance intermittente	Course + fractionné	-

Mardi, séance de force vélocité, incluant les habituelles six ascensions à 40 tours/minute.

Séance de fractionné du mercredi :

- 20 minutes d'échauffement.
- Enchaîner trois fois l'exercice suivant :
  - 10 minutes à la vitesse correspondant au seuil anaérobie.
  - 5 minutes de récupération à 70 % de la FCM.

Le reste de la sortie sera effectué à 75 % de la FCM en vélocité à 100 tours/minute.

La séance d'endurance intermittente du jeudi s'effectuera comme suit :

- 20 minutes d'échauffement.
- Deux fois l'enchaînement suivant :
  - 5 minutes au-dessus du seuil anaérobie.
  - 5 minutes à 70 % de la FCM ou de la FCR.
  - 5 minutes à la VMA en 30-30.
- Trois fois l'enchaînement suivant :
  - 5 minutes à la VMA en 20-20.
  - 5 minutes à 10 pulsations en dessous du seuil anaérobie.
- 15 minutes à 80 % FCM en 30-30.
- 5 minutes à 90 % de la VMA en 20-20.
- 5 minutes de retour au calme.

Comme les semaines précédentes, on pourra remplacer la séance de piste par une sortie sur route du même contenu. À chaque fois qu'on en aura la possibilité, on préfèrera la piste, qui permet un travail de qualité en toute sécurité.

La séance pourra être remplacée par une petite compétition d'américaine, pour peu que l'entraînement collectif fournisse partenaire et adversaire.

Dans ce cas, la durée de la compétition sera la même que précédemment, soit 30 minutes.

Troisième microcycle (3e semaine d'avril)

JOUR	MARDI	MERCREDI	JEUDI	SAMEDI	DIMANCHE
Durée	1 h 30	2 h	Piste	-	-
Type d'efforts	Force + vélocité	Endurance critique basse + endurance critique haute	Puissance maximale aérobie	Force + vélocité	Compétition
Mode d'entraînement	Course + fractionné	Fractionné	Endurance intermittente	-	-

Cette semaine est composée de la même façon que la précédente.

Mardi, séance de force vélocité, incluant les habituelles six ascensions à 40 tours/minute.

Séance de fractionné du mercredi :

- 20 minutes d'échauffement.
- Enchaîner trois fois l'exercice suivant :
  - 10 minutes à la vitesse correspondant au seuil anaérobie.
  - 5 minutes de récupération à 70 % de la FCM.

Le reste de la sortie sera effectué à 75 % de la FCM en vélocité à 100 tours/minute.

La séance d'endurance intermittente du jeudi s'effectuera comme suit :

- 20 minutes d'échauffement.
- Deux fois l'enchaînement suivant :
  - 5 minutes au-dessus du seuil anaérobie.
  - 5 minutes à 70 % de la FCM ou de la FCR.
  - 5 minutes à la VMA en 30-30.
- Trois fois l'enchaînement suivant :
  - 5 minutes à la VMA en 20-20.
  - 5 minutes à 10 pulsations en dessous du seuil anaérobie.
- 15 minutes à 80 % FCM en 30-30.
- 5 minutes à 90 % de la VMA en 20-20.
- 5 minutes de retour au calme.

Comme les semaines précédentes, on pourra remplacer la séance de piste par une sortie sur route du même contenu. À chaque fois qu'on en aura la possibilité, on préfèrera la piste, qui permet un travail de qualité en toute sécurité.

La séance pourra être remplacée par une petite compétition d'américaine d'une vingtaine de minutes, pour peu que l'entraînement collectif fournisse partenaire et adversaire.

Dans ce cas, la durée de la compétition sera la même que précédemment, soit trente minutes.

Quatrième microcycle (semaine de l'objectif)

JOUR	MARDI	MERCREDI	VENDREDI	DIMANCHE
Durée	1 h 30	2 h 30	1 h 30	-
Type d'efforts	Force + vélocité	Endurance critique basse + endurance critique haute	Vélocité	Objectif
Mode d'entraînement	Course + force	Force	-	-

Mardi, séance de force vélocité, incluant les habituelles six ascensions à 40 tours/minute.

Séance de fractionné du mercredi :

- 20 minutes d'échauffement.
- Enchaîner trois fois l'exercice suivant :
  - 10 minutes à la vitesse correspondant au seuil anaérobie.
  - 5 minutes de récupération à 70 % de la FCM.

Le reste de la sortie sera effectué à 75 % de la FCM en vélocité à 100 tours/minute.

Le plan d'entraînement est terminé.

Tous les modes de travail ont été développés : force, vélocité, puissance, travail fractionné au seuil, VMA, PMA, sprints.

Si ce plan ne connaît pas d'interruption, si le cycliste qui le suit n'est pas victime d'une pathologie particulière (grippe, rhinopharyngite, angine), il est prêt.

Nous insistons sur le fait que ces plans sont des exemples, et que tous les cyclistes n'auront pas un objectif le premier mai !

Si vous avez bien compris le sens de notre démarche, vous devez à votre tour pouvoir composer une planification correspondant à vos besoins.

Nous ne jugeons pas utile de proposer des exemples de plans d'entraînement pour un objectif donné aux cadets.

Nous pensons en effet qu'il est trop tôt pour « mettre la pression » sur des adolescents trop friables. Nous profitons des tests d'effort mensuels pour modifier un peu la façon de travailler de chacun, ce qui nous paraît préférable. D'autant qu'il y a tellement de disparité entre les cadets que nous ne pouvons pas présumer des capacités réelles du lecteur.

Quant aux seniors départementaux, ils peuvent utiliser la progression proposée plus haut, en limitant la durée des sorties à celle correspondant à leurs 60 kilomètres de compétition. Chaque coureur devrait être en mesure de trouver dans les plans précédents l'exemple qui lui convient.

C. L'objectif

Le moment tant attendu depuis plusieurs mois est arrivé. Si la préparation s'est déroulée sans problème particulier, le coureur est prêt. Le cycliste est désormais soumis aux aléas de la compétition qu'il avait choisie comme objectif majeur. Si tout se passe bien, sans crevaisons ni chutes, la réussite a toutes les chances d'être au bout.

Tout ce volume d'efforts a abouti à une forme maximale. Celle-ci ne pourra pas être conservée indéfiniment, et, avant qu'elle ne chute, il faut penser à récupérer.

Il est nécessaire alors d'effectuer une coupure, dès l'objectif passé, afin de ne pas poursuivre sur des charges d'entraînement par trop importantes.

Le cas des coureurs élites ou nationaux est différent, car il comporte des successions de compétitions sur plusieurs jours, et il est très difficile dans ces conditions de construire un véritable plan d'entraînement personnalisé.

Le graphique 31 montre ce que pourrait être la préparation d'un coureur cycliste pour son objectif. Le jour de l'objectif, le potentiel sera développé de la meilleure façon, avec une PMA élevée, et un seuil suffisamment élevé pour que l'on puisse exploiter l'essentiel des capacités cardiaques.

Le potentiel énergétique est développé à son maximum. Comme on le voit sur ce graphique, la puissance exploitable au seuil est à son maximal.

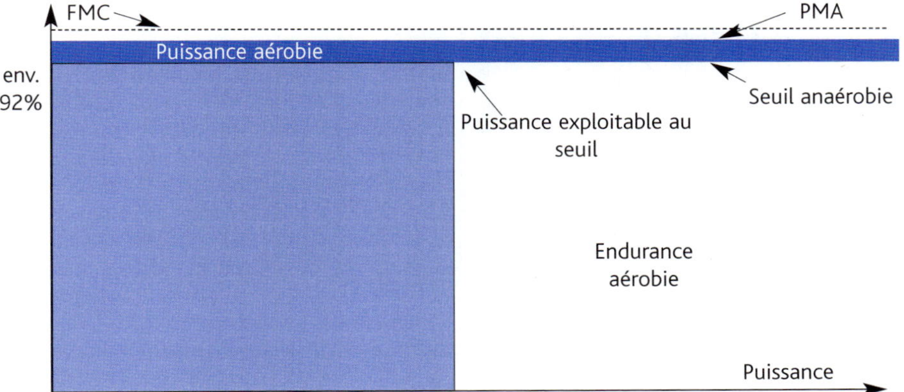

Graphique 31 : Le cycliste est prêt pour son objectif : le travail d'endurance a permis une importante augmentation de la consommation d'oxygène, et le travail en intensité a fait monter le seuil anaérobie à un niveau élevé (autour de 92 % de la FCM). Le réservoir d'énergie est volumineux et presque plein : le travail est bon, le cycliste est à son top niveau.

D. La transition après l'objectif

La préparation de l'objectif a donné lieu à une intense dépense d'énergie. Avant d'entamer la préparation de l'objectif suivant, il convient de récupérer. C'est pourquoi il faut inclure un cycle de régénération avant le futur objectif, sauf dans le cas où celui-ci est très rapproché. Dans ce cas, on poursuivra comme montré précédemment avec un cycle alternatif.

Le graphique 32 montre comment peut s'articuler la fin de la saison. L'objectif est en semaine 4. La semaine suivante est le début du cycle de régénération, suivi lui-même par un cycle alternatif, permettant d'effectuer les dernières compétitions en de bonnes conditions.

La saison se termine en 12, et derrière, pour ne pas terminer trop brutalement, un dernier cycle de régression pourra permettre de pédaler encore tranquillement tant qu'il reste des beaux jours.

Le graphique 33 fait apparaître une coupure. Les objectifs sont en fin de semaine 4 et en fin de semaine 16.

La coupure est partielle, car il n'est pas question de partir en vacances en pleine préparation d'objectif, mais permet d'alléger le début de la reprise, avec un cycle progressif de travail modéré, dont le premier microcycle ne comporte qu'une activité réduite.

C'est cette semaine 5 qui comportera une coupure de quatre jours, puis une reprise d'activité légère.

Exemple de programmation pour fin de saison

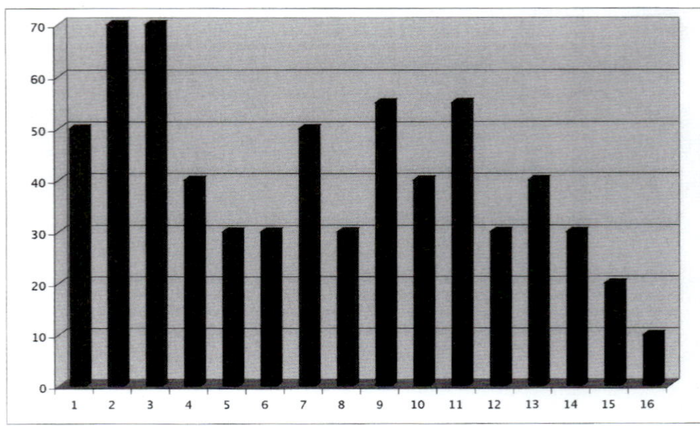

Graphique 32 : Exemple de programmation après le dernier objectif.

La coupure permet un repos complet de quatre jours après l'objectif, pour une récupération totale. Après un championnat, une course nationale ou internationale (juniors), il est nécessaire de se reposer, tout en se changeant un peu les idées.

Exemple de programmation avec coupure

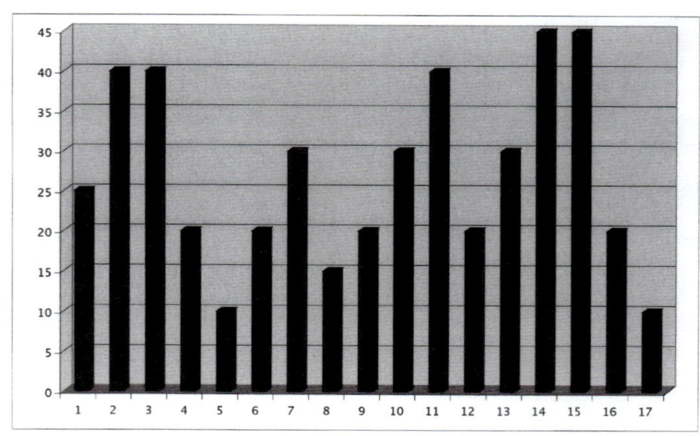

Graphique 33 : Ici, deux objectifs sont prévus en fin de microcycle 4 et en fin de microcycle 16. Après un travail très dur, le microcycle 5 et le microcycle 17 sont deux semaines de coupure. L'activité y est très faible, dans le but de permettre un temps de récupération.

Voici comment peut s'articuler un tel microcycle :

JOUR	VENDREDI	DIMANCHE
Durée	1 h 30	2 h
Type d'efforts	Vélocité	Endurance critique basse
Mode d'entraînement	Course	Course + interval training

La sortie du vendredi ne contient que de la vélocité à 100 tours et à petite allure. C'est une remise en jambes et aucun travail n'est demandé.

Le dimanche, il n'y a pas de compétition, mais une sortie en endurance critique basse, à 100 tours par minute, avec deux séries de sprints de 10 secondes.

En deuxième heure, effectuer cinq montées de 3 minutes à 15 pulsations en dessous du seuil anaérobie. Entre les efforts, rouler à 70 % de la FCM.

Ce microcycle est le premier élément d'un cycle progressif de reprise, dans lequel les charges de travail iront croissant.

Ce système de préparation permet de progresser toujours tout au long de la saison, mais aussi de saison en saison, permettant d'envisager des progrès souvent spectaculaires, même chez les coureurs les plus modestes.

Ces exemples s'entendent sans problème particulier venant perturber la préparation : maladie, accident, chute, blessure. Dans ce cas, il faudra remodeler la préparation, en attendant une réparation complète.

Après le dernier objectif et la dernière coupure, il sera bon de respecter une décompression progressive, sachant que la fin de saison peut s'effectuer tranquillement, sans continuer à maintenir une charge de travail considérable. Le niveau atteint pourra permettre encore des beaux résultats. D'autant que si la programmation comprend trois objectifs, le dernier se situera en fin de saison, donc en septembre ou début octobre.

Un certain nombre de cyclistes ne sont pas suffisamment disponibles ou pas assez motivés ou même ne croient pas en leurs possibilités. Les jeunes juniors ou les jeunes seniors ont tout intérêt à travailler avec méthode, cela paie toujours.

Il est tellement plus motivant de se voir progresser régulièrement que de remettre en cause chaque semaine le travail effectué sans progrès aucun depuis des mois. Face à la traditionnelle absence de méthode empirique s'oppose désormais une méthode de travail qui utilise les connaissances physiologiques et les progrès de la technique (montres cardiaques, enregistrement des pulsations pendant l'effort, informatique).

Il est consternant de lire que les professionnels sont obligés de se doper à l'entraînement, car ils s'y ennuient. S'ils avaient une telle préparation, ils constateraient que jamais une sortie de travail n'est identique à la précédente, et que l'on n'a jamais le temps de s'ennuyer quand on travaille réellement.

Il ne s'agit pas de faire beaucoup, mais de faire bien ce que l'on a à faire.

Le plan d'entraînement doit prendre en considération les activités professionnelles extérieures au sport cycliste. La charge de travail doit être adaptée en cas d'activités physiques importantes.

Un maçon, qui porte des charges lourdes toute la journée, ou un déménageur n'auront pas le même entraînement qu'un gratte-papier ou qu'un testeur de matelas... C'est cela, l'entraînement personnalisé.

C'est la raison essentielle qui fait que bon nombre de coureurs n'auront jamais la possibilité de monter en catégorie supérieure, par manque de capacité à s'entraîner efficacement.

Les compétitions du dimanche participent aussi à la construction d'un plan de programmation. Il est indispensable de choisir des courses de difficultés croissantes, et de commencer par des courses plates, sans trop de relances. Au fil des semaines, les compétitions comporteront davantage de relances, puis les reliefs seront de plus en plus accidentés.

Des objectifs secondaires pourront ainsi être prévus dans la préparation, sans modifier la progression de la charge de travail.

Si le premier objectif est de réussir à tenir dans le peloton sans se faire lâcher dans les 20 premiers kilomètres, il est évident que ce principe présente une importance considérable.

Un coureur supporte d'autant mieux les relances qu'il récupère rapidement et qu'il a travaillé les changements de rythme. Quand le niveau est très limite, il vaut mieux ne pas choisir d'emblée des « galères », courses très dures avec nombreuses côtes et des changements de rythme, des relances, etc.

De la même façon, il faudra choisir ses adversaires. Un jeune junior de faible niveau n'affronte pas d'emblée les R1. Il va se roder dans les courses de R2 et départementaux, s'améliorer et finir sa préparation par des courses de R1 et R2. C'est ainsi qu'il se verra le mieux progresser, sans perdre le moral en se confrontant à des coureurs trop forts pour lui. Inversement, un Junior deuxième année de niveau régional ne va pas se contenter de victoires dans les courses de seniors R2 ou D.

Pour progresser, il lui faudra se confronter aux meilleurs. Ceci dépend bien sûr de l'ambition et de la motivation du coureur.

Il est dommage de constater que la plupart des coureurs évitent soigneusement à l'entraînement les compartiments dans lesquels ils ne sont pas bons.

Un coureur qui n'a pas de talent pour le sprint ne fait jamais ce type d'efforts à l'entraînement, celui qui monte les côtes difficilement les évite soigneusement, celui qui a une mauvaise récupération ne cherche jamais à l'améliorer.

Que le lecteur se rassure : ceci est vrai quelle que soit la catégorie ! Personne n'y échappe !

C'est pourtant par l'amélioration de ses faiblesses qu'un cycliste peut espérer avancer.

E. Comment préparer un contre-la-montre

Une course contre la montre est une compétition particulière, qui nécessite une préparation beaucoup plus pointue qu'à l'habitude.

Ce type de course doit pouvoir être réalisé en totalité au niveau du seuil anaérobie, voire en zone de transition, avec final à la PMA. C'est du moins ce qu'est capable de réaliser un spécialiste de cette discipline.

Cela sous-entend donc un entraînement davantage axé sur la qualité que sur la quantité.

Au niveau des compétitions amateurs, le contre-la-montre est limité en durée par la réglementation.

CATÉGORIE	DISTANCE
Élites hommes	80 km
Espoirs	40 km
Dames	40 km
Juniors hommes	30 km
Juniors dames	15 km

Tableau 31 : La durée préconisée pour une course contre la montre.

La durée de ce type de compétitions ne dépasse jamais 1 heure, à l'exception des élites qui terminent leur course en moins de 2 heures.

Beaucoup de cyclistes ne sachant pas comment préparer une telle course ont souvent recours à l'entraînement derrière engin (voiture, moto). Ceci n'habitue pas pour autant le cycliste à gérer la course lorsqu'il est seul.

Rien ne justifie d'accumuler des kilomètres, quand pour une telle préparation le travail requiert surtout beaucoup de précision.

Le cycliste doit, à chaque entraînement, déterminer son seuil anaérobie, qui est la base de tout travail de ce type. Puis il s'habituera dans un premier temps à tenir la cadence à cette intensité.

Pour une efficacité maximale, il faudra insérer dans le plan d'entraînement deux sorties préparatoires au contre-la-montre.

Voici par exemple le type de préparation sur deux cycles qui peut être envisagé (imaginons une compétition de 30 kilomètres).

CATÉGORIE	DURÉE AU SEUIL ANAÉROBIE	NOMBRE DE RÉPÉTITIONS	TEMPS RÉCUPÉRATION	DURÉE ZONE DE TRANSITION	RÉPÉTITION	TEMPS RÉCUPÉRATION
Semaine 1	2 minutes	3	5 minutes	-	-	-
Semaine 2	3 minutes	3	5 minutes	1 minute	3	5 minutes
Semaine 3	4 minutes	3	4 minutes	2 minutes	3	5 secondes
Semaine 4	1 minute	4	3 minutes	1 minute	3	5 minutes
Semaine 5	5 minutes	2	3 minutes	3 minutes	3	5 minutes
Semaine 6	10 minutes	2	5 minutes	4 minutes	3	4 minutes
Semaine 7	15 minutes	1	10 minutes	5 minutes	2	3 minutes
Semaine 8	5 minutes	2	3 minutes	3 minutes	3	2 minutes

Tableau 32 : Préparation d'un contre-la-montre d'une trentaine de kilomètres.

L'échauffement permettra une mise en route progressive, avec repérage du seuil anaérobie et de la PMA. À partir de ces deux informations, l'entraînement proprement dit permettra de s'habituer à rouler au seuil anaérobie, puis à monter en zone de transition.

La durée d'une telle séance de travail ne dépassera jamais 1 heure 30.

Les exercices au seuil anaérobie seront réalisés en début de séance, puis après un quart d'heure de vélocité en récupération (60 % FCM), débuteront les exercices en zone de transition.

Les exercices proposés permettent d'effectuer pratiquement une demi-heure au seuil et au-dessus pour chaque séance. Pour une compétition de 30 à 40 kilomètres, ceci est largement suffisant.

Un échauffement de qualité le jour de la compétition vous permettra de monter très vite à votre seuil anaérobie et de débuter à ce niveau. Si vous avez suivi une préparation correcte, vous tiendrez toute la distance à cette fréquence.

Progressivement, vous pourrez accélérer et vous installer en zone de transition.

Les 5 dernières minutes, vous devez tenir sans difficulté à la PMA.

F. La préparation d'un cyclosportif

Les coureurs cyclistes licenciés à la fédération UFOLEP ont la particularité de se voir proposer de nombreux types d'épreuves, souvent plus variées qu'en FFC, parmi lesquels :

- des courses traditionnelles de 60 à 100 kilomètres, en circuit,
- des courses à étapes,
- des brevets de randonneurs sportifs,
- des épreuves cyclosportives.

La particularité de cette fédération est le «sport pour tous». C'est ce qui permet à tout un chacun de s'inscrire dans n'importe quel type de compétitions : un avantage dont ne disposent pas les cyclistes FFC, même si les épreuves cyclosportives leur sont ouvertes.

Le problème majeur est la possibilité de disputer des courses kermesses traditionnelles avec enchaînement le dimanche suivant d'une course à étapes, de quelques autres courses et d'arriver à «l'étape du tour». Ce qui ne facilite pas vraiment la préparation des cyclosportifs.

Les cyclosportives ne sont pas considérées comme des compétitions, plutôt comme des randonnées. Mais tout le monde y fait la course, du professionnel au cyclosportif...

Pour la grande majorité des participants, il s'agit bel et bien de courses, où chacun part pour une performance, pour une place à l'arrivée, pour un gain de temps par rapport aux participations précédentes, ou pour rester le plus longtemps possible avec les meilleurs...

L'aspect compétition est renforcé par la participation régulière de coureurs FFC de bon niveau, professionnels, élites ou nationaux, qui n'hésitent pas à s'inscrire pour améliorer leur préparation ou... pour étoffer leur palmarès en mal de victoires.

Désormais, tous les classements sont annoncés dans les revues, ce qui ne fait pas vraiment randonnée...

Les cyclosportifs sont toujours impressionnés par la durée des épreuves qui leur sont proposées : la surenchère fait que l'on peut, sur 200 kilomètres, franchir plusieurs cols très durs, dans une canicule parfois considérable.

Ces cyclistes, totalement oubliés par tout encadrement, n'ont aucune notion de la façon d'aborder leur préparation, et prenant exemple sur les meilleurs, se contentent d'accumuler les kilomètres.

1. Généralités

Le phénomène est récent, mais nous devons constater l'engouement extraordinaire des passionnés de cyclisme pour ce genre de manifestations.

Beaucoup sont las des sempiternels tourniquets en ville sur des circuits trop souvent monotones.

De plus, la disparition progressive des courses cyclistes traditionnelles et l'attrait du sport loisir, auquel il faut ajouter le mercantilisme d'organisateurs ayant vite compris leur intérêt et le rapport financier à en tirer, ont fait se multiplier les épreuves, en montagne, sur des parcours très variés, jusqu'à la reproduction d'une étape du tour de France.

Ces mêmes cyclistes s'engagent régulièrement dans Bordeaux-Paris ou Paris-Brest et retour, dans des raids ou de folles randonnées de plusieurs jours. Une bagatelle ! !

Les difficultés s'offrent à des concurrents souvent peu entraînés et préparés à des compétitions souvent épuisantes.

Citons, la Marmotte, L'Isard Bahamontès, la Pyrénéenne, l'étape du Tour, etc.

Il s'agit souvent, sur des distances de 200 kilomètres, d'enchaîner plusieurs cols, d'affronter des conditions climatiques très diverses, pour des coureurs ayant participé les semaines précédentes à des compétitions cyclistes traditionnelles ou issus du cyclotourisme.

La clientèle cyclosportive, ce sont soit d'anciens compétiteurs, soit des personnes arrivées au cyclisme sur le tard et qui ont tout à découvrir, des paysages de France et de l'art de pédaler. Ce sont aussi des sportifs qui se définissent mal entre cyclotouristes et compétiteurs.

Cela se complique encore lorsque le nouvel arrivant dans le milieu cyclosportif se retrouve englué dans un groupe de copains dont le seul plaisir est de «flinguer à tour de bras» dès qu'ils pédalent en groupe.

Le cyclisme, meilleur sport de rééducation, devient alors un parfait outil de démolition. D'autant que l'âge des participants va de 16 à 80 ans !

Nous avons modestement dénommé cette pratique « syndrome du cyclosportif », que nous pouvons résumer par ces quelques mots : pas d'échauffement, tête dans le guidon, pas d'endurance, tout à fond (seuil au maximum, récupération inexistante).

Ayant un âge supérieur à cinquante ans pour une grande majorité, il est logique de conseiller un peu de sagesse à ces gens qui oublient de temps en temps la direction d'où souffle le bon sens.

Nous rappellerons donc à tous ces « furieux » que :

Rien ne sert de courir après la jeunesse, elle va plus vite que vous !

Le sport sert avant tout à améliorer la santé, il ne doit pas être source d'accidents cardiaques par inconscience.

Le cyclosport soulève un problème auquel personne n'a réfléchi avant d'en lancer le concept : celui de la pratique de la compétition chez le sujet vieillissant.

Nous avons rencontré des cyclistes de plus de soixante-dix ans, ardents participants à la plupart des cyclosportives de montagne.

Ces sportifs vieillissants ne sont la plupart du temps pas suivis par un médecin, et l'on découvre force hypertensions artérielles, troubles du rythme cardiaque, déséquilibres ioniques, et le seul certificat médical réclamé avant le départ paraît bien dérisoire !

C'est pourquoi il nous paraît indispensable d'établir d'abord certaines barrières de sécurité à ne pas franchir.

Nous ne proposerons donc pas de travail de PMA ni intensité maximale dans ces plans d'entraînement, et nous imposerons une limite au seuil anaérobie de façon à toujours conserver une marge de sécurité pour les cyclosportifs d'âge avancé.

2. Physiologie d'une compétition cyclosportive

Une telle compétition, qui peut durer 6 à 8 heures, doit être considérée comme une épreuve de fond. C'est encore plus vrai lorsque l'on aborde les Bordeaux-Paris ou Paris-Brest-Paris.

L'effort correspondant au grand fond doit s'effectuer à une intensité faible, dans laquelle l'énergie est fournie par la combustion des graisses.

C'est la seule façon d'effectuer des heures d'efforts sans risques d'hypoglycémies graves, donc de panne sèche.

Il ne s'agit donc pas de s'entraîner comme d'habitude, à des fréquences cardiaques proches du maximum.

L'effort cyclosportif présente un intérêt considérable : il s'adresse souvent à d'anciens coureurs ou à des participants qui ont passé la quarantaine et présentent un surpoids.

L'entraînement en zone d'endurance de base ou de foncier mobilise les graisses, donc participe à la perte de poids.

Malheureusement, la méconnaissance de la physiologie de l'effort et de la diététique fait que notre cyclosportif se prépare comme pour une course de quartier avec relances sprints, et... termine souvent la cyclosportive épuisé, où il n'a pas su économiser ses réserves énergétiques.

3. L'entraînement du cyclosportif

(1) La difficulté de concevoir l'entraînement

Tenir sur un vélo à vitesse constante et sur des reliefs très divers ne s'invente pas.

Celui qui s'est cantonné pendant des mois, voire des années dans des courses de quartier d'une durée de 2 heures, et d'un rythme élevé, et qui doit affronter une randonnée de 200 kilomètres dont deux ou trois cols, a toutes les chances de terminer en voiture s'il ne s'y est pas préparé !

Un cycliste habitué aux courses traditionnelles est capable de tenir 2 à 3 heures dans la zone d'endurance maximale aérobie, un coureur élite jusqu'à 5 ou 6 heures.

Même les coureurs professionnels ne peuvent pas travailler plus longtemps à ce rythme. Ils ont toujours des moments de répit, sans lesquels ils ne pourraient pas aller au bout des courses.

Ils terminent toujours en hypoglycémie les épreuves les plus dures.

Le principe d'une course (ou randonnée) cyclosportive sera donc de rouler le plus longtemps possible en zone de lipolyse, afin d'épargner le glycogène, et d'accélérer au bout de 3 à 4 heures pour finir en utilisant la glycolyse aérobie, et enfin la glycogénolyse anaérobie pour le final.

Il ne s'agit pas non plus de s'entraîner sur la distance de la compétition. Jamais un gagnant de Bordeaux-Paris n'a effectué la distance à l'entraînement.

Il n'y a plus de problèmes dès lors que le participant aux cyclosportives s'est spécialisé dans cet art. Plus d'éparpillement dans des compétitions diverses, le seul problème restant est alors celui de l'adaptation à des reliefs divers.

On ne se prépare pas en effet de la même façon pour la Bossis, où tout se fait à vitesse rapide, en affrontant le vent et de petites côtes très pentues, et pour la Pyrénéenne, où l'on affronte l'Aspin et le Tourmalet.

Le plan d'entraînement proposé ci-dessous permettra à tout un chacun de progresser, en étant capable d'affronter tous les types de situations : alternance courses traditionnelles et grand fond.

Comme pour les cyclistes de compétition, l'exemple suivant a pour unique objet de montrer la progression du travail d'endurance, lequel est complété par une stimulation de toutes les filières énergétiques et une amélioration des qualités de chacun, afin de figurer honorablement dans tous les cas.

Plutôt que de prendre cet exemple à la lettre, il vaudrait mieux s'en inspirer pour l'adapter à ses propres besoins et à sa disponibilité.

Nous avons rencontré près de 400 pratiquants cyclosportifs depuis la réalisation de la première version de cet ouvrage, et nous avons constaté que la plupart manquaient davantage de qualité de travail que de kilomètres.

C'est pourquoi nous avons insisté surtout sur la qualité des séances que sur la distance.

Une cyclosportive est une compétition qui ne dit pas son nom, dans laquelle toute une foule de pratiquants de niveaux différents se côtoient.

Pour celui qui est déjà allé assister à la Bossis par exemple, il est évident que tout le monde court après tout le monde, et que dans cet esprit, il n'est pas question d'appeler cela une randonnée.

Nos plans d'entraînement seront donc de véritables plans de préparation à la compétition, avec adaptation en fonction de l'âge.

La fréquence cardiaque de travail sera calculée à partir :

- de la fréquence cardiaque maximale, soit réelle, soit théorique. La zone de lipolyse sera alors située aux alentours de 60 % de la FCM ;
- de la vitesse maximale aérobie, déterminée d'après test de terrain. La zone de lipolyse est alors située entre 50 % et 60 % de la VMA.

(2) Exemple de plan d'entraînement pour un cyclosportif

Premier microcycle

JOUR	MERCREDI	VENDREDI	DIMANCHE
Distance	1 h 30	2 h	2 h
Type d'efforts	Endurance de base	Endurance de base	Endurance de base
Mode d'entraînement	Course	Course	Course

Les cyclosportifs qui ont passé la quarantaine continuent à pédaler en général tout l'hiver, arrêtés seulement par les intempéries. Il s'agit souvent de promenades en groupes, mais aussi parfois de véritables compétitions du dimanche matin.

L'avantage principal de ne pas couper l'activité cycliste est que lorsqu'on avance en âge, les muscles sont beaucoup plus difficiles à remettre en route, et la condition physique est bien plus longue à revenir.

Le désavantage est dans l'intensité des sorties en groupes, qui ressemblent bien souvent plus à des compétitions qu'à des promenades. Il est si gratifiant de se mesurer à ses copains et de les lâcher dans toutes les sorties !

C'est la dérive de l'esprit de compétition, où le sportif ne sait jamais à partir de quand il est bon de prendre sa retraite de compétiteur et de découvrir d'autres activités cyclistes...

Il sera important dès les premières sorties d'estimer son seuil anaérobie, en recherchant à quelle fréquence cardiaque intervient l'essoufflement.

Ce type de travail est essentiel, car celui qui a effectué des sorties d'intensité tout l'hiver est assuré de ne pas devenir un « diesel » comme tant d'autres compétiteurs dont le seuil avoisine les 80 % de la FCM... Cependant, Il a pour but de remonter le seuil anaérobie, mais pas n'importe comment et le lecteur comprendra aisément que s'il est déjà au zénith, le risque est d'achever le massacre, pas de s'améliorer ! Mieux vaut bien se connaître !

Un seuil anaérobie limité à 90 % de la fréquence cardiaque maximale représente une limite de sécurité naturelle, qu'il vaut mieux apprendre à ne pas gommer !

Nous ne sommes pas capables d'évaluer la préparation hivernale de chacun, aussi, nous proposons un plan de préparation pour quelqu'un qui reprend après être resté un certain temps au repos.

Celui qui aura roulé tout l'hiver pourra suivre ce plan malgré tout, avec l'avantage d'avoir déjà travaillé la vélocité et la force musculaire.

Ce travail est primordial chez un cyclosportif, car bien souvent, il roule avec un braquet très important et aucune vélocité ou avec beaucoup de vélocité et aucune force musculaire. De plus, rappelons que l'effet premier du vieillissement est une certaine fonte musculaire, qu'il est possible de ralentir en développant la force.

Le parcours des premières sorties est plat et les pulsations restent dans la plage de 60 à 70 % de la FCM lors des séances de lipolyse, et entre 70 % et 80 % lors des sorties d'endurance.

L'usage de petit braquet permet la recherche du coup de pédale et oblige le cyclosportif à un travail en vélocité.

La cheville est très souvent totalement bloquée lors du pédalage, alors que le transfert d'énergie entre montée et descente de la pédale impose un geste simple : donner un coup de talon au sol au point mort bas, puis donner un coup de genou au plafond.

Les muscles lombaires doivent être réadaptés à la position du cycliste : il faudra rouler alternativement les mains en haut et en bas du guidon.

Si une côte se présente, le coureur la montera assis, sans se déhancher. C'est ce que l'on appelle la musculation spécifique.

Semaine 2

JOUR	MERCREDI	VENDREDI	DIMANCHE
Distance	2 h	2 h 30	2 h
Braquet	PP	44 X 16	44 X 15
Type d'efforts	Force + vélocité	Endurance critique basse	Endurance critique basse
Mode d'entraînement	Course	Course	Course

Lors de la sortie du mercredi, la force s'effectue dans une côte choisie à l'avance pour son pourcentage, idéalement entre 6 et 8 %.

Il s'agit de monter cinq fois la même côte dans la sortie, sur une durée de 2 minutes, avec un braquet élevé (le maximum que l'on puisse utiliser sans balancer les épaules).

Même si ce braquet est très faible, même si l'on ne peut pas mettre plus de 39 x 16, cela n'a pas d'importance. Il sera malgré tout possible d'apprécier les progrès au fil des semaines.

La côte peut être remontée tout de suite ou après avoir effectué un petit circuit. Il est important de toujours travailler la force dans la même côte, de façon à suivre sa propre progression.

Dans le reste de la sortie, il faut se concentrer sur la vélocité, qui doit approcher les 100 tours par minute. Dans un premier temps, il faut essayer quelques minutes et recommencer.

Lors des séances en endurance critique basse, les quelques côtes du parcours, à condition bien sûr qu'elles soient peu pentues, seront montées en force musculaire, assis, dans les mêmes conditions que la sortie de mercredi.

La sortie du dimanche comportera 1 heure de lipolyse, à petite allure et à une fréquence cardiaque de 60 % de la FCM. Tout cet exercice s'effectuera en vélocité à 100 tours par minute.

Pour cette sortie, il sera souhaitable de rechercher un terrain plat, principalement dans la première heure.

Semaine 3

JOUR	MERCREDI	VENDREDI	DIMANCHE
Distance	2 h	2 h	2 h 30
Type d'efforts	Force + vélocité	Endurance critique basse + endurance critique haute	Force + endurance critique basse
Mode d'entraînement	5 X 3 min	Course	Course + force

La force est travaillée comme précédemment, mais sur cinq efforts d'une durée de 2 minutes et 30 secondes.

Si la moindre douleur dorsale ou lombaire survient pendant ces efforts, c'est probablement que le braquet utilisé est trop important. Si en diminuant ce braquet vous souffrez toujours, alors interrompez le travail de la force.

Il sera souhaitable de consulter votre médecin avant de recommencer. Bien souvent, ces douleurs seront le fait de muscles négligés depuis des dizaines d'années, de rétractions (adducteurs, abducteurs, lombaires, abdominaux), et nous conseillons vivement un travail à la maison d'étirements, d'assouplissements, indispensables à une progression.

Tout le reste de la sortie sera effectué en vélocité à 100 tours de pédale si possible et à une fréquence de 60 % de la FCM.

Par exemple, un cycliste de 60 ans dont la fréquence cardiaque maximale est inconnue se basera sur la formule FCM = 220 – âge, soit dans son cas 160, et donc à 60 % de 160 (cela fait 96), il roulera à 100 pulsations.

Ce type de séance doit être accompagné aussitôt la sortie par un travail d'étirements et d'assouplissements.

Cela est nécessaire, car les muscles se rétracteraient dans le cas contraire et les risques de contractures ne seraient pas exclus.

Le jeudi, utilisez un terrain vallonné, dans lequel les côtes seront montées en force, de la même façon que le mardi.

Semaine 4

JOUR	MERCREDI	VENDREDI	DIMANCHE
Distance	1 h 30	1 h 30	2 h
Type d'efforts	Force + vélocité	Endurance critique haute	Force + endurance critique basse
Mode d'entraînement	5 X 2 min 30	Endurance intermittente	Course + force

Le travail de la force s'effectue comme précédemment, avec cinq répétitions mais sur une durée de 3 minutes. Tout le reste de la sortie sera effectué en vélocité à 100 tours/minute et à la fréquence de 75 % de la FCM.

Chaque sortie d'entraînement sera impérativement débutée par une vingtaine de minutes d'échauffement, avec accélération lente et progressive.

Pour l'endurance intermittente, il est absolument nécessaire de travailler à la vitesse voulue plutôt qu'à la fréquence cardiaque.

Il faut savoir en effet que sur des efforts de 30 secondes, la fréquence cardiaque ne monte que très lentement, et jamais sur 10 minutes de travail, vous n'atteindrez la fréquence cardiaque cible. Il faut donc estimer la vitesse correspondant au seuil anaérobie, puis à 15 pulsations en dessous.

Nous rappelons que le seuil anaérobie correspond au moment où le cycliste se sent gêné par l'essoufflement.

Par rapport à la fréquence cardiaque maximale (la plus haute fréquence cardiaque obtenue sur un test d'effort ou en haut d'un col), ce seuil ne doit pas dépasser 92 % au maximum.

Il suffit de lire sur le tableau ci-dessus la fréquence cardiaque correspondant et de chercher la vitesse à laquelle vous roulez alors.

Ceci se fait à l'échauffement, et bien sûr avec le vent et le relief que vous utiliserez lors des exercices.

La séance d'endurance intermittente du jeudi sera composée ainsi :

- 10 minutes en 30-30 à 15 pulsations sous le seuil anaérobie.
- 5 minutes en 20-20 au seuil anaérobie.
- 15 minutes en 30-30 à 15 pulsations sous le seuil anaérobie.
- Retour au calme 10 minutes.

Dans le cas où la récupération serait trop rapide, tout sera fait sur le mode 30-20.

Le dimanche, il faut s'attacher à pédaler à 100 tours de pédale par minute, en montant toutes les côtes en force, et en laissant filer les inconditionnels de la course en tête du dimanche si vous rouliez en groupe. Dans ce cas, nous vous conseillons d'imposer votre propre allure, plutôt que de faire la course avec les copains, même si c'est bien tentant !

Sur le plat, rouler à 15 pulsations sous le seuil pendant 5 minutes, puis à 70 % de la FCM pendant 5 minutes, tout le temps de la sortie en dehors des côtes.

Ainsi se termine le premier cycle progressif de redémarrage.

FRÉQUENCE CARDIAQUE MAXIMALE	90 % FRÉQUENCE CARDIAQUE MAXIMALE	70 % FRÉQUENCE CARDIAQUE MAXIMALE
180	162	126
179	161	125
178	160	125
177	159	124
176	158	123
175	157	123
174	156	122
173	155	121
172	155	120
171	154	120
170	153	119
169	152	118
168	151	118
167	150	117
166	149	116
165	148	116

(suite)

FRÉQUENCE CARDIAQUE MAXIMALE	90 % FRÉQUENCE CARDIAQUE MAXIMALE	70 % FRÉQUENCE CARDIAQUE MAXIMALE
164	147	115
163	146	114
162	145	113
161	144	113
160	144	112
159	143	111
158	142	111
157	141	110
156	140	109
155	139	109
154	138	108
153	137	107
152	137	106
151	136	106
150	135	105

Tableau 33 : Le calcul de 90 % de la FCM, seuil anaérobie à ne pas dépasser pour un cyclosportif, et de 70 % de la FCM, milieu de la zone d'endurance aérobie.

Semaine 5

JOUR	MERCREDI	JEUDI	DIMANCHE
Distance	1 h 30	2 h	3 h
Type d'efforts	Force + vélocité	Endurance critique haute	Force + endurance critique basse
Mode d'entraînement	Course + force	Endurance intermittente	Course + force

Le travail de la force s'effectue comme précédemment, avec cinq répétitions mais sur une durée de 3 minutes 30 secondes. Tout le reste de la sortie sera effectué en vélocité à 100 tours/minute et à la fréquence de 75 % de la FCM.

Chaque sortie d'entraînement sera impérativement débutée par une vingtaine de minutes d'échauffement, avec accélération lente et progressive.

L'endurance intermittente du jeudi sera effectuée de la façon suivante, en alternance :

- 20 minutes d'échauffement.
- Quatre fois l'enchaînement suivant :
  - 10 minutes à 15 pulsations sous le seuil en 30-30.
  - 5 minutes à l'essoufflement en 20-20.
  - 15 minutes à 70 % de la FCM.

La sortie du dimanche s'effectuera sur un parcours vallonné et l'on montera les côtes en force, cinq fois sur 3 minutes et une vitesse de pédalage de 40 tours par minute.

Pour être efficace, ce travail doit s'effectuer sans tirer sur le guidon.

En haut des côtes, on passera sur un petit braquet pour solliciter la vélocité.

Semaine 6

JOUR	MARDI	MERCREDI	VENDREDI	DIMANCHE
Durée	1 h 30	2 h 30	1 h 30	3 h
Type d'efforts	Force + vélocité	Endurance critique basse	Endurance critique haute	Endurance critique basse + force
Mode d'entraînement	Course + force	Course	Endurance intermittente	Course + force

Le travail de la force s'effectuera avec cinq ascensions de 4 minutes. Tout le reste de la sortie s'effectue à 70 % de la FCM.

Lors de la séance du mercredi, le parcours sera vallonné et les efforts s'y effectueront en puissance, assis. Chaque côte sera montée à l'essoufflement, avec sprint court en haut.

Le dimanche, le travail de la force sera inclus dans une sortie longue en endurance critique basse. Il sera réalisé après 1 heure d'entraînement.

La force sera réalisée dans la même côte, montée cinq fois, avec un braquet important, à 40 tours par minute.

Les descentes et le plat s'effectueront en vélocité à 100 tours par minute.

L'endurance intermittente du vendredi sera effectuée ainsi :

- Échauffement 20 minutes.
- Deux fois l'enchaînement suivant :
  - 5 minutes à 90 % de la VMA, en 20-20.
  - 10 minutes à 70 % de la FCM.
  - 5 minutes à 90 % VMA en 30-30.
  - 10 minutes à 70 % de la FCM.
- Retour au calme 10 minutes.

Semaine 7

JOUR	MARDI	MERCREDI	VENDREDI	DIMANCHE
Durée	2 h 30	2 h 30	1 h 30	3 h
Type d'efforts	Endurance critique basse + force	Endurance critique basse	Puissance maximale aérobie	Endurance critique basse + force
Mode d'entraînement	Course + force	Course	Endurance intermittente	Course + force

Le mardi, la force comprendra cinq efforts de 4 minutes 30 secondes.

Séance du mercredi :

- 20 minutes d'échauffement.
- Trois fois l'enchaînement suivant :
  - 5 minutes à 80 % de la FCM (si possible en côte).
  - 5 minutes à 75 % de la FCM.
- 30 minutes en vélocité à 70 % de la FCM.
- Trois fois l'enchaînement suivant :
  - 5 minutes au seuil anaérobie (si possible en côte).
  - 5 minutes à 70 % de la FCM.

Le reste de la sortie sera effectué tranquillement à 65 % de la FCM. À chacun de faire ses calculs avant le départ, sinon casse-tête !

L'endurance intermittente du vendredi sera effectuée ainsi :

- Échauffement 20 minutes.
- Deux fois l'enchaînement suivant :
  - 5 minutes à 90 % de la VMA, en 20-20.
  - 10 minutes à 70 % de la FCM.
  - 5 minutes à la VMA en 20-20.
  - 10 minutes à 70 % de la FCM.
- Retour au calme 10 minutes.

La séance du dimanche sera une répétition générale pour la semaine suivante.

Elle comportera du travail en puissance dans toutes les côtes, choisies parmi les plus longues. Sur le plat, alterner travail à 15 pulsations en dessous du seuil pendant 10 minutes et 5 minutes à 70 % de la FCM.

Semaine 8

JOUR	MARDI	MERCREDI	VENDREDI	DIMANCHE
Durée	1 h 30	2 h	1 h 30	Cyclosportive
Type d'efforts	Endurance critique basse + force	Endurance critique basse	Puissance maximale aérobie	-
Mode d'entraînement	Course + force	Course	Endurance intermittente	-

Mardi, le travail de la force comprend cinq ascensions de 5 minutes.

Mercredi, il s'agira d'une sortie en vélocité à 70 % de la FCM.

Vendredi, même sortie que la précédente.

Ne pas oublier d'essayer les produits diététiques prévus pour la cyclosportive afin d'être sûr de les bien supporter.

Ce programme permet au cyclosportif d'effectuer cette cyclosportive dans de bonnes conditions.

Nous rappelons qu'il n'est nullement nécessaire d'effectuer des montagnes d'heures pour pouvoir réaliser correctement une telle épreuve.

C'est l'alimentation au cours de la cyclosportive qui permettra de tenir toute la durée de l'épreuve, pas les heures de selle.

Il faut toujours avoir à l'esprit que même si votre voiture a déjà parcouru 100000 kilomètres, si vous en avez 1000 de plus à effectuer, sans pompe à essence sur le chemin, vous n'arriverez jamais au bout. Pour son véhicule, chacun comprend bien l'exemple. Pour soi, c'est plus dur... Pourtant l'organisme humain fonctionne comme l'automobile. Sans essence, quelle que soit la cylindrée, chacun restera sur place.

Le début des compétitions amène ainsi le coureur avec une préparation sérieuse où tous les types de travail ont été abordés.

Un cyclosportif pourra indifféremment se présenter dans une course avec relances, attaques, contre-attaques ou dans une cyclosportive, et passera ainsi tous les obstacles, à condition d'adapter son alimentation au cours de la compétition à tous les cas de figure.

Il est préférable de grouper des compétitions ou des randonnées de difficultés similaires, plutôt que d'alterner courses traditionnelles et cyclosportives.

Les efforts n'ont rien à voir, puisque c'est un peu enchaîner des 1500 mètres et des marathons pour un coureur à pied.

Si les cyclosportifs utilisaient correctement le travail en zone de lipolyse, il est probable qu'ils perdraient une bonne partie des graisses superflues qui les gênent tant dans les cols !

Malheureusement, il n'est jamais tenu compte de ces conseils de prudence, et chacun débute la cyclosportive comme une course cycliste ordinaire, et la termine comme il peut, en état d'hypoglycémie et de déshydratation avancée.

L'entraînement du cyclosportif visera donc à se préparer pour des courses de longue durée, en travaillant essentiellement dans la zone d'endurance.

Il pourra utiliser les exemples présentés plus haut, sachant que lors de chaque semaine, il effectuera des sorties mixtes lipolyse endurance, adaptation progressive de l'organisme à des exercices de plus en plus difficiles.

b) L'adaptation au braquet

Le choix du braquet est fondamental, car au bout de 5 à 8 heures sur le vélo, toutes les erreurs se paient cher.

L'usage de grands braquets inadaptés aboutit immanquablement à des crampes ou à des contractures, extrêmement pénibles et capables d'imposer l'abandon dans une compétition. Il ne faut pas oublier les principes suivants :

La vitesse dépend du braquet et du nombre de tours de pédale par minute.

La vitesse de pédalage doit se maintenir autour de 100 tours par minute sur le plat, et de 50 à 60 tours par minute en montagne.

Le choix de la denture nécessite des adaptations en fonction du relief. Sur le plat ou sur un parcours accidenté, il est possible de concevoir l'usage de deux plateaux de 51 ou 52 et 42 ou 39, et une couronne de 12-13-14-15-17-19-21-23, ce qui conviendra à tous les circuits.

En montagne, l'usage du triple plateau est une sage précaution. On pourra utiliser à l'avant le 51 ou 52, le 42 et le 29, ce qui mettra à l'abri des surprises, et à l'arrière l'on gardera la couronne précédente. Une alternative consiste en le choix des plateaux de 49, 39, et 29, qui permet de passer partout.

Un tel choix couvrira une étendue de braquets de près de 3 mètres à plus de 9 mètres.

Chaque choix de braquet est une affaire personnelle, dépendant de l'aptitude à escalader les cols, du poids, de la force musculaire de chacun, enfin du relief.

Rappelons-nous qu'en compétition type rallye automobile, le chauffeur a constamment la main sur le levier de vitesse. Sur le vélo, il n'y a aucun effort à faire pour changer de vitesse désormais puisque les commandes sont au guidon.

Rien ne justifie donc de faire 40 kilomètres sans jamais changer de vitesse, alors qu'en fonction du relief, du vent, il faudrait s'adapter sans arrêt par un développement approprié.

On n'épate personne en montant un col tout à droite ! Cela ne traduit guère qu'une considérable déficience en vélocité, et une incompréhension totale du fonctionnement du dérailleur et des nécessités de l'entraînement. À moins qu'il ne s'agisse d'une extrême vanité...

Il existe d'autre part des cyclotouristes très véloces, qui tournent très vite les jambes, mais qui ne peuvent pas monter un col avec un braquet supérieur au 29 x 23. Pour ces cyclistes, il faut apprendre à développer la force.

En effet, rappelons qu'il est possible de monter n'importe quel col avec un plateau de 25 et un 35 derrière. Mais si c'est pour faire du surplace, il faudra 2 jours pour escalader la Madeleine... « Madeleine, elle aime tant ça », mais quand même...

c) L'adaptation aux conditions climatiques

La participation à une course cyclosportive comprenant l'ascension de cols nécessite un minimum d'organisation. En effet, trois éléments essentiels sont à prendre en compte : la thermorégulation, la compensation des pertes hydriques et la réalimentation.

La lutte contre le froid est particulièrement importante dans les cols. On a chaud dans l'ascension, mais lorsqu'il s'agit de monter dans un grand col, la différence de température entre le bas et le sommet peut être considérable. Une montée débutée dans la chaleur peut se terminer dans un froid extrême (neige). Il faudra donc prévoir et conserver gants, jambières, surtout en début de saison.

Au sommet, il faudra prévoir pour la descente des journaux (bonne vieille recette encore d'actualité), car c'est en descente qu'on risque de s'enrhumer ou de contracter une bronchite.

C'est en haut des cols qu'on appréciera le plus l'assistance des accompagnateurs : ceux-ci pourront fournir des vêtements secs, boissons chaudes et autres journaux.

Ne jamais oublier qu'une pause de 5 minutes pour se changer peut faire gagner un temps précieux et un important réconfort.

Emporter une boisson chaude dans un bidon isotherme est aujourd'hui possible. La société Aquidiet® a eu la bonne idée de mettre au point la boisson Energy T®, à base de thé, de citron et de miel, dont l'usage est précieux dans les conditions extrêmes, puisque pouvant être consommée chaude.

La chaleur peut être conservée une vingtaine de minutes, jusqu'au bas des descentes où le froid se fait plus vif que partout ailleurs.

d) L'alimentation du cyclosportif

Si la préparation de la cyclosportive est semblable à celle d'une compétition traditionnelle sur le plan diététique, tout se complique le jour même du départ.

La plupart du temps, le départ des cyclosportives s'effectue très tôt le matin. Or, pour être prêt à sept heures du matin, il faut *a priori* prendre son petit déjeuner trois heures auparavant.

Faut-il alors se lever à trois heures du matin ou prendre le risque de partir l'estomac plein et de vomir dans les premiers kilomètres ?

Ici encore, la société Aquidiet® innove en proposant la boisson Sportnut®, à prendre à la place du petit déjeuner, un quart d'heure avant le départ, et assimilable totalement en 15 minutes.

Lors d'épreuves cyclosportives, il est recommandé d'absorber un second bidon de cet étonnant produit. L'avancée de cette boisson est considérable.

Pas de risque de vomissements, sommeil plus long, pas de sucres rapides en excès, mais une prise de 200 kilocalories par bidon, ce qui est largement suffisant pour remplacer le petit déjeuner.

Précisons cependant que cette boisson n'est pas la seule sur le marché, il existe désormais une demi-douzaine de produits de préparation à l'effort. Nous renvoyons le lecteur aux pages 413 et suivantes, dans lesquelles nous présentons les aliments d'avant effort.

Le principal problème réside dans l'apport régulier d'une boisson diététique. Car pour éviter tout risque de crampes, de déshydratation ou d'hypoglycémies, il n'est guère possible de se contenter de deux bidons. Il est nécessaire d'emporter deux bidons de 750 millilitres d'une boisson de l'effort testée auparavant.

Il est impératif de boire quatre bidons en 3 heures, ce qui paraît un minimum. Là encore, l'assistance placée à des endroits prévus à l'avance paraît indispensable.

Un conseil : emporter dans une poche suffisamment de produit diététique de l'effort pour remplir cinq ou six autres bidons au moins. Il est nécessaire de boire un bidon toutes les 45 minutes.

Les ravitaillements proposés par les organisateurs de cyclosportives ne pourront jamais vous proposer de boissons diététiques, et surtout pas celle que vous aimez.

C'est pourquoi il vaut mieux prévoir à l'avance. Vous trouverez toujours de l'eau à disposition.

Si vous avez pensé à emporter un peu de produit diététique dans une poche plastique, vous pourrez alors préparer votre boisson en un minimum de temps.

L'alimentation particulière des cyclosportifs sera évoquée dans le chapitre consacré à la diététique.

Dans les cyclosportives, il faut bien préciser que la plupart des abandons sont provoqués par des erreurs d'alimentation.

Pourtant, alors que la diététique sportive inonde le marché de centaines de produits, l'information semble passer difficilement, et nous restons songeur quant au nombre d'idées reçues qui circulent encore et toujours...

G. Le carnet d'entraînement

Le cyclisme est un sport individuel, mais son apprentissage un travail d'équipe.

Depuis près de trente ans que nous travaillons avec des cyclistes, nous n'avons pas vu dix coureurs capables de savoir quel entraînement ils avaient réalisé les années précédentes. Pas un souvenir, pas un écrit. Du vent...Comment dans ces conditions s'affiner tous les ans, comment corriger ses erreurs, alors que l'on ne se rappelle plus de la façon dont on s'est préparé l'an passé? La mémoire est faillible, mais les écrits restent.

La préparation du coureur, le plan d'entraînement ne peuvent être construits que si l'entraîneur connaît son élève à fond. De même, le médecin chargé du contrôle de l'entraînement ne pourra comprendre les tests d'effort qu'il aura réalisé que s'il sait de quelle façon la préparation s'est déroulée.

La seule méthode consiste à tenir un livret d'entraînement, sur lequel tout sera consigné.

Ainsi, si le coureur est pris en sélection par un conseiller technique régional, national ou s'il change de club, il pourra fournir tous les renseignements indispensables à la construction d'un programme de travail. De même, il sera plus facile de chercher les raisons d'un échec, en analysant le travail effectué toute l'année. C'est ce que l'on appelle le bilan sportif d'une saison.

Cela permet de ne pas rester dans l'échec, et de se remettre en cause. Pas de traces écrites, pas d'analyse possible. Nous savons combien la mémoire s'envole avec les semaines ! La tenue d'un tel carnet d'entraînement doit être simple, mais tout doit y être mentionné. Remplir son carnet jour après jour, cet effort demande quelques minutes, guère plus.

Bien sûr, ceci concerne les coureurs désireux de progresser, ceux qui ont l'ambition de réussir dans ce sport, tous les jeunes égarés dans des entraînements sans méthode.

Nous énumérons ci-dessous tout ce que l'entraîneur ou le médecin chargé du suivi du coureur doivent savoir.

a) Le pouls de repos

Premier élément indispensable, comme nous l'avons vu plus haut est un important critère de progression. Il faut donc enregistrer la fréquence cardiaque dès le lever. Pour celui qui dispose d'un fréquencemètre, la détermination du pouls se fait par lecture directe.

Dans le cas contraire, la meilleure méthode est la palpation de l'artère carotide, sous l'angle de la mâchoire. Il suffit de compter les battements pendant quinze secondes, puis de multiplier par quatre pour avoir la fréquence cardiaque de repos.

b) Le test de Ruffier-Dickson

Ce test, que nous présentons par ailleurs dans cet ouvrage est le seul que le coureur cycliste puisse effectuer facilement et régulièrement chez lui.

Il est indispensable pour montrer la progression de la condition physique. Il faudra noter les trois pouls, qui ont davantage d'intérêt que l'indice lui-même.

Ce test doit être exécuté le matin au repos, et pas autrement. Il faut le pratiquer le lendemain d'une journée de repos, par exemple le mardi matin et le samedi matin, voire le jour de course.

Le mardi, il renseigne sur les capacités de récupération après la course ou l'entraînement du dimanche, tandis que le samedi, il donne une estimation sur le niveau de préparation atteint.

c) Le poids

Il serait bon de se peser une fois par semaine, pour apprécier les écarts de poids liés par exemple à une déshydratation ou à un excès alimentaire, mais aussi pour suivre la croissance des jeunes.

d) La durée de la sortie d'entraînement

Contrairement aux méthodes anciennes de préparation où l'on comptabilisait les kilomètres, on mesure désormais le temps de travail, ce qui permet le calcul de la charge de travail.

e) Le braquet le plus utilisé pendant la sortie

f) Le type d'entraînement

Il s'agit de préciser le type de travail : endurance, force, puissance, endurance fondamentale, travail au seuil anaérobie.

g) Le mode d'entraînement

Il s'agit cette fois de noter la manière dont la séance de travail a été effectuée : entraînement continu, fractionné, *interval training*, *fartlek training*.

h) Les impressions d'entraînement

Il est important de savoir quelles étaient les sensations pendant la sortie.

i) Les conditions climatiques

Une sortie dans le froid, le vent et la pluie n'aura pas la même incidence sur la récupération qu'une sortie par un beau soleil, un jour de printemps.

j) Le relief

Il est très important de connaître le relief du terrain d'entraînement. Une sortie en côtes permet un travail de musculation avec grand braquet ou des efforts d'intensité, à préciser.

k) Les résultats obtenus en compétition

Les résultats de toutes les courses doivent figurer sur le carnet d'entraînement, y compris les incidents de course (chute, crevaison, abandon), ainsi que les temps réalisés lors des contre-la-montre ou les entraînements sur piste, pour la vitesse, le kilomètre départ arrêté ou la poursuite.

l) Les modifications apportées au matériel

Il est important de noter les changements, de la nouvelle paire de chaussures à la montée de la selle, tout à son importance pour comprendre par exemple les origines d'une tendinite ou une baisse de force.

m) Les modifications d'alimentation en course

De la même façon que les changements de matériel, la modification de l'alimentation peut provoquer une perturbation majeure ou résoudre un problème épineux : un changement de boisson peut apporter des douleurs d'estomac par acidité excessive, comme un apport supplémentaire de fruits secs peut empêcher un coup de fringale habituel.

n) Les traitements médicaux suivis

Il est nécessaire de mentionner sur le cahier d'entraînement tous les médicaments pris, soit dans le cas d'une pathologie saisonnière ou autre, soit dans le cas d'une prescription visant à régénérer les capacités de récupération d'un coureur trop sollicité.

Ces informations permettront de faire le relais entre les résultats sportifs et d'éventuels problèmes de santé.

Si un coureur tient un tel livret d'entraînement, il pourra s'y référer tous les ans pour reprendre ou modifier le travail de l'an passé, et donc corriger les excès ou les erreurs si faciles à faire, puisqu'il en connaît les conséquences.

D'autres informations devraient être notées sur un carnet d'entraînement. Ce sont les résultats des tests de terrain que le sportif peut être amené à réaliser pour étudier sa progression de façon plus directe :

- La mesure de la VMA. Outil essentiel, c'est le meilleur test de terrain à la disposition du sportif pour apprécier ses progrès.
- L'estimation du seuil anaérobie et de la PMA à la fin de l'échauffement, bonne indication de l'état de la musculature mise à mal par une compétition ou un entraînement précédent.
- L'amplitude aérobie, excellent reflet de la PMA.

Les éléments consignés dans le carnet d'entraînement sont de fidèles alliés pour un coureur et pour son entourage. Lorsque l'on est motivé et que l'on désire progresser pour atteindre le haut niveau, on ne doit pas se priver d'un tel outil.

Au cours de notre carrière de médecin du sport, nous n'avons pas vu souvent un carnet d'entraînement correctement rempli. Cependant, quel plaisir de lire un document exploitable, riche d'informations, de charges de travail, de courbes d'évolution du pouls, de la VMA...

Lorsque vous voyez ces courbes sur papier millimétré, vous avez l'impression que pour une fois, vous n'avez pas prêché dans le désert. Le coureur qui a rempli ce carnet donne toutes les informations dont nous pouvons avoir besoin.

C'est si facile à faire ! Mais voilà, cela s'adresse à ce que la masse pédalante nomme des intellectuels ! Comme si prendre son pouls de repos, c'était être intellectuel...

Jean-Philippe Jourdain, enseignant EPS
Entraîneur des sections sportives des lycées
Notre-Dame de Flers et Charles Telliers de Condé-sur-Noireau

La section sportive cyclisme (anciennement sport études) du lycée Notre-Dame de Flers (61) existe depuis bientôt onze ans. Cette longévité atteste de son utilité et de son efficacité. Elle est à ce jour la structure française de ce type la plus importante en effectifs.

L'organisation du lycée Notre-Dame permet trois entraînements par semaine, et intègre l'existence de la section sportive et du pôle espoir Normandie dans son projet d'établissement, permettant ainsi un travail en interdisciplinarité : organisation d'un championnat interacadémique de cyclo-cross UNSS, organisation menée par une classe de terminale et par leur professeur d'action commerciale, mise en place de conférences sur la médecine du sport, étude d'un jumelage linguistique et sportif avec un club cycliste britannique.

Au cours de la saison 1998, la section sportive et le pôle espoir totalisent ensemble 90 victoires (piste, route et cyclo-cross). Malgré ces résultats encourageants, d'importants efforts restent à fournir.

En effet, nous ne disposons pas actuellement de contenus d'enseignement structurés qui nous permettraient une évaluation objective sur les acquisitions de nos jeunes coureurs :

- Au sein de la section, les élèves ne sont pas tous disposés à se contraindre à une préparation moderne et assez précise.

- Faute d'un minimum de connaissances spécifiques, certains dirigeants de clubs transmettent des messages totalement contraires aux nôtres : focalisation sur le nombre de kilomètres à parcourir, inutilité du cardiofréquencemètre...

- L'entraînement aux sensations à « l'ancienne » fait encore recette chez les jeunes et les amène à des idées très confuses sur leur condition physique.

L'absence de repères crée une forte demande des élèves auprès de l'entraîneur (plus de cinquante coureurs sur l'ensemble des deux lycées, d'où la difficulté d'établir des plans d'entraînement individuels pour tous ces jeunes (qui vont des catégories cadets à nationale)). Dans ce cas, ces coureurs deviennent consommateurs, et non pas acteurs.

L'idée du docteur Patrick Mallet de mettre en place une évaluation diagnostique des connaissances et d'un programme de formation répond totalement aux objectifs que nous nous devons d'atteindre.

Rendre l'élève cycliste plus autonome, capable de soumettre un plan d'entraînement à son entraîneur, comprendre et maîtriser un exercice en durée et en intensité, en fonction de sa connaissance ou de sa VMA...

Vaste projet ! Mais réalisable dans un avenir proche par des gens passionnés.

Chapitre 6

LA PISTE : PHYSIOLOGIE ET PRINCIPES D'ENTRAÎNEMENT

Alors que l'équipe de France vole de succès en succès, nous constatons dans les régions une désaffection pour ces disciplines.

Il est vrai que les pouvoirs publics ne font rien pour entretenir les pistes construites souvent entre les deux guerres, bien souvent en décrépitude, démolies pour les besoins de l'urbanisme ou interdites parce que squattées par des nomades (Angoulême).

Aujourd'hui, quand les stades vélodromes sont agrandis pour les besoins du football, c'est évidemment le vélodrome qui trinque (Lorient, Bordeaux, Lescurre).

La FFC, en proposant des prix en espèces parfois plus attrayants, a donné le coup de grâce. Il n'y a donc plus que très peu de pistards et de routiers-pistards désormais. Pourtant, l'école de la piste est incomparable, y compris pour des jeunes qui voudraient se consacrer à la route.

Excellente préparation pour les cyclistes de tous niveaux, la piste est indispensable au développement de toutes les qualités de base : force, vélocité, démarrages, vitesse, etc.

Spécialité de base du cyclisme, elle doit faire partie de toute préparation même si le cycliste est un routier essentiellement.

Nous ne nous intéresserons pas ici à la tactique ni à la technique, mais à la bioénergétique de la piste et aux principes d'entraînement.

Nous présenterons donc les disciplines demandant un entraînement particulier, essentiellement la poursuite et la vitesse.

D'autres disciplines découlent de l'entraînement de ces deux disciplines : l'individuelle, l'élimination, la poursuite par équipe, le tandem.

Ces dernières disciplines présentent des particularités techniques que nous n'aborderons pas.

La piste comprend deux types de disciplines :

- les disciplines olympiques (vitesse, kilomètre départ arrêté, addition de points, poursuite individuelle et par équipe),
- les disciplines non soumises à chronométrage (élimination, individuelle et américaine).

1. La poursuite

La poursuite est l'une des plus belles disciplines de la piste. Les spécialistes sont des rouleurs, que l'on retrouve en général sur la route dans les courses contre la montre.

a) Principe

Le principe est le suivant : deux coureurs s'affrontent en opposition directe sur une distance imposée.

Le système d'élimination directe aboutit à des quarts de finale pour les huit meilleurs, puis à deux demi-finales et une finale entre les deux meilleurs concurrents. Les deux meilleurs se retrouvent donc en piste quatre fois sur la même distance.

b) Les distances de compétition

La durée de l'effort est variable selon les catégories, mais elle est suffisante pour que soient sollicitées les trois filières énergétiques.

CATÉGORIE	DISTANCE
Féminines Juniors	2 km
Féminines Seniors	3 km
Cadets	2 km
Juniors	3 km
Seniors	4 km
Professionnels	5 km

Tableau 34 : La poursuite : distances de compétition.

c) Les braquets utilisés en poursuite

CATÉGORIE	BRAQUETS
Féminines juniors	Libre
Féminines seniors	Libre
Minimes	6,14 m
Cadets	6,71 m
Juniors	Libre
Seniors	Libre
Professionnels	Libre

Tableau 35 : Les braquets conseillés pour la poursuite.

d) La poursuite et les filières énergétiques

Du fait de la différence de durée de l'effort, les filières de production d'énergie sont sollicitées plus ou moins longtemps.

Le départ de la poursuite demande une énorme dépense d'énergie, le démarrage plaçant le coureur tout de suite en dette d'oxygène.

Le début de l'effort se fait ainsi en anaérobie lactique. Il faut un certain temps pour que le système aérobie se mette en route.

Plus l'effort est intense, et plus le système anaérobie lactique est sollicité, entraînant une importante souffrance musculaire et une limitation de l'effort, ce qui se traduit par une diminution de la vitesse du coureur.

Si le départ n'a pas été trop violent, les processus aérobies se mettent plus rapidement en route.

La fréquence cardiaque se stabilise ainsi que la vitesse au bout d'une minute en moyenne. Le coureur travaille alors à sa puissance maximale aérobie.

Il faut savoir que plus le départ est violent, et plus la phase de stabilisation de la fréquence cardiaque sera tardive.

Ceci est très intéressant à observer lors des retransmissions télévisées. Souvent, les athlètes qui effectuent un départ ultrarapide coincent, et celui qui est parti plus lentement revient à sa hauteur et le dépasse pour aller finalement gagner.

Si le potentiel anaérobie lactique n'a pas été trop épuisé dans la phase de démarrage, le coureur pourra augmenter sa vitesse en fin d'épreuve pour terminer au sprint, très proche de sa fréquence cardiaque maximale.

Lors du retour au calme, le remboursement de la dette d'oxygène s'effectue en récupération active.

Il est impératif d'assurer la reconversion de l'acide lactique en glycogène, donc une récupération la plus complète possible avant la prochaine compétition.

Plus la distance de la poursuite est importante, et plus l'intervention de la filière aérobie prend une part importante. Inversement, plus elle diminue, et plus le potentiel anaérobie lactique est sollicité. Ceci rend la poursuite particulièrement discutable pour un cadet.

Lors de la poursuite, le pourcentage de sollicitation de la filière anaérobie lactique double des cadets aux seniors, tandis que le pourcentage de la filière aérobie double à l'inverse des seniors aux cadets.

e) Poursuite et mode de préparation

JUNIORS	SENIORS	FÉMININES
(4 X 250 m) X 4	(8 X 500 m) X 2	(6 X 500 m) X 2
(8 X 500 m) X 2	(6 X 750 m) X 2	(3 X 1000 m) X 2
(4 X 1000 m) X 2	(4 X 100 m) X 2	(2 X 1500 m) X 2
2 X 2000 m	(2 X 2000 m) X 2	-

*Tableau 36 : Exemple de séance d'*interval training *pour la poursuite. Dans la parenthèse, le premier nombre est le nombre de répétitions, le second la distance de l'effort. Le chiffre qui suit la parenthèse est le nombre de séries.*

Le mode privilégié de travail de la poursuite est le fractionné ou l'*interval training* long.

Celui-ci permet une préparation plus performante, en jouant sur la progression de la distance de travail, de l'intensité de l'effort et du temps de récupération entre les répétitions.

Grâce à l'usage du cardiofréquencemètre, l'augmentation de la charge de travail est aisée à programmer.

2. Le kilomètre départ arrêté

Épreuve olympique, le kilomètre départ arrêté représente l'un des efforts les plus intenses qu'un coureur cycliste ait à réaliser.

Le kilomètre départ arrêté comporte trois phases bien distinctes :

- La phase d'augmentation de la vitesse, correspondant au départ. Elle dure une vingtaine de secondes, soit 25 à 30 % de la durée de l'effort, et provoque une très importante dette d'oxygène.

Le processus anaérobie alactique est alors seul sollicité.

- La phase de maintien de la vitesse acquise. La filière anaérobie lactique entre en jeu, et si le potentiel est élevé, le coureur peut conserver sa vitesse jusqu'à 45 à 50 secondes, soit à peu près 70 % de la durée totale de l'effort.

EXERCICE	INT. EN % FCM	FRÉQUENCE CARDIAQUE	RÉPÉTITION PAR SÉRIE	RÉCUPÉRATION APRÈS LA SÉRIE	NOMBRE DE SÉRIES	RÉCUP. ENTRE RÉPÉTITION
200 m lancé	100 %	200	6 à 10	Passive et complète, 10 à 15 minutes	1	Active
250 m lancé	98 %	196	6 à 10	Passive et complète, 10 à 15 minutes	1	Active
500 m lancé	95 %	190	4 à 6	Passive et complète, 15 à 20 minutes	1	Active
750 m lancé	92 %	184	4 à 6	Passive et complète, 15 à 20 minutes	1	Active
250 m lancé	90 %	180	6 à 10	Passive et complète, 1 à 3 minutes	3 à 5	Active
1000 m lancé	80 %	160	2 à 4	Passive et complète, 3 à 5 minutes	2 à 3	Active

Tableau 37 : Exemple de programmation pour le kilomètre départ arrêté. Les exemples de fréquence cardiaque sont estimés pour un sujet de vingt ans, dont le seuil anaérobie se situerait autour de 90 % de la FCM et la PMA autour de 92 % (D'après « Cyclisme » de J.-F. Mayer).

Si le travail préparatoire a été convenable, l'organisme est entraîné à supporter des charges très importantes d'acide lactique, et les désordres électrolytiques liés aux lactates sont retardés, ainsi que la souffrance musculaire.

- La phase de régression de la vitesse.

L'effort dure et les réserves de phosphagènes s'épuisent. La filière anaérobie lactique prend le relais, et la vitesse ralentit.

Le potentiel de la filière anaérobie lactique est fortement entamé et la filière aérobie intervient légèrement (2 à 3 % de la durée totale de l'effort).

Les troubles liés à l'accumulation de l'acide lactique commencent à se faire sentir : le coureur a les «grosses cuisses» et finit l'épreuve à l'énergie. La douleur est telle qu'elle entraîne une limitation de la capacité musculaire fonctionnelle.

Le mode de travail pour le kilomètre départ arrêté, comme on le voit sur le tableau 37, est l'*interval training*, avec efforts de 8 secondes à un peu plus de 1 minute.

L'effort est tellement violent qu'il arrive que le coureur perde connaissance après l'effort. Certains coureurs ont du mal à redescendre du vélo, les jambes totalement vidées et noyées d'acide lactique.

3. La vitesse

Discipline olympique, la vitesse est une compétition demandant au départ de solides capacités génétiques. L'entraînement complétera les capacités innées, mais ne permettra pas à tout coureur la même aptitude. Le sprint est un effort total, d'intensité maximale, mais sa durée est courte.

De plus, la tactique revêt une importance capitale et peut jouer des tours aux meilleurs. Il faut être maître des ses nerfs à tout moment et savoir anticiper les initiatives de l'adversaire.

Les sprints longs aboutissent à un effort très semblable à celui du kilomètre départ arrêté. Le sprint lors d'une épreuve de vitesse dure en général de 10 à 15 secondes, et l'essentiel de l'énergie est fourni par la filière anaérobie alactique.

Lors d'un sprint court, on distingue deux phases :

- La phase de démarrage, qui peut être en fait une simple accélération ou une attaque très brutale, amenant une augmentation de la vitesse et une demande d'énergie considérable.
- La phase de conservation de la vitesse, dans laquelle on peut rencontrer une nouvelle accélération, caractéristique des véritables sprinters et que l'on appelle double démarrage. Si le sprint est long, nous retrouverons les phases énumérées pour le kilomètre départ arrêté. Le sprinter devra donc s'entraîner pour être capable de répondre à toutes les situations, c'est pourquoi lors des compétitions il participe à la fois au tournoi de vitesse et au kilomètre départ arrêté.

a) Les braquets conseillés pour la vitesse

CATÉGORIE	BRAQUET
Cadets	44 X 14 ou 50 X 16
Juniors	46 X 14 ou 47 X 14
Seniors	47 X 14 ou 48 X 14
Féminines	44 X 14 ou 50 X 16

Tableau 38 : Les braquets usuels pour la poursuite. Au niveau national, les coureurs utilisent en général un braquet légèrement supérieur en seniors et juniors.

L'entraînement du sprinter comporte un travail tactique et un entraînement physique pur, qui imposera des efforts solitaires.

L'*interval training* est le mode d'entraînement privilégié du sprinter.

TYPE D'EXERCICE	DURÉE	FILIÈRE ÉNERGÉIQUE SOLLICITÉE	RÉCUPÉRATION ENTRE LES SPRINTS	RÉCUPÉRATION ENTRE LES SÉRIES
Exercices de très courte durée	7 à 10 s	Puissance anaérobie alactique	Active	Passive
Exercices de courte durée	10 à 20 s	Capacité anaérobie alactique	Active	Passive
Exercices de très moyenne durée	25 à 30 s	Puissance anaérobie alactique	Active	Passive
Sprints longs	50 s à 1 min	Capacité anaérobie alactique	Active	Passive

Tableau 39 : La préparation tactique du sprinter (d'après J.-F. Mayer).

b) Développement des qualités tactiques

Nous invitons le lecteur à se reporter au seul ouvrage technique développant le savoir-faire de la piste : « Cyclisme, entraînement et pédagogie » de Jean-François Mayer. Nous n'avons que très peu d'expérience de la piste, compte tenu de peu de cyclistes spécialisés et de la quasi-absence d'entraîneurs dans nos régions.

c) Développement des qualités physiques

EXERCICE	EFFET RECHERCHÉ
Démarrages	Développement de la force explosive
Sprints tactiques à plusieurs	Développement des qualités tactiques
Sprints derrière engin	Développement de la puissance maximale

Tableau 40 : Le travail spécifique du sprinter. Le départ pourra être lancé ou arrêté.

4. L'individuelle ou course aux points

La course aux points est une compétition olympique. C'est un mélange de sprint et de course traditionnelle, avec attaques, contre-attaques et tentatives d'échappées.

C'est une discipline complète où toutes les filières peuvent être sollicitées, et où sprinters et poursuiteurs peuvent s'exprimer. Une grosse part de la course aux points est en général prise par le système aérobie.

Selon la durée de la compétition, on distingue trois types d'individuelles :

- L'individuelle de courte distance, d'une moyenne de 5 kilomètres, où le coureur participera à cinq sprints de classement.

- L'individuelle de distance intermédiaire, d'une quinzaine de kilomètres, où les coureurs en rivalité pour la victoire participeront à une dizaine de sprints.

- L'individuelle de longue durée, type 50 kilomètres, où les coureurs participeront à une vingtaine de sprints.

En fonction du type d'individuelle, on estime que les coureurs vont effectuer 75 % à 95 % de la compétition en aérobie, le reste étant constitué par les processus anaérobies.

5. L'américaine

Course relais par équipes de deux, l'américaine est une épreuve spectaculaire qui constitue souvent le clou d'une soirée de compétition sur piste.

L'équipe est en général constituée par un sprinter chargé des sprints de classement ou de disputer les primes, et d'un poursuiteur chargé de prendre des tours aux autres équipes ou de refaire le retard. Les relais s'effectuent à la volée ou au boudin, au gré des équipes.

Les repos fréquents survenant en général tous les deux tours permettent aux coureurs de se régénérer et de récupérer suffisamment pour courir à un niveau élevé, estimé le plus souvent à la puissance maximale aérobie.

On estime que le coureur effectue 90 % de ses efforts en aérobie, le reste étant la part des processus anaérobies.

L'américaine est une excellente méthode d'entraînement de la puissance maximale aérobie, permettant au cycliste une charge de travail très importante au cours de la séance, grâce aux périodes de récupération assurant une restauration partielle des différentes filières.

C'est un parfait exemple d'endurance intermittente, de type 45-45. En effet, il s'agit d'enchaînements de courte durée d'efforts suivis de récupérations.

Il est regrettable que ce type d'efforts soit en général utilisé pour les seules compétitions, et rarement appliqués à l'entraînement. Cette discipline pourrait servir de base à un plan d'entraînement de qualité, visant l'amélioration de la vitesse maximale aérobie, donc de la PMA.

Il est dommage que les routiers ne profitent pas ainsi des disciplines de la piste pour améliorer leurs points faibles et pour valoriser leur potentiel physique.

Ici se termine ce survol de la piste et de ses disciplines. Notre but était de montrer l'imbrication des filières énergétiques et les méthodes de préparation. Le travail fractionné et l'*interval training* y sont des modes d'entraînement de choix.

Il est vrai que l'entraîneur présent sur la piste pourra tout remarquer, du coup de pédale à la façon de démarrer, en passant par la tactique du sprint ou par la régularité des tours de piste d'un poursuiteur.

De même, lors d'une séance d'*interval training* avec séries de sprints, il pourra noter la durée d'une récupération active entre deux sprints ou compter le nombre de répétitions : c'est la seule circonstance où l'éducateur pourra toujours contrôler son coureur.

Antoine Rachmuhl - BEESAC
Agent de développement du comité départemental de cyclotourisme de Charente-Maritime

Souhaitant progresser dans mes connaissances cyclotouristiques et cyclistes, j'ai commencé à me former. Parallèlement, j'ai rencontré Patrick Mallet, qui m'a réellement permis d'évoluer, tant au niveau de mes connaissances du milieu cycliste et de ses multiples aspects, qu'au niveau de mes propres performances.

Équipé d'un cardiofréquencemètre, j'ai pu mettre en pratique la méthode qu'il présente dans cet ouvrage. Je me suis entraîné, en fonction de mes disponibilités, avec un programme précis, et je me suis rendu compte des progrès réalisés et du plaisir que j'éprouvais. Et ce d'autant plus que l'entraînement est souvent vécu comme une « galère » par les cyclistes, et que notre sport a la réputation d'être un sport très exigeant.

À l'inverse, le cyclotourisme est une pratique sportive de loisir, en dehors de toute notion de compétition. Cela n'exclut cependant pas le fait que de nombreux pratiquants éprouvent l'envie de progresser et de réaliser un ou plusieurs objectifs annuels (une mer-montagne, un brevet de longue distance, un brevet cyclo-montagnard), sans souffrir si possible et en se faisant plaisir. C'est là que les méthodes d'entraînement proposées dans ces pages interviennent. Les cyclos ont toujours tendance à s'entraîner de la même façon : rouler toujours à la même allure en allongeant progressivement les distances. De cette manière, les progrès sont minces, à part en s'aidant du dopage, ce qui est fort heureusement encore rare dans les pelotons de cyclotouristes, où l'argent n'est pas de mise.

Cet ouvrage est passionnant, et il est réalisé par un passionné, qui n'a de cesse de le faire évoluer, au fur et à mesure des progrès enregistrés par les chercheurs et entraîneurs du sport. Il a le grand mérite d'expliquer clairement et simplement les enjeux de l'entraînement à tous ceux qui veulent mieux comprendre leur sport.

Par ailleurs, il m'arrive d'emmener des jeunes vététistes de nos écoles sur des compétitions. Je suis malheureusement obligé de les informer ainsi que leurs parents de l'investissement important nécessaire en termes d'entraînement, de déplacements, de matériel.... Et des pratiques inavouées de dopage, dès que l'on côtoie le haut niveau de compétition. Cela permet de rappeler certaines vérités, d'éviter de faux rêves et d'introduire l'entraînement moderne et la notion de planning en fonction des objectifs.

Combien de jeunes ont-ils été démotivés puis dégoûtés, pour abandonner leur sport favori à force d'être gavés de compétitions de tous crins ?

N'y a-t-il que les médailles qui comptent au ministère de la Jeunesse et des Sports ? N'existe-t-il plus dans notre pays de nombreux amateurs dont le seul but est le plaisir, loin des mirages de l'argent ? De sportifs qui souhaitent seulement développer harmonieusement sport et santé pour davantage de bien-être ?

N'est-il pas enfin temps de revenir à la base, vers ceux qui font véritablement le sport, et d'abandonner le sport-spectacle et les jeux de cirque aux lobbies ? »

Chapitre 7

LA SURVEILLANCE DE L'ENTRAÎNEMENT POUR TOUS

A. Définition

La surveillance de l'entraînement comprend deux fonctions :

- l'évaluation des performances du sportif,
- l'analyse de l'évolution des tests d'effort dans le temps en fonction de l'entraînement.

L'évaluation est primordiale pour un cycliste de haut niveau, permettant ainsi d'envisager un plan de carrière et un avenir prometteur. Les tests d'effort sont alors faits en centre hospitalo-universitaire ou à l'INSEP.

Les sportifs de haut niveau répertoriés par le ministère de la Jeunesse et des Sports bénéficient ainsi d'un suivi gratuit composé de trois tests d'effort à l'année en CHU.

Ce suivi est également essentiel pour ceux qui n'atteindront jamais le haut niveau et qui sont toujours délaissés. Ceux-ci n'ont à leur disposition ni stages ni entraîneurs, et le suivi de l'entraînement de ces cyclistes, qui font la masse des compétiteurs, apparaît comme un moyen d'éducation.

Depuis la création des cyclosportives, quand bien même elles seraient nommées randonnées, des cyclistes de tous poils se retrouvent sur la même ligne de départ, et des gens de soixante-dix ans et plus s'en vont faire une galère de 6 ou 8 heures, sans préparation, sans apprentissage particulier.

Nous voici revenus vingt ans en arrière, quand le parcours du cœur provoquait son quota d'accidents cardiaques.

Malheureusement, la masse apporte la crédibilité à une fédération, mais seule l'élite est digne de l'intérêt de celle-ci. Les anonymes ne rapportent pas de médailles des championnats du monde ou des jeux Olympiques... C'est pourquoi le suivi de l'entraînement jusqu'à ce jour, reste l'apanage des nantis, c'est-à-dire des meilleurs. Pour les autres, rien n'est prévu.

B. Les besoins

Nous présentons ici les résultats d'un long travail, aboutissement de vingt ans d'apprentissage à la physiologie de l'effort et aux mécanismes du cyclisme.

Notre passion pour le suivi de l'entraînement a abouti, en 1987, à la création d'un logiciel original et complet, dont nous allons présenter la méthodologie et l'intérêt.

Par la suite, nous présenterons notre nouveau matériel, et les statistiques que nous pouvons en tirer.

Nous avons participé à partir de 1989 aux stages régionaux du comité cycliste Poitou-Charentes.

Ceci nous a permis d'analyser, sur le terrain, les besoins des entraîneurs et d'étendre le suivi de l'entraînement, effectué d'habitude dans les CHU ou les centres médico-sportifs, à des sportifs de tous niveaux, de toutes les catégories, amateurs, élites, nationaux ou départementaux, cyclosportifs, au cabinet ou en déplacement dans les clubs.

Nous avons rencontré une dizaine de cyclistes passés depuis dans les rangs des professionnels, et avons assuré pendant trois ans le suivi de l'entraînement d'une équipe élite de DN 1 : Vendée U.

À l'opposé, nous avons participé pendant huit ans à des stages pour cyclosportifs sur la Costa Brava, où nous avons rencontré plus de quatre cents cyclistes.

Il faut bien reconnaître que, faute de disponibilité suffisante des médecins, et en raison du prix élevé d'un test d'effort chez un cardiologue ou en centre spécialisé, peu de solutions sont proposées aux instances régionales pour le suivi des cyclistes amateurs.

D'autre part, les médecins du sport n'ont reçu qu'une formation réduite, voire sommaire quant au suivi de l'entraînement, et ne connaissent pas suffisamment en profondeur le cyclisme et son apprentissage.

C'est aussi pourquoi ils sont peu nombreux à être capables de discuter de l'entraînement et de percer à jour les problèmes réels auxquels sont confrontés les cyclistes qui les consultent.

De plus, le suivi de l'entraînement ne semble désormais dans la majorité des cas ne consister qu'en un dépistage d'éventuels problèmes pathologiques, d'anomalies cardiaques.

Après un test d'effort, le cycliste sort avec quelques pages de chiffres, totalement obscurs, et surtout aucun avis quant à sa préparation n'est donné par le médecin. Bien sûr, le test était gratuit, mais il ne lui servira à rien. Sauf évidemment dans le cas où le médecin aurait mis en évidence une affection cardiaque dangereuse...

De plus, le compte rendu malheureusement ressemble le plus souvent à un torchon (voir la page précédente), à la présentation plus que sommaire, et les explications largement insuffisantes donnent à penser au cycliste qu'il a perdu son temps et son argent.

Habituellement, ces coureurs privilégiés bénéficient (mais ce n'est pas toujours le cas) de conseils appropriés, de plans d'entraînement savamment étudiés, tandis que les « petits coureurs », quant à eux, sont souvent égarés entre des entraîneurs bidons, des gourous ou des conseillers incompétents. Après le test d'effort, ils entendent le médecin leur dire : « Voyez avec votre entraîneur ! »...

Par ailleurs, les éducateurs et entraîneurs manquent trop souvent de formation, qu'elle soit trop ancienne, trop sommaire ou inexistante.

Les conseillers techniques départementaux sont rares, et les conseillers techniques régionaux manquent dans de nombreux comités régionaux et ne sont désormais plus fournis par l'administration, mais par la FFC ! Autant dire que les postes qui se libèrent ne sont plus remplacés.

Des rapports de test tels que celui de la page 336, nous en avons reçu des dizaines, qui émanaient parfois de centres de haut niveau, avec commentaire sommaire et présentation indigne du prix payé par le sportif.

La formation dispensée dans les stages de remise à niveau ne suffit pas non plus pour qu'un éducateur puisse gérer l'entraînement seul. À ce niveau, un week-end par an, quand cela existe, c'est totalement dérisoire.

Le manque de formation des éducateurs se fait cruellement ressentir ; de plus, ils n'ont guère, la plupart du temps, que leur bonne volonté à proposer et parfois leur expérience d'ancien coureur.

Toute personne évoluant dans le monde du cyclisme a pu observer le gâchis de jeunes coureurs massacrés dès les catégories minimes ou cadets par des entraînements aberrants, trop poussés par l'entourage ; champions à 16 ans, et... disparus des pelotons quelques années plus tard.

Ce bilan n'est pas sévère, il est réel. Malgré l'argent dépensé, le suivi médical de haut niveau n'est qu'un système de prévention du risque cardio-vasculaire. C'est cela, la réalité. Mais d'évaluation réelle de l'entraînement, il n'y a probablement que des statistiques dans les tiroirs des services de physiologie appliquée !

Le coureur cycliste, lorsqu'il consulte un médecin du sport pour un test d'effort, attend bien plus que trois mètres de chiffres incompréhensibles pour lui.

Des réponses à son invariable question : « Comment puis-je progresser, et comment faut-il que je m'entraîne ? »

Quand le praticien ne donne pas de réponse claire, le coureur repart en ayant gaspillé une centaine d'euros, et le test finira à la poubelle. Ne reste plus alors que le bricolage habituel, et la pilule miracle.

Le cycliste n'attend pas non plus que le médecin s'enthousiasme pour un test exceptionnel, avec des superlatifs inconnus. Mais qui peut bien aider un cycliste quand le médecin n'a été formé que pour dépister une pathologie cardiaque ou autre ?

La réponse à la question demande pour le médecin du sport une solide connaissance du cyclisme et de son entraînement, qui ne s'acquiert pas pendant ses études de médecine du sport.

La chose n'est pas facile, car la formation du médecin du sport n'en fait ni un entraîneur ni un spécialiste de l'entraînement., C'est bien là où le bat blesse.

Il nous apparaissait donc indispensable de proposer un suivi médical de l'entraînement accessible à tous, peu coûteux, et où les tests d'effort pourraient être répétés aussi souvent que nécessaire, de façon à pouvoir, tout au long de la saison cycliste, modifier l'entraînement en fonction des résultats et de la progression, et en relation étroite avec l'entraîneur quand il existe.

Le fait de revoir tous les mois un cycliste et de discuter avec lui de son entraînement, c'est une façon de lui apporter un petit bout de la formation qu'il n'a pas reçue.

Vue ainsi, la surveillance médicale de l'entraînement permet de palier aux dérives du dopage liées à l'ignorance et à l'incompréhension des méthodes d'entraînement, tout en assurant une prévention du risque chez les pratiquants qui ont dépassé la cinquantaine.

Depuis une quinzaine d'années que nous opérons ainsi, nous avons vu bon nombre de ces coureurs progresser, capables d'appréhender les principes de l'entraînement et aptes à se débrouiller et à leur tour de s'occuper des plus jeunes.

La connaissance de ce milieu et de ses graves insuffisances nous a amené l'inimitié de certains dirigeants régionaux, qui n'acceptent évidemment pas un constat aussi consternant de l'état des lieux.

Notre position vis à vis du dopage a fait le reste... Au lieu de rattraper le temps perdu, le cyclisme continue de s'enfoncer... et nos coureurs de passer à côté de leur rêve !

Car il faut le dire haut et fort : faute de personnel médical compétent, on continue à faire n'importe quoi, et la médecine se contente de certificat de non contre-indication, comme si ce n'était pas son affaire.

On entend même un peu partout que les médecins ne doivent pas s'occuper des choses de l'entraînement.

Mais qui le fera puisque les entraîneurs ne sont pas assez nombreux ni compétents pour le faire !

C. L'évaluation du cycliste

Nous précisons une fois de plus que tous les cyclistes que nous rencontrons sont également suivis par un médecin généraliste et *a priori* indemnes de toute pathologie.

Nous refusons d'évaluer tout sportif malade, même atteint d'une pathologie saisonnière banale, risquant d'entacher les résultats d'un test ou empêchant son aboutissement.

Sont écartés également tous sujets atteints de pathologies cardiaques avérées, troubles du rythme cardiaque, angine de poitrine ou autres. Nous ne pratiquons pas cette activité pour remplacer le cardiologue...

1. La mesure de la VO2max

L'évaluation d'un sportif passe par la mesure de la consommation d'oxygène, principal garant de la performance. C'est le témoin de la qualité du travail en endurance.

Elle s'effectue dans les CHU par l'intermédiaire d'un cycloergomètre électronique, avec mesure simultanée du taux d'acide lactique et des échanges gazeux.

La mesure de la VO2max est une mesure directe si l'épreuve d'effort est maximale, et calculée, donc indirecte dans le cas contraire ; l'épreuve d'effort est dite alors sous-maximale.

La mesure directe de la consommation d'oxygène est un test très exigeant, qui nécessite une haute surveillance en raison du caractère réputé dangereux de cette évaluation. La mesure de la consommation d'oxygène et du débit de gaz carbonique rejeté s'effectue grâce à un masque.

Le principe général du test d'effort est une augmentation régulière des charges de travail, dite épreuve rectangulaire, avec paliers de même durée, et ce jusqu'à épuisement.

L'évaluation de la consommation d'oxygène et de la zone de transition sont ainsi très précises, mais le coût du matériel en fait des tests réservés à l'élite, avec un maximum de deux à trois tests annuels.

Malheureusement, bon nombre de centres sélectionnés pour le suivi longitudinal ou pour les sportifs de haut niveau sont équipés certes de matériel coûteux d'évaluation, mais également de bicyclettes inadaptées, sans cale-pieds, possédant une selle à la grand-papa et où le cycliste effectue son test en chaussures de ville !!!

Pendant treize ans, nous avons effectué nos tests d'effort à partir d'un logiciel maison, qui nous a d'ailleurs donné entière satisfaction, et nous avons testé la bagatelle de 1852 cyclistes, qui ont pratiqué quelque 10453 tests d'effort.

Notre bonne vieille bicyclette Orion est tombée définitivement en panne au début de l'année 1999. Il a donc fallu changer notre fusil d'épaule.

Nous avons eu la chance, au hasard d'un stage sur la côte basque, de dénicher une bicyclette que nous recommandons fortement à tous, particuliers inclus : la bicyclette espagnole Cardgirus, importée en France par la maison Orec, (vous savez, les montres Polar).

Cet appareil est conçu à la fois pour permettre l'entraînement de son propriétaire, mais aussi pour réaliser des tests d'efforts précis.

Les Espagnols n'ont pas le même goût que nous pour la mise au point ; c'est au client de la faire, et étant l'un des tous premiers acheteurs, nous avons essuyé tous les plâtres. Il nous a fallu pas moins de trois vélos différents, de trois guidons, de quatre disquettes et de trois C.D. ROMS pour qu'enfin, notre appareil fonctionne, et qu'il fonctionne très bien.

Avant que le cycloergomètre Orion ne rende l'âme, nous avions acquis notre nouveau Cardgirus®, et nous avons ainsi pu comparer les deux outils.

La bicyclette Orion était réputée pour la précision de la puissance annoncée. Nous avons très rapidement remarqué l'extrême générosité de la puissance annoncée par le Cardgirus® : 15 % d'excès dans l'annonce de la performance !

Si nous avions pris en compte les informations de notre nouvel outil, nous aurions atteint facilement les 500 watts, ce qui est déjà considérable pour un cycliste de haut niveau. Mais la puissance corrigée nous ramène à une juste valeur, en l'occurrence 425 watts dans ce cas précis.

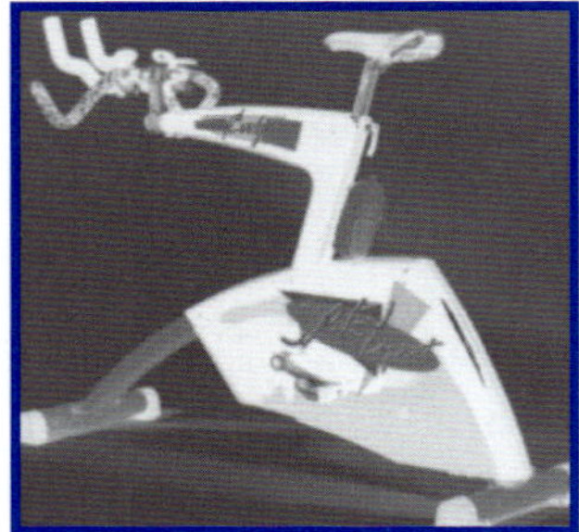

La bicyclette Cardgirus®. Elle ressemble vaguement à l'Espada de Miguel Indurain. Toutes les informations sont transmises à l'ordinateur par l'intermédiaire du fil qui ressort du guidon.

La hauteur de selle ainsi que la longueur du cadre sont réglables, et comme précédemment, nous conservons les chaussures cyclistes équipées de cales Time.

Le grand avantage de cet outil est qu'il est relié à l'ordinateur, et que le cycliste peut lire sur l'écran les trois paramètres essentiels :

- La fréquence cardiaque : celle-ci est extraite directement de la ceinture cardiaque (qu'importe le choix, à condition d'être serrée correctement et non codée).
- La vitesse de pédalage.
- La puissance ; celle-ci est appliquée par l'intermédiaire d'un électroaimant et augmente automatiquement de 30 watts par minute, à raison de 1 watt toutes les 2 secondes. Il n'y a donc plus de palier, plus d'à-coups.

Le fait qu'il n'y ait plus un palier de trop amène le cycliste au bout de son effort. Dès qu'il s'arrête, la bicyclette maintient 100 watts pendant la première minute, de façon probablement à éviter tout risque de malaise vagal.

La vitesse de pédalage est libre et permet d'analyser également la vélocité et la gestion de l'effort.

Seul défaut : le compte rendu proposé par la maison Cardgius® est quasiment inexistant, et il nous a fallu nous-même proposer un dossier que nous présentons en annexe.

La bicyclette est aisément transportable et, compte tenu de l'ensemble des exercices proposés, devrait connaître un franc succès. C'est le seul cycloergomètre à notre connaissance capable de simuler l'ascension de la quasi-totalité des grands cols français et italiens.

Il est également possible de se tester sur un contre-la-montre, tel que le prologue de Dublin (Tour de France 98).

Petite précision : pour une différence de prix peu importante, il est possible d'accéder à la version conçue pour les médecins, qui permet un nombre de tests illimité. La version de base ne peut en effet stocker que dix sujets différents.

Voici la reproduction d'un test d'effort. Quatre courbes sont proposées :

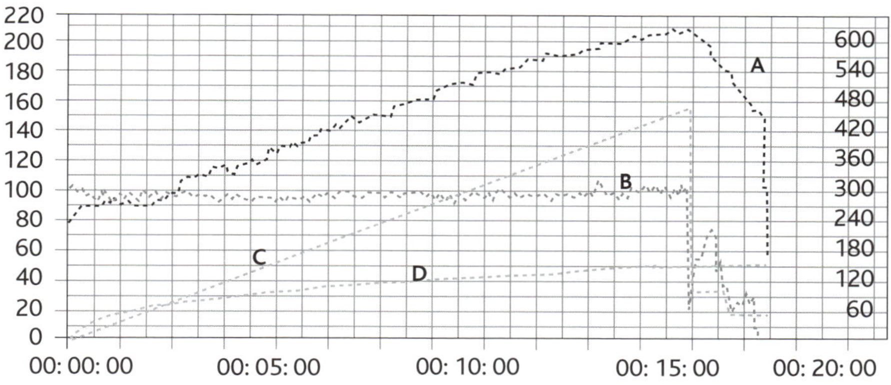

Graphique 34 : Reproduction d'un test d'effort sur ergomètre Cardgirus®.

- La courbe A représente l'évolution de la fréquence cardiaque. Tant que le cycliste se situe en zone de lipolyse, celle-ci s'élève peu, et sans corrélation avec l'accroissement de la puissance (sur cette courbe, de 80 à 110). Elle évolue proportionnellement à la puissance (courbe C) tant que le cycliste pédale dans la zone d'endurance (ici de 110 à 185 pulsations). Au niveau du seuil anaérobie (autour de 190), la courbe s'incline jusqu'à la PMA (210), maintenue sur le graphique une dizaine de secondes.

- La courbe B représente la vitesse de pédalage. Chez ce coureur de bon niveau, la vitesse est remarquablement stable.

- Nous remarquerons que dans la dernière minute, aux alentours de la PMA, notre cycliste s'est accroché, mais épuisé, il était incapable de tenir l'effort, et donc la vitesse a chuté.

- Au début du test, il est difficile de maintenir sa vitesse, puisque le test commence à 0 watt, et que le cycliste ne ressent véritablement la puissance qu'au bout de 3 ou 4 minutes. Ce graphique montre, dans ce cas, l'extrême coordination de notre coureur, un bon élément récemment monté en nationale.

- La courbe C, quant à elle, indique la puissance atteinte, qui sera minorée comme expliqué précédemment de 15 %. Dans le cas présent, la puissance atteinte était de 478 watts, soit un peu plus de 400 watts, ce qui correspond à l'évaluation en CHU.

- Enfin, la courbe D qui indique la vitesse atteinte, là encore a baissé de 10 %, et correspond à la vitesse maximale aérobie mesurée sur le terrain, après correction (vérification faite sur le terrain par un groupe de cyclistes du Béarn).

Nous noterons que dès la fin du test, la fréquence cardiaque redescend, mais différemment de ce que nous rencontrions sur le test SMES. En effet, la puissance de 100 watts imposée par la machine pendant la première minute ralentit considérablement la récupération.

Notre test d'effort change peu par ailleurs par rapport à SMES, à l'exception de quelques ajouts, et d'une détermination du seuil anaérobie en lecture directe, toujours conforme à ce qu'est capable de repérer le cycliste testé lors de son entraînement.

Le calcul de la consommation maximale d'oxygène se fait par extrapolation à la fréquence cardiaque maximale ou si elle n'est pas connue, de la fréquence cardiaque maximale théorique.

Un ajustement sera opéré à la suite de l'estimation de la puissance maximale aérobie.

Malgré leur intérêt et leur commodité, les tests d'effort sous-maximaux ont leurs limites, et notamment l'imprécision de la détermination de la fréquence cardiaque maximale.

Le test d'effort n'étant pas en effet poussé au-delà de la PMA, on ne peut pas connaître avec précision cette fréquence cardiaque maximale.

Celle-ci n'est prise en compte que si le coureur testé la connaît d'avance, suite à des tests de terrain (400 mètres en course à pied l'hiver) ou des efforts de sprints longs alors qu'il était équipé d'un cardiofréquencemètre.

Dans le cas contraire, il faudra utiliser la formule traditionnelle :

FCM = 220 - âge

Il est possible dans ce cas que la fréquence cardiaque maximale soit estimée par excès ou par défaut, beaucoup plus souvent par défaut d'ailleurs. Cela faussera alors quelque peu les calculs et les estimations prenant pour base la FCM.

Rappelons qu'en période hivernale, lorsque l'endurance est à son minimum, la fréquence cardiaque est très proche de la formule ci-dessus. Plus la PMA augmente, plus cette FCM dérive vers le bas.

Depuis l'apparition des cardiofréquencemètres ou systèmes d'enregistrement des battements cardiaques, la lecture de la fréquence cardiaque a été grandement simplifiée, puisque précédemment elle ne s'effectuait que par l'intermédiaire d'un électrocardiogramme.

L'estimation de la VO2max par méthode indirecte présente une différence nette avec l'estimation par méthode directe.

La sous-estimation par test d'effort indirect peut aller jusqu'à 15 % (Luc Léger).

Nous précisons que nous n'avons aucune gêne à présenter plus loin nos résultats, tant nous avons rencontré d'aberrations à la lecture de tests d'efforts émanant de centres hospitalo-universitaires huppés !

Combien de VO2max qui ne correspondaient pas d'un CHU à l'autre chez le même coureur.

Cela précisé, ce qui nous semble le plus important, c'est bien la capacité de progression et l'évolution d'un cycliste. Et savoir que Machin a 76 ml/kg/minute au CHU, alors que chez nous il est à 73, n'a finalement que peu d'importance.

Cependant, si le même Machin était capable de pousser 375 watts il y a un mois et qu'il ne dépasse plus 350, il y a sûrement un problème ! Et c'est à l'entraîneur et à nous-même qu'il conviendra d'élucider la raison de la baisse de performance.

Nous ne cherchons pas le sujet exceptionnel, nous voulons lui apprendre à se connaître et à lui montrer les moyens à sa disposition pour progresser sans être contraint à effectuer des bains bouillonnants dans la potion magique.

2. L'évaluation du seuil anaérobie

Le seuil anaérobie, ou zone de transition aérobie anaérobie, est défini par la limite à partir de laquelle le système aérobie stricte laisse la place à la glycogénolyse anaérobie lactique.

Passé ce seuil, la fréquence respiratoire augmente très rapidement, tandis que le cycliste perd sa coordination et que le taux d'acide lactique augmente très vite. La perte de coordination est très visible sur nos courbes, et se traduit par une baisse de la vitesse de rotation ainsi que par une irrégularité accrue du pédalage.

L'évaluation du seuil anaérobie se fait lors d'un test d'effort maximal par mesure directe du taux d'acide lactique sanguin. Il y a pendant l'effort plusieurs prises de sang, qui sont rapidement analysées.

En général, le taux d'acide lactique au seuil critique se situe autour de 4 millimoles par litre. Du moins c'est ce qu'enseigne la théorie des années 80.

Lors de tests sous-maximaux, il y a rarement de mesure directe du taux d'acide lactique. De plus, il semble sur le terrain que la corrélation entre taux d'acide lactique et seuil anaérobie ne soit pas affirmée dans le cas de sports d'endurance, ce qui a amené certains chercheurs à remettre en cause cette notion.

Les mesures effectuées dans divers centres hospitaliers nous paraissent souvent discutables, car ne correspondant absolument pas aux sensations des cyclistes sur le terrain.

Nous avons donc décidé de nous passer des lactates, et avec quinze ans de recul, ces dosages ne nous ont jamais manqué !

À la lecture des courbes fournies par le cycloergomètre Cardgirus®, nous pouvons déterminer le seuil anaérobie : c'est le moment où la courbe de fréquence cardiaque s'infléchit, point aisé à déterminer dans tous les cas, et qui correspond en outre au moment où le cycliste commence à se désunir, et où son essoufflement devient audible.

À ce moment, il est facile de constater que le rythme respiratoire s'accélère.

Sur le graphique 36, il est facile de voir à quel moment la courbe de fréquence cardiaque perd sa linéarité. Dans le cas présent, le seuil anaérobie se situe autour de 175 pulsations. C'est ce qu'avait également constaté cette sportive lors de l'entraînement et sur un enregistrement d'une course contre la montre.

Cette cycliste très bien préparée a l'habitude de travailler au-dessus de son seuil anaérobie, c'est pourquoi la perte de coordination intervient un peu plus tard, lorsqu'elle atteint 190 pulsations.

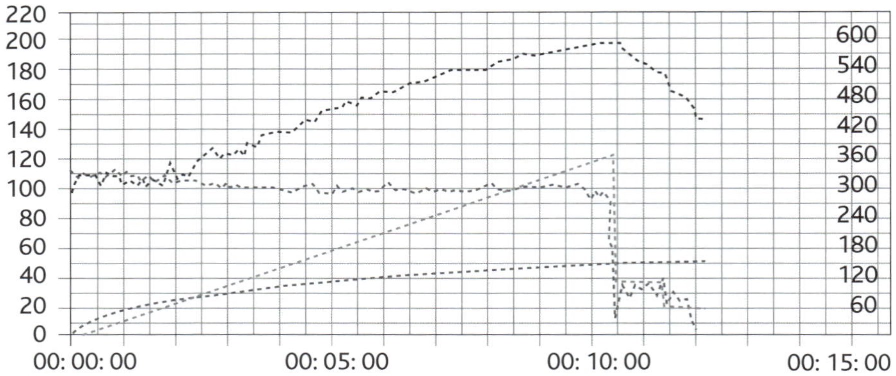

Graphique 35 : L'inclinaison de la courbe de fréquence cardiaque à l'arrivée au seuil anaérobie.

Il faut savoir que le seuil anaérobie de la population non sportive est estimé à 85 % de la fréquence cardiaque maximale.

Aujourd'hui, les physiologistes ne sont plus du tout certains que le seuil anaérobie soit la traduction d'une augmentation mesurable du taux des lactates, ni d'une universalité adaptable à tous les sportifs. Cependant, il correspond à une réalité infranchissable, celle du terrain. La zone de transition correspond au début de l'essoufflement, qui s'intensifie jusqu'à l'essoufflement maximal (PMA). Sur l'exemple précédent, la PMA est légèrement supérieure à 190.

Le net franchissement de cette zone provoque une dette d'oxygène préjudiciable pour la poursuite d'une compétition (contre-la-montre par exemple).

Dans ce cas, le sportif ne peut continuer à la même vitesse, et pour rembourser la dette, il n'y a qu'une solution : ralentir. À moins qu'il soit habitué à travailler dans cette zone, repoussant ainsi l'épuisement musculaire.

Il est beaucoup plus long de rembourser la dette d'oxygène que de la contracter. Comme si la nature se comportait en usurière !

Une précision s'impose cependant. Si le coureur a effectué une compétition et qu'il n'a pas complètement récupéré, le seuil peut présenter des valeurs très basses, qu'il faudra être capable d'analyser sans penser qu'il s'agit d'un cycliste sous-entraîné. Dans ce cas, la fréquence cardiaque de fin de test est elle aussi fortement abaissée.

3. L'étude de la récupération

Quelle que soit la méthode d'analyse de la consommation d'oxygène, l'étude de la récupération du cycliste ne peut guère être enregistrée que sur quelques minutes. Il s'agit donc de l'étude du remboursement de la dette d'oxygène dans sa partie lactique.

Dans la littérature, il est beaucoup question de bonnes ou mauvaises récupérations, mais elles sont rarement chiffrées. Nous avons utilisé une analyse statistique de nos propres tests d'effort pour avoir davantage d'informations.

Il s'avère que sur nos quinze mille tests d'effort effectués avec la bicyclette Orion, toutes catégories confondues, la récupération moyenne par rapport au pouls de fin de test d'effort se situe à 30 % au bout d'une minute trente.

Nous en avons déduit que la récupération est correcte lorsqu'elle se situe au-dessus de ce chiffre et insuffisante en dessous et, bien sûr, moyenne lorsqu'elle avoisine les 30 %.

Cette récupération correspond constamment aux impressions du cycliste sur le terrain. Celui dont la récupération est insuffisante présente invariablement de grosses difficultés au cours des courses nerveuses, avec changements de rythme incessants, nombreuses relances et attaques continuelles.

Celui-là est souvent classé, mais rarement dans les premières places, car il voit les attaques s'effectuer, mais il ne peut y répondre.

Cardgirus® nous a posé un petit problème : du fait des 100 watts résiduels et incontournables de la première minute de récupération, la fréquence cardiaque descend moins vite, et les chiffres exposés plus haut sont très éloignés de nos nouvelles valeurs. Cela modifie donc la récupération, et le taux moyen alors obtenu se situe aux alentours de 24 %.

Pendant la récupération, nous limitons volontairement la vitesse à 30 tours, de façon à limiter l'incidence sur le coureur.

Dans le tableau 41, nous présentons séparément la récupération générale des compétiteurs FFC, des compétiteurs UFOLEP des cyclosportifs et des cyclotouristes.

CATÉGORIE	RÉCUPÉRATION
Féminines cadettes	24
Féminines juniors	25,5
Féminines seniors	24,4
Minimes	28,4
Cadets 1	24,1
Cadets 2	22,4
J1	24,5
J2	21,8
Départementaux	23,1
Régionaux	23,4

CATÉGORIE (suite)	RÉCUPÉRATION (suite)
Nationaux	26,9
Élites	30,2
S4 UFOLEP	25,3
S3 UFOLEP	25,4
S2 UFOLEP	23,7
S1 UFOLEP	27,6
Cyclosport seniors	23,3
Cyclosport vétérans	25,7
Cyclosport vétérans dames	26,2
Cyclotouristes	27,1

Tableau 41 : La récupération dans les différentes catégories étudiées. Nous manquons de tests significatifs pour proposer une analyse sérieuse chez les J1 D et chez les féminines cadettes et juniors.

Le fait d'étudier les différentes catégories de cyclistes a mis en évidence une corrélation certaine entre le taux de récupération et l'âge. Les compétiteurs sont les plus jeunes, tandis que les cyclotouristes sont nettement plus âgés. Ce tableau, comme le suivant semble montrer que les cyclistes qui récupèrent le mieux sont les plus âgés. L'inverse est vrai également : les plus jeunes récupèrent moins bien.

	ÂGE	RÉCUPÉRATION
FFC	23,4	23,7
UFOLEP	44,6	24,6
Cyclosport	46,3	24,7
Cyclotourisme	58,7	27,1

Tableau 42 : Évolution comparée de l'âge et de la récupération en fonction de la pratique cycliste.

Il y a sûrement une relation avec la maturité et la pratique. Sommes-nous vraiment sûrs que la compétition n'a aucune incidence sur l'organisme (à part améliorer le potentiel physique) ? Quel est le mécanisme qui fait que des cyclotouristes (assimilés à des sédentaires sur le plan de l'activité physique) récupèrent mieux que des compétiteurs aguerris ?

D. Le suivi mensuel de l'entraînement

Tout d'abord, il nous semble important de préciser que ce qui suit est la présentation de notre protocole personnel, et qu'il concerne les cyclistes qui nous font confiance depuis le début de l'année 1987.

Chacun a sa méthode, nous avons affiné la nôtre tout au long de nos 18000 tests d'effort. Notre façon d'opérer n'est sûrement pas la meilleure, mais les résultats et la progression des coureurs que nous suivons régulièrement nous encouragent à continuer. D'autant que nous sommes désormais à la tête d'un fichier que beaucoup nous envient.

Il faut également préciser que les suivis de l'entraînement pour coureurs cyclistes amateurs de tous niveaux ne sont pas vraiment répandus sur le marché !

La réalisation de ce suivi mensuel a été longuement réfléchie et décidée à la suite de nombreuses discussions avec des cyclistes ayant déjà passé des tests en CHU ou dans des centres médico-sportifs, ainsi qu'avec les conseillers techniques fédéraux. Pour tous ces gens, les informations obtenues quant à leur forme et à leur entraînement étaient totalement inexploitables et ne leur servaient à rien, si ce n'est à avoir balancé une poignée de billets par la fenêtre...

C'est désormais une maladie grave du médecin du sport de CHU chargé du suivi de l'entraînement : il ne sait plus se mettre à la portée de ses patients et communiquer son savoir à des sportifs qui maîtrisent peu la physiologie de l'effort. Invariablement, les coureurs n'en avaient tiré aucun profit, ne comprenant pas les termes employés bien souvent ou ne sachant pas, pas plus que leurs entraîneurs, comment les exploiter.

Principalement, il n'y avait jamais dans les résultats des tests de laboratoire de conseils explicites concernant la façon d'améliorer les performances. Nous rappellerons que la quasi totalité des cyclistes de compétition est incapable de se gérer toute seule.

Il semble y avoir un hiatus énorme entre médecins du sport et entraîneurs. Certains sortent des analyses certes très pointues, mais qu'ils sont les seuls à pouvoir interpréter. Hermétiques et imbus de leur savoir, les chercheurs restent les seuls à se comprendre. D'autant qu'ils emploient souvent un jargon propre à eux-mêmes, totalement différent de celui enseigné au brevet d'état ou dans les formations fédérales.

Nous connaissons même certaines adresses ayant pignon sur rue où les sportifs subissent les foudres d'un grand professeur et se font traiter de noms d'oiseau pour peu que leur niveau soit insuffisant.

Nous avons lu des tests où la fréquence cardiaque n'apparaît jamais, et où tout est exprimé en pourcentages de la VO2max. Allez donc vous servir de cela sur le terrain !

En effet, il ne suffit pas d'être médecin du sport, encore faut-il connaître l'entraînement de son sportif sur le bout des doigts et pouvoir traduire les résultats obtenus sur les tests dans le langage usuel, et parler le même verbiage.

Il nous est apparu évident que tester un cycliste trois fois par an n'avait que peu d'intérêt, sauf s'il s'agissait simplement de le déclarer en bonne forme.

Paradoxalement, un médecin du sport ne peut plus intervenir dans l'entraînement, d'après les dernières dispositions ministérielles. Évidemment, avec les dérives du dopage, on peut le comprendre.

Compte tenu de la quantité invraisemblable de cyclistes paumés sans entraîneur ni éducateur ne pouvant se fier à personne, il nous semble malgré tout que nous avons un rôle utile à jouer. Notre action a au moins pour but d'éviter que ces sportifs n'écoutent les sirènes et tournent en rond, en tentant parfois l'expérience du dopage.

Nous préciserons que nous ne sommes pas entraîneur, bien que l'expérience nous aurait véritablement tenté, car notre handicap personnel nous interdit tout exercice sur le terrain. Ici encore, reste à savoir si un entraîneur doit obligatoirement devoir montrer sa classe personnelle. Il nous semble qu'avec un chronomètre et une montre cardiaque, on peut faire un bien meilleur travail qu'en démontrant aux autres ce que l'on sait faire !

Lorsqu'il vient passer un test d'effort, le cycliste est demandeur de plans d'entraînement, de plans de préparation spécifique en vue d'un objectif majeur, d'une course par étapes ou simplement d'une amélioration de sa condition physique devant un projet ambitieux, autant de problèmes auxquels le médecin du sport doit être capable de répondre.

C'est facile de dire au cycliste : « Voyez avec votre entraîneur. »

Une fois le test d'effort réalisé, une anomalie dans la progression du sportif doit aboutir à des conseils précis, qui pallient ainsi aux insuffisances du coureur et de son entourage.

D'autant que derrière un test, il y a la position, les problèmes musculo-tendineux, la diététique, et souvent des problèmes associés, psychologiques, existentiels.

Au début de la mise en route de notre logiciel, les cyclistes testés sont venus de leur plein gré, isolés et livrés à eux-mêmes, parfois même en cachette de leur entraîneur.

Le suivi médical de l'entraînement est un travail collectif entre le médecin, l'entraîneur quand il existe et le cycliste qui débouchera sur une amélioration de la méthode d'entraînement, et *a fortiori*, sur des performances meilleures.

C'est un travail d'équipe.

Aujourd'hui, ce sont une quinzaine de clubs qui sollicitent régulièrement notre venue dans leurs locaux pour tester tout ou partie de leurs coureurs.

Nous travaillons avec des sections sport études en Bretagne, en Normandie, en Vendée, et ce brassage d'opinions et de coureurs nous a permis d'évoluer régulièrement.

Inutile de préciser que vouer sa vie au suivi de l'entraînement lorsque l'on est soi-même invalide n'est pas simple, et nécessite un désintéressement complet et un total bénévolat.

En l'an 2000, nous avons dû nous résoudre à créer une association, avec les entraîneurs des clubs que nous suivons, afin de trouver les fonds nécessaires à l'achat de certains matériels (électrocardiogramme Colson®).

Un tel suivi rapproché permet aussi lors des stages régionaux d'apporter aux conseillers techniques, CTR ou CTD, les éléments qui peuvent manquer concernant progression, récupération et autre seuil anaérobie, desquels découlent des entraînements spécifiques, voire des sélections dans des courses nationales ou régionales.

Beaucoup de coureurs cyclistes de petit niveau, limités par leur activité professionnelle, par des moyens physiques réduits ou par leur méconnaissance de l'entraînement ne demandent pas la lune. Ils veulent tout simplement se faire plaisir sur leur vélo. Et ce n'est pas souvent le cas, promenés qu'ils sont de «galère en galère», et ballottés entre diverses opinions contradictoires.

Il nous apparaît que redonner le plaisir de pédaler à un coureur, même d'un tout petit niveau, est un devoir pour le médecin du sport comme pour tout cadre technique digne de ce nom. Malheureusement, toutes les structures fédérales sont tournées vers le haut niveau, et les «petits coureurs», ceux qui font la masse, et donc qui permettent de vivre à l'élite par leurs cotisations, licences ou timbres d'engagement, eux, sont toujours oubliés. Ils n'intéressent personne et n'apparaissent jamais dans les statistiques.

Nous avons, à plusieurs reprises, eu des discussions passionnées avec des cardiologues ou des médecins qui ne comprenaient pas pourquoi nous « prenions tant de risques » pour tester des coureurs de plus de cinquante ans.

Nous avons d'abord dû leur expliquer le fonctionnement de notre système, puis leur démontrer que nous ne prenions pas de risques, avec des tests demandant des efforts sans commune mesure avec la débauche d'énergie que ces cyclistes déploient sur les routes. Ces compétiteurs-là n'ont jamais passé le moindre examen médico-sportif sérieux et personne ne leur a jamais enseigné que la mécanique humaine qui vieillit nécessite des précautions !

Quand nous leur avons justifié notre position, ils nous ont finalement toujours donné raison. Car nos tests sont souvent le prétexte à une véritable information !

En outre, l'interrogatoire, l'électrocardiogramme préalable que nous leur faisons subir, ainsi que le test de Ruffier nous permettent de vérifier leur état physique avant le test. Nous ne cherchons pas à aller au devant des ennuis ! Seulement à leur éviter des erreurs préjudiciables à leur santé.

Quand on voit à quoi s'exposent tant de sportifs qui échappent totalement au monde médical, il paraît normal de chercher à les éduquer plutôt qu'attendre l'accident fatal !

Quand nous voyons certains casse-cou se lancer dans des aventures telles les cyclosportives en montagne, avec ascension des plus célèbres cols, sans alimentation, sans eau, sans préparation, il y a quand même de quoi rester rêveur ! Laisser faire lorsque vous êtes médecin du sport, c'est quelque part de la non-assistance à personnes en danger...

E. Le matériel

1. Le logiciel Cardgirus®

Pendant une douzaine d'années, nous avons utilisé un logiciel maison, le SMES, qui nous a donné entière satisfaction et nous a permis d'effectuer plus de dix mille tests d'efforts.

Notre bicyclette d'effort Orion ayant rendu l'âme après toutes ces années de bons services, il nous a fallu changer notre fusil d'épaule.

Notre choix s'est porté vers une bicyclette distribuée en France par la société Orec : le cycloergomètre Cardgirus®. Ses fonctionnalités en font un outil très précieux, dès lors que tout fonctionne...

La bicyclette contient dans le tube horizontal un capteur de fréquence cardiaque qui, relié à l'ordinateur, permet d'enregistrer les données essentielles : vitesse de pédalage, puissance, VMA, bien évidemment courbe des pulsations, rapport poids-puissance.

Le test d'effort permet de visualiser sur l'écran la courbe de fréquence cardiaque, ainsi que celle de la cadence de pédalage, et tout s'enregistre automatiquement, nous laissant les mains libres pour examiner le cycliste et pour traquer une anomalie du squelette ou du pédalage. Et il y en a !

Nous enregistrons toutes les données dans un fichier Exel® et fournissons au cycliste un compte rendu détaillé du test ainsi que la courbe de fréquence cardiaque.

Nous ne présentons ici que des éléments et résultats maintes fois constatés, et si nous proposons des analyses de notre fichier, c'est que nous n'en avons par ailleurs pas trouvé dans la littérature ou bien quelques informations sur de sportifs de haut niveau. Cela, convenons-en, est très restrictif, puisque ne représentant qu'un tout petit pourcentage de la population sportive pratiquante.

Nous n'avons eu pour notre pratique à déplorer aucun incident, excepté un malaise hypoglycémique chez un junior lors d'un test réalisé en fin de matinée, et à nos débuts un malaise vagal lié à une récupération trop rapide.

Notre motivation est la suivante : permettre au sportif de se situer, et surtout lui offrir tous les éléments nécessaires à une progression régulière au fil des semaines et des années vers un objectif majeur bien déterminé : se faire plaisir et toujours s'amuser.

Comme précédemment avec le logiciel SMES, nous déterminons :

- La consommation maximale d'oxygène. Elle est exprimée en millilitres par kilo par minutes.

- La mesure du seuil anaérobie. La cassure de la courbe, de lecture très simple sur notre test, est confirmée par les coureurs qui savent repérer leur seuil anaérobie sur le terrain. Il est facile de constater à quel moment le coureur commence à présenter une respiration plus saccadée, plus bruyante.

Bien souvent, au même moment, le cycliste a des difficultés à maintenir sa vitesse de pédalage, ce qui se vérifie de façon évidente chez les débutants ou les sujets qui ne sont pas habitués à travailler à cette intensité.

- L'analyse de la récupération sur 1 minute et 30 secondes à la suite du test de précédent.

- L'étude du test de Ruffier-Dickson. Ce test est effectué chaque fois par les cyclistes habitués le matin au réveil, le jour du test d'effort.

- Le rapport poids-puissance, qui nous paraît un outil riche d'enseignements.

- La VMA. La vitesse maximale aérobie annoncée par le Cardgirus®, comme la puissance, semble décalée par rapport à la réalité. L'étude réalisée par Jérome Darrouzès, coureur de sud des Landes, étudiant en physique, nous a permis de corriger cette vitesse.

Nous avons donc diminué la VMA annoncée de 10 %.

2. Les compléments de Cardgirus®

Mis à part les données enregistrées dans le fichier Cardgirus®, il faut bien reconnaître que la partie à remettre au sportif est plus que sommaire. Il nous a donc fallu proposer au cycliste un compte rendu digne de ce nom.

Nous avons donc réalisé ce compte rendu sur deux feuilles, réparti en quatre parties :

- Tout d'abord, la partie informations générales et le test d'effort, tel qu'il s'est déroulé, avec la partie effort et la partie récupération.

- La critique générale du test : ce qu'il faut penser de chacun des critères retenus, et ce en tenant compte de la catégorie.

- Le tableau des différentes fréquences cardiaques déterminées suite au test, de façon à situer les principales zones de travail.

- Enfin une partie en couleur sur laquelle est mentionnée l'évolution du cycliste, test par test.

C'est l'analyse de ce fichier que nous présentons ci-dessous.

3. Les limites du test Cardgirus®

Il est compréhensible qu'une épreuve d'effort indirecte puisse manquer de précision aux yeux des hospitaliers.

Pour le suivi médical de coureurs cyclistes de tous niveaux, cette méthode paraît donner des renseignements largement suffisants, dans la mesure où les tests sont toujours effectués de la même façon, comparables de mois en mois et suffisamment rapprochés pour effectuer des comparaisons dignes d'intérêt.

La détection n'est pas l'objectif primordial de notre système !

De plus, le matériel parfaitement fiable permet des tests comparables d'une fois à l'autre, avec un protocole immuable. Dans ces conditions, il semble possible d'effectuer des comparaisons intéressantes entre les différents groupes de cyclistes.

Nous ne pourrons jamais rivaliser avec le matériel extrêmement coûteux et sophistiqué des hospitaliers, mais, en revanche, nous apportons notre passion, notre temps libre et notre total bénévolat. Cela, peu de spécialistes de la question en disposent. Et pour aider la masse des coureurs cyclistes dans le brouillard, cela compte.

Nous avons une connaissance de l'entraînement suffisamment approfondie pour analyser et expliquer au compétiteur tout ce qu'il doit savoir, tout en le guidant dans sa préparation. Lors du test suivant, nous pouvons comparer les résultats et modifier l'entraînement. Mais entre deux tests, il n'y a qu'un mois ou deux, pas comme en CHU quatre mois, entre lesquels il peut s'être passé n'importe quoi.

De plus, les médecins chargés du suivi, se contentent d'effectuer un test, sans jamais expliquer les dizaines de lignes de chiffres incompréhensibles, et le test se termine toujours par ces termes : « Voyez votre entraîneur. »

Combien de fois le cycliste n'a jamais reçu de compte rendu, combien de fois ledit test, même de haut niveau, n'a servi à rien et son commentaire a fini sa vie au fond d'une poubelle...

À 75 euros (120 en certains endroits) le test d'effort, bonjour le gâchis !

La comparaison de nos valeurs de VO2max avec ceux des tests en CHU fait apparaître une différence minime. Ce type d'outil peut tomber en panne, nous en avons de nombreux exemples, et les manipulateurs ne sont souvent que des manipulateurs, peu rompus aux arcanes de l'entraînement.

Nous avons eu l'occasion de comparer deux tests d'effort d'un même cycliste à deux semaines de distance, l'un émanant de l'INSEP, l'autre du CHU de Poitiers. Les différences étaient notables ! Certains matériels seraient-ils plus précis que les autres ?

Il faut signaler également le manque de références bibliographiques sur les cyclistes en dehors de l'élite amateur.

Les informations que l'on peut trouver dans la littérature sont rares, souvent vagues et trop générales et mélangent toutes les catégories.

Nous regrettons cet important manque de références, car nous n'avons pu trouver nulle part une étude comparable à la nôtre, particulièrement concernant les cyclistes qui n'appartiennent pas à l'élite, et qui n'intéressent personne dans le monde du suivi de l'entraînement.

Ces paramètres évoluent dans le temps, et nous sommes loin des valeurs présentées par Astrand.

Nous gageons que les résultats trouvés aujourd'hui chez les professionnels évoluent certainement plus au gré des pharmaciens que des physiologistes... Mais là encore, tout le monde s'émerveille de résultats magnifiques en pleine ère de l'EPO, sans jamais avoir vérifié auparavant si le test mirobolant était celui d'un cycliste propre.

Ce serait pourtant intéressant, une étude de la PMA sous EPO, sous anabolisants, sous PFC. Il faudra bien le faire, un jour...

À quand une étude en double aveugle, comme pour les médicaments ?

4. La bicyclette ergométrique

Il s'agit d'un cycloergomètre électronique de la marque Cardgirus®. La régulation de la vitesse se fait par électroaimant, et la prise des pulsations par une ceinture thoracique émettrice, avec lecture directe sur un cadran lumineux.

Le récepteur de fréquences cardiaques est intégré dans le tube horizontal du vélo.

Nous préciserons que le choix de la ceinture émettrice est laissé totalement libre à l'utilisateur. Cependant, ayant eu quelques problèmes avec des émetteurs de bas de gamme, nous préconisons une ceinture cardiaque de qualité (Polar). Il existe cependant un problème avec les ceintures codées par Polar. Les indications sur l'écran deviennent alors incohérentes et inexploitables.

L'écran indique en outre la vitesse, le nombre de rotations par minute, la puissance développée et d'autres paramètres d'intérêt moindre (temps).

La bicyclette Cardgirus®, de fabrication soignée, peut également servir de home-trainer de luxe, avec mesure en outre de la distance parcourue, de la puissance et réglage du développement et de la pente.

Certains programmes permettent des entraînements ciblés ou reproduisent des circuits avec ascension des grands cols. La simulation de la pente est remarquablement réalisée, et il est possible de modifier le braquet au guidon.

Nous avons eu le plaisir de faire l'acquisition du premier modèle commercialisé, et pouvons considérer avoir participé activement à sa mise au point.

Pour un prix inférieur à 2250 euros, c'est véritablement un excellent choix, à condition de l'adapter à ses besoins.

Il faut en effet préparer un compte rendu digne de ce nom, car celui d'origine est carrément pitoyable. Nous présentons celui que nous fournissons à chaque sportif en fin d'ouvrage, en annexe.

Les tests de Ruffier-Dickson sont toujours effectués au moyen de cardiofréquencemètres Sport tester PE 3000. Ceux-ci fonctionnent toujours depuis quinze ans, et à condition de changer les piles soi-même, leur usage très simple est parfaitement adapté à notre activité.

Nous disposons de quatre de ces montres très fiables. En outre elles bénéficient d'une excellente lisibilité.

Enfin le matériel informatique est constitué d'un ordinateur Penthium III, avec disque dur 20 Giga, relié au Cardgirus®, qui sert à pratiquer le test d'effort, et d'un Penthium II portable Compaq Présario®, équipé d'un disque dur 3 Giga sur lequel nous effectuons l'analyse du test et les commentaires, ordinateur dans lequel sont stockés tous les tests effectués.

5. Le déroulement de la batterie de tests

Avant le test, il convient de vérifier que le cycliste est en excellent état cardio-vasculaire. Après la prise de la tension artérielle, nous effectuons un ECG grâce à un électrocardiogramme Colson®. Cet appareil miniaturisé peut être également déplacé sur le terrain en cas de besoin (entraînement, compétition).

Puis, si ce n'est déjà fait, nous équipons le sportif d'un cardiofréquencemètre muni d'un chronomètre pour effectuer le test de Ruffier-Dickson.

Les habitués effectuent ce test au repos chez eux, ce qui limite les risques d'erreurs et permet des comparaisons plus précises.

Nous n'acceptons que des sportifs déjà suivis par un médecin généraliste, et demandons un électrocardiogramme d'effort aux cyclistes dont la santé est douteuse ou d'âge supérieur à 50 ans.

Il est bien évident hors de question de faire subir un tel test à des sujets présentant des antécédents cardio-vasculaires, d'hypotension, de spasmophilie, ni porteurs d'une pathologie infectieuse.

Notre coureur monte sur la bascule, qui indique également désormais la masse grasse, puis nous le mesurons, et nous l'invitons alors à monter sur la bicyclette ergométrique, que nous réglons à ses cotés.

Nous préciserons que cette masse grasse indiquée par la balance nous paraît fortement douteuse, car ne correspondant absolument pas aux valeurs mesurées par la pince Harpenden Body Care® que nous utilisons régulièrement. L'estimation s'effectue probablement selon formules de Sloan Weir, présentées en fin d'ouvrage ou selon d'autres calculs équivalents. En effet, la valeur annoncée varie avec la taille enregistrée.

Nous fournissons au cycliste des chaussures généreusement offertes par la maison Carnac, équipées de cales Time. Nous savons à ce sujet que même dans des CHU très renommés, le cycliste fait parfois son test d'effort avec des chaussures de ville... Nous l'avons vérifié, la performance n'est pas la même !

Le test d'effort peut débuter.

Cardgirus® règle lui-même la puissance, à l'aide d'un électroaimant, en augmentant de 1 watt toutes les 2 secondes, donc de 30 watts par minute, d'une façon très progressive, sans jamais que ne soit ressenti le moindre à-coup.

Cette lente augmentation de la puissance permet au sportif d'aller un peu plus loin dans l'effort que précédemment.

La seule obligation faite au cycliste est de respecter une vitesse de pédalage la plus régulière possible, entre 80 et 100 tours.

Cette cadence est lue en direct sur l'écran, tandis que défilent la fréquence cardiaque, la puissance et le chronomètre.

Lorsque le cycliste atteint sa limite maximale, il coupe son effort mais continue à pédaler très lentement pendant 1 minute 30, de façon à permettre l'analyse de la récupération. La bicyclette ne coupe pas totalement la puissance, et maintient 100 watts pendant la première minute, puis 50 watts pendant la seconde.

C'est une bonne initiative du constructeur, qui évite tout malaise vagal.

Nous terminons cet exercice en proposant une bonne douche régénérante, et tout est terminé au bout d'une vingtaine de minutes.

Cardgirus® propose une analyse du test qui nous permet de noter cinq critères :

- le pouls de fin de test (PMA),
- le pouls correspondant au seuil anaérobie,
- la puissance atteinte (exprimée en watts),
- la vitesse maximale aérobie (VMA),
- le pouls au bout de 1 minute et 30 secondes.

6. L'analyse du test d'effort

Si notre coureur cycliste est venu passer un test d'effort, c'est pour en connaître les résultats, et pour s'en servir rapidement pour adapter son entraînement.

Cela paraît une lapalissade, mais hélas, combien de tests d'effort en centre médico-sportif ou même à un plus haut niveau ne se sont-ils pas terminés par la seule confirmation que le sportif testé était en bonne santé !

Les paramètres sur lesquels se fait l'analyse du test d'effort sont les suivants :

- le pouls de repos,
- le test de Ruffier-Dickson ou TRD,
- l'évaluation de la VO2max et de la PMA,
- l'estimation du seuil anaérobie,
- la récupération,
- le poids,
- le rapport poids-puissance en watts par kilo,
- la VMA.

a) Le pouls de repos

Le pouls de repos est le témoin du niveau d'endurance. Plus il est bas, plus le sportif est endurant.

Inversement, un pouls élevé chez un coureur cycliste est en général le témoin d'une fatigue et d'une mauvaise condition physique. Voire de difficultés de récupération ou de récupération incomplète s'il y a eu compétition récente.

La fréquence cardiaque de repos peut être modifiée par de nombreux critères dont il faudra tenir compte : émotivité, fièvre, digestion, effort avant le test ou journée de travail.

L'intérêt des contrôles réguliers est la comparaison, qui seule peut montrer la progression, dans des conditions de test similaires.

Certains coureurs contrôlent leur pouls de repos tous les matins, ce qui permet de déceler les états de fatigue après des séances d'entraînement très dures. L'allure générale de la courbe montre l'évolution du cycliste.

Le pouls de repos des cyclistes est parmi les plus bas enregistrés dans les milieux sportifs. Ole Ritter, coureur des années 70, battait à 29 pulsations par minute. Dans notre fichier, nous avons également un cycliste de 18 ans qui bat au repos à 29.

Il n'est quasiment pas possible de rencontrer un pouls plus bas, sauf en cas de trouble du rythme cardiaque.

Les pouls inférieurs à 40 pulsations par minute sont cependant peu courants chez les cyclistes amateurs. La moyenne de la fréquence cardiaque de repos dans la population non sportive est de 70 pulsations par minute, et celle des compétiteurs testés par nos soins est de 53.

Un cycliste endurant se trouve en général dans la fourchette de 40 à 60 pulsations par minute.

Il faut savoir que chez les jeunes, cadets et minimes, la fréquence cardiaque de repos est plus rapide, et décroît avec l'âge. De plus il est entaché de battements cardiaques parasites, que l'on appelle extrasystoles.

Ceci n'est que le témoin d'un manque de maturation du cœur et ne présente aucune gravité. À l'inverse, un cycliste qui à partir de 50 ans présente beaucoup d'extrasystoles devrait consulter rapidement son médecin, c'est le témoignage d'un dysfonctionnement cardiaque.

Pour résumer, le pouls de repos d'un cycliste en progression diminue, un sportif fatigué voit au contraire ses battements cardiaques s'accélérer.

b) Le test de Ruffier-Dickson

Ce test, mis au point par un médecin français et amélioré par un militaire américain est un bon test d'appréciation de la condition physique.

Après lui avoir pris le pouls au repos couché, nous demandons au cycliste de se mettre debout et d'effectuer trente flexions complètes des membres inférieurs, les fesses sur les talons, en 45 secondes.

Dès la trentième flexion, le chronomètre est déclenché, le cycliste s'allonge. La fréquence cardiaque est notée au bout d'une minute après la trentième flexion.

On appelle P1 le pouls de repos ; on appelle P2 le pouls d'effort à la trentième flexion ; on appelle P3 le pouls de récupération au bout d'une minute.

Le calcul de l'indice de Ruffier est le suivant :

$$1 = \frac{(P1 + P2 + P3) - 200}{10}$$

Cet indice donne des valeurs comprises en général entre -3 et 20. Le résultat est d'autant meilleur que l'indice est bas.

Les sportifs sont classés selon la valeur de l'indice en plusieurs catégories allant de la plus faible (20 et plus) à la meilleure (test négatif). De ce test, il faut simplement retenir les points suivants :

- Les médecins du sport n'autorisent pas un sportif à pratiquer en compétition si l'indice est supérieur à 10.
- L'indice est excellent en dessous de 0.
- Il est très bon entre 0 et 3.
- Il est bon entre 3 et 6 et moyen jusqu'à 10.

Il n'a d'intérêt que dans la comparaison de l'individu par rapport à lui-même. En effet, la comparaison entre individus peut prêter à confusion.

Exemple : le cycliste A présente un indice de Ruffier de 3,7 ; il est meilleur que celui du cycliste B qui présente un indice de 4,5. Le mois précédent, A avait un indice de 1, et B de 6,7 : c'est B et non pas A qui a progressé.

Le test de Ruffier-Dickson a pour intérêt principal d'être le seul indice de condition physique que le cycliste puisse effectuer tout seul chez lui.

S'il est réalisé régulièrement, il permet de tracer une courbe d'évolution qui montrera la tendance générale à l'amélioration de la condition physique ou à la régression.

Pour être utilisable, il doit être pratiqué toujours dans les mêmes conditions, au repos et à distance d'un entraînement ou d'une course.

Par exemple, un coureur s'entraîne dimanche, mardi, mercredi et jeudi.

Il effectuera le test de Ruffier régulièrement chaque semaine le mardi et le samedi matin au lever.

Il faut préciser enfin que ce test donne une estimation grossière de la condition physique, et qu'il ne remplace pas un test d'effort sur bicyclette ergométrique.

Il ne faut pas faire dire n'importe quoi au test de Ruffier. Ce n'est pas parce que le calcul montre une baisse de 0,3 par rapport à la semaine précédente que l'on va se comporter mieux en course.

Si le pouls de récupération seul a bougé, c'est peut-être que l'on a mieux récupéré que la dernière fois. En conclusion, les trois valeurs qui composent l'indice sont aussi importantes que l'indice.

Lecteur, si vous consignez ce test dans un carnet d'entraînement, précisez la valeur des trois pouls et l'indice. Celui-ci seul offre bien moins d'intérêt.

L'indice de Ruffier présente un intérêt méconnu : il évolue dans le même sens que la PMA et peut représenter le test d'effort du pauvre en quelque sorte. Cet outil est indiscutable et doit être utilisé davantage qu'il ne l'est.

c) Le seuil anaérobie

Information capitale sur la qualité de l'entraînement, le seuil anaérobie permet l'estimation du niveau d'intensité du travail effectué lors des séances d'entraînement.

Il faut savoir que le seuil anaérobie moyen de la population non sportive se situe approximativement entre 85 % et 90 % de la fréquence cardiaque maximale.

Un cycliste qui ne pratique que de la randonnée, le cyclotourisme ou la promenade, ne travaille jamais en intensité au-delà de cette valeur. Sa filière énergétique principale d'entraînement est la lipolyse avec participation de temps à autre de l'aérobie.

Notre travail essentiel est en général le suivant : limiter l'intensité de l'entraînement des plus faibles (souvent en surrégime), et au contraire intensifier le travail des meilleurs.

Parmi les deux néoprofessionnels que nous avons eu le plaisir de tester, l'un d'entre eux présentait un seuil anaérobie à 100 %, mais il abandonnait dans toutes les courses, incapable d'obtenir un résultat.

Il n'avait pas couru pendant la période du Tour de France, et n'arrivait pas à retrouver le rythme.

Ceci confirme qu'en général, les sujets les plus faibles de leur catégorie présentent un seuil anaérobie très élevé, du fait d'un travail permanent en anaérobie partielle, et d'une VO2max insuffisante par rapport à leur catégorie.

Ceci est d'autant plus vrai que ce type de cycliste est très combatif et s'accroche pendant très longtemps dans les roues à l'extrême limite de ses forces. Quand il lâche prise, le mal est fait.

De plus, l'empirisme inhérent à l'entraînement cycliste a poussé, depuis des temps immémoriaux, les cyclistes à «faire la course» lors de l'entraînement. C'est plus fort qu'eux, quand deux coureurs se rencontrent, il faut qu'ils se comparent ! Et souvent le plus faible veut démontrer qu'il vaut le meilleur...

C'est ainsi que négligeant la contrainte du travail aérobie avant tout, beaucoup effectuent de véritables courses dans la semaine lors des entraînements collectifs, et une supplémentaire le jour de la compétition.

Comme ils ont bien souvent une récupération limite, ils arrivent fatigués pour la compétition, et c'est l'engrenage du surentraînement.

Un cycliste trop juste en course est quelqu'un qui s'épuise à tenir en queue de peloton, et qui se fait lâcher quand il n'en peut plus : il est depuis longtemps dans la zone de transition, et bien souvent proche de sa fréquence cardiaque maximale.

C'est ce que dans le jargon cycliste nous appelons « être à fond ».

À l'inverse, on constate tout le contraire particulièrement chez les coureurs considérés comme l'élite des amateurs, les élites 2. Ils présentent une puissance considérable et il leur faut des efforts considérables pour monter la fréquence cardiaque.

Les seniors élites et nationaux, l'été venu, courent pratiquement tous les jours et n'ont plus de temps disponible pour parfaire leur condition. Le résultat est qu'ils sont la plupart du temps sous-entraînés.

Quand un cycliste profite des courses pour compenser l'entraînement, il travaille rarement d'une façon très cohérente et n'améliore jamais ses faiblesses.

Ceux-là présentent souvent un seuil anaérobie proche des 80 %, avec une consommation d'oxygène souvent très élevée. Pour ce genre de coursiers, qui se satisfont souvent à avaler des kilomètres à petite allure, il est difficile de rivaliser avec des coureurs souvent moins puissants, mais qui peuvent exploiter leur fréquence cardiaque bien plus haut.

Les coureurs qui dominent leur catégorie, jamais poussés dans leurs retranchements, présentent le même résultat : un seuil anaérobie très bas, qui en fait des diesels chroniques bien souvent.

Nous voyons de temps à autre un cycliste de nationale que nous avons suivi tous les mois depuis l'époque où il était junior. Ce coureur, sélectionné parmi les Juniors nationaux en 1990, mais livré à lui-même était alors l'un des meilleurs français.

Nous avons vu son seuil anaérobie descendre régulièrement au fil des années alors que sa VO2max augmentait.

Quand il est arrivé en nationale et qu'il a commencé à participer aux belles courses, son seuil anaérobie se situait autour de 80 % de la FCM (206 l'hiver), pour une PMA de 425 watts et une fréquence cardiaque à la PMA (FCM) de 168 ! Il n'arrivait plus à monter ce seuil malgré des entraînements difficiles !

Quand ses adversaires avaient encore une réserve de fréquence cardiaque, lui n'en avait plus et se faisait lâcher. Les résultats en compétition étaient loin d'être à la hauteur de ses espérances... Il est rentré dans le rang et a arrêté le cyclisme.

C'est ce type de coureur que l'on appelle communément un « diesel ».

La consommation d'oxygène et le seuil anaérobie fonctionnent un peu comme des vases communicants : quand l'une monte, l'autre descend et réciproquement.

En effet, le travail en aérobie stricte attire le seuil anaérobie vers le bas.

Quand on privilégie le travail en puissance, des taux de plus en plus élevés d'acide lactique sont supportés par l'organisme, qui repousse alors le seuil anaérobie vers le haut et réduit l'écart par rapport à la FCM.

On a vu en début d'ouvrage que l'adaptation de l'organisme se traduisait par une diminution de la production d'acide lactique.

Lorsque le cycliste respecte son plan d'entraînement, on constate qu'en période de préparation il abaisse ou maintient son seuil anaérobie tandis que la consommation d'oxygène s'améliore. En période de compétition, aux abords de l'objectif, l'entraînement en puissance amène une élévation du seuil anaérobie.

Tous les ans, nous constatons un phénomène constant chez les nationaux et les élites : à partir du mois de juin, ces coureurs courent énormément, mais ne s'entraînent quasiment plus. Leur PMA monte, et... le seuil anaérobie baisse, dans des proportions considérables.

Nous avons vu des coureurs montant allègrement à 190 pulsations l'hiver, incapables de passer le cap des 160 en plein été. Ce qui prouve que courir tous les jours, cela n'apporte rien, et il n'est pas étonnant de voir ces cyclistes s'émousser jusqu'à la fin de saison.

d) La VO2max ou consommation maximale d'oxygène et la PMA

La VO2max, comme nous l'avons vu précédemment, augmente lors d'une période de préparation, à condition que l'organisme soit régulièrement sollicité en zone aérobie.

Elle varie dans notre étude de 35 millilitres par kilo par minute chez les plus faibles, (avec souvent excès de poids), jusqu'à plus de 80 millilitres par kilo par minute chez les meilleurs amateurs que nous ayons testés (équipe élite Vendée U).

Nous avons effectué à trois ou quatre reprises des tests d'effort pour le moins suspects, avec valeurs de VO2max et puissance développée incohérentes (et vérifiées), inhabituelles, pendant ou hors saison, dépassant 100 millilitres par kilo par minute. Quid ? Dopage, miracle, mirage ? Mystère.

L'installation en surentraînement s'explique facilement chez les sujets dont la consommation d'oxygène baisse. Ceci se traduit par l'impression de manquer de rythme, de ne pas pouvoir tenir les roues.

Le coureur se retrouve assez souvent lâché de bonne heure, et manque en fait d'un entraînement en endurance de qualité.

Malheureusement, dans la semaine, puisqu'il pense manquer de rythme, il travaille ... le rythme, et augmente ainsi son seuil anaérobie, alors que l'endurance, non travaillée, dégringole. C'est ainsi que l'on reçoit régulièrement ce type de coureurs, tout surpris des conclusions du test.

e) Fréquence cardiaque maximale et PMA

La consommation d'oxygène exprimée en millilitres par kilo par minute est considérée comme une unité de production d'énergie. Elle peut être convertie en watts, unité plus parlante. C'est sous cette forme que nous analysons la puissance maximale aérobie ou PMA.

Lors d'un test d'effort en CHU, en CMS, la fréquence cardiaque obtenue à la PMA est considérée comme la fréquence cardiaque maximale.

Or, c'est surtout la fréquence cardiaque à la PMA du jour qui est déterminée. Elle évolue avec le temps et la préparation, augmentant lors du travail en intensité, diminuant en fonction du travail en endurance.

Nous en voulons pour preuve les tableaux 43 et 44.

Ces tests d'effort ont été effectués chez des coureurs qui ont l'habitude l'hiver de déterminer leur fréquence cardiaque maximale sur un test en course à pied. Les résultats sont éloquents.

On sait qu'il existe en fait 3 à 4 pulsations entre la FCM et la PMA. C'est celle-ci que nous mesurons sur le test d'effort.

Il est vrai que sur un test d'effort, il est très difficile de faire la différence. Nous avons la chance de bien connaître les cyclistes que nous rencontrons et de leur apprendre à faire ces mesures sur le terrain.

Ce qui est sûr, c'est que cette valeur évolue au fil de la saison en fonction du niveau de préparation et de l'intensité de l'entraînement.

Le tableau 43 est particulièrement intéressant. La FCM descend pendant les deux saisons consécutives en début de saison, et se trouve maximale en début de reprise, là où précisément la VO2max est à son minimum.

DATE	FCM	SEUIL ANAÉROBIE	VO2max
03/01/97	186	88	66
08/03/97	184	87	66
12/04/97	178	86	72
25/05/97	174	81	76
25/06/97	181	86	70

(suite)

DATE	FCM	SEUIL ANAÉROBIE	VO2max
19/07/97	177	84	71
06/09/97	179	85	70
31/01/98	186	87	70
06/03/98	187	87	70
28/03/98	187	86	72
24/04/98	180	87	75
26/06/98	181	85	75

Tableau 43: Analyse de la fréquence cardiaque maximale lors d'un test d'effort. Ce coureur a vérifié également sa fréquence cardiaque maximale lors d'un 400 mètres : elle était de 204 pulsations en décembre.

On voit nettement que la PMA atteinte lors du test d'effort évolue dans le même sens de progression que la VO2max.

Nous pouvons constater que la fréquence cardiaque maximale a monté de 11 pulsations en janvier par rapport à la valeur de septembre.

Ceci correspond à la chute de la VO2max. Dans le même temps, le seuil anaérobie est un peu monté. C'était une période de footing un peu tonique...

Voici sur le tableau 44 l'évolution des paramètres d'un junior deuxième année.

Il est intéressant de constater que la FCM évolue avec la consommation d'oxygène. Quand celle-ci est basse, la FCM est haute. En hiver, elle remonte, tandis que la capacité à l'endurance baisse.

Le seuil anaérobie est très stable et reproductible d'un test à l'autre.

Ces deux tableaux collectent deux années d'analyses effectuées dans un club de la région charentaise, où tout a été mesuré avec précision.

Ce tableau 43 est quasiment une caricature de notre propos. Dès que le niveau d'endurance augmente, la PMA (pulsations) obtenue sur le test d'effort descend, ainsi que le seuil anaérobie. Le cas inverse est également vrai.

Sur ce tableau, la FCM a baissé de 15 pulsations en 6 mois, alors que la VO2max progressait de 13 points. Dans le même temps, le seuil anaérobie baissait de 8 points (à peu près 15 pulsations).

En février, ce cycliste venait d'effectuer une préparation hivernale beaucoup trop dure et se présentait déjà en surrégime.

Il a fallu totalement modifier son entraînement, pour qu'il inverse la tendance. Il est cependant resté à un niveau modeste toute l'année.

DATE	FCM	SEUIL ANAÉROBIE	VO2max
14/02/97	200	95	50
07/03/97	197	94	55
12/04/97	195	90	63
25/05/97	191	90	60
27/06/97	185	87	63
06/09/97	194	90	60
06/12/97	193	90	58
31/01/98	193	92	56
06/03/98	192	89	56
28/03/98	186	89	60
24/04/98	193	91	59
30/05/98	191	90	61

Tableau 44 : Évolution de la fréquence cardiaque maximale lors d'une série de tests d'effort chez un cadet. La fréquence cardiaque mesurée l'hiver lors d'un 400 mètres en course à pied : 205 pulsations.

f) La récupération

Nous avons trouvé dans la littérature quelques données très théoriques jamais vérifiées ou dans des études très vagues. Nous présentons ici le résultat de nos travaux, confirmés par plus de 12000 tests, et vérifiés par le comportement en course de tous ces cyclistes.

La récupération analysée ici est la récupération anaérobie, part essentielle de ce que l'on appelle généralement récupération.

Elle peut se réduire à une constatation : lorsqu'un cycliste présente une exceptionnelle capacité à descendre très vite ses pulsations, il est capable d'un second effort très tôt, beaucoup plus vite que ses concurrents.

Il peut ainsi enchaîner un certain nombre d'attaques, et souvent il sera capable de s'échapper d'un peloton nerveux alors que dans le cas contraire, il sera incapable de supporter les à-coups.

Celui qui manque de récupération et qui marche bien malgré tout accumulera souvent les places d'honneur, et il lui manquera toujours le petit quelque chose qui fait la différence. Il ne pourra guère s'exprimer que dans les seules courses contre la montre, où il pourra malgré tout exprimer sa puissance.

La décroissance de la fréquence cardiaque dès la fin du test d'effort est de 24 % sur l'ensemble du fichier au bout de 1 minute et 30 secondes. Il est intéressant de connaître ce paramètre, car sans une bonne récupération, il est bien difficile d'espérer des résultats brillants dans les courses.

Les taux de récupération annoncés dans les versions précédentes se situaient à 30 %. Mais les 100 watts imposés dans la première minute de récupération par la bicyclette Cardgirus® modifient quelque peu ce critère.

Récupération

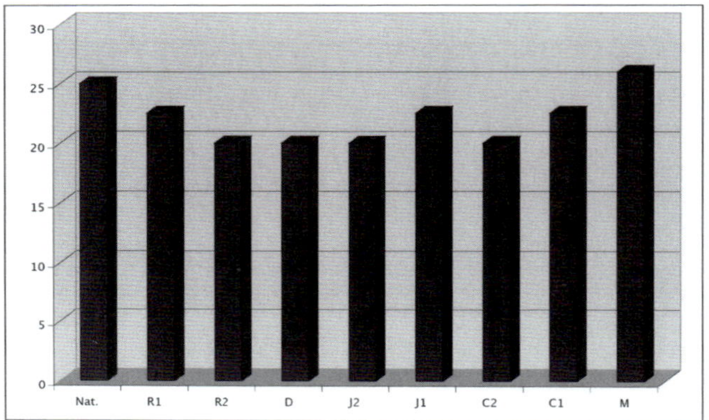

Graphique 36 : La récupération des différentes catégories FFC. Dans l'ordre, nous avons les catégories suivantes, de gauche à droite : nationaux, régionaux 1 et 2, départementaux, juniors première et deuxième années, cadets première et deuxième années et minimes.

Elle dépend de deux phénomènes :

D'une part, il existe un facteur génétique indiscutable. Quel que soit le travail effectué à l'entraînement, un coureur cycliste dont la récupération est naturellement mauvaise, n'arrivera jamais à s'améliorer et à devenir performant à ce niveau.

D'autre part, la récupération dépend de la qualité de l'entraînement. Si celui-ci est constamment répétitif d'une semaine sur l'autre, avec des grandes sorties de rythme en continu, jamais il n'y aura d'amélioration de ce critère. Tous ceux qui ont l'habitude de travailler en *interval training* ou en endurance intermittente ont constaté une nette amélioration de leur capacité à changer de rythme, et à supporter les courses sur petits circuits agrémentés de nombreuses relances.

La combinaison de ces deux critères donne au bout de 1 minute 30 des taux allant de plus de 50 %, pour les récupérations exceptionnelles, à 10 % et moins pour les récupérations catastrophiques. Plus la récupération est élevée (maximum obtenu : 60 %), plus le coureur sera capable rapidement de répondre à une attaque.

Petit rappel : 100 % de récupération, cela s'appelle... la mort !

Le meilleur moyen d'améliorer la récupération est le travail en *interval training* très court, de façon à obliger l'organisme à s'habituer à régénérer très vite les phosphagènes et à éliminer l'acide lactique.

Il faut également savoir changer de rythme souvent à l'entraînement, et bien se garder des longues sorties en continu.

Le graphique 36 montre comment la récupération évolue d'une catégorie à l'autre. Elle augmente des départementaux aux nationaux.

Chez les jeunes, nous sommes contraints de découper l'ancienne catégorie junior en six groupes différents, ce qui perturbe un peu notre graphique. Celui-ci montre une grave faiblesse chez les juniors première année classés en R1.

Ces jeunes coureurs auraient-ils choisi une catégorie un peu trop dure pour eux ? N'oublions pas que le manque de maturité de ces garçons de 17 ans n'est pas un vain mot. Cependant, un certain nombre d'entre eux participe aux courses nationales et internationales juniors. Pas obligatoirement pour leur bien.

g) Le poids

Le cycliste qui s'entraîne en endurance consomme ses lipides, donc ses réserves de graisse. Il suffit d'observer un coureur sortant du Tour de France pour en être convaincu.

Le poids atteint au moment de l'arrivée de la grande forme s'appelle le poids de forme. Il est régulièrement le même tous les ans à l'approche de l'objectif. Il est donc intéressant de le connaître. Il n'est pas facile de déterminer ce poids.

Nous avons constaté cependant qu'il est très proche du poids théorique déterminé par les compagnies d'assurances, et ce à 2 kilos près.

Ce poids théorique est utile pour estimer les gros écarts par rapport à la moyenne de la population. Il a été établi à partir d'une importante population. Un tel poids se disperse selon une courbe de Gauss, et la formule qui suit concerne le plus grand nombre.

T est la taille exprimée en centimètres, et C est un coefficient égal à 2 pour une femme, et 4 pour un homme.

$$\text{Poids théorique} = \text{taille} - 100 - \frac{\text{taille} - 150}{\text{coefficient}}$$

Prenons un exemple : un junior première année mesure 1,82 mètres et son poids actuel est de 63 kilos. Son poids théorique est le suivant :

Poids théorique = 182 - 100 - (182 - 150) /4 =74 kilos

Notre jeune coureur présente un retard important de croissance, puisqu'il lui manque la bagatelle de 11 kilos.

Il faudra attendre qu'il se muscle un peu et qu'il se rapproche un peu de son poids théorique avant de lui imposer des charges de travail trop dures.

Attention cependant ! Ce n'est pas parce que votre poids ne correspond pas à la formule que celle-ci est fausse. Ni que vous êtes trop gros !

Comme toutes statistiques, cette formule permettant de calculer le poids théorique n'est qu'une moyenne sur des centaines de milliers de personnes. Comme toujours, il faut s'en servir pour ce qu'elle peut apporter, mais pas se mettre au régime s'il existe un écart de 3 kilos avec le poids proposé par les calculs.

Ceci permet aux parents et aux éducateurs de comprendre pourquoi il faut patienter avant que leur coureur ait vraiment les moyens de s'exprimer

Nous utilisons cette formule le plus souvent chez les jeunes coureurs pour montrer combien grand est leur déficit musculaire ou pour révéler au jeune et à ses parents de véritables problèmes de surpoids, voire d'obésité.

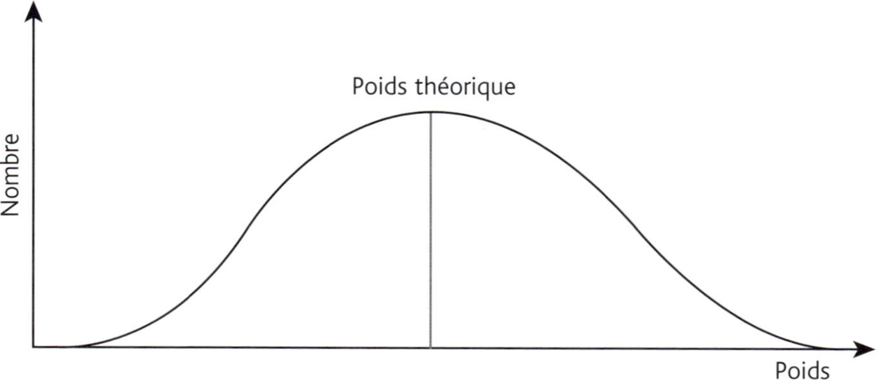

Graphique 37 : Ceci est un exemple de courbe de Gauss. On trouve ce genre de répartition dès lors que l'on effectue des statistiques sur un grand nombre d'individus : taille des appelés du contingent, pouls de repos des coureurs cyclistes, vitesse de rotation de jambes, etc.

h) L'intérêt de la comparaison du poids et du pouls

Pendant la saison de compétition, le pouls de repos descend régulièrement tant que la forme s'améliore. Il en est de même pour le poids, qui descend régulièrement jusqu'au poids de forme. Si l'on trace sur un graphique la courbe de chacun des deux critères, on remarque que ceux-ci baissent ensemble tant que la forme approche.

Voici les cas de figure que nous pouvons rencontrer :

CAS DE FIGURE	SIGNIFICATION
Pouls de repos baisse, poids baisse	Amélioration de la forme
Pouls de repos monte, poids stable	Fatigue passagère
Pouls de repos monte, poids baisse	Syndrome de surentraînement
Pouls de repos monte, poids monte	Sous-entraînement

Tableau 45 : L'évolution parallèle du pouls et du poids.

Bien réalisée, à jour fixe et à distance de la dernière course, cette courbe permet de dépister très tôt l'arrivée de la méforme et permet de déterminer les périodes nécessaires de coupure.

Ceci permet à un coureur capable de se prendre en charge lui-même, de prévenir ses propres baisses de régime et d'inclure dans sa préparation les phases de coupure dont il a absolument besoin.

i) L'évolution des paramètres

Compte tenu de l'imprécision relative inhérente à une évaluation telle que la nôtre, l'épreuve d'effort étant indirecte et aucun prélèvement sanguin de lactates n'étant effectué, l'intérêt de cette batterie de tests vaut principalement par la possibilité de les reproduire tous les mois et d'en étudier l'évolution au fil de la saison cycliste.

La combinaison des différents paramètres et leur évolution dans le temps permet d'apprécier la progression du sportif.

Pour visualiser facilement l'image du test d'effort, nous avons pris les trois paramètres principaux, récupération, seuil anaérobie et VO2max pour symboliser le réservoir d'énergie disponible pour le cycliste. Nous avons ainsi construit une « boite » en trois dimensions, que nous allons utiliser pour illustrer les différents cas de figure ci-dessous, ainsi que tout le chapitre concernant l'analyse du fichier.

(1) En période de préparation

- L'indice de Ruffier baisse.
- La VO2max s'élève si le sportif effectue un entraînement strictement aérobie.
- Le seuil anaérobie baisse ou se maintient.
- Le pouls de repos s'abaisse.
- La récupération s'améliore.

Si, bien sûr, le cycliste respecte les consignes d'entraînement, la progression est nette de novembre à fin février. Celui qui met la charrue avant les bœufs compromet sa saison.

Exemple 1 : cycliste en début de préparation

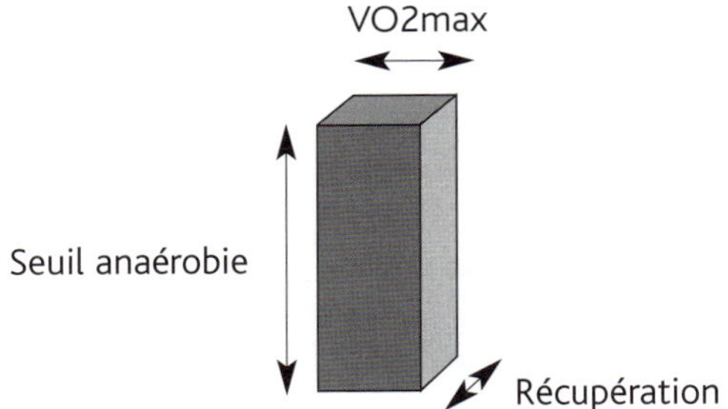

(2) En période de compétition

- Le pouls de repos continue à descendre et ce jusqu'à l'obtention de la forme.
- L'indice de Ruffier continue de descendre.
- La VO2max s'élève.
- La récupération est stable ou s'améliore.
- Le seuil anaérobie reste stable lors du travail aérobie et s'élève lors du travail en puissance en cycle de recherche de la forme.

Exemple 2 : cycliste en période de compétition

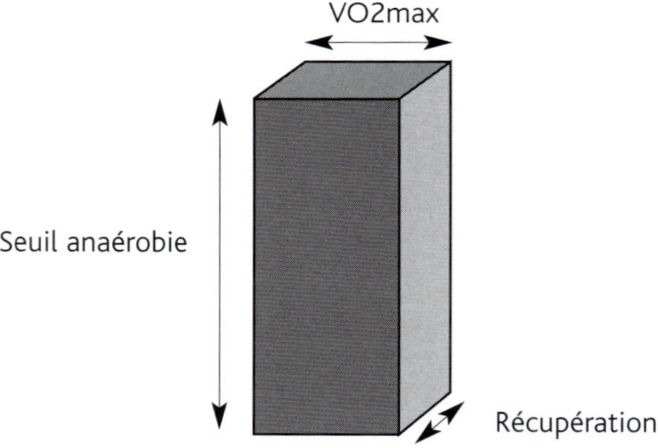

(3) À l'approche de l'objectif, à l'état de forme

- Le pouls de repos est stable, à son minimum.
- Le test de Ruffier est à son plus bas niveau.
- La VO2max est maximale.
- Le seuil anaérobie s'élève et se rapproche de la fréquence cardiaque maximale.
- La récupération est maximale.

Rappelons que nous sommes dans une situation théorique et que souvent, l'objectif n'est pas préparé du tout ainsi et que le coureur est très loin de cette situation.

Souvent la PMA est seule à être améliorée par un excès de kilomètres parcourus toujours à allure modérée, mais le seuil anaérobie est loin d'être très élevé !

Exemple 3 : cycliste à l'approche de l'objectif

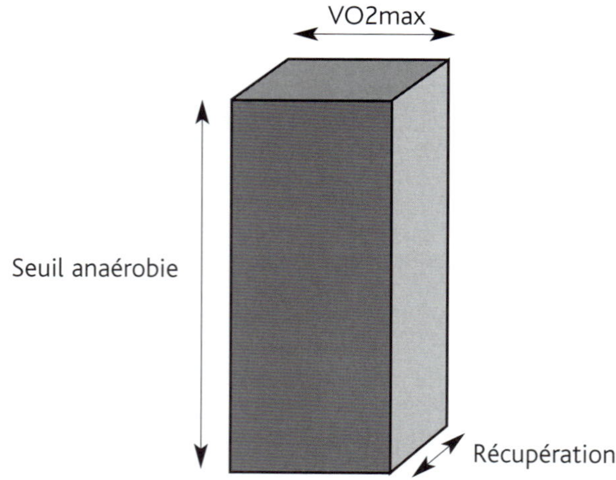

(4) En période de transition

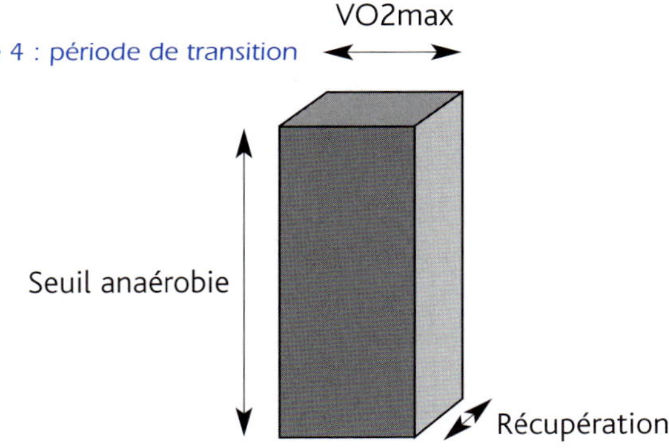

- Le pouls de repos remonte et prend sa valeur la plus élevée.
- L'indice de Ruffier est lui aussi à son maximum.
- La VO2max diminue fortement.
- Le seuil anaérobie descend.
- La récupération s'abaisse à son minimum.
- Le poids a tendance à chuter, parfois fortement.
- Le rapport poids puissance s'effondre.

Ceci est d'autant plus vrai que la préparation hivernale est insuffisante et que le poids a tendance à monter du fait d'une alimentation plus relâchée et d'une puissance en baisse.

Rappelons qu'en matière d'entraînement, rien ne se conserve. Ce qui n'est pas travaillé est désespérément perdu. Si nous avions pu le tatouer sur le front des coursiers, croyez bien que nous n'aurions pas hésité une seconde.

(5) Le surentraînement

(a) **Définition :**

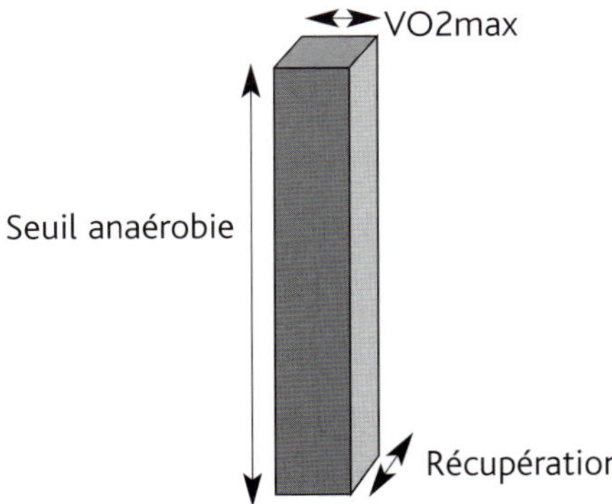

Le surentraînement, c'est l'ensemble des phénomènes qui aboutissent à l'épuisement progressif du sportif et à la baisse des performances. Souvent il est lié à l'accumulation de compétitions trop rapprochées et trop dures, couplé avec un entraînement inapproprié.

Nous définissons le surentraînement comme un surmenage sportif.

(b) Les causes de ce surentraînement sont multiples :

Nous distinguerons essentiellement :

- Accumulation de trop de courses trop dures. Courant chez les nationaux et les élites. Lorsque l'on accumule «galère» sur «galère», on n'a plus le temps de récupérer, et la fatigue des déplacements s'ajoute à celle de la course.

Il y a alors excès de travail en puissance aérobie, au détriment de la récupération. On retrouve régulièrement ce cas de figure en début de saison, quand les coureurs pressés de venir en forme brûlent les étapes en précipitant le travail d'intensité.

Il s'agit surtout d'un important déficit en endurance.

- Charges de travail trop rapprochées sans respecter les temps nécessaires pour la récupération, et *a fortiori* pour la surcompensation.

- Après un arrêt sur chute, maladie ou arrêt forcé, beaucoup augmentent trop vite leur charge de travail à la reprise, et l'organisme ne le supporte pas.

Une semaine d'arrêt correspond à deux semaines de travail perdues, il ne faut jamais l'oublier.

- La plupart du temps, un coureur qui s'entraîne dur après la journée du travail, qui court beaucoup dans des courses trop dures sans jamais prévoir des périodes de récupération s'expose à un état de surentraînement.

- Séances d'entraînement en groupe avec des sujets de niveau différent. Les entraînements de ce type amènent souvent des résultats catastrophiques.

Il faut comprendre que si trois coureurs de niveau très différent vont rouler ensemble (un National, un J2 de niveau moyen et un Départemental par exemple) au cours d'une sortie en terrain vallonné, le plus fort perd son temps, le plus faible roule toute la sortie en intensité excessive et le troisième est le seul à profiter de la séance.

Alors, imaginons ce qui peut se passer pour un groupe de 15 coureurs !

- Enfin s'il se rajoute un certain manque de sommeil (la fatigue physique amène souvent des difficultés d'endormissement), nous avons le tableau complet du sportif qui ne peut plus assumer son sport dans des conditions normales.

Précisons que le surentraînement ne concerne que l'excès de charge en intensité. L'accumulation de kilomètres en endurance pure ne pourra que provoquer une saturation et une stagnation, principalement s'il n'y a pas d'évolution de la charge de travail.

(c) Les effets physiologiques du surentraînement :

Les effets physiologiques du surentraînement sont les suivants :

- le pouls de repos s'élève.
- L'indice Ruffier remonte.
- La VO2max diminue.

- Le seuil anaérobie s'élève.
- La récupération s'effondre.

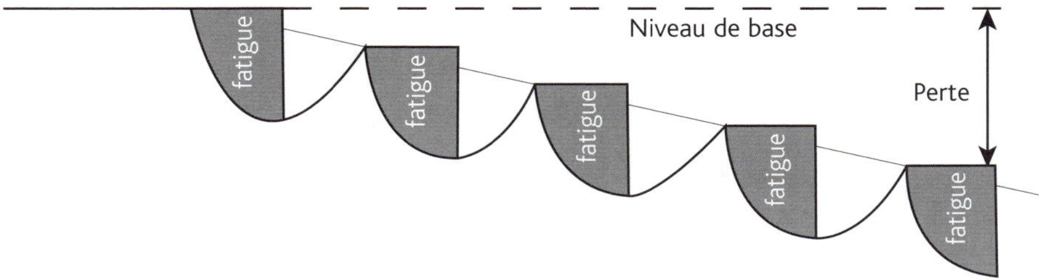

Graphique 37 : Le surentraînement provoqué par l'enchaînement de charges de travail avec récupération réduite. Les réserves énergétiques diminuent sans régénération suffisante.

Si nous ajoutons que le sujet transpire énormément, qu'il présente des insomnies, un nervosisme, qu'il est pale, qu'il a maigri parfois de façon importante, nous avons le tableau complet de sujet fatigué. Il ne réussit plus dans son sport et il peut devenir assez vite dépressif.

(6) Le sous-entraînement

(a) Définition :

Le sous-entraînement est une absence de progression du fait d'un travail insuffisant ou inefficace.

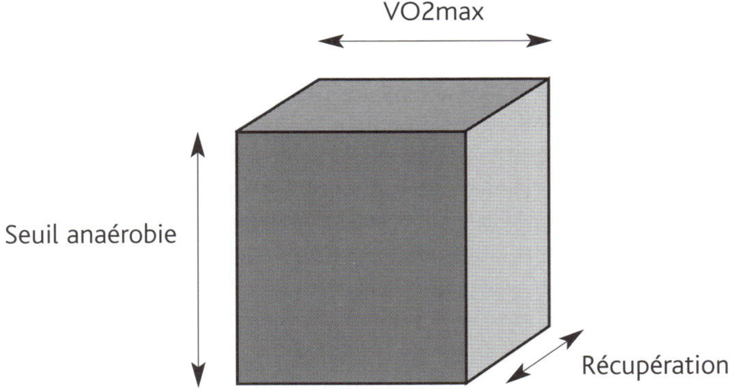

(b) Les causes du sous-entraînement :

Le sous-entraînement est un mal courant chez le cycliste. Car il confond souvent « faire des heures de selle » et s'entraîner.

Ceci permettra d'effectuer un petit rappel sur la définition même de l'entraînement, finalement totalement ignorée par le plus grand nombre.

L'entraînement est une activité physique visant à améliorer ses performances en augmentant de façon progressive et régulière la charges de travail. L'entraînement permet une adaptation de l'organisme aux efforts de compétition.

Cette adaptation à l'effort de compétition impose un développement du potentiel de chaque filière énergétique, et bien sûr pas seulement de la glycolyse aérobie et de la lipolyse. C'est pourquoi l'accumulation de sorties en zone d'endurance exclusivement limite un organisme à des efforts de même type en compétition, limitant seuil anaérobie et récupération, en abaissant la PMA et la fréquence cardiaque maximale.

Quand un cycliste effectue toute l'année le même type de sorties, il n'améliore pas ses performances : il fait ce que l'on appelle de la conservation de la condition physique, ce que fait le promeneur du dimanche ou le cyclotouriste.

Les causes principales de sous-entraînement sont les suivantes :

- Non motivation ; se rencontre souvent chez les jeunes coureurs, chez qui les parents sont plus motivés que lui.

- Écart de temps entre les séances beaucoup trop important : pas de sorties pendant la semaine et compétition le dimanche.

- Très longues sorties à petite allure et à faible intensité.

- Charges de travail insuffisantes et organisées de façon incohérente.

Il a fallu éliminer d'abord toutes les situations où les résultats étaient faussés : sujet malade et fiévreux, cycliste débauchant le soir après une journée épuisante à manipuler des parpaings, cycliste venu faire les tests d'effort à vélo, cycliste n'ayant pas récupéré de la dernière compétition.

Bien sûr, il existe des tests d'effort qui ne cadrent pas avec les dires du cycliste. Après enquête auprès des proches ou de l'entraîneur, il est toujours possible de rétablir la vérité.

Nous rencontrons le sous-entraînement à tous les niveaux, du fait principalement de la non motivation de beaucoup de coureurs pour les sorties d'entraînement ou du manque de connaissance des exigences de la progression sportive.

Cette maladie touche toutes les catégories de compétiteurs y compris les élites.

Il suffit d'observer les professionnels en fin de saison, alors que se sont présentées deux opportunités majeures de la saison 2000 : les jeux Olympiques et le championnat du monde, où tous nos coursiers ont brillé par leur absence après une saison très longue, mais sans compétitions majeures depuis le Tour de France. Ils ont manifestement été incapables de se remotiver pour se préparer correctement.

N'est-il pas curieux qu'à une époque où tout le monde réclame une réduction du temps de travail, les cyclistes n'en font jamais assez et ont toujours besoin d'en rajouter ? Toujours en quantité, bien sûr, rarement en qualité !

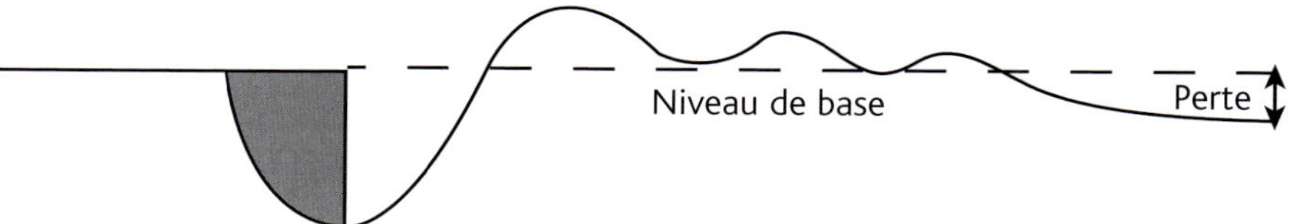

Graphique 38 : Les charges d'entraînement sont trop espacées et n'amènent à aucune modification du niveau de base. L'entraînement suivant intervient après la perte de l'effet de surcompensation.

Nombre de jeunes privés de vélo la semaine, parce qu'ils sont pensionnaires dans leur établissement, veulent courir quand même le dimanche et se heurtent à des résultats inexistants.

Pour ceux-là, une seule solution : le home-trainer. Dans le cas contraire, c'est la promenade le dimanche ! Sans entraînement, il n'y aura jamais de miracle !

Pour éviter tout risque d'erreurs, il est impératif d'effectuer les tests d'effort à distance d'une compétition dure, la récupération, le pouls de repos et le test de Ruffier pouvant en être sérieusement affectés.

C'est dans ce groupe de sous-entraînés que nous avons trouvé le plus de cyclistes, et particulièrement lorsqu'ils avaient beaucoup de qualités !

Qui penserait que plus un sportif est brillant, plus il doit travailler ? David Douillet, sûrement. Pas nos cyclistes.

C'est pourtant là qu'est la clé de l'entraînement.

La plupart des coursiers s'imaginent que ce sont les compétitions qui doivent leur permettre de s'améliorer. Comme si un grand perchiste ou un sprinter en athlétisme attendait les jeux Olympiques pour espérer progresser !

Quelle erreur ! N'oublions pas que l'amélioration de la performance s'apparente à la construction d'un mur sur des sables mouvants.

Le soir, le maçon fatigué se couche, satisfait de son travail, et le lendemain matin, il ne reste plus rien. Il faut recommencer.

L'organisme nécessite une sollicitation permanente. Et quand bien même il aurait parcouru 5000 kilomètres d'endurance pure entre janvier et février, il n'en restera plus rien en juillet s'il n'a pas continué ce travail.

Ceci est vrai pour la force, pour la vélocité, pour maintenir un seuil anaérobie élevé, pour conserver une bonne récupération, pour développer sa VMA, ses qualités de sprinter.

Malheureusement, à lire les revues cyclistes ou à écouter les commentaires lors du Tour, nous finirions par penser le contraire, tant les professionnels semblent aux antipodes de la réalité de l'entraînement.

Ce milieu serait-il une vitrine déformante ?

L'entraînement ne doit pas être une punition. S'il est varié, attractif, vous vous prendrez au jeu, et vous apprendrez à guetter les signes de l'amélioration de votre condition physique.

(c) Les effets physiologiques du sous-entraînement :

- le pouls de repos ne baisse plus, parfois il remonte.
- L'indice de Ruffier stagne.
- La VO2max ne progresse pas.
- Le seuil anaérobie baisse en général.
- La récupération stagne.
- Prise de poids.

7. Exemples tirés du fichier

a) Présentation

Nous allons présenter les tests d'effort sous forme de tableaux, où seront étudiés la consommation d'oxygène, la récupération, le seuil anaérobie, le pouls de repos, l'indice de Ruffier-Dickson, et la puissance maximale aérobie,

Nous précisons seulement le mois du test, ainsi que les initiales du coureur. Celles-ci sont volontairement fantaisistes dans tous les cas, mais les exemples, eux, sont bien réels.

Les exemples tirés du fichier Cardgirus® comporteront en outre l'analyse du rapport poids-puissance et la VMA.

b) L'évolution normale d'un cycliste au fil de la saison

(1) Exemple 1

Ce coureur, qui suit scrupuleusement nos plans d'entraînement depuis deux ans, progresse régulièrement, mois après mois.

Nous constatons une baisse de la VO2max en période hivernale, puis une amélioration jusqu'aux championnats.

Le pouls de repos baisse parallèlement. Nous remarquerons que la PMA est maximale au moment voulu, de même que la récupération et la consommation d'oxygène.

Ce travail est parfait pour un coureur R1 qui travaille et allie entraînement et activité professionnelle au mieux.

COUREUR 1	POULS REPOS	VO2 MAX	RÉCUPÉRATION	TEST RUFFIER-DICKSON	SEUIL
Janvier 1997	49	56	24	4,2	91
Février 1997	46	61	30	1,8	92
Mai 1997	41	67	31	0,2	91
Juillet 1997	38	75	32	0,3	92
Septembre 1997	43	70	31	0,7	89
Novembre 1997	51	65	24	3,4	90

(suite)

COUREUR n°1	POULS REPOS	VO2 MAX	RÉCUPÉRATION	TEST RUFFIER-DICKSON	SEUIL
Janvier 1998	46	63	28	1,6	89
Mars 1998	44	67	30	0,7	88
Mai 1998	41	71	31	-1,1	91
Juin 1998	39	75	38	-1,2	92
Août 1998	40	77	39	-0,7	88
Septembre 1998	51	65	24	3,4	90

Tableau 46 : L'évolution d'un coureur cycliste R1 sur deux saisons.

À noter que le dernier test a été effectué une quinzaine de jours après l'objectif majeur (troisième dans une belle course).

Il apparaît alors des signes de fatigue (forte baisse de la récupération, montée du test de Ruffier et du pouls de repos). Notre coureur se trouvait bien et n'avait pas jugé utile de respecter une franche coupure !

COUREUR 2	POULS	VO2max	RÉCUPÉRATION	TEST DE RUUFIER-DICKSON	SEUIL	PUISSANCE MAXIMALE AÉROBIE	WATT/KG	VMA
02/00	35	65	25	-2	86	342	5,1	39,8
03/00	33	67	30	-4,8	82	355	5,3	39,8
05/00	29	74	38	-5,4	78	367	5,8	39,8
06/00	32	77	35	-5,1	83	376	6,1	40,1
08/00	31	74	48	-5,9	85	362	5,9	40,4

Tableau 47 : L'évolution d'un cycliste R1 passé depuis national.

(2) Exemple 2

Ce landais de dix-huit ans présente des qualités exceptionnelles. En observant le pouls de repos et le test de Ruffier, nous pouvons en être convaincus.

Le troisième critère qui nous laisse rêveur est sa récupération. En août, elle était de 48 % ! Ce qui bien évidemment lui permet assez souvent de jouer avec ses adversaires.

Le frein principal à l'amélioration de la puissance est ... un régime, qui l'amène à s'essouffler aux deux tiers de la saison. Plus un poil de graisse, plus aucune réserve, il va lui falloir faire très vite machine arrière.

Ce jeune homme n'a que trois années de compétition derrière lui ! Déjà, cette année 2000, ses trois victoires devraient l'amener en catégorie nationale à la fin de l'année.

Nous noterons également que son seuil, très bas en mai, remonte normalement suite à un travail de qualité. Le rapport poids puissance montre une amélioration de 1 watt par kilo entre février et juin, ce qui est considérable.

c) La période de préparation

(1) Exemple 1

COUREUR 3	OCT.	NOV.	DEC.	JANV.	FEV.	AVRIL	MAI
VO2max	57	57	56	57	68	70	71
SEUIL ANAÉROBIE	93	89	87	87	90	91	92
RÉCUPÉRATION	20	17	9	26	21	28	33
POULS REPOS	53	55	60	55	52	52	51
INDICE DE RUFFIER	1,8	2	3,8	2,5	2,3	2,4	1,7
PUISSANCE MAXIMALE AÉROBIE	265	271	268	270	320	354	367
POIDS/POIDS THÉORIQUE	-14	-11	-7	-5	-6	-4	-3

Tableau 48 : Évolution d'un junior sur six mois.

Voici l'évolution d'un junior de faible niveau lors de son passage de première à deuxième année. Sa première année a été très pénible, mais il s'est glissé parmi les meilleurs dès les premiers mois de sa deuxième année.

Depuis, il a toujours progressé, et fait désormais partie d'une équipe nationale, deux ans après son passage en seniors. Il présente désormais une PMA de 385 watts.

Il a toujours respecté les consignes d'entraînement.

Depuis les premiers tests, il a utilisé un cardiofréquencemètre, ce qui était indispensable du fait d'une récupération toujours limite.

Il est intéressant d'observer la progression de son poids, effet de la croissance et du renforcement musculaire. Ce coureur présentait un retard pondéral important (14 kilos en dessous du poids théorique en octobre), pour arriver six mois plus tard à un retard pondéral de seulement 3 kilos.

Sur ce tableau, nous pouvons constater une baisse de tous les paramètres pendant la préparation non spécifique.

Dès la reprise de la préparation spécifique, le travail en endurance se manifeste par une amélioration de tous les critères. Et dès février, le travail en puissance se traduit par une montée du seuil anaérobie et de la PMA. La récupération baisse alors à nouveau, puis se normalise pour arriver à un niveau très correct.

Cette préparation, qui devait être suivie d'une remarquable saison au meilleur niveau junior, s'est déroulée alors que nous pouvions observer un important changement physique : dans son hiver, notre jeune coureur a repris la bagatelle de 11 kilos de muscles ! C'est cela, l'adolescence : d'abord nous grandissons, puis nous nous étoffons.

Cela lui a permis d'encaisser une forte augmentation de la charge de travail proposée par l'entraîneur national des juniors, Bernard Bourreau.

Nous remarquerons cependant que le travail proposé par ce dernier en février a porté un rude coup à ce jeune coureur, lorsque nous voyons l'évolution de la PMA, mais surtout l'effondrement de la récupération, la remontée du seuil, la perte d'un kilo.

Ceci montre combien un junior est fragile, et que notre cycliste a eu beaucoup de chance, il aurait pu tomber en surentraînement aisément.

(2) Exemple 2

DATE	JANVIER	FÉVRIER	MARS
VO2max	51	53	59
SEUIL ANAÉROBIE	96	89	90
RÉCUPÉRATION	31	37	39
POULS REPOS	60	55	50
INDICE DE RUFFIER	5,8	5,2	3,3
PUISSANCE MAXIMALE AÉROBIE	297	302	331

Tableau 49 : Préparation hivernale bien conduite.

Nous avons ici un exemple de préparation à partir de la reprise du vélo, début janvier.

La consommation d'oxygène augmente légèrement de janvier à février, mais nous noterons le niveau tout à fait anormal du seuil anaérobie pour un mois de janvier.

Ce seuil anaérobie à 96 % est le témoin d'une préparation hivernale trop poussée : ce coureur a effectué beaucoup de footing, sans contrôle de sa fréquence cardiaque, et a dépassé les limites fixées. C'est bien là le danger de la course à pied, l'hiver. C'est la raison pour laquelle nous la déconseillons.

À la reprise de la préparation spécifique, notre cycliste a travaillé correctement, comme le témoignent l'augmentation de la VO2max et la baisse du seuil anaérobie.

Les erreurs de l'hiver font que la PMA n'a progressé en un mois que de 5 petits watts, une misère.

Comme précédemment, nous remarquons une progression constante de tous les paramètres, ce qui lui permet d'entamer la saison de compétition dans de bonnes conditions. Il a su réparer ses erreurs, ce qui est rarement le cas !

Le gain de PMA, 30 watts dans l'année, est conforme à la progression constatée par l'ensemble des coureurs à l'année. Certains peuvent progresser beaucoup plus, bien sûr, et d'autres régressent.

Ceux-là sont livrés à eux-mêmes, comme ce cycliste que nous avons vu débarquer en cadet 2 avec 505 watts en juin, et qui deux ans plus tard, en junior national, ne dépasse plus les 360 watts. Malgré des milliers de kilomètres et des stages en équipe de France...

N'y aurait-il pas dans ce cas une remise en cause nécessaire du travail effectué et de l'entourage ?

(3) Exemple 3

DATE	JANVIER	FÉVRIER	MARS
VO2max	55	51	56
SEUIL ANAÉROBIE	92	89	87
RÉCUPÉRATION	34	32	39
POULS REPOS	60	56	52
INDICE DE RUFFIER	8,3	7,9	6,8
PUISSANCE MAXIMALE AÉROBIE	337	310	331

Tableau 50 : Préparation hivernale ratée.

Le cas de ce cycliste est très différent. Au lieu d'une progression régulière, il présente une chute de la consommation d'oxygène et de la PMA lors du test de février.

Ce coureur n'a présenté aucune pathologie, le test a été exécuté dans de bonnes conditions.

Manifestement, il y a eu un ralentissement de la progression par manque de travail. Le seuil anaérobie a baissé en même temps que la VO2max, et continue à baisser en mars.

La récupération a régressé en février. L'indice de Ruffier baisse lentement, tout ceci est le témoin d'un entraînement insuffisant en qualité.

Le principal résultat de ce mauvais début de préparation est l'impossibilité d'entamer un travail en puissance aérobie, faute d'une récupération suffisante.

Il est donc logique de trouver ce seuil anaérobie très bas lors de la reprise des compétitions. Si nous observons la PMA, nous voyons que notre cycliste n'a pas progressé du tout pendant ses deux mois de préparation spécifique.

C'est l'entraînement en diesel où seul compte une accumulation de kilomètres à petite vitesse. Il arrive pourtant aux compétitions avec plus de 4000 kilomètres, qui n'ont servi à rien. Ce n'est manifestement pas efficace du tout à comparer avec l'exemple 1.

Le résultat est un échec total dans la préparation du premier objectif fin mars. Notre cycliste n'a pas pu être prêt à temps.

(4) Exemple 4

DATE	JANVIER	FÉVRIER	MARS
VO2max	67	67	71
SEUIL ANAÉROBIE	87	92	86
RÉCUPÉRATION	29	24	30
POULS REPOS	50	52	40
INDICE DE RUFFIER	2,8	3,2	1,8
PUISSANCE MAXIMALE AÉROBIE	356	368	395

Tableau 51 : Préparation chaotique chez un cycliste national.

Ce cycliste, S1 puis national depuis plusieurs années, a voulu mettre la charrue avant les bœufs, en voulant travailler en puissance avant d'assurer une progression de la consommation d'oxygène.

Il s'en est suivi une stagnation de la VO2max, entre janvier et février, tandis que le seuil anaérobie montait de 5 points. La récupération s'est effondrée, pendant que le pouls de repos remontait, ainsi que le TRD. La PMA n'a commencé à monter qu'au mois de mars.

Le début de saison a été complètement raté et il a fallu beaucoup travailler l'endurance pour rattraper cette très mauvaise préparation. Notre cycliste a sauvé sa saison en effectuant quelques bonnes courses, mais à partir du mois de juillet seulement.

La leçon a été efficace, car depuis cette aventure, les trois saisons suivantes ont vu une préparation sérieuse et des résultats dès les premières compétitions.

(5) Exemple 5

DATE	DÉCEMBRE	JANVIER	FÉVRIER	MARS
VO2max	57	59	61	56
SEUIL ANAÉROBIE	97	92	94	98
RÉCUPÉRATION	29	34	32	27
POULS REPOS	60	55	57	60
INDICE DE RUFFIER	5	3,2	4,2	4,9
PUISSANCE MAXIMALE AÉROBIE	312	325	340	305

Tableau 52 : Régression lors de la préparation spécifique.

Voici l'une des évolutions les plus catastrophiques rencontrées sur dix ans de tests d'effort. Notre coursier a voulu gagner du temps sur ses concurrents. Il a commencé sa préparation spécifique en fin novembre, pour arriver au début janvier avec 1500 kilomètres d'endurance. Il a commencé le travail de puissance aérobie dès ce moment-là malgré les conseils de prudence, et est arrivé aux premières courses avec 4500 kilomètres, mais plus un souffle de forme.

La première aberration est de trouver un seuil anaérobie très élevé au mois de décembre, témoignant d'un travail en puissance à contretemps.

La seconde est une très faible augmentation de la consommation d'oxygène malgré la débauche d'énergie et l'accumulation de kilomètres, et sa dégringolade en mars, ce qui est un comble.

Nous pouvons constater que le dernier test est plus faible que celui du mois de décembre. Tout y est mauvais : un seuil anaérobie très élevé, mais avec une VO2max plus basse au bout de 4500 kilomètres que lorsqu'il n'en avait que 500 en début de préparation.

La récupération s'est effondrée, le pouls de repos est plus élevé que précédemment, et la PMA est plus basse qu'au départ, à l'intersaison.

Nous étions en présence au mois de mars, d'un sportif fatigué, découragé et complètement perdu. Nous avons considéré que son premier objectif venait de se terminer, et l'avons mis au repos complet pour une période de récupération de 8 jours. Puis, nous lui avons proposé un plan de travail beaucoup plus sage, mais les dégâts étaient faits et la saison s'est terminée en juin.

Cette préparation de la saison est tellement catastrophique qu'elle en est caricaturale. Elle doit servir d'exemple pour montrer ce qu'il ne faut surtout pas faire.

Rien ne sert de remonter trop tôt sur le vélo quand on a vingt ans et de précipiter la reprise.

La préparation non spécifique doit s'effectuer exclusivement en endurance fondamentale, de façon à remettre la machine en route progressivement. Il ne faut travailler en puissance qu'après un travail de fond bien fait.

(6) Exemple 6

DATE	DÉCEMBRE	JANVIER	FÉVRIER
VO2max	64	61	75
SEUIL ANAÉROBIE	96	98	90
RÉCUPÉRATION	26	22	23
POULS REPOS	53	54	53
INDICE DE RUFFIER	2,3	2,8	2,2
PUISSANCE MAXIMALE AÉROBIE	322	317	374

Tableau 53 : La quantité ne fait pas la qualité.

Ce coureur est venu pour la première fois le 4 décembre, alors qu'il s'entraînait depuis déjà 2 mois. Il comptabilisait 2000 kilomètres d'entraînement.

Il est revenu un mois plus tard avec 3000 kilomètres. Le dernier test d'effort a été fait au début février. Notre homme compte désormais 4700 kilomètres

Par-delà la performance que représente le fait de réaliser autant de kilomètres d'entraînement avant le début des courses, nous constatons l'incohérence d'un tel travail : surentraînement début décembre, avec seuil à 96 % et récupération indigne d'un coureur élite.

Non content de ces mauvais résultats, il a tout aggravé un mois plus tard (les fêtes ont été bien célébrées, mais très mal digérées !).

La consommation d'oxygène a régressé avec 1000 kilomètres de plus, la récupération s'est encore aggravée, et le seuil anaérobie frôle le maximum.

Le résultat de février montre à l'évidence un bien meilleur travail, puisque la consommation d'oxygène redevient normale pour un élite.

Cependant, il paie cher les erreurs de l'hiver avec une récupération catastrophique de 23 %. Rappelons que la plupart des élites présentent une récupération d'au moins 35 %

Cet exemple devrait faire réfléchir les cyclistes sur l'intérêt réel de cette accumulation d'entraînements mal faits, qui laisse de profondes traces alors que les compétitions ne sont pas commencées.

Une vraie préparation hivernale aurait sûrement été plus profitable...

Tous les tableaux précédents concernant la période hivernale sont des exemples tirés de l'ancien fichier SMES. En effet, nous avons débuté nos tests avec Cardgirus® dans l'hiver 1999, et n'avons pas pu collecter suffisamment d'exemples intéressants.

d) La période de compétition

(1) Exemple 1

DATE	MARS	AVRIL	JUIN	JUILLET
VO2max	68	72	80	82
SEUIL ANAÉROBIE	86	85	87	88
RÉCUPÉRATION	40	38	34	32
POULS REPOS	52	52	44	42
INDICE DE RUFFIER	5,9	5,3	3,3	-0,4
PUISSANCE MAXIMALE AÉROBIE	354	362	388	421

Tableau 54 : Une progression remarquable.

Voici la progression d'un junior, excellent coureur devenu depuis première catégorie, puis élite 2. Nous pouvons constater une progression de la consommation d'oxygène, qui augmente considérablement aux alentours des championnats de France (juin pour la piste et juillet pour la route cette année-là), objectif majeur de la saison.

Le seuil anaérobie remonte légèrement à partir de la période de recherche de la forme. Ce coureur a participé à la course la plus dure pour un junior : le contre-la-montre par équipe sur 70 kilomètres.

Cette dure préparation se traduit par une baisse de la récupération. La PMA est très élevée, et manifestement lors du test de juillet, peu avant de partir aux championnats, notre sujet est en pleine forme.

Cependant cet exemple met en évidence la difficulté à remonter le seuil anaérobie lors de la préparation d'un objectif, pour les meilleurs cyclistes.

(2) Exemple 2

B. SOULAT	JANVIER	MARS	MAI	JUILLET
POULS DE REPOS	53	48	49	50
INDICE DE RUFFIER	3	1,8	1	1,7
SEUIL ANAÉROBIE	95	91	87	85
RÉCUPÉRATION	25	24	22	22
VO2max	59	62	67	67
PUISSANCE MAXIMALE AÉROBIE	312	350	368	386
WATTS/KG	4,7	4,9	5,3	5,3
VITESSE MAXIMALE AÉROBIE	41,3	41,3	43,9	43,8

Tableau 55 : Bon travail = progression à tout âge.

Voici un coureur de 43 ans, qui s'amuse beaucoup en catégorie S1 UFOLEP.

Ce tableau est très caractéristique d'un travail de qualité, avec réelle programmation.

Nous pouvons constater la différence fondamentale entre ce coureur en janvier et ce qu'il devient en juillet : 74 watts plus fort, 2,3 kilomètres par heure plus vite.

Il s'est un peu raté dans sa préparation hivernale, et est arrivé dès la reprise du travail spécifique avec un seuil très élevé, alors que sa PMA est très basse.

Comme à l'habitude, voici une conséquence des reprises de l'entraînement où tout le monde veut montrer qu'il est au point.

(3) Exemple 3

DATE	FÉVRIER	MARS	MAI	JUILLET	AOÛT
VO2max	60	63	73	76	72
SEUIL ANAÉROBIE	89	88	87	85	84
RÉCUPÉRATION	34	32	36	36	36
POULS REPOS	60	50	55	55	46

INDICE DE RUFFIER	6,5	2,5	3,9	3,3	0,9
PUISSANCE MAXI-MALE AÉROBIE	322	339	389	388	367

Tableau 56 : Le sous-entraînement .

Voici l'exemple d'un coureur en sous-entraînement, qui présente de grosses capacités, mais une faible motivation.

Il a progressé tout au long de la saison sur le plan de la VO2max, n'a pas manifesté d'état de fatigue et a conservé une bonne récupération.

Le seuil anaérobie n'a fait que baisser dès le début de saison. S'il avait travaillé en puissance, nul doute qu'il aurait réussi une très belle saison.

Il s'est contenté de deux victoires dans des courses de seniors 4 et seniors 5. Il est certain qu'avec de tels tests, il ne serait pas ridicule dans les catégories supérieures.

Il s'agit là davantage d'un problème de motivation que de manque de capacité. C'est un problème très courant chez les jeunes, qui n'apprécient pas leurs moyens physiques à leur juste valeur.

(4) Exemple 4

DATE	AVRIL	JUIN	JUILLET
VO2max	66	66	66
SEUIL ANAÉROBIE	87	87	87
RÉCUPÉRATION	32	28	31
POULS REPOS	48	47	48
INDICE DE RUFFIER	1,4	2,5	1,2
PUISSANCE MAXI-MALE AÉROBIE	441	441	441

Tableau 57 : Préparation totalement inefficace.

Ceci est un exemple typique de mauvaise gestion de la saison cycliste. Ce coureur de catégorie nationale n'a jamais appris à se préparer et a toujours roulé au hasard de son inspiration.

Il courait sans objectif majeur, au jour le jour. Il n'y a eu aucune progression d'avril à juillet, ni dans les tests d'effort, ni dans les résultats sportifs.

Pourtant, ses excellents tests et sa PMA élevée laissaient augurer une belle saison. Nous retrouvons un phénomène courant chez les seniors nationaux, le manque de travail, tant en volume qu'en intensité. Ceci traduit le fait que :

Plus un coureur est performant, plus il doit s'entraîner.

Ce principe n'est malheureusement pas entré dans les mœurs, c'est pourquoi les meilleurs, et en particulier les seniors élite et nationaux, sont souvent mal préparés.

Ils se contentent d'exprimer leur force «brute». Chacun se sert des courses pour remplacer l'entraînement qu'il n'a plus le temps d'effectuer.

C'est le triomphe du «feeling» et de l'à-peu-près. On n'exprime jamais ses vraies capacités, puisqu'on ne va jamais au bout d'une préparation. **Ces à-peu-près font le lit du dopage !**

Cette catégorie nationale est très à part. En dessous du niveau élite, très près des régionaux, les coureurs qui la composent n'ont pas les moyens d'accéder au plus haut niveau ou sont juste de passage avant d'y monter.

Il s'ensuit souvent un certain manque de motivation où l'intérêt n'est pas tant la progression sportive que l'attrait financier.

Il faut savoir qu'ils sont nombreux dans cette catégorie à ne pas travailler et, dans ces conditions, il est attrayant de profiter de ses capacités physiques pour arrondir les fins de mois.

C'est ainsi que l'on voit dans cette catégorie beaucoup de combines, de mafias, de magouilles, d'achats de courses ou de cyclistes ne disputant pas leur chance. C'est aussi, il faut le dire, un milieu où le dopage est roi.

Ce n'est pas par hasard si, comme nous le verrons plus loin, le niveau des R1 a quasiment rattrapé celui des nationaux. Bien sûr, et c'est heureux, il y a encore bon nombre de nationaux propres, mais dans certaines régions, ils ne sont pas à la fête.

(5) Exemple 5

Cet exemple est celui d'un coureur régional 2. Livré à lui-même, il présente des résultats totalement en dents de scie. Il n'y a aucune cohérence dans ce travail, puisque le point d'orgue de la saison est atteint au mois de mars.

Le top niveau de la saison semble être lors du premier mois de compétition, en mars. C'est là que l'on retrouve sur les deux années la meilleure VO2max (67 et 68 ml/kg/mn).

Au bout d'un an, il a progressé de 8 watts en mars et a perdu 11 watts en mai... 7 des 9 tests montrent un seuil anaérobie trop élevé !

COUREUR 4	POULS REPOS	VO2max	RÉCUPÉRATION	TEST RUFFIER-DICKSON	SEUIL	PUISSANCE MAXIMALE AÉROBIE
03/1997	55	67	20	3,4	93	320
04/1997	44	62	24	1,4	97	295
05/1997	44	66	26	2,2	95	314
06/1997	43	63	28	1,3	96	299
01/1998	46	65	18	4	93	317
02/1998	47	63	21	4,6	96	304

03/1998	43	68	24	3	94	328
04/1998	44	62	25	2,8	91	299
05/1998	44	64	30	2,3	92	303

Tableau 58 : Coureur livré à lui-même, sans logique d'entraînement.

C'est ce que l'on retrouve si souvent dans cette catégorie et chez les départementaux : des coureurs qui font le forcing l'hiver, en travaillant d'ailleurs en sur-régime (voir seuils anaérobies beaucoup trop élevés et récupérations très insuffisantes).

Une fois la saison commencée, ces cyclistes, qui n'ont pas de plans de travail, naviguent à vue, à l'inspiration et bien sûr les résultats sont minces.

Ces coureurs, qui continuent à rouler tout l'hiver, sont «cuits» très tôt dans la saison et terminent en septembre comme ils peuvent. L'amusant est que l'année suivante, ils recommencent les mêmes erreurs en se préparant bien trop tôt.

e) La période de transition et l'intersaison

(1) Exemple 1

DATE	SEPTEMBRE	OCTOBRE	NOVEMBRE
VO2max	65	56	51
SEUIL ANAÉROBIE	90	92	95
RÉCUPÉRATION	34	28	25
POULS REPOS	46	55	57
INDICE DE RUFFIER	2	2,4	6,4
PUISSANCE MAXIMALE AÉROBIE	397	333	294

Tableau 59 : L'évolution des paramètres après l'interruption de la saison.

Ce coureur a interrompu sa saison à la fin septembre. Pendant la période de transition, sa VO2max a baissé de 20 points. Pendant ce temps, la récupération baissait et le seuil anaérobie s'élevait.

La PMA descend de plus de 100 watts et le pouls de repos remonte. La conséquence de la baisse de la récupération et de la remontée du pouls de repos est la remontée du TRD.

La remontée du seuil anaérobie n'est pas une fatalité, mais bien le résultat d'une préparation hivernale mal conduite, comportant du travail beaucoup trop intense.

Le footing que l'on conseille l'hiver, ainsi que les diverses activités hivernales, doivent être impérativement effectuées à un rythme tranquille, très éloigné de celui de la compétition.

Il ne faut pas oublier que la course à pied est différente du sport cycliste. Tous les muscles squelettiques travaillent, comparativement au cyclisme, sport porté où l'essentiel de l'effort est supporté par les muscles des membres inférieurs et du bassin. De ce fait, la fréquence cardiaque s'élève beaucoup plus vite lors de la course à pied. La notion de footing implique des efforts peu intenses, ce que ne respectent pas, bien souvent, les cyclistes.

C'est pourquoi, pour bon nombre de coureurs, la saison hivernale apporte plus de méfaits que de bienfaits. C'est aussi la raison pour laquelle certains cyclistes laissés en octobre avec un seuil anaérobie autour de 90 % se retrouvent dès le début janvier à un niveau proche du maximal.

Tout effort inconsidéré dans cette période hivernale est nuisible. Plus que jamais, il est indispensable de ne jamais l'oublier.

Cet exemple illustre totalement notre propos. Notre coureur a effectué des compétitions de type «gentlemen» en octobre alors qu'il ne s'entraînait plus dans la semaine, puis il a voulu effectuer une saison de cyclo-cross !

Cet exemple explique à lui seul pourquoi nous proposons désormais une autre façon de concevoir la préparation hivernale, et pourquoi nous déconseillons désormais le footing et la course à pied.

Il est totalement impossible de maîtriser des jeunes cyclistes, toujours impatients en période hivernale.

(2) Exemple 2

DATE	OCTOBRE	NOVEMBRE	DÉCEMBRE
VO2max	58	57	56
SEUIL ANAÉROBIE	93	90	87
RÉCUPÉRATION	24	20	17
POULS REPOS	53	54	60
INDICE DE RUFFIER	1,7	2	3,8
PUISSANCE MAXIMALE AÉROBIE	275	271	268
POIDS	65	68	71

Tableau 60 : Évolution des paramètres en hiver, en absence de préparation hivernale.

Ceci est l'exemple inverse d'un coureur qui, pour raisons de santé, n'a pas fait du tout de préparation hivernale. Tous les paramètres baissent de manière spectaculaire. Seule la PMA ne varie que très peu, de même que la VO2max.

On voit bien sur cet exemple la baisse logique du seuil anaérobie en l'absence de travail en endurance critique haute : le coureur se déshabitue totalement de l'effort en acidose lactique partielle.

f) Exemples de tests d'effort chez les adeptes du cyclo-cross

(1) Exemple 1

COUREUR 5	JANVIER	MAI	JUILLET	SEPTEMBRE	NOVEMBRE	FÉVRIER
VO2max	68	61	60	68	75	75
SEUIL ANAÉROBIE	89	89	93	90	87	86
RÉCUP.	47	52	47	53	58	54
POULS REPOS	58	55	50	40	45	45
INDICE RUFFIER-DICKSON	0,3	3,6	4	0	0,1	0
PUISSANCE MAXIMALE AÉROBIE	357	327	324	352	379	381

Tableau 61 : Évolution d'un cyclo-crossman au cours de sa saison.

Ce coureur est un excellent cyclo-crossman. Sa période de compétition se situe essentiellement en hiver, mais il effectue également une saison cycliste sur route. Son seuil anaérobie baisse curieusement en période de compétition. Ses résultats sont pourtant remarquables, avec 15 victoires dans la saison hivernale (l'un des deux meilleurs spécialistes en 1992-1993).

Ceci montre que, bien que dominant son sujet, on risque d'être malgré tout mal préparé, sous-entraîné, car on ne va plus au fond de soi-même pour triompher.

La meilleure preuve est que notre coureur est régulièrement passé à côté du titre régional, en ratant l'objectif par excès de confiance.

(2) Exemple 2

DATE	JUIN	JUILLET	OCTOBRE	NOVEMBRE
VO2max	63	66	71	68
SEUIL ANAÉROBIE	88	91	86	89
RÉCUPÉRATION	32	34	31	24
POULS REPOS	59	55	58	53
INDICE DE RUFFIER	2,4	1,9	4,1	8
PUISSANCE MAXIMALE AÉROBIE	353	364	393	379

Tableau 62 : Erreur de préparation chez un cyclo-crossman.

Ce coureur pratique également le cyclo-cross. C'est un junior d'excellent niveau régional.

Ses tests d'effort le montrent en progression régulière, à l'exception de la dernière épreuve d'effort, qui indique essentiellement un effondrement de la récupération et une chute de la PMA.

Nous avons vu ce coureur au lendemain d'un enchaînement de trois compétitions dans le même week-end. La charge de travail était très dure, et notre coureur à mis quatre jours pour retrouver son pouls de repos initial.

L'indice de Ruffier a mis la même durée pour revenir conforme à celui d'avant cette énorme charge de travail.

Si nous n'avions pas pu réaliser notre test d'effort à ce moment-là, ce junior aurait continué à s'entraîner normalement et aurait risqué de sombrer dans un total surentraînement. Ceci montre que même lorsqu'un coureur marche fort, il ne peut pas se permettre n'importe quoi. Toute erreur se paie. Le test de Ruffier peut éviter bien des erreurs de ce type.

Le cyclo-cross est une discipline très exigeante, qui nécessite une surveillance accrue du coureur, surtout s'il s'agit d'un junior, malgré tout encore fragile.

g) Ce que l'on ne devrait jamais voir

DATE	DÉCEMBRE	JANVIER	FÉVRIER
VO2max	64	61	79
SEUIL ANAÉROBIE	96	98	94
RÉCUPÉRATION	26	23	22
POULS REPOS	53	54	53
INDICE DE RUFFIER	3,8	2	2,6
PUISSANCE MAXIMALE AÉROBIE	322	317	417
POIDS	66	64	67

Tableau 63: Sans analyse sanguine, on peut quand même suspecter une tricherie.

Voici le cas d'un coureur dont les tests nous sont apparus plus que douteux.

Ce coureur nantais et son club ont été les seuls que nous ayons refusé de revoir !

Ce coureur élite, à ses dires, avait travaillé énormément pendant le mois de décembre. Pourtant, ses tests un mois après avaient chuté, avec une VO2max ainsi qu'une PMA plus basse, mais un seuil anaérobie au zénith.

Le mois suivant, il nous explique qu'il n'a rien fait du mois. Lorsqu'on observe la PMA et la consommation d'oxygène, on est frappé par une énorme progression.

Celle-ci ne colle pas avec une récupération lamentable pour la catégorie, et avec un seuil anaérobie toujours aussi haut.

Elle ne colle pas non plus avec une progression logique. La prise de 3 kilos en 1 mois nous fait fortement penser à une prise d'anabolisants, ce qui nous a poussé à exclure cet individu de notre cabinet.

Nous faisons du bénévolat à longueur d'année, et le faisons avec plaisir et passion, les coureurs qui viennent sont les bienvenus.

Nous n'avons que faire de ce genre d'individu. Il faut ajouter qu'il a été pris à plusieurs reprises pour dopage depuis sa venue...

h) La surveillance mensuelle d'un club

Nous suivons régulièrement la section sport études de Châteaulin (29) depuis 1998, à raison d'une visite tous les deux mois.

Cette section présente la particularité d'avoir un animateur entraîneur extrêmement compétent et disponible.

L'enseignement n'y est pas un vain mot.

Nous présentons dans le tableau 64 les résultats du travail de ces coureurs, de très bon niveau pour certains, de niveau plus ordinaire pour d'autres.

Ces coureurs sont cadets ou juniors.

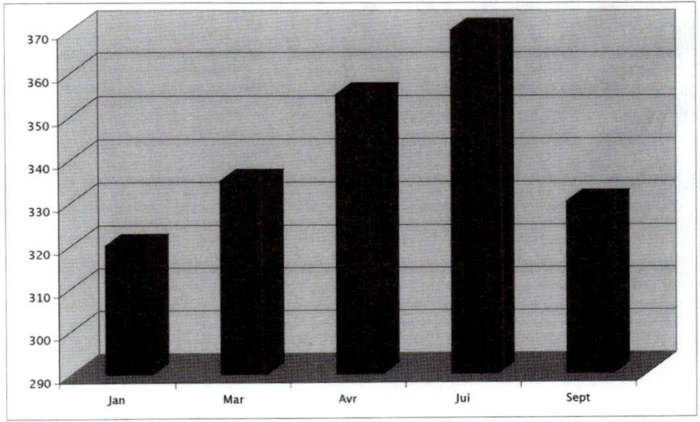

Graphique 39 : L'évolution de la PMA de la SSE de Châteaulin d'octobre 1999 à mai 2000.

Notons que le test de Ruffier est réalisé le matin du test, et que chacun dispose d'un carnet d'entraînement. Ils sont tous équipés d'une montre cardiaque.

Nous n'avons pas pu sélectionner la totalité des coureurs de la section, et ce pour deux raisons. La première est le manque de place, car ces jeunes sont une petite vingtaine.

COUREUR	INDICE RUFFIER DICKSON	PUISSANCE MAXIMALE AÉROBIE	SEUIL AÉROBIE	VO2max	RÉCUP.	WATT/KG	VITESSE MAXIMALE AÉROBIE
A	3,9	259	93	53	17	4,2	0,0
A	4	318	89	64	20	5,0	39,1
A	2,3	334	92	67	17	5,3	39,8
A	2,6	357	87	71	10	5,6	40,4
B	5	367	91	69	24	5,5	0,0
B	4,2	381	90	71	18	5,6	37,1
B	2	400	90	75	17	5,9	41,0
B	3	415	88	77	17	6,1	41,9
C	8	328	92	63	17	5,0	0,0
C	8,5	343	94	67	17	5,3	41,0
C	6,1	359	95	68	23	5,4	40,1
C	3,3	401	93	75	19	5,9	41,7
D	2,2	328	93	65	20	5,1	0,0
D	2,4	401	94	77	19	6,1	39,2
D	1,8	413	91	78	19	6,2	41,9
E	1,4	368	92	65	23	5,1	0,0
E	2,6	359	91	61	18	4,8	39,8
E	5	376	91	66	18	5,2	39,8
E	1,6	405	91	73	15	5,8	41,7
F	6,3	231	95	57	25	4,5	0,0
F	7,8	299	95	70	20	5,5	37,1
F	4,7	314	91	74	18	5,8	40,4
F	3,9	328	90	77	19	6,1	41,0
G	7,5	340	95	61	18	4,9	0,0
G	3,3	377	93	70	18	5,6	0,0
G	3,3	393	96	73	19	5,8	41,9
G	1,5	430	91	78	20	6,1	41,9
H	0,7	341	88	64	23	5,1	0,0
H	1,1	335	88	62	24	4,9	39,4
H	3,9	342	85	62	23	4,9	39,4
H	1,5	350	84	63	25	5,0	39,4

I	4,8	392	87	75	20	5,9	0,0
I	1	384	93	72	22	5,7	34,0
I	-0,5	394	90	73	21	5,8	41,7
I	-0,1	407	87	75	24	5,9	41,7
J	0,1	320	92	72	25	5,7	0,0
J	0,1	330	85	72	16	5,7	37,3
J	0,7	341	88	74	24	5,9	41,0
J	-1	354	86	79	17	6,2	41,7

Tableau 64 : L'évolution des paramètres d'un groupe au cours de la saison cycliste, de la préparation à la compétition. Le premier test a été effectué à la mi-octobre, le second à Noël, la troisième en mars et le dernier en mai.

La seconde raison est que tout le monde dans un groupe de jeunes ne s'inscrit pas dans l'envie de progresser et de travailler. Il y a toujours la pression des parents, qui parfois connaissent l'entraînement mieux que le professeur, et quand il existe, l'éducateur du club, qui dénigre tout ce qui n'est pas fait par lui.

Tous ces cas de figure existent aussi dans ce groupe, et l'absence de progression et d'intérêt de certains ne justifiait point une ligne dans ces colonnes.

On peut observer l'extraordinaire progression de ces jeunes, arrivés à la section en septembre dans leur année de cadets, et qui depuis ne cessent de s'améliorer.

Il est à noter que le premier test était réalisé en toute fin de saison, et malgré l'interruption de la saison cycliste, déjà à Noël, ils avaient amélioré le niveau précédent.

Six coureurs sur les dix présentés affichent une PMA supérieure à 400 lors du test de mai, ce qui est assez considérable. Le tableau ci-dessus le démontre également : 18 % de progression d'octobre à mai !

Nous noterons malgré tout la faiblesse générale de la récupération. Si l'on observe le seuil anaérobie en octobre, il est souvent très élevé, ce qui traduit une fin de saison difficile pour certains d'entre eux.

La récupération est probablement en rapport et démontre combien cher se paient les erreurs d'entraînement.

Rappelons que beaucoup de ces jeunes sont arrivés à la section en septembre, soit trop tard pour inverser la tendance avant la fin de saison.

Il est très rassurant d'observer une telle progression, d'autant qu'elle est suivie sur le terrain de résultats en rapport. Comme quoi, quand on a la chance de trouver un entraîneur compétent, il est possible de faire progresser des cyclistes sans les écœurer.

i) La préparation d'un groupe en vue d'un objectif

(1) Exemple 1

Nous avons eu le plaisir de suivre pendant deux ans un club de division nationale, le Vendée U. L'un des objectifs majeurs de l'année 1995 était la préparation des Championnats nationaux open de contre-la-montre (Salbris, le jeudi 6 juillet 1995 sur 85 kilomètres).

La première année, les professionnels du Gan concourraient avec les amateurs. La seconde année, ceux-ci étaient seuls au départ.

Nous avons participé à une série de stages de 3 jours tout le long du mois de juin, et nous présentons ci-dessous les résultats des tests d'effort réalisés alors.

Le travail pendant le mois de juin, suite à une préparation très précise, a permis aux huit coureurs de progresser dans des proportions considérables pour un si petit intervalle de temps.

(a) L'évolution de la VO2 max :

DATE	10-03	06-06	13-06	21-06	30-06
COUREUR 1	70	56	68	71	75
COUREUR 2	73	72	81	79	82
COUREUR 3	62	73	76	-	85
COUREUR 4	66	70	70	67	73
COUREUR 5	74	75	78	-	82
COUREUR 6	70	-	71	74	78
COUREUR 7	74	-	72	77	82
COUREUR 8	74	75	76	77	80

Tableau 65: L'évolution des paramètres au cours d'une préparation d'objectif.

Au mois de mai, chacun avait bénéficié d'une coupure de quelques jours suite à des objectifs majeurs, certains relevaient de blessures sur chute (Ar. F). Ils étaient assez frais pour supporter des charges d'entraînement intenses, et les tests d'effort répétés ont permis d'adapter la charge de travail nécessaire pour chacun.

(b) L'évolution du seuil anaérobie :

DATE	10-03	06-06	13-06	21-06	30-06
COUREUR 1	93	90	90	91	92
COUREUR 2	85	86	88	89	88
COUREUR 3	88	8	-	90	90
COUREUR 4	89	87	88	89	91
COUREUR 5	87	88	-	89	90
COUREUR 6	-	93	95	96	94

COUREUR 7	-	88	85	88	90
COUREUR 8	89	91	92	92	92

Tableau 66 : L'évolution du seuil anaérobie au cours de la préparation de l'objectif.

Il a fallu adapter l'entraînement pour parvenir à remonter le seuil anaérobie, ce qui n'a pas toujours été facile. Ce groupe de cyclistes de très haut niveau devait rouler à des vitesses très élevées pour parvenir à atteindre la zone de transition. C'est pourquoi il fallait rechercher des circuits vallonnés pour travailler la remontée du seuil anaérobie.

(c) Évolution de la PMA :

DATE	10-03	06-06	13-06	21-06	30-06
COUREUR 1	419	356	370	451	464
COUREUR 2	396	398	423	430	436
COUREUR 3	356	368	361	-	409
COUREUR 4	408	394	390	373	408
COUREUR 5	377	399	413	-	419
COUREUR 6	407	-	399	379	420
COUREUR 7	388	-	394	402	437
COUREUR 8	411	415	421	419	432

Tableau 67 : L'évolution de la PMA au cours de la préparation d'un objectif.

Ce tableau confirme l'efficacité de la préparation : chacun est arrivé le jour de la compétition avec son meilleur niveau.

L'objectif était de placer les deux équipes dans les cinq premières équipes amateurs.

Les résultats ont été conformes aux espérances : l'équipe 1 a terminé première équipe amateur, seulement devancée par les pros du Gan, et l'équipe 2 s'est classée cinquième.

Cet exemple montre qu'il est possible, par une préparation bien dosée, d'apporter une progression importante et rapide en peu de temps.

(d) Évolution de la récupération :

DATE	10-03	06-06	13-06	21-06	30-06
COUREUR 1	42	47	42	43	47
COUREUR 2	34	43	32	41	31

COUREUR 3	41	37	39	-	37
COUREUR 4	32	28	36	41	28
COUREUR 5	35	40	40	-	32
COUREUR 6	36	-	40	31	35
COUREUR 7	36	-	35	36	33
COUREUR 8	-	38	42	38	30

Tableau 68 : L'évolution de la récupération au cours de la préparation d'un objectif.

Malgré une préparation difficile, tous les cyclistes ont conservé une récupération excellente. Nous avons adapté les charges d'entraînement en fonction de cette récupération, malgré tout très sensible.

Nous remarquerons que sur ce tableau, cette récupération est constamment supérieure à 30 %, mis à part le coureur 8 et le coureur 4 à deux reprises.

(2) Exemple 2

Nous suivons quasiment tous les mois les coureurs du Vélo club choletais, et nous présentons ici l'évolution sur toute la saison 1997 de ce groupe constitué de coureurs nationaux et régionaux.

VC CHOLET	JANVIER	MARS	AVRIL	JUIN	SEPTEMBRE
VO2max	59,7	63	65,6	69,1	67,4
SEUIL ANAÉROBIE	91,7	92,4	92	91	91,4
RÉCUPÉRATION	22,1	25,5	27,3	30,7	27
POULS REPOS	52,1	51	48,6	47,9	48,5
INDICE DE RUFFIER- DICKSON	3,3	2,7	2	1,6	2,9
PUISSANCE MOYENNE AÉROBIE	321	337	356	375	330

Tableau 69 : L'évolution des paramètres du VC Cholet sur une année.

Ce club emploie à l'année un entraîneur titulaire du brevet d'état second degré. Cela se voit dans ses résultats.

Les progrès des coureurs justifient l'effort de ce club. Si tous les groupes importants investissaient dans un entraîneur, ce type de résultats serait courant.

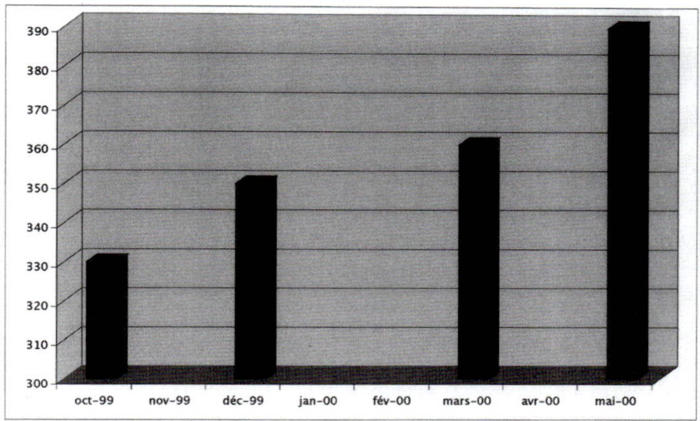

Graphique 40 : L'évolution de la PMA des coureurs du VC Cholet sur une saison.

La moyenne générale des quinze coureurs régulièrement testés fait état de progrès remarquables entre janvier et juin. Une progression de 10 points de VO2max pour tout un club témoigne d'un travail d'ensemble de haute qualité.

Le tableau 69 met en évidence une amélioration très nette de la récupération, qui suit la consommation d'oxygène. Dans le même temps, il n'y a ni montée excessive du seuil anaérobie, ni chute importante, ce qui prouve que lorsqu'on prépare un objectif, tout s'améliore de façon harmonieuse.

Le résultat est là : 50 watts d'écart entre début de saison et période des objectifs.

Une baisse logique de tous les paramètres caractérise la session de tests de septembre.

La plupart du temps, dans tous les clubs, nous constatons la même chose : une certaine baisse de motivation après les objectifs majeurs. Ces objectifs sont souvent les championnats, qui ont lieu au mois de juin ou de juillet.

Chez les jeunes, aux mêmes dates, a lieu un autre type d'objectif : les examens.

À partir de ce moment, les coureurs éprouvent le besoin de décompresser, et ils continuent la saison à l'envi. D'autant que, pour les nationaux, l'été est une saison faste, où il existe de très nombreuses courses en milieu de semaine.

Cependant, comme partout, l'été est l'époque des vacances et le vélo est souvent mis en sourdine au profit d'autres occupations.

8. Ce que ne montrent pas les tests d'effort

Nous rencontrons souvent des différences sensibles entre des tests d'effort flatteurs et des résultats sur le terrain inexistants. Il ne s'agit pas d'erreurs du manipulateur mais bien d'un conflit entre les jambes et la tête. C'est le domaine du psychologique, quand bien même certaines têtes semblent vides...

Nous aborderons quelques-uns des aspects les plus souvent rencontrés.

a) Le stress

Que de fois avons-nous rencontré des cyclistes qui perdaient totalement leurs moyens sur la ligne de départ, à force de revoir la course, d'y penser et de s'être mis la pression depuis des jours avant l'objectif. Combien paniquent, soudain convaincus qu'ils vont rater l'objectif qu'ils s'étaient fixé depuis des semaines.

Nous avons bien connu ces phénomènes au moment des examens, quand à l'énoncé de la question, se faisait brutalement le vide, l'impression de ne plus savoir...

Nous conseillerons le lecteur victime de ce genre de mésaventure de consulter un sophrologue ou de pratiquer le yoga, méthodes qui vous apprendront à relativiser l'importance de la compétition et à prendre confiance en vous.

Il y a une autre façon de perdre ses moyens : quand un jeune a sur les épaules le poids de l'attente de toute une famille, quand la pression est telle qu'il n'y a plus possibilité de parler d'autre chose à la maison que de la course ! C'est facile, dans ces conditions, de démolir un jeune coureur, déjà si fragile dans sa tête, à un moment charnière de sa vie : l'adolescence.

De plus, si la course est ratée et que le jeune cycliste est traité de noms d'oiseau par son père, ainsi que nous l'avons vu si souvent, comment ne pas perdre ses moyens et prendre le cyclisme en grippe !

b) Le manque de confiance en soi

Ce phénomène, nous le rencontrons quasiment chaque semaine. Des cyclistes présentent de gros moyens, mais en course, n'osent pas attaquer, sortir d'un peloton, et font la course en queue de peloton.

Ce sont des passifs, qu'il faut secouer à longueur d'année. Sans un entraîneur derrière et une oreillette pour les inciter à attaquer, pas facile de les mettre en confiance. Il suffit d'oser une fois pour découvrir que, finalement, les autres ne sont pas plus forts et que l'on a soi-même des chances de victoire.

Ce manque de confiance en soi, nous le retrouvons également dans la vie de tous les jours et ces cyclistes-là sont souvent inhibés. Nous leur conseillerons une visite chez le psychologue, dont le métier consiste aussi à redonner la confiance à chacun.

c) Le manque de motivation

Ce manque de motivation atteint également toutes les catégories de cyclistes. Du cadet poussé à la compétition par son entourage, qui préférerait jouer au foot ou aller à la pêche, au professionnel en fin de carrière, las des milliers de kilomètres parcourus qui rêve d'autre chose.

Nous ne pouvons guère aider celui qui pédale sous la contrainte. Nous pouvons simplement rappeler aux parents que s'ils aiment le piano et leurs enfants la guitare, leur imposer le piano ne les amènera pas forcément à aimer cet instrument mais peut les dégoûter à tout jamais de la musique. Rien ne justifie de pousser le fiston à la pratique du cyclisme s'il n'en a pas envie.

C'est aussi le constat que nous faisons devant les écoles de cyclisme. Bien souvent, le plaisir du gamin passe après la passion du père, voire de la mère, et au bout de cinq à six ans de pratique, le vélo devient une punition.

C'est pourquoi il y a si peu d'adolescents issus d'écoles de cyclisme dans les catégories cadets puis juniors. À méditer.

Rémi Richard

Compétiteur, éducateur

Bravo à Patrick, qui, avec certains autres passionnés, ne reste pas sur les bases empiriques de la pratique de cyclisme traditionnel.

Il nous aide, nous, éducateurs de club, à faire évoluer nos jeunes de façon plus pointue et surtout avec des contrôles faciles et fiables.

La difficulté, pour nous, pourrait être la mise en application totale dans la mesure où la disponibilité des jeunes catégories n'est pas toujours évidente. De plus, chaque sportif ne rentre pas systématiquement dans un cadre un peu trop rigide. Les éducateurs doivent donc adapter et composer pour rester le plus près possible des données proposées.

Ce genre de revue, par les thèmes exposés, a une grande importance pour tous. Mais le cyclisme moderne est soumis à de telles pressions financières que l'éthique est bien difficile à maîtriser.

Chez nos jeunes, l'image est sincère, ce qui n'est probablement pas le cas au niveau intermédiaire. Certaines équipes « pro » se donnent une bonne image, le suivi médical apportant un certain réconfort.

Mais pourquoi gardons-nous ces coureurs impliqués de près ou de loin dans les problèmes de dopage ?

Tous ces problèmes, nous devons en être conscients, mais quoi qu'il en soit, merci et félicitations pour de telles revues car l'expérience des suivis déjà réalisés doit forcément porter ses fruits pour une fusion encore plus argumentée dans la pratique du cyclisme moderne. »

Chapitre 8

L'ANALYSE STATISTIQUE DE NOTRE FICHIER

Depuis l'acquisition de Cardgirus®, nous avons réalisé 1606 tests d'effort chez 868 cyclistes au 1er avril 2005, chez les seuls amateurs compétiteurs, cyclosportifs, triathlètes, duathlètes, vététistes cyclotouristes et randonneurs.

Nous avons regroupé les catégories minimes première et deuxième années dans une catégorie minime unique, faute d'un nombre suffisant de sujets et de tests d'effort.

Il faut savoir que chaque année nous vaut ses innovations dans les changements de catégorie. À croire que la Fédération française de cyclisme n'est jamais satisfaite de ses choix.

À partir de 1996, apparaissent donc les nouvelles catégories suivantes, que nous présentons dans le tableau 70 avec le nombre de tests d'effort réalisés :

- élite 2, pour les meilleurs amateurs français et redevenus élites depuis ;
- espoirs, meilleurs jeunes de moins de 23 ans ;
- nationale, qui regroupe les anciens seniors 1 et les meilleurs des anciens seniors 2 ;
- régionale 1, catégorie qui regroupe le reste des seniors 2, les seniors 3 ainsi que les meilleurs seniors 4 ;
- régionale 2, qui regroupe les anciens seniors 4 et les seniors 5 ;
- départementale, qui remplace la catégorie vélo loisir.

La catégorie junior a disparu en théorie, tout en existant encore puisqu'il existe des championnats pour cette catégorie. Ils sont répartis essentiellement dans les catégories première et seconde années.

Quant à nous, nous avons donc repris les catégories J1 et J2.

Ceci permet évidemment une meilleure analyse de ces catégories fourre-tout où les notions de juniors, seniors et vétérans ont disparu, tout en ne disparaissant pas complètement..

Nous analyserons dans cette quatrième édition de notre ouvrage les catégories présentées ci-dessus, ainsi bien sûr que les jeunes, pour qui rien n'est changé.

Nous rajouterons cette fois une analyse des catégories cyclosport seniors hommes (nous n'avons pas suffisamment de seniors femmes), vétérans hommes et femmes. Nous n'avons pas non plus oublié les cyclotouristes.

Nous préciserons que cette analyse est la première réalisée sur les différentes catégories de cyclistes, et que nous n'avons donc aucune autre référence.

Nous avons également analysé les femmes compétitrices... pas de raison de les oublier.

Nous utiliserons le nouveau fichier Cardgirus®, beaucoup moins fourni que le SMES et ses quelque 16000 tests. Cette fois, nous n'avons pas tant de tests, loin s'en faut, et quelques groupes sont un peu restreints. Mais ce fichier nous paraît très intéressant, et nous allons détailler toutes les catégories.

Nous n'oublierons personne, à l'exception du VTT, où nous avons un recrutement trop peu important pour en extraire quelque chose de cohérent. Exception faite du club off Road 44, seuls quelques vététistes seulement nous ont rendu visite.

Cet outil a été utilisé depuis que notre bicyclette Orion est tombée en panne, lors d'un déplacement en Vendée vers la fin novembre 1999. Depuis ce jour-là, nous n'avons pas vu un seul coureur élite, à l'exception d'un coureur du sud-ouest venu faire ses études à La Rochelle.

Nous avons donc gardé l'étude précédente sans rien y changer. Nous n'avons pas voulu faire figurer ici les statistiques concernant le fichier SMES, où nous avions stocké près de 16000 tests d'effort. Le lecteur comprendra qu'ils ne sont plus vraiment d'actualité.

La grande quantité de cyclosportifs testés s'explique par les 5 semaines passés de 1993 au début 2000 en Espagne, à l'occasion des stages de « La Talenquère ». Les 1606 tests de notre fichier, réalisés sur 868 pratiquants, sont répartis ainsi :

CATÉGORIE	NOMBRE DE TESTS	NOMBRE DE CYCLISTES
ÉLITE 2	170	45
NATIONAUX	165	54
RÉGIONAUX	429	49
DÉPARTEMENTAUX	237	74
JUNIOR 2	182	41
JUNIOR 1	133	49
CADET 2	79	41
CADET 1	46	38
MINIMES	10	16
FÉMININES SENIOR	16	19
1re CATÉGORIE UFOLEP	55	22
2e CATÉGORIE UFOLEP	29	26
3e CATÉGORIE UFOLEP	23	15
4e CATÉGORIE UFOLEP	31	22
CYCLOSPORTIFS SENIOR HOMME	24	15
CYCLOSPORTIFS VÉTÉRAN HOMME	358	121
CYCLOSPORTIFS VÉTÉRAN FEMME	19	19

Tableau 70 : La répartition des cyclistes testés en fonction de leur catégorie. La répartition des juniors en six catégories nous paraît très intéressante. La répartition semble conforme à la logique, puisque très peu de juniors première année possèdent une licence régionale 1 suite à un certain manque de maturité.

De même, les juniors deuxième année sont très peu à opter pour la catégorie départementale, car comme nous le verrons plus tard, ils ont un niveau généralement très supérieur à cette catégorie..

Chez les féminines, le nombre de cyclistes s'étant prêté à nos nouveaux tests étant faible, nous avons conservé les analyses précédentes chez les cadettes et les juniors ; les dames sont suffisamment nombreuses pour une nouvelle analyse.

CATÉGORIE	NOMBRE DE TESTS	NOMBRE DE CYCLISTES	FRÉQUENTATION
FÉMININES CADETTES	39	16	2,40
FÉMININES JUNIORS	42	22	1,76
FÉMININES SENIORS	42	28	1,51

Tableau 71 : La répartition des cyclistes féminines testées en fonction de la catégorie.

A. Moyenne générale du fichier

Nous présentons une moyenne du fichier en trois colonnes distinctes :

- la première colonne pour les compétiteurs FFC,
- la seconde pour les compétiteurs UFOLEP,
- la dernière pour le cyclosport.

Ainsi nous ne mélangeons pas les genres, et ramenons les résultats à une certaine cohérence.

MOYENNE GÉNÉRALE	FÉDÉRATION FRANCAISE CYCLISME	UFOLEP	CYCLOSPORT
POIDS	63,6	71,4	70,6
POULS DE REPOS	59,7	55,8	61,2
VO2MAX	68,3	57,5	50,9
RÉCUPÉRATION	23,7	25,7	24,7
INDICE DE RUFFIER-DICKSON	4,4	3,2	5,9
SEUIL ANAÉROBIE EN %	89,6	91,2	89,6
PUISSANCE MAXIMALE AÉROBIE EN WATTS	334	322	286
WATTS/KG	5,3	4,5	4
VITESSE MAXIMALE AÉROBIE	42,1	40,1	37,9

Tableau 72 : Moyenne générale de toutes les catégories.

L'analyse de la moyenne générale du fichier varie d'une façon importante par rapport au fichier SMES sur certains critères : 50 watts d'écart sur la PMA, 9 points d'écart sur la VO2max. Mais nous n'avions qu'une moyenne tous types de cyclistes confondus.

À cela trois raisons :

- Les nouveaux clubs que nous suivons présentent des coureurs de très bon niveau, et de surcroît des entraîneurs compétents.
- Il est certain que les cyclistes que nous suivons ont beaucoup changé depuis les balbutiements de SMES. À cette époque, nous ne rencontrions alors que des cyclistes locaux.
- Le test n'est pas le même et permet au cycliste d'aller un peu plus loin dans son effort.

Comme nous l'avons précédemment expliqué, la récupération a beaucoup baissé, mais ceci en raison du protocole et des 100 watts imposés lors de la première minute de récupération. Sur l'ensemble du fichier, le taux de récupération avoisine désormais 24 %.

La différence entre UFOLEP et FFC s'amenuise à chaque édition de notre ouvrage. Il est clair que l'UFOLEP n'est plus le parent pauvre de la concurrente.

La PMA est très proche de la moyenne FFC. La différence se fait sur la VO2max, où nous trouvons plus de 10 points d'écart. Dans notre échantillon, le poids, qui est très supérieur chez les UFOLEP par rapport aux FFC fait la différence en grande partie. Les cyclistes FFC sont plus affûtés, peut-être parce qu'ils font un peu plus le métier, et parce qu'ils courent davantage, la masse grasse est plus basse.

Quant aux cyclosportifs, il est logique de trouver les valeurs de performance un peu en retrait des compétiteurs. L'inverse serait anormal !

B. Les cyclistes féminines

Comme nous l'avons signalé plus haut, nous conservons l'analyse de l'édition précédente par manque de recrutement.

1. Les féminines cadettes

FÉMININES CADETTES	VALEUR MINIMALE	VALEUR MOYENNE	VALEUR MAXIMALE
POULS DE REPOS	39	59,1	88
VO2MAX	33	52	69
RÉCUPÉRATION	10	24	39
INDICE DE RUFFIER-DICKSON	-2	6,6	14
SEUIL ANAÉROBIE EN %	83	90,2	100
PUISSANCE MAXIMALE AÉROBIE EN WATTS	179	222	285

Tableau 73 : Les féminines cadettes.

CATÉGORIE	FÉMININES CADETTES	GARCONS MINIMES
POULS DE REPOS	59,1	65,6
VO2MAX	52	52,2
RÉCUPÉRATION	24	31
INDICE DE RUFFIER DICKSON	6,6	9,3
SEUIL ANAÉROBIE EN %	90,2	89
PUISSANCE MOYENNE AÉROBIE EN WATTS	222	220

Tableau 74 : Comparaison entre cadettes et garçons minimes.

Sur le tableau 74, on voit combien il est logique de faire courir ces deux catégories ensemble dans les mêmes courses.

Seules différences notables, la récupération, excellente chez les garçons et faible chez les filles, et le pouls de repos, beaucoup plus bas chez les féminines.

Les cadettes sont très comparables aux minimes masculins, comme nous le voyons sur le tableau ci-dessous : consommation maximale d'oxygène et PMA tout à fait similaires, seuil anaérobie très proche. Les cadettes souffrent d'un problème quasi permanent chez les filles : une récupération très difficile, à l'exception de quelques sujets très performants.

Les féminines cadettes

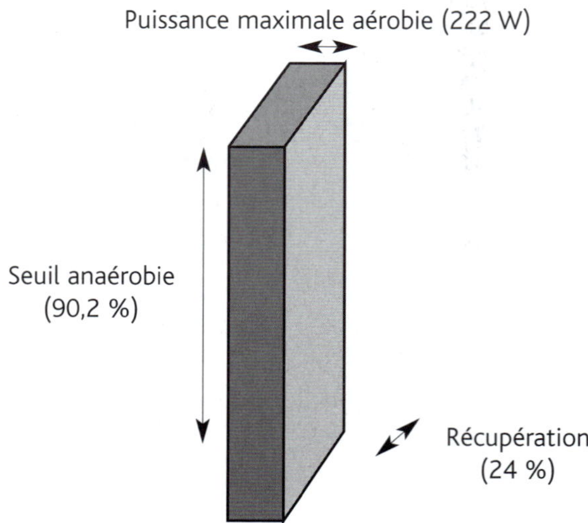

2. Les féminines juniors

FÉMININES JUNIORS	VALEUR MINIMALE	VALEUR MOYENNE	VALEUR MAXIMALE
POULS DE REPOS	41	62,1	97
VO2MAX	41	54	71
RÉCUPÉRATION	11	25,5	39
INDICE DE RUFFIER-DICKSON	-1	6,4	19
SEUIL ANAÉROBIE EN %	81	89,5	98
PUISSANCE MAXIMALE AÉROBIE EN WATTS	163	238	343

Tableau 75 : Les féminines juniors.

Le lecteur pourra être surpris du peu de différence entre les VO2max des cadettes et des juniors. Seule différence notable, ces dernières ont progressé de 16 watts, ce qui est relativement peu.

Les féminines juniors

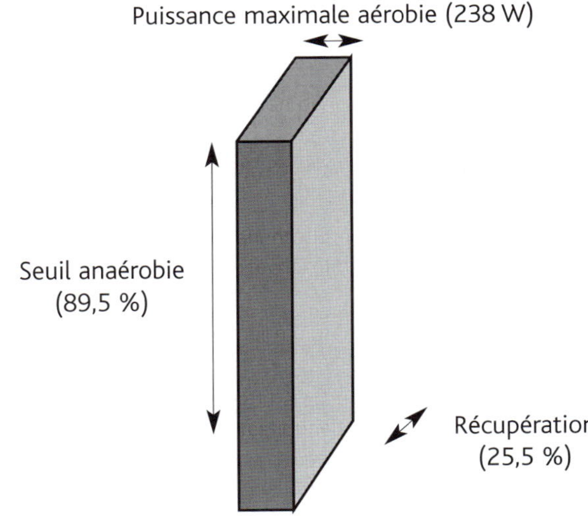

La récupération est, là encore, très insuffisante. Ceci ne semble pas en rapport avec un travail trop dur, car le seuil anaérobie est tout à fait normal, et correspond à la moyenne de tout notre fichier. Ce seuil est d'ailleurs d'un point inférieur à la moyenne générale.

Notre recrutement nous a permis dans cette catégorie d'accueillir certaines filles de niveau national (71 de VO2max, 343 watts et 39 % de récupération).

Par ailleurs nous avons reçu quelques demoiselles de très faible niveau (143 watts de PMA, cela ne permet pas grand-chose).

CATÉGORIES	FÉMININES JUNIORS	CADETS 1re ANNÉE	CADETS 2e ANNÉE
POULS DE REPOS	62,1	63	61,9
VO2MAX	54	55,6	56,7
RÉCUPÉRATION	25,5	31,4	29,7
INDICE DE RUFFIER-DICKSON	6,4	6,9	6
SEUIL ANAÉROBIE EN %	89,5	90	91
PUISSANCE MAXIMALE AÉROBIE EN WATTS	238	250	283

Tableau 76: Comparaison entre les féminines juniors et les cadets masculins.

Les féminines juniors courent la plupart du temps avec les cadets. Autant l'écart était inexistant entre cadettes et minimes garçons, autant nous voyons sur le tableau 76 une différence importante entre féminines juniors et cadets.

Ceci est particulièrement évident sur deux critères, la PMA (12 watts avec les C1, mais 45 watts avec les C2, soit plus que l'écart entre féminines cadettes et seniors !). D'autre part, la récupération est très faible chez les filles et correcte chez les garçons.

Nous précisons que cette étude chez les filles a été réalisée avec le fichier SMES, donc avec la récupération moyenne alors de 30 %. Nous avons simplement repris l'ancienne statistique pour les garçons, afin de comparer ce qui est comparable.

3. Les féminines seniors

SENIORS FEMMES	MINI	MOYEN	MAXI
ÂGE	16	22,6	45
POIDS	50	57,1	65
TAILLE	159	165,3	173

POULS REPOS	44	54,6	68
INDICE RUFFIER-DICKSON	-0,7	5,0	10,1
SEUIL ANAÉROBIE	80,4	87,1	93,7
PUISSANCE MAXIMALE EN WATTS	269	310	353
VO^{2}MAX	46,8	58,6	72,8
RÉCUPÉRATION	18,7	24,4	31,5
WATT/KG	3,7	4,6	5,8
VITESSE MAXIMALE AÉROBIE	35,3	39,4	42,1

Tableau 77 : Les féminines seniors.

Avec cette catégorie, débute l'analyse du fichier Cardgirus®. Nous signalerons également que les meilleures valeurs sont le fait d'une jeune femme qui vient de participer au Tour de France féminin 2000 après s'y être comportée très honorablement et avoir fait plusieurs places dans les dix premières.

La boîte offre un aspect visuel de la nette différence entre les seniors féminines et les autres catégories.

Les féminines seniors

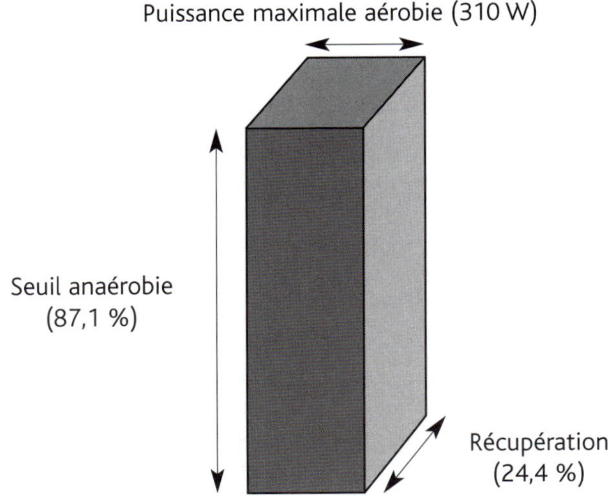

4. Comparaison entre les catégories féminines

LES FÉMININES	FÉMININES CADETTES	FÉMININES JUNIORS	FÉMININES SENIORS
POULS DE REPOS	59,1	62,1	54,6
VO2MAX	52	54	58,6
RÉCUPÉRATION	24	25,5	24,4
INDICE DE RUFFIER-DICKSON	6,6	6,4	5
SEUIL ANAÉROBIE EN %	90,2	89,5	87,1
PUISSANCE MAXIMALE AÉROBIE EN WATTS	222	238	310

Tableau 78 : Comparaison entre les trois féminines cadettes, juniors et seniors.

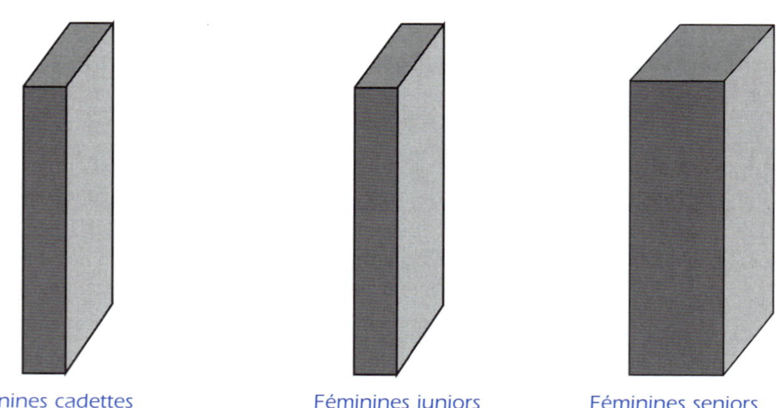

Nous voyons ici nettement la différence négligeable entre les cadettes et les juniors sur le plan de la puissance maximale aérobie, 15 watts seulement, c'est très peu.

Il y a 88 watts d'écart entre les cadettes et les seniors, ce qui est considérable. Les seniors se détachent nettement par rapport aux deux autres groupes, très proches sur tous les points.

Il sera certainement profitable pour toutes les catégories féminines de développer la force musculaire, ainsi que la vélocité.

Nous avons eu la curiosité de calculer la vitesse de pédalage des filles pendant les JO de Sidney. Aucune ne dépassait les 85 tours pendant le contre-la-montre... Cela laisse perplexe, lorsque l'on sait le déficit de force de ces dames !

C. Résultats par catégories chez les cyclistes masculins FFC

Pour plus de commodité, nous avons séparé le fichier en deux groupes, les seniors et vétérans d'une part, et les jeunes d'autre part.

La totalité de cette analyse est issue du fichier Cardgirus®.

1. Les cyclistes d'âge inférieur à 19 ans

Dans ce groupe, nous trouvons les catégories suivantes : minimes, cadets première et deuxième années, juniors première et deuxième années, ces deux derniers groupes étant répartis en départementaux, régionaux 1 et 2, et exceptionnellement nationaux.

Nous n'avons qu'un minime première année, car nous refusons de les tester d'une manière générale. Il y a quelques années, cette catégorie n'existait pas et ces jeunes pratiquaient dans les écoles de cyclisme. Nous estimons qu'ils sont trop fragiles et totalement immatures, et donc inaptes à subir un test d'effort. Il faut vraiment qu'ils soient déjà bien développés pour pouvoir passer sur notre machine.

a) Les minimes

MINIMES	MINI	MOYEN	MAXI
ÂGE	13	14	15
POIDS	38	50,7	73
TAILLE	143	161,4	173
POULS REPOS	48	65,2	86
INDICE RUFFIER-DICKSON	3,4	8,1	14,3
SEUIL ANAÉROBIE	78	88,0	93
PUISSANCE MAXIMALE EN WATTS	179	224	294
VO2MAX	40	58,1	74
RÉCUPÉRATION	14	28,4	42
WATT/KG	3,1	4,6	5,8
VITESSE MAXIMALE AÉROBIE	36,6	39,3	41,3

Tableau 79 : Les minimes.

Ces jeunes sont en pleine croissance. Si l'on observe les différences de stature, on constate des écarts considérables : le poids va du simple au double, tandis qu'au niveau taille, 30 centimètres séparent le plus petit du plus grand.

On remarquera également que 120 watts séparent le plus faible et le plus puissant dans ce groupe. C'est considérable, et on peut imaginer que sur la ligne d'arrivée, ils ne sont pas dans le même peloton.

C'est tout le problème de la répartition des jeunes en fonction de leur classe d'âge, et non en fonction de leur développement physique.

Cette disparité se trouve également chez les cadets, nous le verrons plus loin.

Les minimes

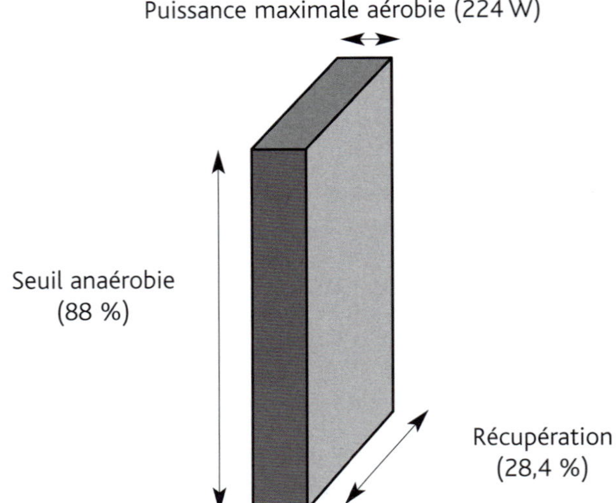

Dernière remarque : la récupération moyenne est excellente, puisque largement supérieure à la moyenne générale. Cela montre que ces jeunes, à l'orée de leur croissance, ne sont pas exagérément sollicités de manière générale.

Ce qui nous paraît logique, ces années minimes et cadets devant servir à notre sens à la découverte et à l'apprentissage.

Pour les champions, nous verrons plus tard !

b) Les cadets première année

CADETS 1	MINI	MOYEN	MAXI
ÂGE	14	15	16
POIDS	37	55,9	70
TAILLE	143	170,4	185
POULS DE REPOS	41	57,3	86

INDICE RUFFIER-DICKSON	1,8	6,1	18,1
SEUIL ANAÉROBIE	84	89,6	96
PUISSANCE MAXIMALE EN WATTS	171	278	343
VO2MAX	43	62,3	74
RÉCUPÉRATION	11	24,1	40
WATT/KG	4,1	5,0	6,1
VITESSE MAXIMALE AÉROBIE	35,7	40,3	43,9

Tableau 80 : Les cadets première année.

Nous remarquerons l'accroissement de l'écart de stature entre les plus petits gabarits et les plus grands. 50 watts séparent minimes et cadets 1. C'est vraiment la pure démonstration de la croissance ! D'autant que la taille moyenne a évolué de 9 centimètres.

Les cadets 1

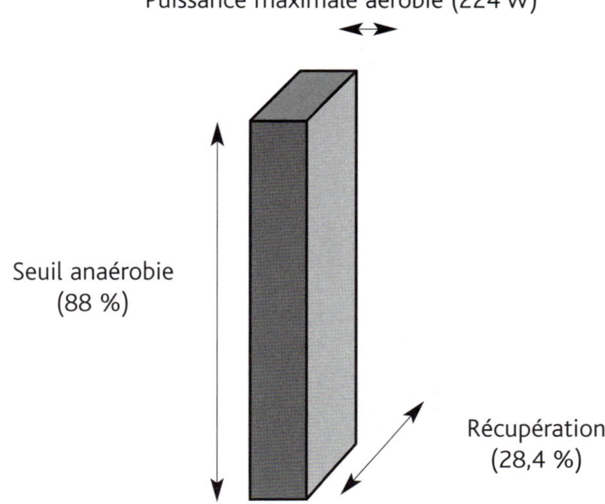

La récupération baisse de 4 points. Est-ce simplement le fait de la croissance ?

c) Les cadets deuxième année

CADETS 2	MINI	MOYEN	MAXI
ÂGE	15	16	16
POIDS	48	60,9	76
TAILLE	162	174,9	187
POULS DE REPOS	36	54,1	80
INDICE DE RUFFIER DICKSON	-0,6	5,4	19,4
SEUIL ANAÉROBIE	80	89,9	96
PUISSANCE MAXIMALE EN WATTS	213	317	401
VO2MAX	40	65,5	78
RÉCUPÉRATION	13	22,4	31
WATT/KG	3,2	5,2	7,2
VITESSE MAXIMALE AÉROBIE	35,7	40,6	44

Tableau 81 : Les cadets deuxième année.

Les écarts de stature commencent à se réduire. Il y a encore 40 watts d'écart entre les première et seconde années.

Les cadets 2

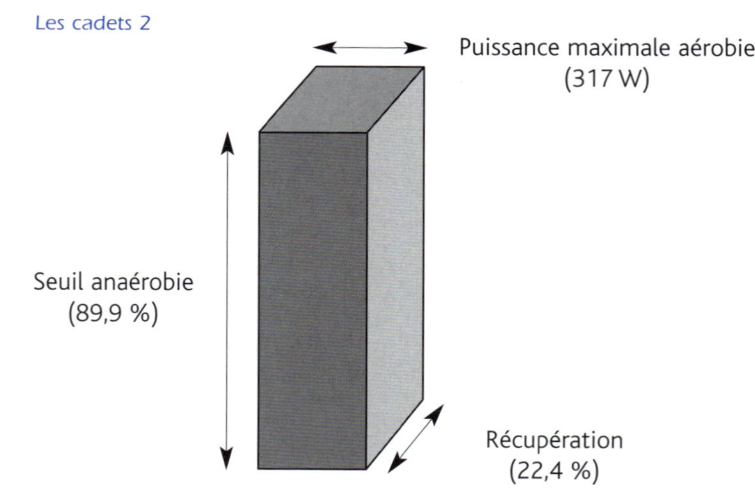

Nous remarquerons malgré tout que le rapport poids-puissance (watts/kg) est inchangé par rapport aux C1.

Enfin la récupération continue de baisser, ce qui évoque l'inadéquation entre les charges de travail et l'incapacité des jeunes à les encaisser. On a souvent tendance à imposer aux cadets deuxième année un niveau de travail plus élevé dans l'optique de l'année suivante, ce qu'ils supportent mal à l'évidence.

d) Les juniors première année

Il faut savoir que les catégories ont encore une fois été modifiées en 2002. Finis les juniors départementaux ou juniors R2. Nos instances fédérales sont revenues aux simples juniors première et seconde années.

JUNIORS 1	MINI	M	MAXI
ÂGE	16	16	17
POIDS	48	55,3	84
TAILLE	160	177	194
POULS DE REPOS	38	51,7	75
INDICE DE RUFFIER-DICKSON	-2,3	4,2	12,3
SEUIL ANAÉROBIE	80	89,9	97
PUISSANCE MAXIMALE EN WATTS	229	341	414
VO2MAX	48	67	79
RÉCUPÉRATION	13	24,2	38
WATT/KG	3,2	5	7,2
VITESSE MAXIMALE AÉROBIE	37,6	41,5	43,1

Tableau 82 : Les juniors première année.

Nous assistons ici au passage clé entre les catégories cadets et seniors. Précédemment, tous ces jeunes étaient regroupés dans une seule catégorie : junior première année. Puis on les a séparé en trois groupes (J1 départementaux, J1 R2 et J1 R1), pour revenir à la case départ.

Juniors 1

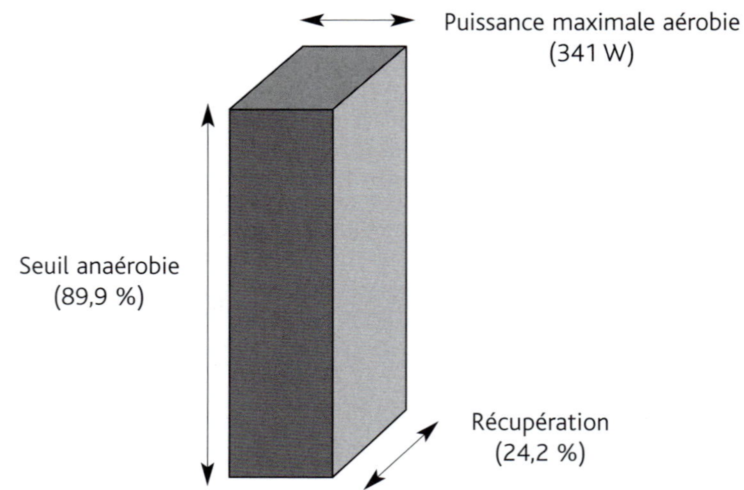

Nous retrouvons un groupe dont les caractéristiques sont très proches de la moyenne générale du fichier : indice de Ruffier 4,2 pour 4,4 ; VO2max 67 pour 68,3 ; PMA 341 pour 334 ;

rapport poids/puissance 5 watts par kilos pour 5,3 ; seuil anaérobie 89,3 pour 89,6 à la moyenne générale.

Cela fait de cette catégorie un groupe moyen, où les écarts à la moyenne peuvent être considérables : PMA maximale à 414 watts, soit du niveau national, 79 de VO2max, 38 % de récupération.

Certains de ces juniors ont manifestement des prédispositions pour le haut niveau.

e) Les juniors deuxième année

La PMA est supérieure au groupe précédent de plus de 30 watts, et tous les critères montrent une supériorité manifeste par rapport à toutes les autres catégories de juniors.

Nous remarquerons que cette catégorie présente une récupération un peu basse.

À notre avis, c'est la première année où ces jeunes sont véritablement sollicités, et le fait de travailler plus dur, de trouver des compétitions plus relevées est de nature à faire baisser le taux de récupération, ainsi que nous l'avons vu par ailleurs.

Le plus spectaculaire, lorsque l'on observe ce tableau, est la différence de 9 kilos entre les poids des deux catégories.

Manifestement, c'est en deuxième année que les juniors obtiennent une stature d'adulte, et les premières années montrent un déficit de maturité évident.

D'une manière générale, la différence est assez peu importante entre les deux catégories sur tous les critères.

JUNIORS 2	MINI	MOYEN	MAXI
ÂGE	17	17,3	18
POIDS	54	63	75
TAILLE	163	177,3	186
POULS DE REPOS	42	50,5	68
INDICE DE RUFFIER-DICKSON	1	3,6	9,5
SEUIL ANAÉROBIE	85	89,3	96
PUISSANCE MAXIMALE EN WATTS	288	349	410
VO^2MAX	56	68,7	81
RÉCUPÉRATION	14	21,9	32
WATT/KG	4,6	5,5	6,4
VITESSE MAXIMALE AÉROBIE	38,3	41,3	44,6

Tableau 83 : Les juniors seconde année.

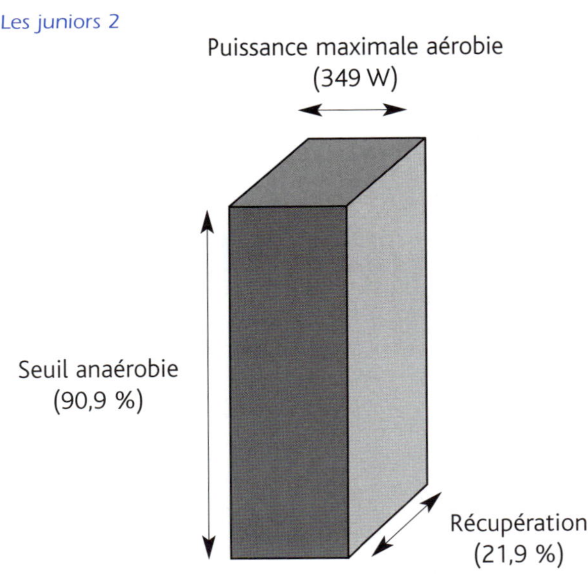

f) Récapitulatif des juniors

LES JUNIORS	JUNIORS 1	JUNIORS 2
POIDS	55,3	63
TAILLE	177	177,3
POULS DE REPOS	51,7	50,5
INDICE RUFFIER-DICKSON	4,2	3,6
SEUIL ANAÉROBIE	89,9	89,3
PUISSANCE MAXIMALE AÉROBIE EN WATTS	341	349
VO2MAX	67	68,7
RÉCUPÉRATION	24,2	21,9
WATT/KG	5	5,5
VITESSE MAXIMALE AÉROBIE	41,5	41,3

Tableau 84 : Comparaison entre les juniors 1 et 2.

Nous noterons la très nette différence de récupération entre juniors première année, où elle est proche de la moyenne générale, et celle des juniors 2, qui elle est franchement plus basse. Peut-être plus de sollicitation, moins de planification chez ces derniers.

2. Les cyclistes FFC de 19 ans et plus

a) Les coureurs élite 2

Nous conservons, pour les élites, notre ancienne analyse, car notre recrutement récent est par trop insuffisant pour en tirer un quelconque enseignement.

ÉLITES	MINI	MOYEN	MAXI
ÂGE	17	17,3	18
POIDS	54	63	75
TAILLE	163	177,3	186
POULS DE REPOS	42	50,5	68
INDICE DE RUFFIER-DICKSON	1	3,6	9,5

SEUIL ANAÉROBIE	85	89,3	96
PUISSANCE MAXIMALE EN WATTS	288	349	410

Tableau 85 : Les seniors élite amateurs.

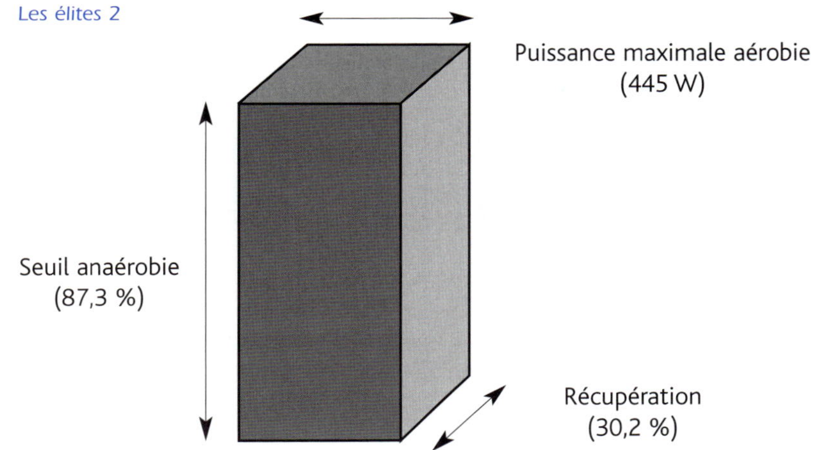

Les élites 2, (en grande partie issus dans notre échantillon du groupe Vendée U), au contraire des autres catégories, conservent leur condition physique pendant l'intersaison.

Il est en effet rare que ces coureurs observent une longue interruption hivernale, et donc continuent à rouler tout l'hiver.

La progression du groupe est impressionnante : 80 watts de PMA, deux fois et demie la progression des autres catégories.

La consommation d'oxygène est considérable, ce qui justifie la réussite du groupe : il n'y a pas de résultats par hasard, derrière, le travail est clairement démontré.

Nous remarquerons la récupération elle aussi exceptionnelle, à plus de 30 %.

b) Les seniors nationaux

NATIONAUX	MINI	MOYEN	MAXI
ÂGE	19	22,4	41
POIDS	57	64,6	77
TAILLE	162	174,9	184
POULS DE REPOS	37	50,1	70

INDICE DE RUFFIER-DICKSON	-3,4	2,2	9,3
SEUIL ANAÉROBIE	79	89,5	97
PUISSANCE MAXIMALE AÉROBIE EN WATTS	314	370	428
VO2MAX	62	71,7	83
RÉCUPÉRATION	14	26,9	51
WATT/KG	4,9	5,8	6,8
VITESSE MAXIMALE AÉROBIE	38,3	43	45,5

Tableau 86 : Les seniors nationaux.

Nous ne pouvons pas comparer le rapport poids/puissance des nationaux par rapport aux élites (ce ne sont pas les mêmes fichiers), mais nous pouvons constater que celle des nationaux est de près de 6 watts par kilo.

C'est évidemment la meilleure valeur du fichier.

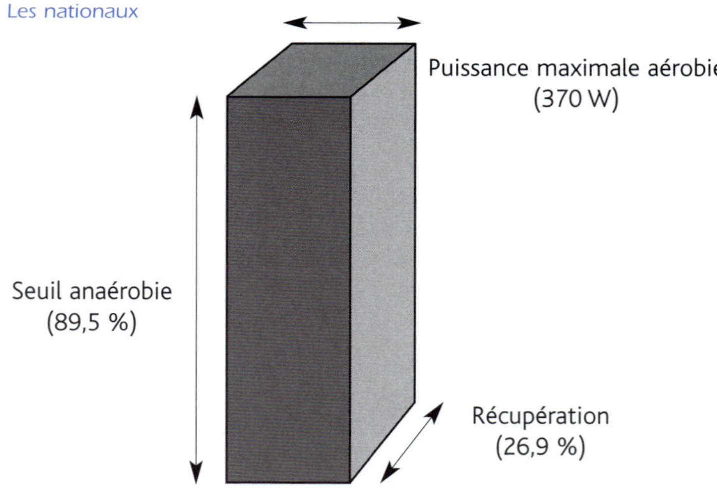

L'écart de PMA considérable : 370 pour les nationaux, 440 pour les élites.

Nous remarquerons l'extrême stabilité de la PMA par rapport à l'édition précédente, puisque les valeurs sont identiques à 5 watts près.

Les nationaux sont partout supérieurs à la moyenne du fichier, avec une excellente récupération, et une VO2max proche de 72 millilitres par kilo par minute.

c) Les seniors régionaux

Ici encore, la FFC a tout chamboulé ; les R1 et R2 ont disparu et ont fusionné dans un seul groupe « fourre-tout ». Ces deux catégories étaient pourtant fort dissemblables et auraient pu rester en l'état.

RÉGIONAUX 1	MINI	MOYEN	MAXI
ÂGE	19	28	47
POIDS	52	67,1	85
TAILLE	159	176,4	190
POULS DE REPOS	29	50,9	76
INDICE DE RUFFIER-DICKSON	-5,4	3,2	14,1
SEUIL ANAÉROBIE	82	90,2	98
PUISSANCE MAXIMALE EN WATTS	262	346,2	434
VO2MAX	52	64,8	79
RÉCUPÉRATION	13	23,4	50
WATT/KG	4,4	5,5	6,4
VITESSE MAXIMALE AÉROBIE	38,3	42,2	44,6

Tableau 87 : Les seniors régionaux.

Ceci explique probablement la stagnation des nationaux, tandis que les régionaux continuent à progresser.

Les régionaux (voir schéma page suivante)

Les nationaux fonctionnent souvent en totale autonomie, sans entraîneur et à l'inspiration. Ces coureurs roulent énormément, courent de même, et n'ont plus le temps en saison de développer leurs qualités par un entraînement approprié.

C'est une catégorie moyenne, et effectivement les résultats obtenus se rapprochent de la moyenne générale du fichier.

D'autre part, beaucoup de nationaux redescendent chaque année en régionale, provoquant un important brassage et réduisant ainsi l'écart entre les deux groupes.

La récupération atteint des valeurs proches de la moyenne générale du fichier.

La VMA est légèrement inférieure à celle des nationaux.

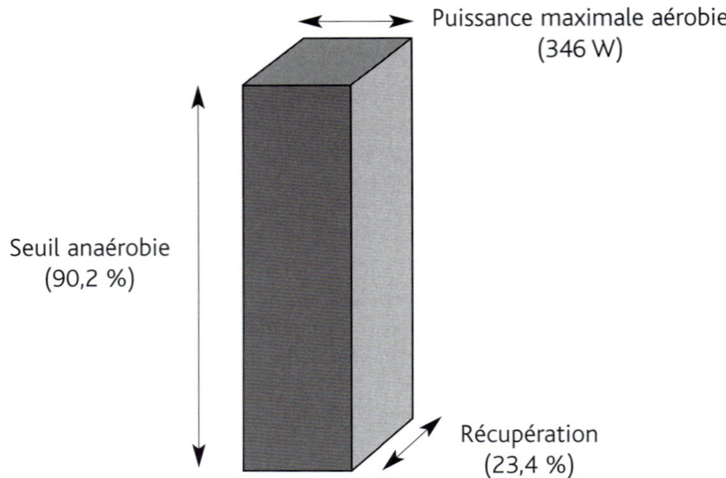

Il est dommage que les régionaux n'osent toujours pas affronter des adversaires plus huppés sur le papier, car à l'évidence, le fossé s'est considérablement amenuisé. Si les catérories étaient restées en l'état, il manquait seulement 9 watts à la catégorie R1 pour rejoindre les nationaux.

d) Les seniors départementaux

DÉPARTEMENTAUX	MINI	MOYEN	MAXI
ÂGE	18	32,9	54
POIDS	55	68,8	84
TAILLE	167	174,9	185
POULS DE REPOS	43	55,0	70
INDICE DE RUFFIER-DICKSON	-1,8	5,2	11,5
SEUIL ANAÉROBIE	81	89,7	94
PUISSANCE MAXIMALE EN WATTS	252	311	366
VO2MAX	39	57,5	68
RÉCUPÉRATION	14	23,1	40
WATT/KG	3,9	4,5	5,3
VITESSE MAXIMALE AÉROBIE	37,6	39,9	42,4

Tableau 88 : Les seniors départementaux.

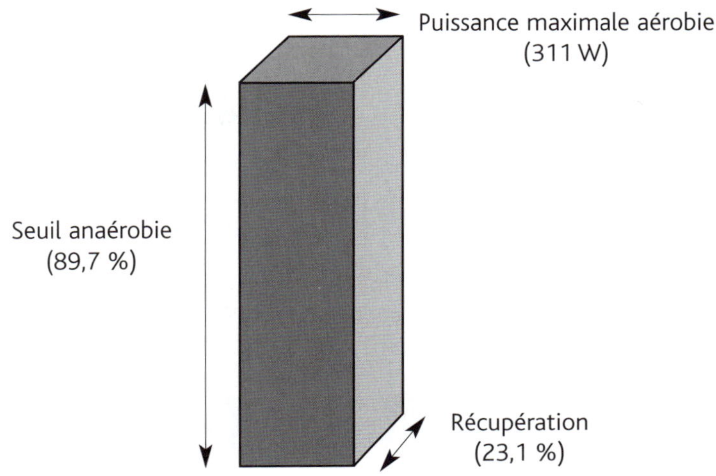

Nous évoluons cette fois à un niveau très inférieur à la catégorie précédente. Nous nous contenterons d'une seule catégorie de départementaux, en oubliant que certains comités régionaux ont désormais quatre catégories de départementaux.

Pour notre part, nous n'avons pas assez de recul ni un échantillonnage suffisamment vaste pour nous lancer dans une analyse hasardeuse.

Cette catégorie est très stable et n'évolue pas par rapport à nos études précédentes. La récupération est peu différente de la catégorie précédente.

Le rapport poids/puissance baisse considérablement, avec plus d'un watt d'écart par rapport aux R2. Enfin la VMA est beaucoup plus faible que dans les autres catégories.

3. Récapitulatif des résultats seniors

CATÉGORIE	NATIONAL	RÉGIONAL	DÉPARTEMENTAL
ÂGE	22,4	28	32,9
POIDS	64,6	67,1	68,8
TAILLE	174,9	176,4	174,9
POULS DE REPOS	50,1	50,9	55,0
INDICE DE RUFFIER-DICKSON	2,2	3,2	5,2
SEUIL ANAÉROBIE	89,5	90,2	89,7

PUISSANCE MAXIMALE EN WATTS	370,4	346,2	310,8
VO2MAX	71,7	64,8	57,5
RÉCUPÉRATION	26,9	23,4	23,1
WATT/KG	5,8	5,5	4,5
VITESSE MAXIMALE AÉROBIE	43	42,2	39,9

Tableau 89 : Récapitulatif des catégories seniors.

On remarquera que la capacité physique est inversement proportionnelle à l'âge et au poids.

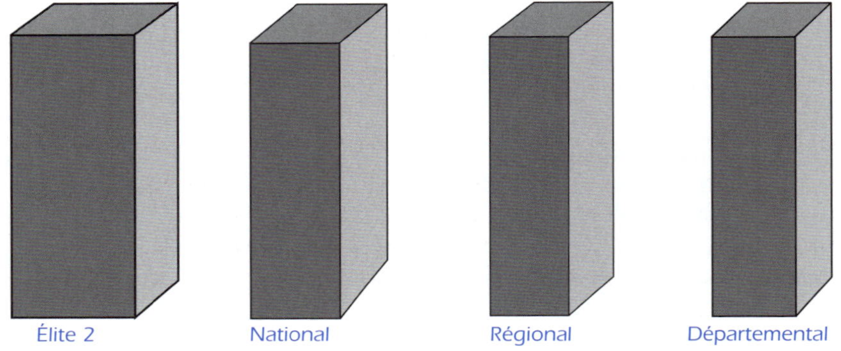

De même, la VMA et la VO2max progressent de la catégorie la plus faible, la catégorie des départementaux, jusqu'aux élites 2.

Au plan de la VMA, nous remarquerons assez peu de différence entre les catégories N et R, ce qui ne nous surprend pas ; par rapport à la PMA, la VMA, mesurée lors du test d'effort, tient compte de la vitesse de rotation de jambes.

Or, nous avons remarqué que c'est chez les nationaux qu'elle est la plus faible.

Probablement la mauvaise habitude des trop grands braquets, et pas assez de travail de vélocité font que les niveaux se rejoignent.

800 mètres à l'heure entre nationaux et régionaux, n'est-ce pas ridicule par rapport aux 30 watts qui séparent les deux catégories ?

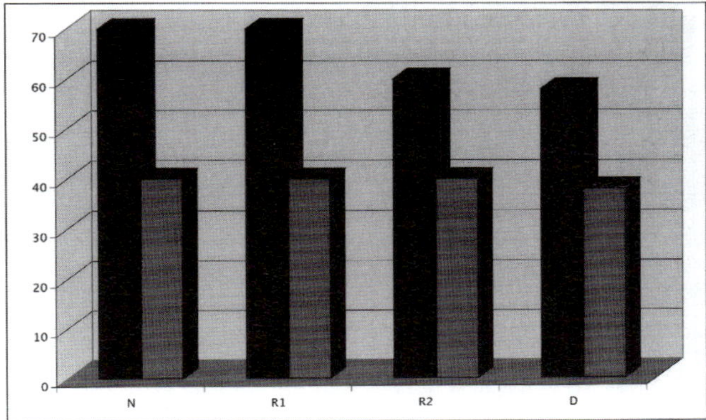

Graphique 41 : Évolution comparée de la VMA et de la consommation d'oxygène chez les compétiteurs FFC seniors. Nous avons conservé ici les anciennes catégories R1 et R2.

La catégorie R2, qui présente le moindre écart entre la VO2max et la VMA, semble la plus efficace par rapport à ses moyens. En effet, R1 et R2 ont la même VMA, alors que plus de 6 points séparent les deux valeurs de VO2max et 10 points séparent nationaux et R1.

Ce qui, à notre sens, remet totalement en cause la préparation des nationaux.

Ceux-ci ne se démarquent pas vraiment par rapport aux autres catégories seniors, Un seul critère leur donne un véritable avantage : la récupération, très supérieure.

Ces nationaux, pour bon nombre de très bonne qualité, nous donnent l'impression de se situer très en dessous de leurs capacités.

Ces coureurs, qui sont d'un niveau naturel élevé, sont incapables d'améliorer leur potentiel et végètent entre deux eaux, incapables de monter en élite et trop forts pour la catégorie régionaux.

C'est la constatation constante que nous avons faite et qui saute aux yeux : les nationaux sont totalement incapables de gérer leur potentiel et ne font pas l'effort de s'investir dans la compréhension de l'entraînement. C'est grand dommage pour eux, mais ils ont seuls la maîtrise de leur sport.

Alors, ils jouent avec les catégories comme on joue au Yo-Yo. Un coup je monte, un coup je redescends.

Pas étonnant que, bien souvent, ce soit la seringue qui remplace le travail ...

Il y a pourtant d'autres façons de se préparer, qui n'altèrent pas la santé et n'hypothèquent pas l'avenir.

4. Analyse toutes catégories confondues

CATÉGORIE	NATIONAL	RÉGIONAL	DÉPARTEMENTAL	JUNIORS 2	JUNIORS 1	CADETS 2	CADETS 1	MINIMES
POIDS	64,6	-	68,8	63,1	64,5	60,9	54,9	50,7
POULS DE REPOS	50,1	67,1	55,0	50,5	52,3	54,1	57,3	65,2
INDICE RUFFIER-DICKSON	2,2	3,2	5,2	3,6	4,3	5,4	6,1	8,1
SEUIL ANAÉROBIE	89,5	90,2	89,7	89,3	89,1	89,9	89,6	88,0
PUISSANCE MAXIMALE AÉROBIE EN WATTS	370,4	346,2	310,8	349,4	341,5	317	278	224
VO2MAX	71,7	64,8	57,5	68,7	67,0	65,5	62,3	58,1
RÉCUPÉRATION	26,9	23,4	23,1	22	24,2	22,4	24,1	28,4
WATT/KG	5,8	5,5	4,5	5,5	5,2	5,2	5,0	4,6
VITESSE MAXIMALE AÉROBIE	43	42,2	39,9	41,3	40,8	40,6	40,3	39,3

Tableau 90 : Les différentes catégories FFC.

Les critères de la performance sont à coup sûr la PMA, qui progresse logiquement des catégories les plus faibles aux meilleures chez les adultes, et des plus jeunes aux plus âgés chez les moins de dix-neuf ans.

Il en est ainsi pour la VMA, valeur importante sur le terrain, qui n'atteint pas les 40 kilomètres à l'heure chez les jeunes et qui culmine chez les nationaux.

L'indice de Ruffier est un indice de condition physique, mais au vu des résultats, il peut être considéré comme un bon indice de la performance. Il évolue dans le même sens que la PMA, autant chez les jeunes que chez les adultes.

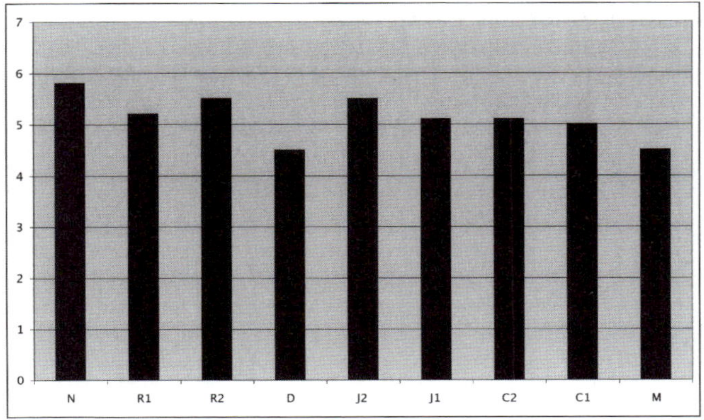

Graphique 42 : Le rapport poids-puissance, exprimé en watts par kilo.

Comme nous pouvons le voir sur le graphique 42, le rapport poids-puissance évolue de près de 25 % entre les plus jeunes et les nationaux. Il est à noter que la masse musculaire n'est pas la même non plus.

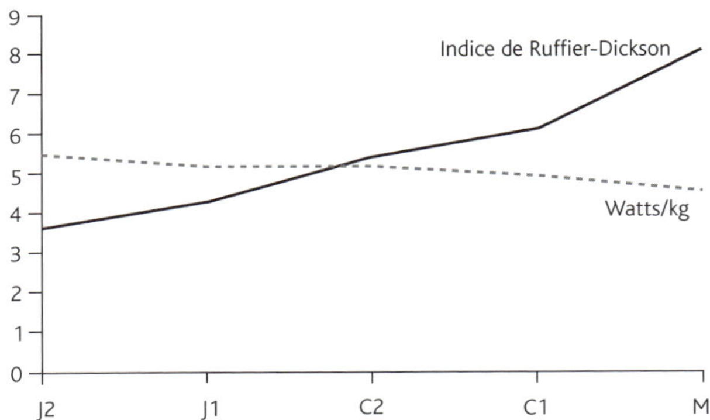

Graphique 43 : Évolution croisée de l'indice de Ruffier et du rapport poids-puissance chez les jeunes.

Ce graphique démontre la corrélation évidente entre le niveau de capacité physique des jeunes et le test de Ruffier-Dickson, outil décidément indispensable à qui veut suivre sa propre progression.

Dire que ce test n'est jamais utilisé par les éducateurs, alors qu'il est si riche d'enseignements ! Comment alors suivre l'évolution des minimes, des cadets, qui ne sont pas conviés aux suivis de l'entraînement en CHU ou en CMS ?

Nous avons volontairement conservé les deux anciennes catégories de régionaux. Mis à part le fait que les R2 présentent un rapport poids-puissance supérieur aux R1, nous retrouvons le même phénomène chez les seniors : les deux courbes de l'indice de Ruffier et du rapport poids-puissance évoluent en sens inverse.

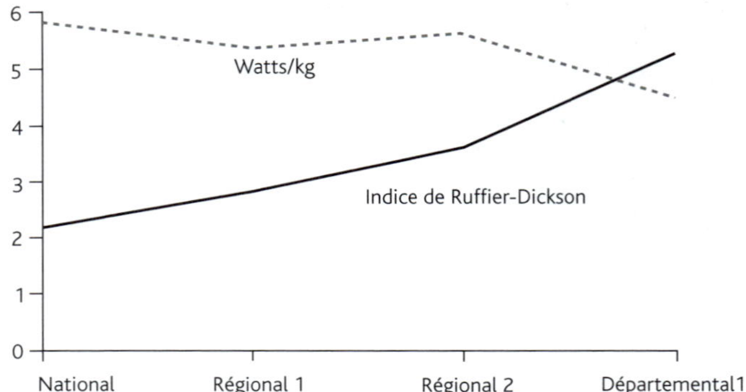

Graphique 44 : Évolution croisée de l'indice de Ruffier et du rapport poids-puissance chez les seniors FFC.

Ces deux graphiques montrent que le comportement de l'organisme lors du test de Ruffier est un bon indicateur de l'évolution de la performance. Ce n'est pas simplement un indice de condition physique.

Cet indice de Ruffier est, pour nous, depuis longtemps, un bon indicateur de la progression d'un sportif. S'il est meilleur, il y a de grandes chances que la PMA en ait fait autant.

5. Les compétiteurs hors condition physique

Nous avons voulu faire ressortir de notre fichier quelques cyclistes particuliers : ceux qui présentent un indice de Ruffier supérieur à 10. Ils sont considérés par les médecins comme hors condition physique et inaptes à la pratique de la compétition.

Ces quelques tests sont issus de l'ensemble des catégories de compétiteurs et présentent les indices de Ruffier les plus faibles de tout le fichier. Comme on le voit, ces indices sont parfois catastrophiques, ainsi que les quatre derniers cyclistes du tableau.

Parmi ces quelques exemples, nous avons un R1 et deux N, ceux-ci présentant les deux meilleures VO2max, mais deux des plus faibles récupérations.

Le tableau 91 met en évidence des compétiteurs le plus souvent en surrégime, dont le seuil anaérobie est souvent très élevé, et ayant des récupérations très faibles. Il ne s'agit pas de cyclistes très faibles, mais de sujets qui sont passés à côté d'une préparation physique correcte, négligeant le travail en endurance.

L'écart entre la PMA et la fréquence cardiaque maximale est très réduit, elles sont parfois d'ailleurs identiques. Ceci montre le peu d'évolution de la PMA par rapport à une absence totale d'entraînement.

COUREURS	INDICE DE RUFFIER-DICKSON	FRÉQUENCE CARDIAQUE MAXIMALE	PUISSANCE MAXIMALE AÉROBIE	SATURATION EN %	WATTS	RÉCUPÉRATION	VO2MAX	WATTS/KG	VITESSE MAXIMALE AÉROBIE
1	10,6	204	201	93	394	19	71	5,6	41,0
2	10,7	205	192	90	342	19	67	5,3	39,8
2	10,7	205	192	94	342	19	67	5,3	39,8
3	10,9	212	212	92	330	21	61	5,7	39,2
3	10,9	212	212	88	330	21	61	5,7	39,2
4	11	205	199	93	286	15	54	4,3	36,4
4	11	205	199	95	286	15	54	4,3	36,4
5	11,5	211	211	92	299	19	70	5,5	39,4
4	11,5	205	200	94	284	15	53	4,2	36,4
6	14	205	203	92	282	17	62	4,9	37,7
7	14,1	209	209	93	363	15	73	5,8	40,7

Tableau 91 : Les plus faibles indices de Ruffier chez les compétiteurs.

Il paraît donc logique de refuser le certificat initial de non contre-indication à ce type de compétiteurs, puisqu'ils sont totalement inaptes momentanément à la compétition.

On remarquera que quasiment tous présentent un seuil anaérobie très élevé et une récupération très basse. Qui les met à des longueurs de leur catégorie respective.

La boîte du coureur 4, caractérisant un état de surentraînement (seuil élevé, récupération et PMA très basses).

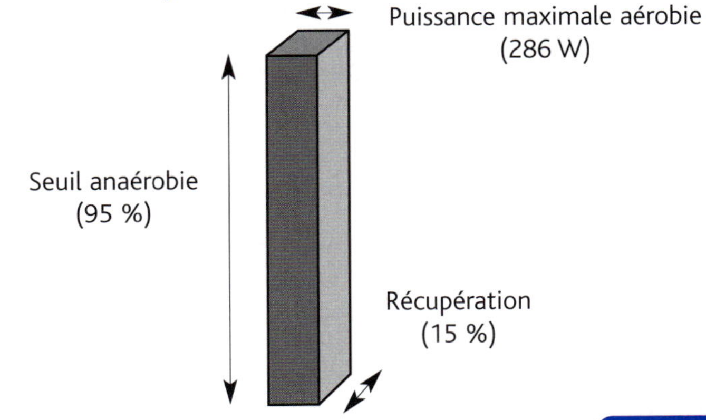

Tous ces cyclistes présentent un profil commun : seuil anaérobie élevé (mis à part deux d'entre eux), récupération très basse et donc test de Ruffier élevé. Tout ceci met en évidence un surrégime de ces sportifs, qui justifie le refus de licence ou la mise au repos.

S'ils participaient malgré tout à des courses, il y a fort à parier que ces cyclistes navigueraient loin derrière le peloton ! Ce qui se passe d'ailleurs constamment et qui justifie que ces cyclistes consultent pour comprendre ce qui leur arrive.

C'est le rôle du médecin du sport de demander à revoir le sportif quelques semaines plus tard pour vérifier l'état de santé du cycliste.

Nous préciserons enfin que nous n'avons pas conservé dans cette liste les tests de Ruffier réalisés dans des mauvaises conditions, après entraînement ou sport scolaire, pas plus que chez les sportifs malades et fiévreux.

6. Conclusion

Cette étude confirme les données du terrain, et nous constatons donc :

- Une progression régulière des minimes aux juniors deuxième année.

- Une diminution régulière des performances, des élites aux départementaux. Ce qui est tout à fait logique puisque ces catégories ne sont en fait que des groupes de niveau.

Nous remarquerons également une réduction de l'écart entre nationaux et R1.

Enfin, nous avons mis en évidence la baisse de récupération qui caractérise les juniors deuxième année, probablement un peu trop sollicités.

La répartition des cyclistes dans les diverses catégories correspond à une réalité, quand bien même bon nombre de coureurs n'ont rien à faire dans une catégorie très inférieure à leurs moyens. Même si certains n'ont pas le temps disponible pour s'entraîner davantage, il semble que beaucoup refusent de monter de catégorie, faussant les courses en toute impunité.

D. Les cyclistes UFOLEP

L'étude que nous venons d'effectuer sur les coureurs cyclistes concerne exclusivement les sujets licenciés à la Fédération française de cyclisme.

Il existe d'autres fédérations qui, dans certaines régions, comportent autant de licenciés que la FFC.

En ce qui concerne la fédération FSGT, elle est totalement inactive dans notre région et nous n'avons pas un recrutement permettant une quelconque analyse.

Dans le grand sud-ouest, la fédération UFOLEP prend chaque jour un peu plus d'ampleur, et dans la première édition de cet ouvrage, nous n'étions qu'au début de cet essor. Nous ne comptabilisions alors que peu de tests d'effort se référant à cette fédération. Ce n'est plus le cas et nous avons désormais matière à analyse.

Il aurait été injuste de ne pas présenter les résultats de nos travaux concernant les cyclistes appartenant à la fédération UFOLEP.

Nous avons effectué, avec la bicyclette Orion, 344 tests d'effort, concernant 217 cyclistes de cette fédération. Ceux-ci étaient répartis en quatre catégories, soit : seniors 1, seniors 2, seniors 3, seniors 4.

Le fichier Cardgirus®, quant à lui, est plus étriqué, puisque seuls 46 coureurs sont venus effectuer 92 tests. Néanmoins, les résultats sont dans la lignée des précédents et nous les détaillerons ci-dessous.

Le nombre de cyclistes possédant la double affiliation FFC et UFOLEP est désormais très important.

La FFC, dans certaines régions, perd chaque année un grand nombre de coureurs. Le prix de la licence FFC et celui du timbre d'engagement n'y sont point étrangers.

En FFC, il existe désormais des week-ends sans compétitions inscrites au calendrier. Du fait du coût des déplacements, bon nombre de coureurs préfèrent participer à des courses près de chez eux dans une autre fédération. Ceci est bien compréhensible.

1. Comparaison entre les fichiers

a) Le fichier SMES (logiciel de surveillance médicale de l'entraînement du sportif)

RÉSULTATS SMES	VO2MAX	POULS DE REPOS	RÉCUP.	INDICE RUFFIER-DICKSON	SEUIL ANAÉROBIE	PUISSANCE MAXIMALE AÉROBIE
1	63,7	53	26,3	3,8	90,9	354
2	61,9	53,1	26,3	3,8	90,6	343
3	57,8	55,5	25,9	4,7	91,4	312
4	53,7	52,5	26,3	4,8	92,4	306

Tableau 92 : Les catégories UFOLEP. Moyenne générale du fichier SMES.

Nous avons conservé le tableau 97, réalisé pour la version précédente de cet ouvrage, et issu des statistiques arrêtées en juillet 1998.

Il y a une dizaine d'années, dans notre région, le Poitou-Charentes, comme au nord de la Loire, l'UFOLEP en était à ses débuts, et la catégorie départementale FFC n'existait pas. De nombreuses courses UFOLEP ont vu le jour depuis, des cyclosportives, des courses à étapes sont apparues, tentant de plus en plus de cyclistes.

Pour ces raisons, de nombreux clubs ont effectué une double affiliation, et les rangs de l'UFOLEP se sont étoffés. C'est dans les années 1995-1998 que nous avons assisté à la mutation de l'UFOLEP.

De nombreux coureurs ont fui depuis la FFC, devant les frais en constante augmentation (timbre d'engagement, coût des licences), ainsi que devant la difficulté à trouver une course proche de chez soi.

Tous ces cyclistes sont venus renforcer les rangs de la fédération affinitaire, ainsi dans certaines régions que ceux de la FSGT.

Désormais, comme nous allons le voir, l'évolution des différentes catégories s'est stabilisé.

La révolution UFOLEP est terminée, et désormais cette fédération fait jeu égal, au moins sur le nombre de licenciés avec la grande sœur, dans bon nombre de régions.

Au niveau performances, il est certain que sans un barrage stupide et une « guéguerre » imbécile, les S1 UFOLEP et les R1 FFC devraient pouvoir concourir dans les mêmes compétitions.

Sur le papier, il n'y a pas de différences fondamentales entre ces deux groupes.

b) Le fichier Cardgirus®

RÉSULTATS CARDGIRUS	VO2MAX	POULS DE REPOS	RÉCUP.	INDICE RUFFIER-DICKSON	SEUIL ANAÉROBIE	PUISSANCE MAXIMALE AÉROBIE
1	60,7	48,8	25,3	3,0	91,7	343
2	59,4	57,8	25,4	4,4	90,4	325
3	57,8	54,4	23,7	3,9	91,6	328
4	54,0	50,8	26,3	3,1	90,8	299

Tableau 93 : Les différentes catégories UFOLEP dans le nouveau fichier Cardgirus®.

2. La moyenne générale du fichier

UFOLEP	MOYENNE GÉNÉRALE
ÂGE	44,6
POIDS	71,4
TAILLE	175,7
POULS DE REPOS	55,8
INDICE RUFFIER-DICKSON	3,2
SEUIL ANAÉROBIE	91,2
PUISSANCE MAXIMALE EN WATTS	321,6
VO2MAX	57,5
RÉCUPÉRATION	25,7
WATTS/KG	4,5
VITESSE MAXIMALE AÉROBIE	40,1

Tableau 94 : La moyenne générale du fichier UFOLEP.

Il est difficile de comparer ces résultats à ceux des FFC, d'autant que la moyenne d'âge générale est ici plus de vingt ans supérieure. Nous noterons malgré tout une récupération supérieure à la moyenne FFC.

3. Les différentes catégories UFOLEP

a) Les seniors première catégorie UFOLEP

L'âge moyen beaucoup plus élevé que chez les seniors FFC fait que bon nombre d'anciens compétiteurs FFC arrivant à la quarantaine entament une seconde carrière dans les rangs UFOLEP.

Les coureurs possédant la double affiliation sont de plus en plus nombreux, ce qui leur permet de courir en départementaux ou en S1 UFOLEP.

Malgré le changement de méthode de test, nous constatons des résultats strictement identiques au watt près au niveau de la PMA, à 0,3 point près pour le seuil anaérobie.

Seule la VO2max a légèrement fléchi, mais il est sûr que la catégorie n'évolue plus, ce que nous signalions un peu plus haut.

SENIORS 1	MINIMUM	MOYENNE	MAXIMUM
ÂGE	23	37,1	48
POIDS	62	72,2	84
TAILLE	171	177,2	183
POULS DE REPOS	39	48,8	60
INDICE RUFFIER-DICKSON	-1	3,0	5,5
SEUIL ANAÉROBIE	84	91,7	97
PUISSANCE MAXIMALE AÉROBIE EN WATTS	282	343	400
VO2MAX	43	60,7	78
RÉCUPÉRATION	17	25,3	33
WATTS/KG	3,4	4,3	6,2
VITESSE MAXIMALE AÉROBIE	36,3	40,9	44

Tableau 95 : Les seniors première catégorie.

La PMA de 343 watts est d'un excellent niveau, qui situe cette catégorie entre les R1 et les R2.

Nous sommes loin de notre première analyse ! La seule faiblesse que nous noterons, et ce pour les quatre groupes, est un rapport poids-puissance très bas, même si certains présentent des valeurs égales aux meilleurs.

Le seuil anaérobie est assez élevé, presque à 92 %, ce qui traduit également une certaine tendance dans cette catégorie à privilégier la puissance plutôt que l'endurance moyenne.

Les seniors 1

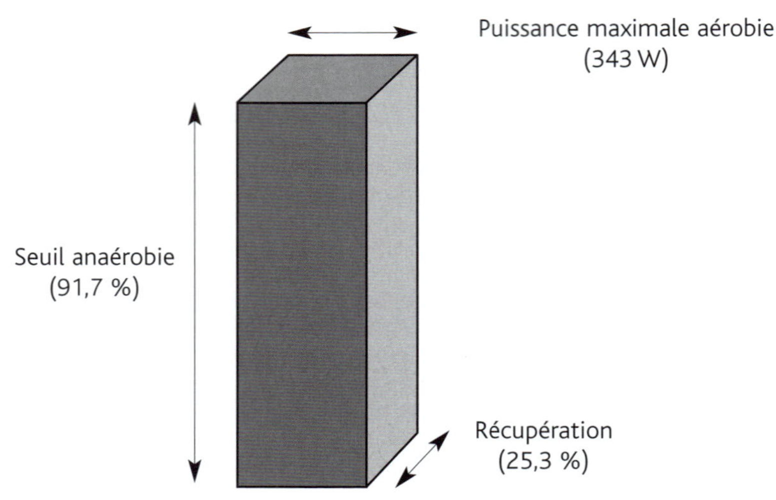

b) Les seniors 2 UFOLEP

Il existe un écart de PMA de 20 watts par rapport à la catégorie précédente, mais une consommation d'oxygène très proche.

Le poids moyen du groupe, inférieur de plus de 2 kilos, explique la chose. Nous rappellerons en effet que la consommation d'oxygène tient compte du poids dans son calcul. La récupération est très bonne dans ce groupe.

Le rapport poids-puissance est meilleur que chez les S1, là encore du fait du moindre poids général.

SENIORS 2	MINIMUM	MOYENNE	MAXIMUM
ÂGE	29	45,7	51
POIDS	61	69,9	86
TAILLE	168	175,4	189
POULS DE REPOS	40	57,8	77
INDICE RUFFIER-DICKSON	0	4,4	9,9

SEUIL ANAÉROBIE	87	90,4	96
PUISSANCE MAXIMALE AÉROBIE EN WATTS	283	325	359
VO2MAX	53	59,4	68
RÉCUPÉRATION	8	25,4	40
WATTS/KG	4,2	4,7	5,4
VITESSE MAXIMALE AÉROBIE	39,2	40,5	42,1

Tableau 96 : Les seniors deuxième catégorie.

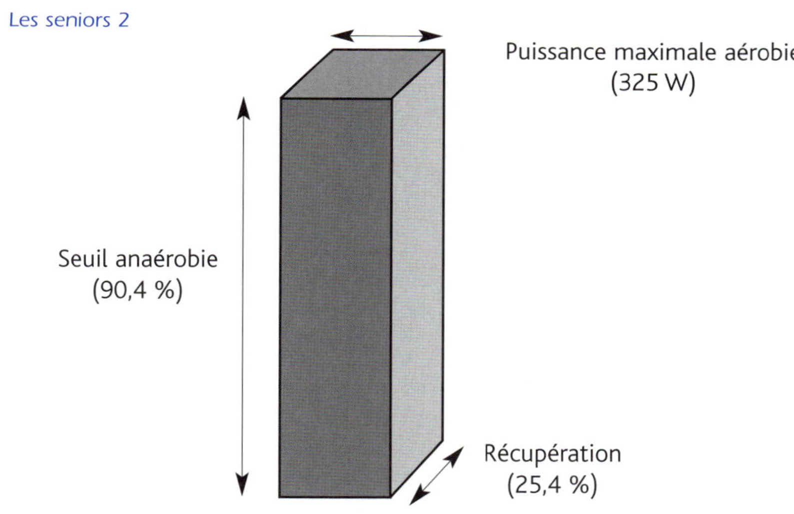

Le seuil anaérobie est nettement inférieur à celui des S1.

Enfin la VMA est quasi identique à celle des S1, avec 300 mètres à l'heure de différence seulement.

Le faible écart entre les deux catégories s'explique en partie par le fait que tous ces cyclistes courent ensemble dans les mêmes courses.

c) Les seniors 3 UFOLEP

Il existe très peu de différences entre ce groupe et le précédent : 15 watts d'écart sur la PMA, même rapport poids-puissance.

Nous avons été surpris de rencontrer dans ce groupe certains compétiteurs d'un niveau très supérieur à la moyenne, manifestement mal aiguillés.

Nous avons remarqué très souvent chez ces coureurs un certain manque de confiance en soi, et beaucoup n'osent pas affronter la catégorie au-dessus, de peur de ne pas supporter la comparaison.

SENIORS 3	MINIMUM	MOYENNE	MAXIMUM
ÂGE	19	47,1	64
POIDS	58	72,3	82
TAILLE	171	177,2	191
POULS DE REPOS	45	54,4	80
INDICE RUFFIER-DICKSON	1,1	3,9	11
SEUIL ANAÉROBIE	85	91,6	97
PUISSANCE MAXIMALE AÉROBIE EN WATTS	264	310	378
VO2MAX	48	57,8	73
RÉCUPÉRATION	16	23,7	32
WATTS/KG	3,8	4,6	5,8
VITESSE MAXIMALE AÉROBIE	35,8	38,2	41,3

Tableau 97 : Les seniors troisième catégorie.

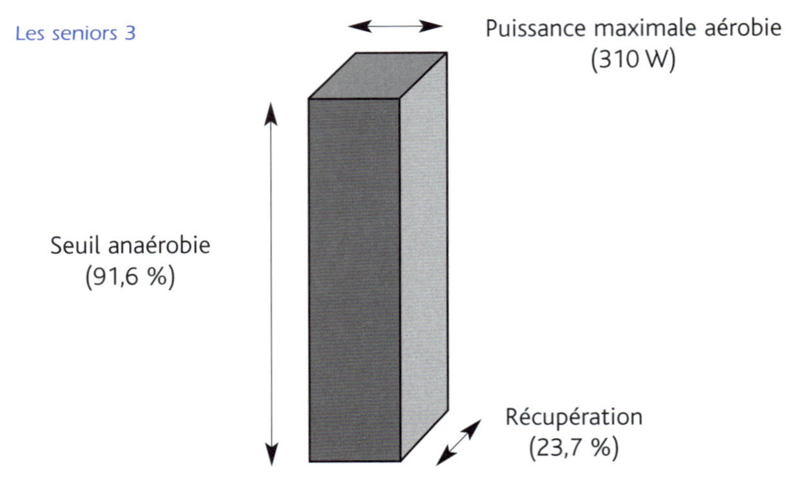

Nous sommes en tout cas certains que quelques cyclistes de ce groupe n'ont rien à y faire...

On reproche souvent aux FFC de venir perturber les pelotons UFOLEP, mais quand ce sont des cyclistes qui ne sont pas à leur place dans leur catégorie UFOLEP, ce n'est pas de la faute aux départementaux qui ont la double licence !

Il est d'ailleurs étonnant d'observer des valeurs maximales aussi élevées (378 watts de PMA, c'est du niveau d'un national !).

d) Les seniors 4 UFOLEP

Nous voyons sur ce tableau que l'âge est très nettement supérieur aux trois autres catégories (près de 54 ans).

Ceci influence les résultats et induit une certaine baisse du niveau (baisse de plus de 30 watts).

Le profil de ce groupe a considérablement changé, puisque lors des éditions précédentes, nous mettions en évidence un profond surrégime.

Ici, nous pouvons constater que le seuil anaérobie est tout à fait convenable, et la récupération l'une des meilleures rencontrées dans cette analyse.

SENIORS 4	MINIMUM	MOYENNE	MAXIMUM
ÂGE	32	53,7	70
POIDS	57	70,6	93
TAILLE	166	173,3	187
POULS DE REPOS	42	50,8	66
INDICE RUFFIER-DICKSON	-2	3,1	8,8
SEUIL ANAÉROBIE	83	90,8	98
PUISSANCE MAXIMALE AÉROBIE EN WATTS	214	299	354
VO2MAX	39	54,0	64
RÉCUPÉRATION	14	27,3	39
WATTS/KG	3,1	4,3	5
VITESSE MAXIMALE AÉROBIE	33,3	37,3	40,4

Tableau 98 : Les seniors quatrième catégorie.

Le rapport poids-puissance reste au même niveau que les autres groupes, et seule la VMA montre réellement un niveau très inférieur.

Nous observons ici un âge beaucoup plus élevé que pour toutes les autres catégories.

Prés de quinze ans d'écart avec les S3.

Les seniors 4

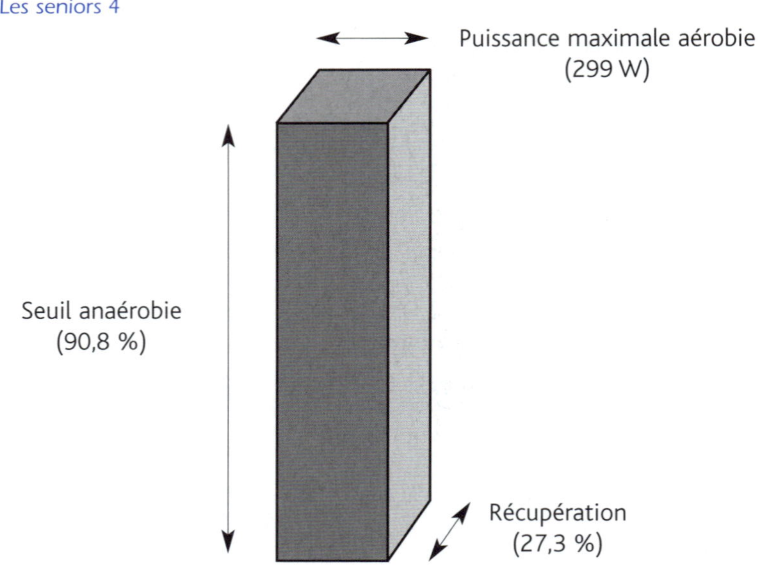

4. Analyse toutes catégories confondues

Nous observons quasiment toujours le même rapport poids-puissance, 4,3 watts/kilos, à l'exception des S2 (4,6 watts/kilos).

L'analyse est rendue délicate par les écarts d'âge qui empêchent par exemple toute comparaison du pouls de repos ou du test de Ruffier.

En effet, plus l'âge augmente, plus la fréquence cardiaque a tendance à diminuer, ce qui modifie par exemple les comparaisons entre la PMA et le pouls de repos réalisées chez les FFC.

La PMA diminue peu des S2 aux S4, ce qui explique aussi la stabilité du rapport poids-puissance.

UFOLEP	SENIOR 1	SENIOR 2	SENIOR 3	SENIOR 4
ÂGE	37,1	45,7	47,2	53,7 4
POIDS	72,2	69,9	72,3	70,6
TAILLE	177,2	175,4	177,2	173,3
POULS DE REPOS	48,8	57,8	54,4	50,8
INDICE RUFFIER-DICKSON	3,0	4,4	3,9	3,1

SEUIL ANAÉROBIE	91,7	90,4	91,6	90,8
PUISSANCE MAXIMALE EN WATTS	342,9	324,8	309,7	298,9
VO2MAX	60,7	59,4	57,8	54,0
RÉCUPÉRATION	25,3	25,4	23,7	27,6
WATTS/KG	4,3	4,7	4,3	4,3
VITESSE MAXIMALE AÉROBIE	39,0	38,6	38,2	37,3

Tableau 99 : Résultats des différentes catégories UFOLEP.

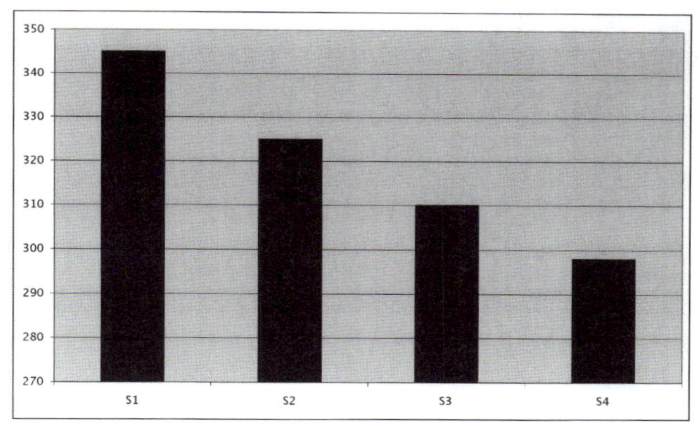

Graphique 45 : L'évolution de la PMA en fonction des catégories UFOLEP.

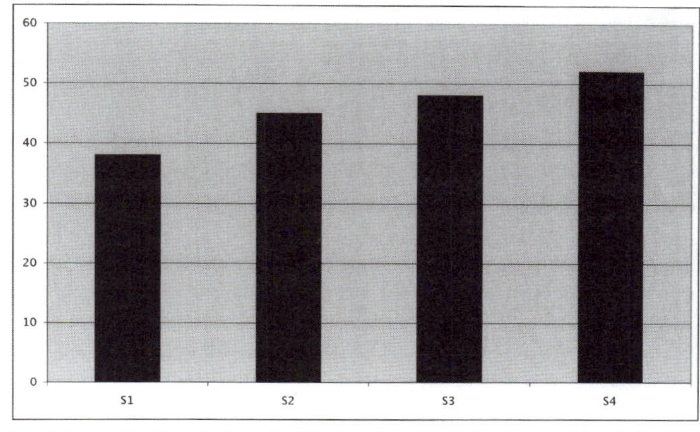

Graphique 46 : L'évolution de l'âge en fonction des catégories UFOLEP.

Les graphiques 45 et 46 montrent que la PMA diminue inversement proportionnellement à l'âge des compétiteurs. Ceci confirme la perte de puissance liée au vieillissement.

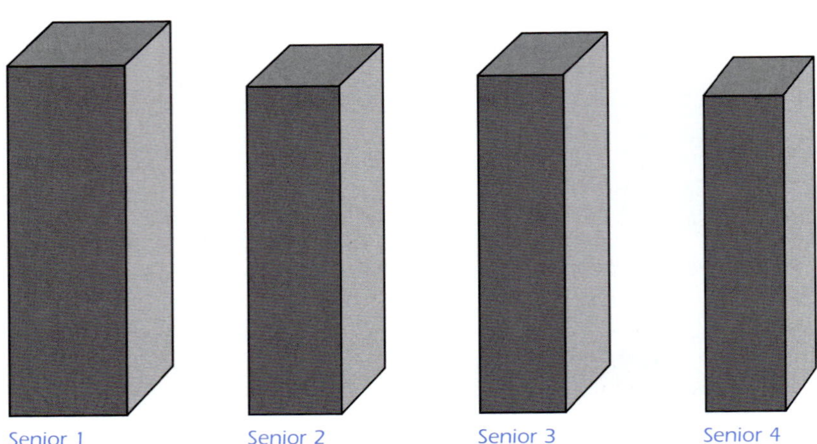

E. Les cyclosportifs

Nous participons à tous les stages cyclosportifs organisés par l'association 53 x 12 depuis 8 ans.

Ces stages ont lieu en Espagne, sur la Costa Brava (à Rosas), et les participants sont tous des Français (ainsi que quelques Suisses et Belges) issus des « quatre coins » de l'hexagone.

Ces stages nous ont ainsi permis d'effectuer un grand nombre de tests chez des cyclistes de tous âges, hommes et femmes confondus.

Nous présentons ici les résultats, qui nous semblent dignes d'intérêt à plus d'un titre.

Avec le système Cargirus® et pour la seule année 2000 (sur 6 semaines de stages), nous avons testé :

- 156 vétérans,
- 48 seniors,
- 6 femmes seniors,
- 17 femmes vétérans.

En ce qui concerne les femmes seniors, nous n'avons testé qu'un nombre insuffisant pour en tirer des informations valables.

Ces cyclistes, entre février et avril, viennent tous dans ces stages afin d'y préparer la saison des cyclosportives.

C'est souvent à ces occasions que nous les avons rencontrés.

1. Les seniors hommes

SENIOR CYCLOSPORTIFS	MINIMUM	MOYENNE	MAXIMUM	SENIOR 3	SENIOR 2
ÂGE	24	35,4	39	47,2	45,7
POIDS	62	75,4	95	72,3	69,9
TAILLE	172	177,8	185	177,2	175,4
POULS DE REPOS	47	58,4	79	54,4	57,8
INDICE RUFFIER-DICKSON	2	6,5	12,3	3,9	4,4
SEUIL ANAÉROBIE	77	90,0	96	91,6	90,4
PUISSANCE MAXIMALE AÉROBIE EN WATTS	255	327,8	376	309,7	325
VO2MAX	40	55,6	73	57,8	59,4
RÉCUPÉRATION	14	23,3	39	23,7	25,4
WATT/KG	3,2	4,4	5,7	4,3	4,7
VITESSE MAXIMALE AÉROBIE	35,7	39,4	42,1	40,1	40,5

Tableau 100 : Les seniors cyclosportifs. Nous avons fait figurer les résultats obtenus chez les seniors 2 et 3 UFOLEP, catégories qui se rapprochent le plus de ce groupe.

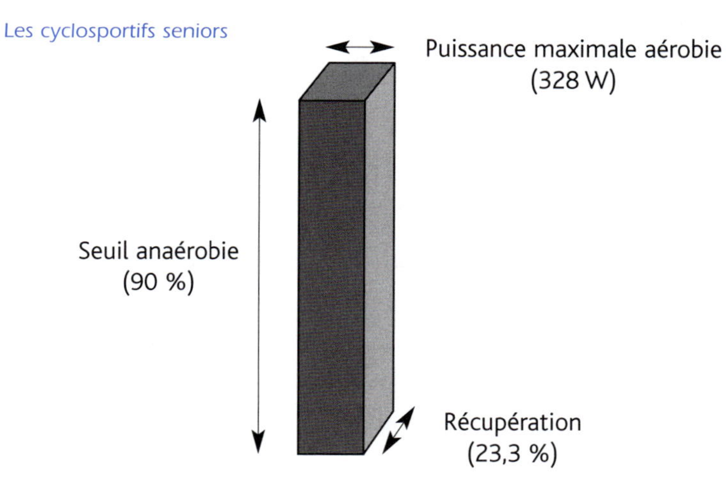

On remarquera que les cyclosportifs seniors présentent des aptitudes très similaires aux compétiteurs S3 UFO, avec une meilleure PMA (près de 20 watts), ce qui témoigne d'une préparation de bonne qualité.

Cette PMA se rapproche de celle des seniors 2 UFO.

Nous noterons la disparité des résultats, avec des valeurs maximales dignes des meilleurs compétiteurs, et des valeurs minimales proches des non sportifs.

2. Les vétérans hommes

Ce tableau met en évidence la grande similitude entre les cyclosportifs vétérans et les compétiteurs S4 UFO. Même âge moyen, même rapport poids-puissance, même VMA.

La PMA est inférieure de 20 watts et la VO2max est nettement plus faible chez les cyclosportifs. Ceci est dû en partie à un écart de poids de plus de 2 kilos.

Comme dans la catégorie précédente, les écarts entre valeurs minimales et maximales sont considérables. Pour la PMA, les valeurs vont du simple au double. Pour la récupération, la meilleure valeur est triple de la plus faible.

SENIOR CYCLOSPORTIFS	MINIMUM	MOYENNE	MAXIMUM	SENIOR 3	SENIOR 2
ÂGE	24	35,4	39	47,2	45,7
POIDS	62	75,4	95	72,3	69,9
TAILLE	172	177,8	185	177,2	175,4
P1	47	58,4	79	54,4	57,8
INDICE RUFFIER-DICKSON	2	6,5	12,3	3,9	4,4
SEUIL ANAÉROBIE	77	90,0	96	91,6	90,4
PUISSANCE MAXIMALE AÉROBIE EN WATTS	255	327,8	376	309,7	325
VO2MAX	40	55,6	73	57,8	59,4
RÉCUPÉRATION	14	23,3	39	23,7	25,4
WATT/KG	3,2	4,4	5,7	4,3	4,7
VITESSE MAXIMALE AÉROBIE	35,7	39,4	42,1	40,1	40,5

Tableau 101 : Les cyclosportifs vétérans. Nous avons fait figurer la catégorie la plus proche, les seniors 4 UFOLEP.

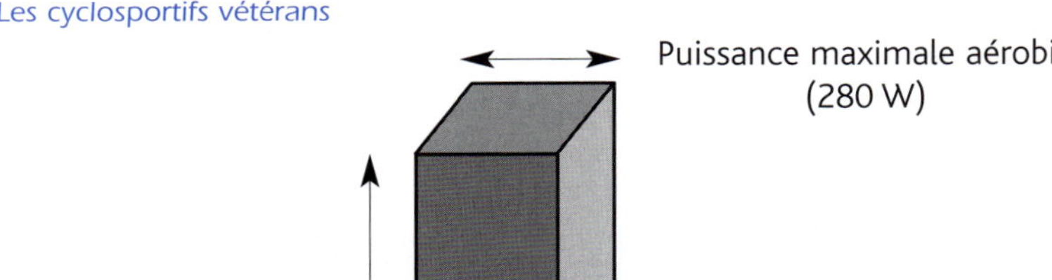

Il faut dire que ces cyclosportifs sont un type nouveau de pratiquants, dont beaucoup sont venus de la compétition ou bien du cyclotourisme. Nous trouvons donc dans ce groupe d'anciens compétiteurs de très bon niveau, arrivés à un âge où ils ne s'amusaient plus dans les pelotons de coureurs.

La consommation d'oxygène se situe cependant très au-dessus des valeurs des cyclotouristes, que nous analyserons plus loin.

Nous avons dans ce groupe bon nombre de retraités, qui passent le plus clair de leur temps sur leur bicyclette et qui maintiennent, par les randonnées et les cyclosportives, (qui ne sont pas des compétitions mais y ressemblent fortement), une excellente vitalité et ainsi reculent les effets du vieillissement.

La récupération des cyclosportifs est supérieure à la moyenne générale des compétiteurs chez les vétérans et légèrement inférieure chez les seniors.

La comparaison des deux groupes montre un rapport poids-puissance strictement identique. De même pour la VMA, à 0,2 kilomètre à l'heure près.

Ces deux catégories sont très proches, hormis un écart de PMA de 50 watts.

Le rapport poids-puissance de ce groupe est identique à celui des seniors 4 UFOLEP.

3. Les dames

La principale caractéristique rencontrée déjà chez les compétitrices est la moindre puissance par rapport à leurs homologues masculins. Moins de 200 watts en PMA et un rapport poids-puissance inférieur de près de 1 watt par kilo.

L'indice de Ruffier est très élevé, témoignant une condition physique très moyenne.

L'écart entre valeurs minimales et maximales est beaucoup plus réduit que chez les hommes. Il n'y a pas de très hautes valeurs.

Les dames de notre étude sont venues au cyclosport en suivant leur mari, mais n'ont jamais pratiqué la compétition. Elles ont le plus souvent débuté le cyclisme relativement tard, tout en n'ayant jamais pratiqué d'autre sport auparavant.

DAMES CYCLOSPORTIVES	MINIMUM	MOYENNE	MAXIMUM
ÂGE	42	49,7	65
POIDS	49	54,7	63
TAILLE	162	164,8	170
P1	55	66,4	78
INDICE RUFFIER-DICKSON	5,3	10,0	13,1
SEUIL ANAÉROBIE	87	90,3	96
PUISSANCE MAXIMALE AÉROBIE EN WATTS	161	193	214
VO2MAX	42	44,7	50
RÉCUPÉRATION	17	26,2	30
WATT/KG	3,1	3,5	4
VITESSE MAXIMALE AÉROBIE	33,7	34,9	36,3

Tableau 102 : Les dames cyclosportives.

La VMA est 5 kilomètres à l'heure plus basse que celle des cyclosportifs vétérans. Ceci est la conséquence d'un très faible rapport poids-puissance (3,5 watts par kilo).

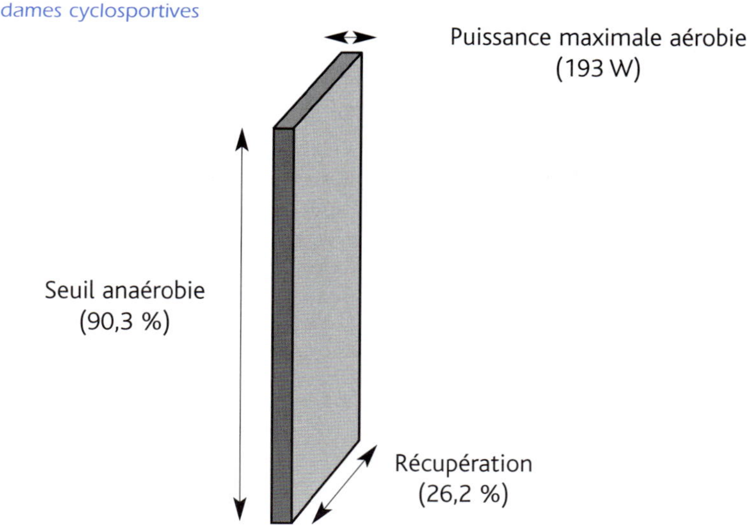

4. Les cyclosportifs hors condition physique

Comme pour les compétiteurs, nous avons voulu montrer les cyclosportifs présentant des erreurs importantes de préparation et un indice de Ruffier supérieur à 10.

COUREUR	INDICE RUFIIER-DICKSON	FCM	PUISSANCE MAXIMALE AÉROBIE	SATURATION	WATTS	RÉCUPÉRATION	VO2MAX	WATTS/KG	VITESSE MAXIMALE AÉROBIE
1	10,3	195	187	93	296	23	53	4,2	37,1
2	10,4	166	163	95	161	26	42	3,3	32,1
3	10,5	187	183	94	223	23	38	3,0	33,3
4	10,9	170	165	93	200	22	38	3,0	32,5
5	11	175	172	95	172	20	43	3,4	32,7
6	11,4	195	187	91	284	19	55	4,4	37,1
7	11,6	182	181	93	211	18	48	3,8	34,0
8	12,1	190	188	96	322	18	48	3,8	37,3
9	12,3	203	203	94	315	16	53	5,7	38,7
10	13,1	175	170	95	301	28	47	3,7	35,8
11	13,1	192	186	93	214	23	50	4,0	34,6

Tableau 103 : Les indices de Ruffier les plus faibles chez les cyclosportifs.

La quasi-totalité des cyclosportifs présentés dans ce tableau sont en total surrégime. Il suffit d'observer le seuil anaérobie pour en être convaincu.

À part deux cyclistes, tous affichent ici encore une faible récupération.

Contrairement aux compétiteurs, on met ici en évidence un très faible rapport poids-puissance pour ces cylosportifs.

Là encore, on a mis la charrue avant les bœufs. Le travail de l'endurance a été négligé, et ces futurs participants à de longs raids en montagne sont assez loin d'envisager un résultat favorable.

Nous rappelons souvent que plus nous avançons en âge, plus le seuil anaérobie représente une barrière naturelle de sécurité, qu'il convient de ne pas repousser trop haut. Ceux-ci n'ont manifestement pas intégré la chose !

Boîte du coureur n°8 : cette représentation spatiale est celle d'un sujet en total surrégime

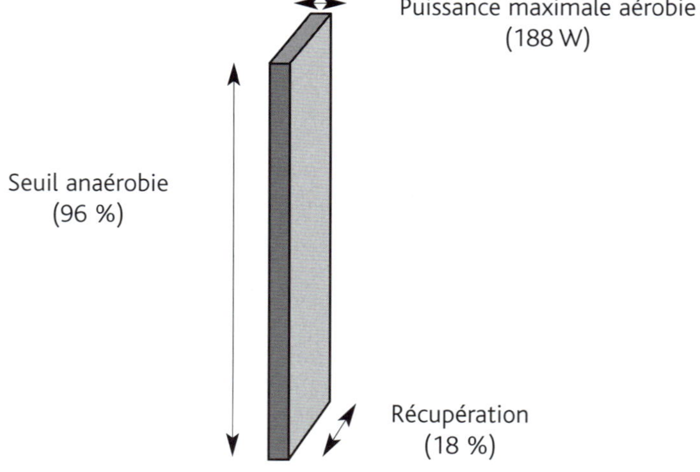

5. Les cyclotouristes

CYCLOTOURISTES	MINIMUM	MOYENNE	MAXIMUM
ÂGE	43	58,7	70
POIDS	64	73,6	87
TAILLE	163	172,8	181
P1	54	63,7	73

INDICE RUFFIER-DICKSON	-0,7	6,7	10,5
SEUIL ANAÉROBIE	80	87,4	93
PUISSANCE MAXIMALE AÉROBIE EN WATTS	182	224	244
VO2MAX	28,9	38,9	48,1
RÉCUPÉRATION	15,3	27,1	42,7
WATT/KG	2,2	3,1	3,7
VITESSE MAXIMALE AÉROBIE	30,6	32,9	35,1

Tableau 104 : Les cyclotouristes.

Les cyclotouristes sont un groupe à part de pratiquants non-compétiteurs. Ce sont des mangeurs de bitume, qui sillonnent les routes en visitant les régions traversées dans la plus grande convivialité.

Le cyclotouriste ne sollicite que très peu la filière aérobie, ne mettant à contribution essentiellement que la lipolyse. C'est pourquoi le profil physique s'apparente au sédentaire. Il n'y a pas de différence notable au niveau de la consommation d'oxygène. Celle-ci est inférieure aux 40 millilitres par kilo par minute annoncés dans tous les ouvrages pour la population non sportive. La VMA est logiquement bien inférieure à celle de tous les groupes précédents.

Le cyclotouriste est très souvent équipé d'un triple plateau, qui lui permet de réduire au minimum le braquet dès que la route s'élève. C'est pourquoi, ne développant pas les qualités de force musculaire ni de vélocité, ils présentent un rapport poids-puissance très bas et une VMA réduite.

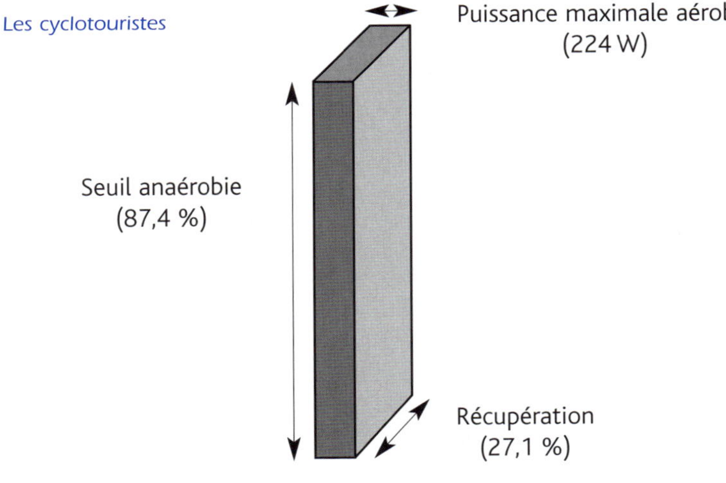

Avec les cyclotouristes, nous terminons l'analyse de toutes les catégories de cyclistes pédalant sur route et en endurance. Nous n'avons hélas pas suffisamment de recrutement pour en faire autant avec le VTT ou le BMX.

6. Synthèse générale

	FÉDÉRATION FRANCAISE DE CYCLISME	UFOLEP	CYCLOSPORT	CYCLO-TOURISME
ÂGE	23,4	44,6	46,3	58,7
POIDS	63,6	71,4	70,6	73,6
TAILLE	175	175,7	173,6	172,8
POULS DE REPOS	54,7	57,3	58,6	63,7
INDICE RUFFIER-DICKSON	4,4	3,6	5,9	6,7
SEUIL ANAÉROBIE	89,6	91,2	89,6	87,4
PUISANCE MAXIMALE AÉROBIE EN WATTS	335	312	286	224
VO2MAX	65,9	57,5	50,9	38,9
RÉCUPÉRATION	23,7	24,6	24,7	27,1
WATTS/KG	5,3	4,5	4	3,1
VITESSE MAXIMALE AÉROBIE	40,1	38,2	37,7	32,9

Tableau 105 : Comparaison des différents types de pratiquants.

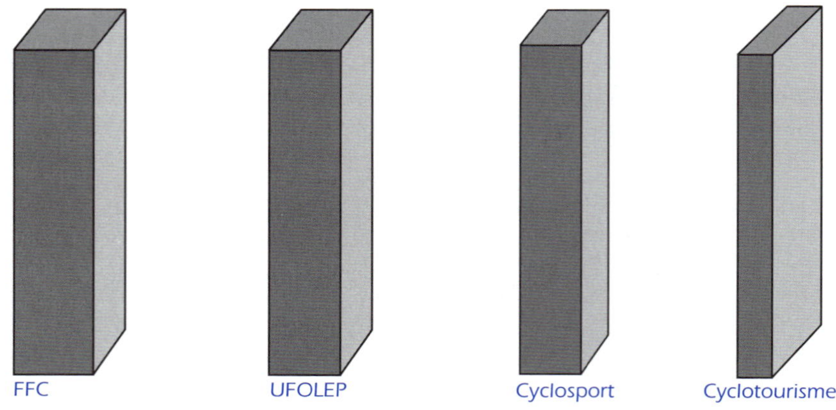

Ce tableau 105 est particulièrement intéressant, car il montre comment évolue chaque paramètre en fonction du type de pratique.

L'âge moyen des cyclotouristes est très largement supérieur à celui des autres catégories. Cette pratique convient très bien aux cyclistes plus âgés, et reflète bien l'aspect général d'un groupe de cyclotouristes, où l'on rencontre finalement peu de jeunes, ceux-ci se tournant plus volontiers vers la compétition et le VTT.

Le seuil anaérobie, annoncé à 85 % pour la population moyenne dans tous les livres, semble légèrement supérieur à ces valeurs. En effet, la catégorie la plus proche de la population moyenne non sportive présente un seuil anaérobie à 87,5 %.

Nous remarquerons que la PMA des UFOLEP s'approche très près de celle des FFC, puisque moins de 25 watts séparent les deux groupes.

Le plus spectaculaire est peut-être la décroissance de la consommation d'oxygène des FFC aux cyclotouristes.

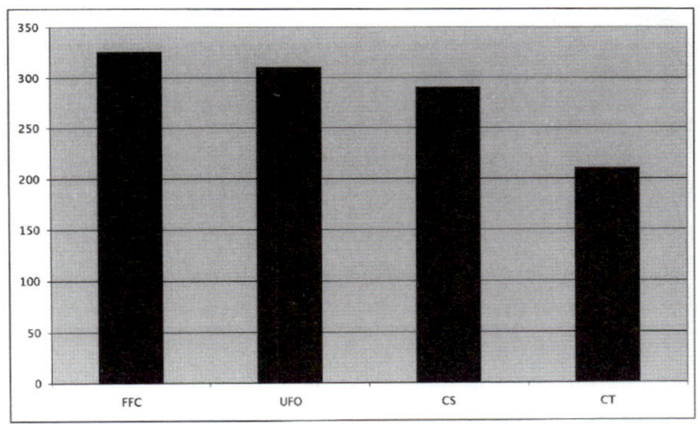

Graphique 47 : L'évolution comparée de la PMA en fonction des différents types de pratiquants.

Sur ce graphique, il est clair que le cyclotouriste présente une PMA inférieure de près d'un tiers à celle du compétiteur FFC.

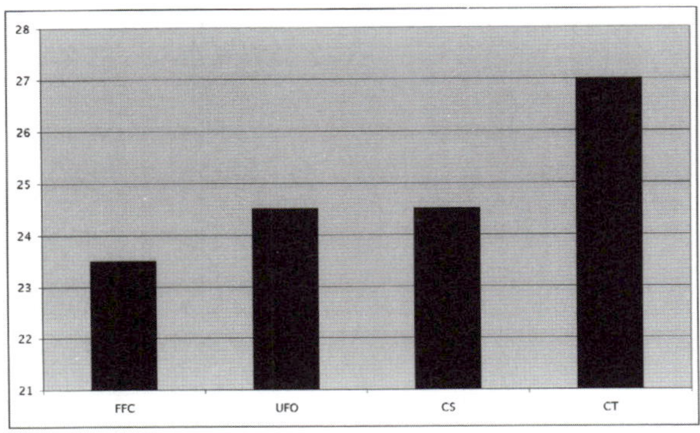

Graphique 48 : L'évolution de la récupération en fonction des différents types de pratiquants.

Voici l'une des surprises de notre analyse : la récupération se renforce inversement proportionnellement à l'évolution de la performance.

Ce sont les cyclotouristes, dont l'âge moyen avoisine les soixante ans, qui présentent de loin la meilleure aptitude à récupérer, alors qu'ils ne font jamais aucun changement de rythme !

Cette récupération s'améliorerait-elle également en fonction de la maturité, progressant avec le vieillissement ?

Ou bien au contraire se dégrade t-elle avec la compétition ?

Voici un autre sujet d'analyse, qui pose une question subsidiaire : la compétition apporte-t-elle réellement un plus pour l'organisme et est-elle vraiment bénéfique pour la santé ?

Le trombinoscope des cyclistes professionnels pourrait en faire douter, tant il semble y avoir incompatibilité entre faciès prématurément vieilli et âge réel !

Des analyses ostéologiques sur certains sportifs viennent récemment de démontrer les méfaits du sport à haut niveau, en montrant combien usés sont les os après une dizaine d'années de pratique intensive. Ceci est vrai dans le cyclisme, le football et dans de nombreux sports traumatisants.

Le dopage participe à cette dégradation et altère d'autant plus vite l'organisme que l'on gravit la gamme d'inventions pharmacologiques de plus en plus dangereuses pour la santé.

On peut se demander avec inquiétude de quoi demain sera fait, avec tous les apprentis sorciers qui actuellement font des expériences à l'échelle planétaire sur des cobayes consentants.

F. Les coureurs FSGT

Cette fédération est très implantée dans le sud-est et dans le sud de la France. Malheureusement, elle n'existe quasiment pas dans notre région et ce n'est pas la demi-douzaine de tests d'effort que nous avons effectué qui nous donne la capacité d'analyser en profondeur cette fédération. Nous aurions cependant bien été captivé par cette analyse.

Il en est de même pour le VTT, notre recrutement étant trop peu important.

Xavier Charbonneau, compétiteur

C'est avec beaucoup de plaisir que je réponds à la demande de Patrick afin de compléter sa page blanche, comme il le dit. Pour centrer un peu notre histoire, je dirai que j'ai 43 ans et que cela fait depuis l'âge de 16 ans que nous nous connaissons. En effet, son frère était un de mes meilleurs copains de pédale et j'allais en vacances chez lui. Vous pensez bien qu'à cet âge, dès que l'on marche un peu, pas besoin de conseils, surtout d'un petit régional qui ne faisait pas 2 kilomètres dans le peloton, mais qui s'était penché déjà sur l'entraînement.

J'ai fait une vingtaine d'années en première catégorie, j'ai tutoyé le professionnalisme et j'ai terminé à l'usure sans le moindre regret jusqu'à aujourd'hui.

Voici quatre ans, me sentant à la fin de ma carrière, je me suis dit qu'au moins une fois, je devais essayer la méthode Mallet. Coup de fil, rendez-vous, test d'effort, amitié renouée et c'était reparti pour de nouvelles aventures. Moi, l'habitué aux longues sorties de 120 à 150 kilomètres, voire plus, je passais d'un seul coup à des rares sorties de trois heures.

En trois ans, je suis passé de 14000 kilomètres à 7800 l'année dernière, une moyenne de 55 courses par an, entre le VTT, la route, le cyclo-cross, la piste, le duathlon, le triathlon, la course à pied. Toujours avec autant de passion, de motivation, et cerise sur le gâteau, la réussite. Médaillé au championnat de France VTT master, titré et médaillé au championnat de France piste, remontée en national et participation à de belles courses élites auxquelles je ne voulais pas prendre part.

À 38 ans, je ne voulais pas prendre part à ces courses. Je ne me sentais pas à la hauteur : circuit des plages vendéennes, vallées de la Loire, 2 jours de Machecoul, bref : le plaisir à l'état pur.

L'un de mes derniers challenges, pas sportif celui-là, est d'aider mon ami dans sa démarche et à se faire connaître encore plus. Un dur travail, car il n'est pas facile de changer les vieilles habitudes. Heureusement, il y a toujours des sportifs qui ont envie de découvrir de nouvelles choses et de progresser. Pour ceux-ci, Patrick, cela vaut le coup que tu continues et que l'on t'épaule.

Là, j'oubliais peut-être que la seule mécontente dans tout cela est ma petite femme qui demande quand je vais enfin arrêter, mais qui, depuis fin 2004 s'est mise aux méthodes Mallet pour le roller et la course à pied.

Mon ami, un grand, grand merci de me permettre de finir ma carrière comme cela. J'espère n'être pas un trop mauvais ambassadeur de tes méthodes et de t'apporter avec beaucoup d'autres des satisfactions.

Je termine en disant que je suis BF VTT et route, BF 2 triathlon, entraîneur d'un team national VTT depuis cette année et que notre médecin, c'est toi, Patrick. »

Chapitre 9

EXEMPLES D'ANALYSE DE TEST D'EFFORT

Ces analyses sont tirées de notre fichier personnel. Nous voulons simplement montrer ce que l'on peut tirer d'un tel test d'effort.

A. Exemple 1

Melle L. Stéphanie

22 ans, 70 kg pour 1,60 m

Demoiselle en grande difficulté, régulièrement lâchée et incapable d'obtenir une place en compétition.

Test d'effort

INDICE DE RUFFIER-DICKSON	4,6
FRÉQUENCE CARDIAQUE MAXIMALE	198
POULS DE FIN DE TEST	189
PUISSANCE MAXIMALE AÉROBIE	213 WATTS
VO^2MAX	38 ML/KG/MN
SEUIL ANAÉROBIE	82%
RAPPORT POIDS/PUISSANCE	3 WATTS/KG
VITESSE MAXIMALE AÉROBIE	35,3 KM/H
TAUX DE RÉCUPÉRATION	14%

Voici une jeune fille présentant un certain excès de poids et un niveau général particulièrement faible.

Tout est très bas : une consommation d'oxygène en dessous des 40 millilitres par kilo par minute considérés comme le minimal. À l'évidence, chez quelqu'un qui présente un niveau basique, l'excès de poids peut majorer le handicap.

Dans ce cas précis, le rapport poids-puissance est très faible, sa PMA inférieure de plus de 100 watts à la moyenne de sa catégorie, et de plus sa récupération est effondrée.

Le seuil anaérobie, limite, est le témoin de sa difficulté à gérer son entraînement dans de telles conditions.

C'est surtout la puissance qui manque à cette demoiselle. Nous l'incitons donc pendant au moins trois mois à interrompre la compétition, puis à entamer un travail assidu de force musculaire. Il n'y à rien d'autre à lui proposer pour le moment, sachant que tant qu'elle restera si faible, elle n'a pas sa place dans les pelotons. Nous l'avons bien évidemment incitée à perdre du poids.

C'est un exemple extrême que nous avons choisi là, mais il n'est pas isolé, et le nombre de cyclistes totalement démunis qui se présentent à nous est totalement effarant. Nous n'avons pas encore revu cette demoiselle, mais nous espérons qu'elle aura tiré le maximum d'enseignement de notre visite.

B. Exemple 2

M L. Jérémy

Cadet deuxième année, 16 ans, 72 kg pour 1,86 m

Cadet qui a obtenu 3 victoires entre avril et mai.

Test d'effort

INDICE DE RUFFIER-DICKSON	4,8
FRÉQUENCE CARDIAQUE MAXIMALE	204
POULS DE FIN DE TEST	195
PUISSANCE MAXIMALE AÉROBIE	369 WATTS
VO2MAX	65 ML/KG/MN
SEUIL ANAÉROBIE	94%
RAPPORT POIDS/PUISSANCE	5,1 WATTS/KG
VITESSE MAXIMALE AÉROBIE	41,8 KM/H
TAUX DE RÉCUPÉRATION	26%

ÉVOLUTION	23/01/02	05/06/02	24/01/03
POULS DE REPOS	55	53	54
INDICE RUFFIER-DICKSON	9	4,6	4,8
RÉCUPÉRATION	18	24	26
SEUIL ANAÉROBIE	89	91	94
PUISSANCE MAXIMALE AÉROBIE	345	383	369
VO2MAX	63	67	65
WATTS/KG	5	5,3	5,1
VITESSE MAXIMALE AÉROBIE	41,5	42,8	41,8
PES	306	349	347,2

Voici un excellent test pratiqué chez un cadet de deuxième année, en janvier 2003. C'est à coup sûr un tout bon, quant à une PMA considérable (moyenne 317 watts). Sa seule faiblesse est un seuil anaérobie beaucoup trop haut, à une période où ce n'est vraiment pas de mise. Cependant, la récupération reste satisfaisante, ainsi que le rapport poids-puissance.

Ce test montre que bien que d'un niveau très élevé, si un coureur fait n'importe quoi en début de saison, il peut le payer très cher par la suite.

Témoin le rapport d'évolution, qui met en évidence une perte au niveau de tous les critères principaux. Seule la PES (puissance exploitable au seuil) est restée stable puisque notre coursier a fortement remonté son seuil pour compenser sa perte de puissance.

Nous rappelons qu'un cadet ne présente pas les critères de maturité pour travailler en anaérobie, et que ce coureur va à la catastrophe s'il persiste dans cette voie. Bien que très fort, il ne peut faire n'importe quoi sans conséquences fâcheuses par la suite.

Nous avons appris quelques semaines après le test de janvier que Jérémy s'était complètement raté, en ne voulant pas écouter les conseils. Il a totalement raté sa saison 2003. C'était prévisible...

C. Exemple 3

M J. Guillaume

Cadet deuxième année, 15 ans et demi, 58 kg pour 1,70 m

Cadet qui a obtenu 3 victoires entre avril et mai.

Test d'effort

INDICE DE RUFFIER-DICKSON	11,3
FRÉQUENCE CARDIAQUE MAXIMALE	210
POULS DE FIN DE TEST	207
PUISSANCE MAXIMALE AÉROBIE	289 WATTS
VO2MAX	63 ML/KG/MN
SEUIL ANAÉROBIE	93%
RAPPORT POIDS/PUISSANCE	5 WATTS/KG
VITESSE MAXIMALE AÉROBIE	39,9 KM/H
TAUX DE RÉCUPÉRATION	21%

Ce jeune cadet est venu subir son premier test au début mars 2001. Manifestement, ce n'est pas du tout le même niveau que Jérémy. Il présente tous les critères du surentraînement. Il faut savoir que la totalité de son entraînement a consisté en sorties grégaires avec son club, dans lesquelles étaient mélangées toutes les catégories, du national au cadet, et où l'intensité de l'effort était totale une fois terminé l'échauffement.

On constate déjà un test de Ruffier qui dépasse allégrement 10. Si l'on écoute déjà les canons de la médecine du sport, il devrait être interdit de compétition tant que l'indice ne baisse pas.

La PMA montre un déficit de 30 watts par rapport à la moyenne de la catégorie, ce que Guillaume a voulu compenser en augmentant son seuil beaucoup trop haut. 90 % aurait suffi dans son cas.

La récupération s'en ressent, puisque inférieure de 3 points à la moyenne du fichier et de sa catégorie.

En bref, ce garçon ne montre pas d'aptitude particulière pour le cyclisme, et a visiblement mis la charrue avant les bœufs, en privilégiant l'intensité avant le développement de la force musculaire et de la puissance. Il est vrai que son club ne montre absolument pas l'exemple en mélangeant les genres et en ne protégeant pas ses jeunes coureurs.

À peine les compétitions recommencées, il faudrait que Guillaume reprenne les fondamentaux. Même s'il fallait sacrifier la saison à venir, il faudrait reprendre un cycle de travail de la force musculaire, suspendre le travail en intensité à l'entraînement et trouver très vite... un entraîneur ! Dans ce club, il n'a aucune chance pour l'avenir.

L'avenir nous a hélas donné raison. Ce gamin a continué à s'enferrer, jusqu'au jour où un confrère plein de bon sens lui a interdit la compétition pour épuisement physique. Depuis, il a hélas mis un terme à la compétition.

D. Exemple 4

M J. Florent

Junior première année, 17 ans, 58 kg pour 1,84 m

Ce junior est toujours placé, avec une dizaine de places dans les cinq premiers.

Test d'effort

INDICE DE RUFFIER-DICKSON	5,3
FRÉQUENCE CARDIAQUE MAXIMALE	205
POULS DE FIN DE TEST	195
PUISSANCE MAXIMALE AÉROBIE	343 WATTS
VO2MAX	75 ML/KG/MN
SEUIL ANAÉROBIE	89%
RAPPORT POIDS-PUISSANCE	5,9 WATTS/KG
VITESSE MAXIMALE AÉROBIE	42,5 KM/H
TAUX DE RÉCUPÉRATION	23%

ÉVOLUTION	10/06/01	21/11/01	23/02/02	27/04/03
POULS DE REPOS	63	80	74	48
INDICE RUFFIER-DICKSON	6,2	9	4,6	4,8
RÉCUPÉRATION	21	13	16	23
SEUIL ANAÉROBIE	87	89	89	89
PUISSANCE MAXIMALE AÉROBIE	279	296	308	343
VO2MAX	71	73	72	75

WATTS/KG	5,6	5,8	5,7	5,9
VITESSE MAXIMALE AÉROBIE	37,9	39,4	41,5	42,5
PES	243	263	274	305

Florent est un garçon sérieux qui écoute attentivement les conseils de ses éducateurs. Il nous est apparu pour la première fois alors qu'il était cadet première année comme un gamin fluet et un peu en retard de puissance, mais avec déjà à cette époque quelques aptitudes (rapport poids-puissance déjà élevé pour un cadet, consommation d'oxygène déjà importante). Le seul souci était à l'époque une récupération très faible et un indice de Ruffier limite. Nous pensons que ceci était en rapport avec une croissance très rapide et un poids très faible.

Depuis, il s'est développé correctement et tous ses critères se sont développés. Il a gagné 64 watts en 2 ans, et présente désormais un rapport poids-puissance de grimpeur.

À noter que Florent a également gagné 62 watts à la PES, ce qui lui permet désormais de subir les courses à intensité élevée sans trop de difficulté, comme en témoigne une récupération satisfaisante.

Florent s'amuse en course, il est toujours présent, cela grâce à des éducateurs attentifs qui lui évitent les erreurs. Il ne s'entraîne jamais sur plus de 1 heure 30, et chose rare dans ce milieu, ses résultats scolaires sont très encourageants.

Cet exemple montre que lorsque l'on protège au maximum un jeune cadet, et qu'on lui évite de faire n'importe quoi, l'organisme se développe harmonieusement et permet les résultats escomptés assez rapidement. Mais nous rappellerons une fois de plus que l'avenir ne se situe pas ni en minimes, ni en cadets. Il y a encore une vie après...

E. Exemple 5

M H. Sebastien

Junior 1, 17 ans, 61 kg pour 1,78 m

Junior intégré en juin 2002 à la section sport études de La Roche-sur-Yon, résultats très moyens.

Test d'effort

INDICE DE RUFFIER-DICKSON	3,6
FRÉQUENCE CARDIAQUE MAXIMALE	217
POULS DE FIN DE TEST	208
PUISSANCE MAXIMALE AÉROBIE	340 WATTS
VO2MAX	71 ML/KG/MN
SEUIL ANAÉROBIE	87%
RAPPORT POIDS/PUISSANCE	5,6 WATTS/KG
VITESSE MAXIMALE AÉROBIE	43,4 KM/H
TAUX DE RÉCUPÉRATION	31%

ÉVOLUTION	19/06/02	17/10/02	03/02/03	25/03/03
POULS DE REPOS	47	49	51	51
INDICE RUFFIER-DICKSON	1,9	1,8	4,8	3,6
RÉCUPÉRATION	26	26	25	31
SEUIL ANAÉROBIE	91	88	84	87
PUISSANCE MAXIMALE AÉROBIE	350	340	340	340
VO2MAX	78	74	72	71
WATTS/KG	6,1	5,9	5,7	5,6
VITESSE MAXIMALE AÉROBIE	43,4	43,1	42,5	43,4
PES	319	299	285	296

Il est clair qu'appartenant à une section sport études, ce coureur devrait progresser et montrer l'intérêt d'une telle section. Or, il n'en est rien : Sébastien était meilleur en cadet deuxième année qu'un junior !

En témoigne le tableau d'évolution. En cadet, il affichait 350 watts à la PMA. Depuis, il stagne à 340 watts. Sa VO2max baisse progressivement et est passé de 78 à 74, puis 72, puis 71. De même pour le rapport poids-puissance, excellent au départ avec 6,1, puis descendu jusqu'à 5,6. Un demi-watt par kilo en moins...

Et que dire du seuil anaérobie, à 91 au départ, retombé à 87...

Tous ces critères, VO2max, PMA, rapport poids-puissance et seuil anaérobie qui chutent en même temps, sont le trait d'un sous-entraînement caractérisé. La récupération qui s'améliore confirme ces constatations.

Il y a beaucoup de travail en perspective pour Sébastien. On peut être bon, si l'on ne cherche pas à s'améliorer, on végétera au cœur du peloton. Reste à déterminer si on a vraiment sa place dans ce cas au sein d'une section sport études. Encre faudrait-il déterminer l'intérêt d'une telle structure...

F. Exemple 6

M D. Willy

Senior national, 18 ans, 73 kg pour 1,85 m

Senior de la section sport études de La Roche-sur-Yon.

Test d'effort

INDICE DE RUFFIER-DICKSON	1
FRÉQUENCE CARDIAQUE MAXIMALE	204
POULS DE FIN DE TEST	178

PUISSANCE MAXIMALE AÉROBIE	406 WATTS
VO2MAX	70 ML/KG/MN
SEUIL ANAÉROBIE	80%
RAPPORT POIDS-PUISSANCE	5,6 WATTS/KG
VITESSE MAXIMALE AÉROBIE	43,4 KM/H
TAUX DE RÉCUPÉRATION	15%

ÉVOLUTION	20/02/01	24/04/01	23/10/01	21/05/02	03/02/03
POULS DE REPOS	45	48	44	48	48
INDICE RUFFIER-DICKSON	0,6	2	0,7	0,4	1
RÉCUPÉRATION	29	25	25	28	15
SEUIL ANAÉROBIE	85	83	89	83	80
PUISSANCE MAXIMALE AÉROBIE	394	379	390	408	406
VO2MAX	71	69	68	70	70
WATTS/KG	5,6	5,4	5,3	5,5	5,6
VITESSE MAXIMALE AÉROBIE	43,1	42,8	38,6	43,4	43,4
PES	335	316	348	340	327

Voici un cas. Willy a intégré le pôle « espoir » des Pays de la Loire et s'entraîne désormais avec un groupe très en vue en Vendée. Désormais, il parcourt des grandes distances sur un mode continu et sans changements de rythme.

Voici le résultat : VO2max stagnante, PMA sans véritable évolution, récupération très basse, rapport poids-puissance très moyen pour un national, et enfin une puissance exploitable au seuil faible.

Quant au seuil anaérobie, il est totalement effondré, comme tous ses congénères qui accumulent la quantité en négligeant totalement la qualité.

S'il avait su maintenir un seuil à 90 %, sa PES serait à ce jour à 360 watts, soit inférieure de seulement 10 points à la moyenne générale des nationaux ! Il pourrait prétendre à monter de catégorie et aurait sûrement d'autres résultats que ses quelques places.

Willy va devoir plancher sérieusement sur un plan d'entraînement avec préparation des objectifs, et non courir au jour le jour en mettant pied à terre s'il n'a pas pris la bonne échappée.

C'est bien d'être un coureur de qualité. Mais à quoi cela sert-il quand on ne sait pas exploiter ses capacités ? Une fois de plus, c'est une histoire d'adéquation entre les muscles et ... le cerveau.

Chapitre 10

LE DOPAGE

A. La définition du dopage

Le dopage a été défini par le secrétariat d'état auprès du Premier ministre chargé de la Jeunesse et des Sports dans une circulaire de janvier 1988, de façon suivante :

« Est considéré comme dopage le fait d'utiliser sciemment, en vue ou au cours d'une compétition sportive, des substances destinées à accroître artificiellement et passagèrement les possibilités physiques d'un sportif, et susceptibles de nuire à sa santé. »

Sur le plan médical, c'est aussi la façon de détourner de leur usage des médicaments dangereux qui peuvent mettre la vie en péril.

Nous trouvons, dans ce texte, les trois notions fondamentales du dopage :

- Il est interdit par la loi.
- Il est dangereux pour la santé du sportif.
- Il va à l'encontre de l'éthique sportive.

Il existe une liste officielle des substances dopantes, qui est fournie par le Comité international olympique, à laquelle tout sportif doit se conformer pour éviter les sanctions.

Tous les ans, il est édité une liste des médicaments contenant l'une au moins des substances de la liste officielle du CIO par le secrétariat d'état auprès du Premier ministre chargé de la Jeunesse et des Sports, liste régulièrement mise à jour.

Il faut préciser que la liste du CIO et celle de notre pays ne sont pas identiques, et que la France interdit des substances qu'autorise le CIO.

À ce jour, les laboratoires d'analyse effectuant des recherches qualitatives et non quantitatives, il est impossible de connaître la quantité de produit absorbée.

Ceci rend un médicament anodin aussi suspect qu'un autre très toxique ; c'est pourquoi des substances prescrites à des enfants sont interdites aux sportifs. *Dura lex, sed lex*.

B. Les substances interdites et leurs effets

Nous allons développer les effets de chaque médicament, ainsi que les dangers de leur utilisation, car l'un ne va jamais sans l'autre. Nous envisagerons successivement les substances proscrites classe par classe.

Puis nous tenterons d'analyser les causes profondes du dopage, causes qui dépassent largement le sport lui-même.

Comme nous le verrons, la société porte en elle les germes du fléau.

1. Les amphétamines

Dans cette classe, nous trouvons plusieurs produits issus de l'alphaméthylphénylamine. Ces produits ont tué beaucoup de sportifs, c'est une classe de produits très dangereux.

a) Effets recherchés :

Les amphétamines sont des stimulants du système nerveux central, qui agissent en faisant disparaître la sensation de fatigue.

Ces produits donnent une confiance en soi qui permet d'aller de l'avant, tout en coupant la sensation de faim.

Il s'ensuit un effet d'euphorie, avec apparent développement des qualités intellectuelles et accroissement apparent de la mémoire. Ces effets surviennent rapidement après la prise du produit (2 heures).

Ces produits sont au tableau B, très réglementé, et nécessitent des modalités de prescription et de délivrance très particulières.

b) Effets nuisibles :

L'effet dure quelques heures, et en absence de nouvelle prise, il apparaît très vite une fatigue considérable, avec une envie de dormir incoercible, et un nervosisme incontrôlable, ainsi que des mouvements parasites mal contrôlés.

Puis la dépression, le découragement accompagnent des efforts de raisonnement devenus pénibles.

Plus les doses absorbées sont fortes, plus ces effets pervers sont importants.

Ces effets ont été notamment décrits par un utilisateur coureur cycliste connu : J. G., professionnel qui subissait ces troubles à l'arrivée des courses.

C'était alors, dans les années 50, la classe de produits dopants la plus utilisée. Jacques Anquetil par exemple ne s'est jamais caché d'utiliser ce type d'adjuvants.

Les plaies cicatrisent beaucoup moins bien. En cas de décès, la décomposition du corps est très accélérée.

À la fin, le décès peut survenir, suite à un dépassement du symptôme fatigue, qui est la sirène d'alarme de l'organisme, avant l'épuisement puis l'état de choc.

Tom Simpson, dans le mont Ventoux en a été victime en 1966, comme Roger de Wilde en 1965, et tant d'autres sportifs amateurs ou professionnels.

L'accoutumance est le danger le plus pernicieux. Il peut mener tout droit à la drogue, tant la dépendance est grande. Le sevrage est très difficile.

Il existe une classe de médicaments apparentés aux amphétamines qui font le bonheur des tricheurs : ce sont les anorexigènes.

L'avantage du coupe-faim, c'est de coûter beaucoup moins cher que l'amphétamine. Les effets secondaires sont les mêmes, les dangers identiques.

2. Les anabolisants

L'anabolisme est l'aptitude d'un organisme à transformer la matière nutritive (aliments) en tissu vivant. Un anabolisant est une substance qui active ces processus.

Les anabolisants ont été mis au point après la guerre de 1939-1945 pour refaire la musculature des déportés sortant dans un état squelettique des camps de concentration. Ils ont été hélas depuis récupérés par le milieu sportif de la force, essentiellement en athlétisme (lancer du poids, du marteau, du javelot) et surtout en haltérophilie et en body-building. Les sprinters s'en servent aussi.

Depuis les années 70, ils sont de plus en plus utilisés chez les cyclistes.

a) Effets recherchés :

Prise de poids par augmentation de la masse musculaire ; certains lanceurs de poids ont ainsi pris 40 kilos en 3 ans !

Il existe un effet psychotonique utilisé en médecine notamment pour aider certaines personnes âgées, dénutries et en syndrome de glissement.

b) Effets nuisibles :

-Tendinites, ruptures de tendons ;

Lors de la prise d'anabolisants, le muscle grossit, mais pas le tendon : il en résulte une fragilité de celui-ci, avec son cortège de tendinites ou de ruptures ; on a notamment pu voir lors d'une émission télévisée un haltérophile, qui au cours d'un mouvement d'épaulé-jeté, a vu un tendon lâcher alors qu'il tenait la barre à bout de bras : celle-ci est retombée sur les vertèbres cervicales : il est désormais tétraplégique...

Les anabolisants sont formellement contre-indiqués chez les sujets atteints de cancer, car ils augmentent rapidement le volume de la tumeur.

- Chez des jeunes sportifs, ils peuvent, en outre, arrêter la croissance ;
- Chez la femme, les anabolisants entraînent une virilisation irréversible, avec en cas de grossesse des risques tératogènes pour le fœtus ;
- Risques d'obésité et de rétention d'eau non négligeables pour tous ;
- Troubles de l'humeur avec alternance de dépression et d'agressivité ; risques de troubles psychologiques et psychiatriques graves ;
- Dégénérescence osseuse et articulaire : arthrose de la hanche et du genou importante chez ces sujets trop lourds pour leurs articulations ;
- Notons encore des risques de cancers du foie, des hémorragies digestives, des infarctus, etc. ;
- Enfin chez l'homme, les risques de stérilité et d'atrophie testiculaire sont très importants.

Certains médecins se sont penchés sur le devenir des hormones naturelles mâles (testostérone, effet anabolisant) sous l'effet du stress.

Le taux hormonal a tendance à baisser au cours du stress que représente l'effort. D'où certains individus peu scrupuleux ont utilisé des anabolisants dans des disciplines où, *a priori*, on n'aurait pas dû s'en servir (prise de poids à l'encontre des effets de la pesanteur) ; c'est ainsi que les premières recherches ont fait état de contrôles positifs chez les cyclistes...

Aujourd'hui, cette forme de dopage est extrêmement dangereuse, et très répandue (*cf.* B. Johnson, à Séoul), car elle touche tous les sports, de la gymnastique à l'athlétisme en passant par le cyclisme, l'aviron, etc., avec des dégâts épouvantables.

Lors d'une émission télévisée, un haltérophile a raconté comment ses testicules ont explosé après des souffrances abominables, suite à une prise réitérée d'anabolisants.

3. Les corticoïdes

Ces substances sont des produits existant dans l'organisme à l'état naturel ou synthétisés en laboratoire. Ils sont souvent assimilés aux anabolisants.

a) Effets recherchés :

Effet excitant, euphorisant et stimulant.

Effet anabolisant. Il se traduit par l'augmentation de la masse musculaire.

b) Effets nuisibles :

ils sont considérables :

- Troubles hydroélectrolytiques avec œdèmes diffus, rétention de sel et hypertension artérielle ;
- Diabète ;
- Sensibilité aux infections, conjonctivites par exemple... ;
- Retard de cicatrisation des plaies ;
- Ostéoporose (fragilisation de l'os, par perte du calcium) ;
- Gastrites et ulcères gastro-duodénaux ;
- Aplasie corticosurrénalienne (atrophie complète de la partie de la glande produisant habituellement la cortisone). C'est une pathologie grave qui fait du coureur un invalide, car elle peut être irréversible.

4. Les analgésiques et narcotiques

Les produits analgésiques et narcotiques sont utilisés dans le même but que les amphétamines, pour masquer l'apparition de la douleur.

Ils coûtent moins cher que les amphétamines, que l'on ne trouve plus guère qu'au marché noir ou dans certains pays européens limitrophes.

a) Effets recherchés :

- Disparition de la douleur et possibilités de se surpasser ;
- Les narcotiques peuvent avoir un effet psychostimulant.

b) Effets nuisibles :

- Dépression respiratoire (urgence en réanimation) ;
- Dépression cardio-vasculaire (urgence en réanimation) ;
- Hypotension ;
- Ralentissement critique du rythme cardiaque ;
- Troubles digestifs (nausées, vomissements, constipation) ;
- Troubles psychiatriques aigus avec états d'excitation ;
- Phénomènes d'accoutumance et de dépendance ;
- Risque anaphylactique aigu (noramidopyrine) ; risque mortel.

5. Les bêtabloquants

Ces médicaments sont utilisés par les médecins pour traiter l'hypertension artérielle et l'angine de poitrine.

Dans certains cas, ils sont également prescrits dans la migraine. C'est une classe de médicaments dangereux, qu'un médecin ne manie qu'avec la plus grande précaution.

a) Effets recherchés :

- Baisse de la fréquence cardiaque de repos ;
- Amélioration de la stabilité émotionnelle ;
- Amélioration de la concentration et de la relaxation.

b) Effets nuisibles :

- Troubles du rythme cardiaque ;
- Diminution de la performance (baisse de l'adaptation à l'effort) ;
- Nausées, insomnies ;
- Fatigabilité, tendances dépressives.

6. Les diurétiques

a) Effets recherchés :

- Perte rapide du poids ;
- Accélération de la disparition des substances dopantes de l'organisme.

b) Effets nuisibles :

- Déséquilibre minéral avec désordres hydroélectrolytiques ;
- Déshydratation avec risques de collapsus ;
- Troubles digestifs (vomissements, diarrhées, nausées) ;
- Troubles auditifs, vertiges.

7. Les tonicardiaques

a) Effets recherchés :

Stimulation cardiaque ; certains, dont le plus utilisé est la caféine, ont en outre un effet diurétique.

b) Effets nuisibles :

- Excitation, insomnies, palpitations.

Il est à noter que ces médications sont prescrites avec beaucoup de précautions par les médecins (cardiologues, services de réanimation), à dose savamment étudiée. Le sportif, qui ne connaît pas les dosages, utilise la caféine à quatre ou cinq fois la dose utile, augmentant d'autant les risques et les effets secondaires.

8. L'hormone de croissance

L'hormone de croissance est normalement sécrétée par l'hypophyse, et comme son nom l'indique, sa fonction est le développement harmonieux du corps jusqu'à l'âge adulte. L'usage en pratique sportive d'une telle hormone se justifie par ses effets métaboliques.

a) effets recherchés :

- Effet sur le métabolisme protidique : effet anabolisant.

- Effet sur le métabolisme lipidique : effet lipolytique.

b) effets nuisibles :

- L'usage de ce type de produit lorsqu'il n'y a pas de déficit engendre immanquablement un syndrome d'acromégalie, reproduisant les effets d'une tumeur hypophysaire à l'hormone de croissance.

- Effet sur le visage : menton saillant, visage allongé, maxillaire inférieur hypertrophié. Saillie des arcades sourcilières et des pommettes.

- Effet sur les membres : les mains et les pieds sont épaissis, avec hypertrophie des parties molles.

- Effets secondaires : hypertension quasi constante, tendance dépressive.

Il n'est pas étonnant que certains utilisateurs de l'hormone de croissance aient pris une pointure de chaussure dans la saison, comme signalé dans la presse spécialisée à maintes reprises.

Il faut noter que les modifications signalées sont irréversibles.

De plus, ces traitements dont la sortie sur le marché est très récente, ont été au départ fabriqués à partir de sujets décédés, et comportent des risques non négligeables. Une cinquantaine d'enfants traités à la fin des années 1980 sont morts de maladie de Kreutzfeld Jacob, maladie quasiment inconnue voici vingt ans.

Rien n'indique que les tricheurs d'aujourd'hui ne risquent pas cette maladie, totalement incurable et à tous coups mortelle.

Les médecins de la mort nazis ont fait des émules ! ! !

9. L'érythropoïétine ou EPO

L'érythropoïetine est une glycoprotéine qui existe normalement dans l'organisme humain. Sa fonction est la création de globules rouges. La destruction et la création de nouvelles cellules sont en équilibre chez un individu sain.

Dans le cas d'insuffisants rénaux, il existe une destruction importante de globules rouges, ce qui entraîne l'installation d'anémies sévères.

La supplémentation artificielle en érythropoïétine a donc pour but de venir en aide aux insuffisants rénaux et aux sujets dialysés.

Un professionnel s'est fait prendre au Kenacort retard (d'ailleurs, il a eu droit à une énorme punition, pour l'exemple, de 6 mois de suspension avec sursis, preuve de la gravité de son cas). Son argument : «Je ne savais pas que c'était interdit. »

Qu'est-ce qui est le plus grave pour un pro : ne pas savoir ou prendre les gens pour des imbéciles ? Connaître les médicaments interdits ne fait pas partie de son métier ? (Petit rappel : le Kenacort est un corticoïde retard utilisé depuis 25 ans par la plupart des sportifs qui s'en servent pour se doper à peu de frais.)

L'indication médicale est très prudente. Il s'agit par l'usage de ce produit de maintenir le taux d'hémoglobine à un niveau de 10 grammes à 12 grammes.

a) Effets recherchés :

Augmenter la quantité de globules rouges circulants, donc une augmentation de l'apport d'oxygène aux muscles.

b) Effets nuisibles :

Lorsqu'une route est prévue pour le passage de cinquante voitures à l'heure, le jour où il en passe 500 dans le même temps, on aboutit inévitablement à des encombrements. Dans nos artères, les mêmes bouchons existent si la production de globules rouges devient anarchique. D'où un risque considérable de caillot, dont le danger majeur est de se détacher et d'aller obstruer un autre vaisseau plus petit : d'où risque certain d'embolie, d'accident vasculaire cérébral. Ceci est favorisé par des pouls très bas, le sang ralenti ayant naturellement tendance dans ce cas à provoquer l'agglutination des hématies.

Si l'absorption d'EPO n'est pas effectuée lentement, il risque de se produire une augmentation de la tension artérielle, pouvant aboutir à des convulsions.

L'hypertension est signalée dans 28 % des cas, et ce 6 à 8 semaines après injection.

10. Les perfluorocarbures ou PFC

Produits encore peu utilisés, les PFC sont des substances de synthèse dont la capacité est de dissoudre une grande quantité de gaz, oxygène, gaz carbonique ou azote. Leur rôle serait d'amener l'oxygène vers les muscles et de ramener le gaz carbonique vers les poumons.

Les PFC permettent d'entretenir artificiellement l'oxygénation des tissus.

Dans les faits, ces substances agissent comme l'érythropoïétine.

Ces produits ont été inventés pour palier le manque de donneurs de sang dont souffrent tous les hôpitaux. Plus aucun risque de contamination, ces PFC sont très importants dans le monde médical.

Comme d'habitude, leur usage est détourné vers le dopage... Mais ces PFC sont toujours en expérimentation, et nul ne sait réellement leur efficacité.

Aucune expérimentation médicale n'a été réalisée dans le milieu sportif.

Le monde du sport d'endurance semble avoir anticipé et s'est précipité sur un produit dont il ne connaît rien. Ces produits seraient issus pour le moment d'un laboratoire clandestin !

D'après *Sport et vie* (octobre 1998), le docteur G. Gremion estime malgré tout que leur usage a débuté depuis 1995.

Deux coureurs ont, d'après cette même revue, expérimenté cette substance et ont failli en mourir.

11. Le salbutamol et les bronchodilatateurs

a) Effets recherchés :

Augmenter les échanges gazeux au niveau des alvéoles pulmonaires et ainsi favoriser la captation de l'oxygène.

b) Effets nuisibles :

Ces produits sont dangereux et les asthmatiques le savent bien :

- tachycardie ;
- allergie ;
- bronchospasme (relève de la réanimation).

Depuis quelques années, on a vu fleurir dans les pelotons une maladie jusqu'alors inconnue chez le sportif de haut niveau : l'asthme (du moins c'est ce que les justificatifs thérapeutiques affirment), et désormais, c'est une épidémie qui atteint notre sport : il semblerait que la moitié des professionnels soient atteints.

Encore heureux que ne soit pas appliquée à l'ensemble du troupeau la méthode admise dans le cas de l'encéphalopathie spongiforme bovine (vous savez, la maladie de la vache folle).

Ici s'arrête l'énumération des produits les plus dangereux, mais la liste des produits interdits est longue, et il sort tous les jours sur le marché mondial des substances nouvelles.

C'est la course entre le produit dopant et le contrôle antidopage : tant qu'un médicament n'est pas recherché, tout le monde s'empresse de l'essayer. Et les instances mondiales du sport de laisser faire !

Les médailles sont-elles véritablement le reflet de la santé du sport dans un pays ? L'essentiel est là : faire briller les couleurs du pays.

Quels que soient les moyens pour y arriver !

L'asthme des sportifs,
maladie contagieuse qui attaque principalement au sportif de haut niveau
(cause favorisante : le justificatif médical)
provoque l'hypocrisie et met en cause la responsabilité des instances sportives.
Pas de traitement connu.

L'or brille encore, même noyé dans la fange.

Les médicaments que nous venons de présenter sont bien connus du corps médical. Le coureur n'a pas toujours recours à son médecin pour les utiliser. Lui, le cycliste, n'en connaît ni la posologie, ni les effets secondaires et se met en danger.

Aujourd'hui, hélas, certains médecins qui ne viennent pas tous d'Italie, plus motivés par la notoriété et par leur compte en banque, n'hésitent plus à se lancer dans l'aventure de l'expérimentation humaine, en se servant de cyclistes inconscients des risques encourus.

Quelques articles dans les journaux et une gloire passagère, cela vaut-il vraiment le risque d'altérer gravement sa santé, de devenir un jour des invalides ou des malades ?

La vie ne s'arrête pas à trente ans !

Didier Grigis, coureur

Président de la Société française des infirmiers du sport

« *Le dopage est devenu un problème de santé publique, au même titre que la lutte contre la toxicomanie, le tabagisme, l'alcoolisme. Il touche les professionnels, mais aussi les amateurs, ce qui est encore plus grave, car ces derniers pratiquent une sorte de dopage « sauvage » et sont souvent mal conseillés par des soigneurs peu scrupuleux. Tout le monde s'accorde à dire que ces soigneurs ne devraient plus régner dans des équipes, mais sans apporter de véritables solutions de remplacement. À l'heure des multiples réformes, il serait intéressant de leur trouver un substitut.*

À l'aube du troisième millénaire, les substances chimiques font partie intégrante de la vie du sportif. Les compétences du soigneur dans un groupe sportif ne suffisent plus.

J'ai réalisé un mémoire de fin d'études d'infirmier, ayant pour thème le dopage dans le cyclisme. Il aborde l'envers du décor, ses mœurs et ses pratiques. Son hypothèse est la suivante :

« L'intégration d'un infirmier du sport dans une équipe professionnelle ou amateur de cyclistes limiterait la prise de substances dopantes et permettrait un meilleur suivi médical. »

Ce travail de fin d'études a nécessité trois années de travail (1995-1998), pendant lesquelles diverses enquêtes ont été menées et qui ont permis par la suite de démontrer que l'infirmier a incontestablement un rôle à jouer dans le cyclisme mais aussi dans tous les autres sports.

Le projet propose de nouvelles mesures dans la composition du staff médical, notamment en réglementant les soins actuellement effectués dans les équipes par du personnel non qualifié que le docteur De Mondenard n'hésite pas à qualifier d' « apprentis sorciers ».

La SFIS (Société française des infirmiers du sport), dont le président d'honneur est le professeur Jean-Paul Escande, a été créée le 13 octobre 1998 afin de développer cette nouvelle branche de la profession d'infirmier.

La FFC a instauré un suivi médical longitudinal pour les seuls élites. Le dopage est tout aussi présent chez les nationaux, les espoirs et les régionaux. Le docteur Patrick Mallet l'a bien compris en offrant depuis de nombreuses années un suivi efficace à tous les sportifs quel que soit leur niveau. ***La prévention sur le terrain est l'un des moyens les plus efficaces pour lutter contre le dopage.*** »

Chapitre 11

LA PATHOLOGIE LIÉE AU CYCLISME

Il n'est pas question ici de fournir un traité de médecine du cyclisme, mais de présenter les pathologies les plus courantes, ainsi que leur traitement, dans un but d'information.

A. La pathologie musculo-tendineuse

Le cyclisme est un sport assis, pour lequel les articulations les plus mises à contribution sont le genou et la cheville. Pour un cycliste routier, c'est le genou qui souffre la plupart du temps.

Le pistard, quant à lui, présente également une pathologie liée à la violence du démarrage. Le tendon d'Achille souffre alors énormément.

1. La tendinite rotulienne

On appelle tendinite rotulienne l'ensemble des phénomènes douloureux touchant le tendon rotulien.

Le tendon rotulien est sollicité à l'extrême par un cycliste. Près de 100 coups de pédale à la minute imposent un travail continu de ce tendon. C'est souvent l'insertion du tendon sur le tibia qui est l'objet de microruptures, impossibles à cicatriser à cause des sollicitations permanentes du tendon. Il se forme alors des nodules, voire des kystes, à la suite d'un entraînement ou d'une compétition. Ces nodules peuvent survenir lentement ou brutalement.

Le tendon rotulien est alors très douloureux lors de tout mouvement de flexion. L'accroupissement peut parfois devenir impossible.

Lors de l'entraînement, la douleur n'intervient pas tout de suite, mais au bout d'une certaine distance. Elle apparaît progressivement, puis s'intensifie, pour rendre chaque flexion de la jambe très pénible. Le retour à la maison est alors problématique. En compétition, la survenue d'une telle douleur impose l'arrêt de l'effort. Seuls les professionnels qui disposent d'assistance médicale personnelle en course comme à l'entraînement peuvent éventuellement en décider autrement.

2. La tendinite de la « patte d'oie »

À la face interne de l'extrémité supérieure du tibia, s'insère un ensemble musculaire de trois muscles antagonistes du quadriceps : le semi-tendineux, le couturier, et le droit interne. Ces trois muscles forment un ensemble dit de « la patte d'oie ». Ils se terminent par un tendon, qui glisse quelques centimètres le long du tibia, avant de s'y insérer. Entre l'os et le tendon, le glissement est assuré par une bourse séreuse (gaine).

Les muscles de la « patte d'oie » ont deux rôles : la flexion du genou et la rotation interne du tibia sur le fémur. Lorsque ces muscles sont entravés dans leurs mouvements, il se produit une souffrance musculaire qui se traduit par une douleur.

Ceci peut, là encore, se produire en cas de mauvais réglage de la chaussure sur la pédale, contrariant la rotation interne du tibia ou dans le cas où les muscles de la « patte d'oie » restent contractés lors de l'extension.

3. Le syndrome fémoro-patellaire

Lors du mouvement de pédalage, le tibia étant bloqué par la pédale, le fémur tourne légèrement autour du tibia au cours de la flexion.

Si le pied ne dispose pas de liberté, la contrainte sur le genou est importante et risque d'entraîner une souffrance articulaire du genou.

La rotule (en latin « patella ») est un petit os intermédiaire entre le tendon rotulien, qui s'insère sur le tibia, et le quadriceps, très puissant muscle de la cuisse.

De ce fait, lors de la flexion du genou, les contraintes qu'elle subit sont énormes.

La rotule glisse sur les surfaces articulaires du fémur comme sur un rail, duquel elle ne sort pas, principalement grâce au cartilage articulaire du fémur, qui lui sert de butoir.

L'équilibre de ce système peut être mis en échec au moindre traumatisme. Une contusion suffit pour qu'une douleur apparaisse. Si la rotule sort légèrement de son rail, ce que l'on appelle une subluxation, une douleur survient. C'est le cas lorsque la pédale est exagérément bloquée.

La survenue de la douleur dans de telles conditions impose l'arrêt de l'entraînement. C'est le kinésithérapeute et le repos sportif seuls qui viendront à bout de cette ennuyeuse pathologie.

4. La tendinite d'Achille

Cette pathologie, qui n'existait pas, a été inventée par un ergonome très connu, qui a cru judicieux de pousser la cale plus loin vers le bout du pied. En faisant ainsi, il a imposé à ce tendon pourtant très robuste une contrainte telle qu'est apparue une tendinite là où le cyclisme n'en connaissait pas.

5. Les causes des tendinites

La tendinite est toujours entretenue par la cause qui la provoque. Les causes sont multiples.

a) Les causes mécaniques

Le médecin du sport en cas de tendinite, consulte deux individus à la fois, le malade et la coupable présumée : sa bicyclette. Il est impératif d'examiner minutieusement le vélo :

- Cale de chaussure mal positionnée ; depuis l'arrivée sur le marché des pédales automatiques, il y a moins de problèmes à ce niveau.
- Position du pied sur la pédale.

  Il est impératif de donner suffisamment de degré de liberté au pied pour ne pas bloquer la jambe, comme on l'a vu plus haut.
- Manivelle faussée lors d'une chute.
- Selle trop haute.
- Selle mal réglée et pas à l'horizontale.
- Guidon trop haut.

b) Les causes alimentaires

Les erreurs d'alimentation sont souvent à l'origine de pathologies tendineuses.

(1) Ration hydrique insuffisante

Il est fréquent de constater que le coureur cycliste ne boit pas assez d'eau. Il faudrait boire au moins 2 litres et demi à 3 litres de liquide par jour, et en dehors d'une chaleur excessive et un jour sans entraînement.

Un tendon qui se déshydrate est un tendon qui souffre. La première manifestation de cette souffrance est l'inflammation, donc la tendinite.

(2) L'excès de protides

Le coureur cycliste qui consomme de la viande rouge en excès s'expose à une accumulation de toxines qui ralentissent la récupération, et surtout à une hyperacidité du milieu intérieur : il s'ensuit une souffrance tendineuse.

(3) L'élévation du taux d'acide urique

L'acide urique est le responsable de la goutte, maladie des rois et des mangeurs de viande rouge. Il provoque une augmentation de l'acidité du milieu intérieur, ce qui est nuisible pour les tendons.

c) Les causes liées à l'entraînement

(1) Reprise précoce d'activité

Très souvent, le sportif qui a dû couper son entraînement pour une cause médicale, une chute, une infection, un accident musculaire, a la fâcheuse habitude de précipiter les choses et de vouloir reprendre trop vite.

Si la cicatrisation du tendon est insuffisante, la douleur réapparaît et il devient plus difficile de traiter la tendinite.

(2) Entraînement mal conduit

Si le sportif effectue une charge de travail trop intense et inhabituelle, il sollicite ses tendons de façon inconsidérée.

Dans ces conditions, il n'est pas rare de voir apparaître une inflammation douloureuse du tendon.

d) L'effet des caries dentaires

Il faut savoir que, pour lutter contre les caries dentaires, l'organisme humain produit des anticorps anticaries. Ces anticorps sont reconnus par le corps humain comme des anticorps anti-tendons musculaires.

Ces anticorps vont se fixer sur le tendon musculaire en état de souffrance et entretenir la pathologie. C'est pourquoi, tant que la carie ne sera pas traitée, il y aura peu d'espoir de venir totalement à bout de la tendinite.

6. Traitement des tendinites

Il ne faut jamais oublier que le traitement d'une tendinite passe d'abord par l'identification et le traitement de la raison qui l'a déclenchée.

Il faut savoir que forcer malgré tout et ne pas respecter les conseils de repos complique la tâche du soigneur, mais retarde également la guérison, tout en aggravant la pathologie.

Le traitement principal est l'arrêt temporaire de la pratique, associé à l'aide du kinésithérapeute et de la physiothérapie (électrothérapie, ultrasons).

L'application de glace, le plus souvent possible, sera indispensable. On protège la peau par un linge, dans lequel on dispose la glace, que l'on applique 15 à 20 minutes. L'application de glace présente un double avantage : la glace apporte une anesthésie locale, en même temps qu'elle a un important rôle anti-inflammatoire.

Nous avons souvent utilisé la mésothérapie avec succès, associée à la kinésithérapie. L'ensemble glace-repos-kinésithérapie-mésothérapie nous paraît la seule association gagnante à coup sûr, et rapidement.

Dans le cas où tous les traitements auraient échoué, il reste encore la chirurgie. C'est le cas dans la tendinite de la « patte d'oie » ou dans les syndromes patellaires.

7. L'endofibrose de l'artère iliaque externe

Pathologie qui a été découverte il y a une vingtaine d'années et propre au cycliste. Il faut savoir que le snag quitte le cœur pour livrer « à domicile » l'oxygène nécessaire à toutes les combustions de l'organisme par une grosse artère : l'artère aorte. Celle-ci passe en avant de la colonne vertébrale et chemine jusqu'au niveau de l'ombilic, où elle se sépare en Y pour devenir les artères iliaques communes.

Celles-ci, après un parcours d'une quinzaine de centimètres, se séparent à leur tour en deux artères : les iliaques internes, dont le but est d'irriguer le petit bassin et les organes génitaux, et l'artère iliaque externe. Cette dernière prendra le nom d'artère fémorale dès qu'elle aura franchi l'aine.

Le cycliste qui pédale impose à l'artère iliaque externe un perpétuel étirement. Ceci aboutit à donner à cette artère une dimension qui en fait un véritable tuyau d'arrosage. Du fait de la position couchée et de cet allongement, il se produit un phénomène qui rappelle un jardinier pliant un tuyau d'arrosage : plus rien ou très peu de liquide passe, et dans notre cas, c'est la jambe toute entière qui souffre de la carence en oxygène ainsi provoquée.

Un deuxième phénomène agit : l'intérieur de l'artère iliaque s'épaissit et finit en outre par une obstruction sur quelques centimètres. L'oxygène aura encore un peu plus de mal à passer, et c'est d'un véritable syndrome d'artérite dont va souffrir le cycliste, qui devient incapable de pédaler.

Le traitement de cette affection est purement chirurgical. Après l'intervention, le cycliste peut retrouver l'usage normal de sa jambe.

8. Les lombalgies

a) Les causes des lombalgies

La colonne vertébrale s'articule entre tronc et bassin par un ensemble de vertèbres qui constituent la charnière lombo-sacrée.

Cette zone, siège de beaucoup de tensions, est naturellement fragile, et est soumise à deux types de contraintes :

- La réaction du sol, qui, multipliée par la vitesse, augmente considérablement les contraintes exercées sur deux disques intervertébraux : le disque compris entre la quatrième et la cinquième vertèbres lombaires (L4 - L5), et le disque compris entre la cinquième vertèbre lombaire et la première vertèbre sacrée (L5 - S1).
- La contraction parasite des muscles paravertébraux. Si le cycliste n'est pas souple, et si son pédalage est irrégulier, les muscles de la région lombo-sacrée vont souffrir, car ils seront soumis à des contraintes inhabituelles.

Si les tensions sont extrêmes, la douleur lombaire va se doubler d'une lombo-sciatique, douleur très vive et parfois empêchante, qui peut gagner tout le membre inférieur.

C'est pourquoi pédaler en souplesse est une obligation pour le coureur. Quand apparaît la sciatique, le mal est souvent ancien, et implique beaucoup de travail de rééducation.

La position des bras sur le guidon est essentielle, car le cycliste doit être le plus couché possible sur sa machine. Dans ce cas, la région lombaire se détend.

Cela demande une élévation maximale de la tige de selle, ce qui n'est pas le cas assez souvent.

Quand Graham Obree a battu le record du monde de l'heure sur piste, tout le monde s'est esclaffé de sa position bizarre sur le vélo. Pour les contraintes lombaires, c'est lui qui était dans le vrai : couché sur sa machine, et malgré un grand développement, il n'a pas souffert de la région lombo-sacrée.

b) Le traitement des lombalgies

Le traitement des lombalgies est souvent long et difficile. L'examen de la région dorsale et lombaire fait apparaître au toucher des contractures paravertébrales très importantes, qui ont souvent l'aspect de cordes tendues des deux côtés de la colonne.

La contracture musculaire est le reflet d'une souffrance, même minime de la région dans laquelle elle apparaît. Il faut savoir qu'une contracture limite le travail d'un muscle, parce qu'elle est souvent douloureuse, et parce qu'elle s'oppose au travail du muscle.

L'enchaînement douleur-contracture-douleur est un cercle vicieux qui s'entretient de lui-même et qu'il sera indispensable de rompre.

On recherche toujours les signes cliniques d'une scoliose, d'une bascule du bassin.

L'examen radiologique est effectué pour apprécier l'état des vertèbres et déceler le pincement éventuel d'un disque intervertébral.

Le traitement des lombalgies est souvent un travail d'équipe entre le médecin et le kinésithérapeute.

Le médecin, avec son arsenal thérapeutique, doit s'employer à rompre le cercle vicieux douleur-contracture. Pour ce faire, il utilisera la mésothérapie, qui donne de remarquables résultats, et dispensera de l'usage des anti-inflammatoires oraux, réservés, avec les infiltrations aux cas les plus douloureux (sciatique).

Le kinésithérapeute, après un examen très approfondi, effectuera en cas de besoin les légères manipulations vertébrales nécessaires en cas de microdéplacement. Il massera alors toute la région lombo-sacrée et dorsale. Le travail est de longue haleine.

En cas d'inégalité des membres inférieurs, le traitement consiste dans l'utilisation de semelles compensatrices.

Dans le traitement des pathologies lombo-sacrées, une large part revient au sportif lui-même, qui devra entretenir son dos par des étirements, et des mouvements d'assouplissement. Si la cause de ses ennuis est sa position sur le vélo ou un pédalage haché, il devra y remédier.

Un cycliste qui souffre de la région lombaire perd une bonne partie de sa puissance, et voit ses performances baisser dans des proportions considérables parfois.

Si tous les traitements ont échoué ou si la douleur sciatique se généralise dans la jambe, la présence probable d'une hernie discale nécessitera éventuellement l'intervention du chirurgien.

9. Les crampes

Les crampes, tant redoutées, sont le quotidien de bon nombre de sportifs.

a) Définition

Les crampes sont des contractions brutales, spontanées et involontaires, d'un muscle ou d'un groupe de muscles. Cette crampe empêche tout mouvement du muscle atteint, et s'accompagne de douleurs parfois importantes.

Les crampes sont des manifestations de souffrance musculaire. Cette souffrance du muscle peut évoluer vers la contracture, rétraction permanente du muscle.

Les crampes peuvent survenir pendant l'effort ou dans la nuit suivante. Chez le cycliste, elles se localisent essentiellement au mollet, et plus rarement sur le quadriceps, muscle de la cuisse.

b) Les causes des crampes

(1) Les erreurs de matériel

Bon nombre de crampes sont dues à des erreurs de position.

- Selle trop haute. Le bassin est soumis à des mouvements de bascule du fait du déhanchement.

- Selle trop basse. Cela amène des crampes au niveau des cuisses.

- Pédale ou manivelle faussée. Après une chute, il est important de vérifier le matériel à tous les niveaux.

(2) Les erreurs liées à l'effort sportif

- Absence d'échauffement. Cause fréquente de crampes, l'échauffement musculaire est souvent bâclé par les cyclistes.

- Manque de préparation. Le sous-entraînement est une des principales causes de crampes. Celles-ci surviennent en fin de compétition.

- Le surentraînement. Comme nous l'avons vu plus haut, le muscle qui a travaillé en asphyxie partielle est noyé par l'acide lactique, et souffre particulièrement.

- L'usage de manivelles inadaptées.

- Usage de trop grands braquets.

- Mauvaise protection contre le froid et la pluie. Les vaisseaux se contractent sous l'effet du froid et limitent ainsi l'apport de sang aux muscles.

- Absence de soins apportés aux muscles. Après l'effort, il est souhaitable d'offrir aux muscles malmenés un bon bain chaud avec du gros sel ou une douche réparatrice, éventuellement un massage, de façon à prévenir les crampes.

(3) Les causes métaboliques

- Manque d'eau. Le cycliste doit boire impérativement pour compenser les pertes dues à l'effort.

- Manque de sodium. La perte de sel par voie de transpiration est très importante par forte chaleur.

- Alimentation mal équilibrée.

- Excès de magnésium.
- Manque de potassium.

c) Le traitement des crampes

Comme pour le traitement des tendinites, le traitement des crampes réside en général dans le traitement de leur cause.

Il faudra donc analyser point par point toutes les causes énumérées ci-dessus. Si le responsable n'est pas décelé, on se penchera vers les solutions médicamenteuses.

Le traitement de la crampe elle-même est l'Hexaquine®, sel de quinine très vite efficace.

Les décontracturants sont aussi employés dans le traitement au long cours.

L'association des vitamines du groupe B par sa triple action antalgique, métabolique et détoxiquante est aussi très efficace dans la lutte contre les crampes.

B. Les conséquences les plus courantes des chutes

1. Les plaies

La chute est loin d'être exceptionnelle chez les coureurs cyclistes. Elle peut arriver à tout moment, en compétition comme à l'entraînement.

Une chute en peloton peut revêtir de multiples degrés de gravité. La plupart du temps, le coureur en sera quitte pour quelques égratignures.

Seules les plaies importantes et profondes nécessitent la pose de points de suture.

Ceci se fera grâce au médecin de la course ou après l'arrivée ou à l'hôpital dans les cas les plus sérieux.

Les plaies superficielles nécessitent des soins que l'on sera amené à effectuer soi-même. Ces plaies se présentent souvent sous forme d'érosions cutanées, qui saignent plus ou moins.

Dans certains cas, comme les chutes sur vélodrome, c'est une véritable brûlure que l'on sera amené à soigner.

Toutes les régions du corps peuvent être touchées, mais ce sont le plus souvent les genoux et les coudes qui portent. Les bras, les jambes, les épaules, la tête et la face peuvent être également touchés.

Certaines plaies peuvent saigner énormément, ce qui est le cas du cuir chevelu ou des arcades sourcilières. Ceci n'est en aucun cas un signe de gravité, mais le fait d'une peau richement vascularisée.

Il conviendra d'arrêter d'abord le saignement à l'aide d'une gaze. Puis, en attendant de rentrer à la maison pour prendre une douche, il faudra éviter que les vêtements ne collent à la plaie.

Après la douche, on effectuera les soins.

Dans un premier temps, on nettoiera la plaie, dans laquelle des morceaux de goudron, des graviers, de la terre seront mélangés au sang et aux lambeaux de peau.

Ce nettoyage s'effectuera par exemple avec de l'eau oxygénée®, excellent détersif.

Si la plaie est peu profonde, on la laissera le plus possible à l'air. Dans le cas où il ne serait pas possible de découvrir la plaie, on la protégera avec une gaze que l'on changera chaque jour.

Si la plaie est étendue, il faudra, pour faire remonter les chairs, introduire sur la lésion un tulle gras ou de la Biogaze®, que l'on pourra recouvrir de Mefix®.

Sur des plaies très peu importantes et multiples, on pourra saupoudrer de l'Ektogan®.

Une précaution d'emploi : parmi les produits désinfectants, il existe un antagonisme absolu entre produits iodés (Bétadine®) et mercuriels (Mercryl®, Merfène®).

Lorsqu'on a commencé un traitement avec l'un de ces deux types de produits, ne jamais, par la suite, changer pour le second, une réaction très grave pourrait se produire.

2. Les contusions musculaires

Lors d'une chute sur un obstacle (vélo, bordure de trottoir), il n'est pas rare de rencontrer de volumineux hématomes, témoins de contusions musculaires.

L'hématome traduit une hémorragie au sein du muscle.

La seule façon de limiter le saignement est d'appliquer le plus vite possible de la glace ou une bombe de froid. Si cet hématome est très important et empêchant, il faudra consulter un médecin rapidement.

3. Les fractures

a) La fracture de la clavicule

C'est la fracture la plus fréquente chez le cycliste. Le coureur qui tombe tient son guidon, et c'est l'épaule qui entre lourdement en contact avec le sol. La clavicule, qui relie l'épaule au sternum, qui est un os très fragile, cède alors.

Le diagnostic est très facile à faire : la douleur est immédiatement importante et localisée, et le coureur est obligé de soutenir son bras, pour soulager la douleur. L'épaule ne peut remonter. En outre, en observant l'épaule, on aperçoit une saillie sous la peau.

Le traitement consiste en général à maintenir le bras dans une écharpe. Celle-ci limite la douleur, qui persiste pendant une dizaine de jours.

La cicatrisation nécessite trois semaines. Seules les fractures compliquées pouvant perforer le haut du poumon sont en général justiciables d'une intervention chirurgicale.

Cette opération peut être effectuée dans le cas où le cycliste serait pressé (élite, professionnel) et consiste en la pose d'une plaque ou d'une broche.

b) La fracture de côtes

Cette fracture n'est pas rare, car la côte est fragile, et rompt facilement lors d'une chute lourde. Comme dans le cas précédent, une fracture simple ne nécessite pas de traitement.

Elle peut être très douloureuse pendant quelques jours. Cette douleur s'estompe en quelques jours. Il suffit de patienter et d'éviter les mouvements ou les positions les plus douloureuses.

c) La fracture du scaphoïde

Cet autre traumatisme du cyclisme est fréquent et ennuyeux. Il faut savoir que le scaphoïde est un petit os de la paume de la main. Il se situe à la base du pouce.

Quand ce n'est pas l'épaule qui touche le sol sur une chute, c'est bien souvent la main. Et dans ce cas, bien assez régulièrement c'est le scaphoïde qui trinque.

Dès la chute, la douleur est vive et l'impotence fonctionnelle du poignet totale. La mobilisation du pouce est particulièrement douloureuse. Un gonflement apparaît.

Le scaphoïde est un os très mal vascularisé, aussi la cicatrisation de la fracture est longue.

La reprise du vélo est retardée, car il est très difficile de tenir le guidon.

C. Le coup de fringale

Le coup de fringale est bien connu de tous les cyclistes. Il intervient pendant la course, parfois lors de l'entraînement.

Il s'agit d'une défaillance brutale au cours d'une sortie de plus de 1 heure 30, alors que le cycliste a oublié de s'alimenter ou n'avait pas prévu de ravitaillement.

Il s'agit d'un état de faiblesse extrême, se traduisant par une grande fatigue, une tendance à l'endormissement, l'impression d'avoir perdu toutes forces, de pédaler dans du coton.

Ce coup de fringale s'accompagne de sueurs abondantes et d'une grande pâleur.

Le coup de fringale arrive toujours lorsqu'on ne l'attend pas, car il est précédé d'une courte période d'euphorie, pendant laquelle tout paraît facile.

La fringale est en fait une chute brutale du taux de sucre sanguin. Celui-ci est normalement de 0,70 gramme par litre à 1,1 grammes par litre. Si le taux chute au-dessous de 0,50 gramme par litre, il se produit le phénomène que nous avons décrit plus haut.

Lors d'une hypoglycémie, c'est le cerveau qui est le premier touché ; le glucose est son seul aliment.

Il se produit tout d'abord une réaction en chaîne. Le taux de sucre baisse et la réaction immédiate est la sécrétion par la glande surrénale d'adrénaline, hormone dont le rôle est de provoquer la vasoconstriction des vaisseaux périphériques.

Le sang est ainsi dérivé vers le cerveau, qui reçoit ainsi une forte augmentation de débit sanguin, qui peut aller jusqu'à 50 % supplémentaire.

C'est pendant cette courte phase qu'a lieu l'euphorie annonciatrice du désastre...

La seule façon d'éviter ce malaise est de se forcer à consommer régulièrement des boissons sucrées et une alimentation solide à base de pâtes de fruits, fruits secs ou gâteaux de riz.

Il faut penser à manger, car quand le coup de fringale arrive, c'est trop tard.

Même les plus grands se sont fait piéger, comme Merckx dans les Alpes (en 1975 dans le Tour). Alors avis aux amateurs !

Le coup de fringale peut être provoqué par de grosses erreurs d'entraînement : absorption avant l'effort de grandes quantités de sucres rapides, ration d'attente trop importante et riche en sucres rapides.

L'organisme sait détecter une arrivée massive de sucres rapides, et libère toujours des quantités d'insuline supérieures aux besoins. Il en découle un stockage rapide de tout le sucre sanguin disponible sous forme de graisse, et c'est la panne d'essence !

D. Les maux de tête

La céphalée (mal de tête) est un signe d'alerte. Il n'y a aucune raison logique d'avoir mal au crâne pendant un effort. Si ces troubles apparaissent à chaque sortie ou entraînement, ils peuvent évoquer une hypertension artérielle d'effort. Dans ce cas, il est important de consulter rapidement et de se soigner pour éviter tout accident grave.

D'autres types de céphalées peuvent survenir pendant l'effort de façon épisodique, particulièrement en cas de forte chaleur. Elles signent l'apparition d'une insolation (coup de chaleur, voir plus haut).

Il est impératif dans ce cas de se couvrir la tête et de l'arroser avec un liquide rafraîchissant. Si ces douleurs imposent l'arrêt, il sera nécessaire d'appliquer rapidement de la glace sur la tête, puis de consulter un médecin.

Enfin, il n'est pas rare de rencontrer des douleurs cervicales, souvent liées à la position sur l'avant du vélo. Il faudra dans ce cas relever un peu le guidon.

E. Les pathologies courantes du cycliste

1. Le malaise vagal

On rencontre assez souvent des cyclistes qui éprouvent des nausées voire des vomissements en descendant du vélo aussitôt un sprint ou un effort violent, alors que la rupture est totale entre l'effort et l'arrêt.

Malaise très impressionnant parfois, la lipothymie (c'est le nom médical) se rencontre chez les personnes dont la fréquence cardiaque baisse très vite après l'effort.

Le cœur qui travaillait à plein régime se trouve dès l'arrêt de l'effort en « chômage partiel », et se trouve brutalement freiné par le nerf pneumogastrique ou nerf vague.

Le temps que les mécanismes de régulation interne se mettent en route, un certain désordre apparaît, qui se traduit par l'apparition d'une pâleur livide, de nausées, puis éventuellement d'une perte de connaissance très courte.

Puis le cycliste se réveille et tout rentre dans l'ordre.

C'est pourquoi, dès la fin d'un effort violent, il ne faut jamais s'arrêter brutalement, et continuer à pédaler en attendant le retour au calme. Ce sont les 10 minutes nécessaires à la fin d'un entraînement dur.

Sur la totalité de nos 9000 tests d'effort, nous n'avons jamais constaté aucun accident, mais dans nos débuts, nous avons vécu le phénomène d'un malaise vagal, chez un junior de niveau national, dont les pulsations ont dégringolé en 45 secondes de 187 à zéro !

Ce coureur s'est affalé sur le guidon, puis est revenu à lui en quelques secondes. Il ne s'est rendu compte de rien, mais ses copains en ont été quittes pour une belle frayeur.

Que faire quand un coureur, après être descendu de vélo, pâlit, puis présente des nausées ? Il faut tout de suite l'allonger, puis surélever les jambes, de façon à ce que le sang se répartisse mieux. En quelques minutes, tous les symptômes disparaissent, et le cycliste retrouve sa vigueur.

Pour éviter ce type d'incident, il faut ne jamais arrêter brutalement un effort, et continuer à pédaler de façon à obliger le cœur à freiner son ralentissement.

2. Les varices

Le retour du sang vers le cœur s'effectue par l'intermédiaire des veines. Pour permettre au sang de remonter, il existe des valves à l'intérieur de ces veines, qui ne fonctionnent que dans un sens, celui de la remontée.

Chez certaines personnes, les valves n'effectuent plus leur travail et deviennent perméables. Le sang remonte toujours, mais une partie redescend et provoque une stagnation et une augmentation du volume de la veine.

Les jambes deviennent alors lourdes, et les veines grossissent, apparaissant alors sous la peau.

Le cycliste présente souvent des veines assez proéminentes qui ne traduisent pas obligatoirement une pathologie. Les efforts intensifs effectués provoquent un afflux de sang dans les jambes, et donc une augmentation considérable du débit veineux.

De plus, chez les meilleurs, le tissu adipeux est réduit à sa plus simple expression, et les veines deviennent bien visibles.

Il faut savoir que le cyclisme est un sport très utile pour stimuler la circulation sanguine dans les jambes. Les mouvements alternatifs consistant à pousser et à tirer sur les pédales provoquent la contraction de muscles qui participent à améliorer la chasse du sang.

3. Les hémorroïdes

Pathologie courante dans la population, les hémorroïdes ne semblent pas toucher davantage les cyclistes que les autres individus, sportifs ou non.

Les hémorroïdes sont trois veines, réparties autour du rectum. Lorsqu'elles grossissent, elles peuvent devenir extrêmement douloureuses. Une partie de ces veines reste interne, l'autre dite externe, apparaît à la marge de l'anus sous forme de boules, plus ou moins importantes.

Le syndrome hémorroïdaire fait partie à part entière de la maladie variqueuse. Sa complication majeure est la thrombose, qui survient quand un caillot se forme et empêche le retour veineux. La douleur peut devenir intolérable. Du fait de la position assise sur la selle, cette pathologie est très désagréable chez le cycliste.

La crise hémorroïdaire demande une semaine pour se calmer. Elle nécessite un traitement régulier par suppositoires et pommade.

On trouve plusieurs produits sur le marché, tels Proctolog®, Calmoroïde®, qui existent sous forme de suppositoires et de pommade.

Dans tous les cas, enduire le suppositoire de pommade, car il est nécessaire de traiter la partie interne de ces veines.

Il est recommandé également d'éviter la constipation, particulièrement pendant la crise.

Les cyclistes qui seraient très handicapés par ce problème doivent consulter un spécialiste, qui leur proposera une opération chirurgicale qui les soulagera définitivement de ces douleurs.

4. Le feu aux pieds

De très nombreux cyclistes sont souvent confrontés à ce mal courant : des brûlures intenses sous la plante des pieds, particulièrement quand il faut chaud dans les mois d'été. Ce phénomène semble lié à une surcharge du système veineux du pied.

Les mécanismes de ce phénomène sont assez complexes et longs à présenter, aussi nous nous contenterons de vous donner les moyens de pallier à ce problème particulièrement désagréable.

a) Les chaussures

- Sélectionner des chaussures de préférence blanches ou claires, qui n'absorberont pas la chaleur et chaufferont moins de ce fait le pied.

Choisir des chaussures dans lesquelles le pied sera à l'aise, l'avant-pied non comprimé.

- Corriger les pieds plats par une semelle adaptée, en évitant toute forme cambrée. La transpiration excessive pourra être corrigée avec l'achat de semelles du docteur Scholl.

b) Les socquettes

- Elles doivent épouser la forme du pied sans faire de pli.
- Éliminer les socquettes en nylon au profit du coton.

c) Le pied

- Lutter contre la transpiration excessive à l'aide de produits du commerce (Akiléïne).
- Éventuellement talquer l'intérieur de la socquette et le pied lui-même.

5. Les affections du périnée

Le périnée est la partie du corps au contact permanent de la selle, et donc exposée à des irritations, des infections, qui sont très gênantes et parfois empêchantes (rappelons-nous Fignon dans la dernière étape du Tour qu'il a perdu contre Lemond).

a) Le kyste sébacé

C'est une affection provoquée par l'obturation de conduit extérieur d'une glande sébacée.

C'est une pathologie bénigne du tissu cellulaire sous-cutané, qui devient gênante dès lors qu'elle grossit et atteint le volume d'une amande. Un kyste sébacé peut atteindre la taille impressionnante d'un œuf de poule.

Une simple incision viendra à bout de la tumeur, qui se videra alors en dégageant une forte odeur.

b) Le kyste sudoral

Pathologie comparable à la précédente, le kyste sudoral est provoqué par l'obturation du canal excréteur d'une glande sudoripare.

Cette tuméfaction risque de se surinfecter par le staphylocoque. Il ne faut pas la confondre avec un furoncle, car cette pathologie récidivante revêt l'aspect d'une affection chronique.

Le seul traitement est le curage par voie chirurgicale.

c) Le furoncle

Le furoncle est un abcès provoqué par l'infection d'un follicule pileux par un staphylocoque doré.

L'évacuation naturelle du pus laissera une petite cicatrice.

d) L'anthrax

C'est le cousin du furoncle, mais il touche cette fois un très grand nombre de follicules pileux.

L'anthrax représente une pathologie beaucoup plus grave que le furoncle, car plus étendue et plus profonde.

L'anthrax se présente comme une tuméfaction dure, rouge, chaude et luisante, qui se déchire au bout de quelques jours. Cette affection peut s'accompagner de frissons, fièvre, de vives douleurs.

Dans ce cas, c'est l'intervention chirurgicale qui permettra la guérison.

F. L'hygiène du cycliste

1. Notions d'hygiène corporelle

Nous ouvrons ce chapitre par le simple fait que nous avons trop souvent reçu au cabinet des cyclistes dont la qualité principale n'était pas la propreté. Pourtant, dans ce sport exigeant, nous pourrions penser que la douche fait partie intégrante de l'entraînement ! Nous avons hélas la preuve qu'il n'en est rien. Quel agrément pour le médecin chargé d'examiner un sportif sale qui sent la sueur !

Dans le même esprit, il est nécessaire de changer de vêtements aussitôt après la douche, pour ne pas rester en contact avec un sous-vêtement imprégné de transpiration.

Tout savonnage, lors de la douche ou de la toilette doit s'effectuer au savon de Marseille pour toute personne présentant des réactions cutanées ou une allergie aux savons parfumés.

Le cycliste a l'habitude de se raser les poils des jambes. Par esthétisme probablement, mais aussi, en cas de chute, pour éviter que les poils ne se collent dans les plaies, retardant la cicatrisation.

Le rasage des poils s'effectuera au rasoir, mais après avoir au préalable désinfecté la lame à l'alcool. Les follicules pileux sont souvent le siège de micro-infections, que le rasage risque de disséminer à l'ensemble de la jambe. Avant le rasage, la peau sera talquée, ce qui évitera les coupures, car dans ce cas, la lame glisse et ne blesse pas. Une fois le rasage effectué, il sera prudent de désinfecter l'ensemble des deux membres inférieurs, avec une solution antiseptique de Sterlane®.

Le frottement du cuissard sur la selle peut engendrer un échauffement ou une irritation ; la peau de chamois ne suffit pas par elle-même.

Il faut la graisser avec un mélange de graisse à traire et de Cétavlon® crème ou Mitosyl®, la crème des bébés. Ce mélange, en se répandant sur les fesses et l'entrejambe, protège totalement le coureur.

Le cuissard doit être lavé après chaque sortie, de façon à le débarrasser de la crème répandue précédemment. Pour assouplir et désinfecter la peau de chamois, il est recommandé de la passer à l'alcool après le lavage.

Après une sortie d'entraînement ou une compétition, il faut prendre l'habitude de changer de vêtements, car la sueur est très acide et allergisante pour la peau.

Le coureur, après avoir enlevé sa tenue de compétition, pourra se frictionner au Synthol®, ce qui lui apportera une sensation de fraîcheur en attendant la douche.

Pour celui qui en a la possibilité, un bon bain après la course est le meilleur service à rendre aux jambes et aux muscles fatigués. L'adjonction de sel marin en quantité suffisante (l'idéal serait un kilo dans l'eau du bain) apportera un bien-être régénérateur.

2. Les mycoses

Les mycoses sont peu connues chez le cycliste, mais il est possible d'y être confronté au niveau des pieds en cas de macération. Ce sont des champignons qui se plaisent dans l'humidité et la chaleur.

Chez les gens qui transpirent beaucoup ou dans les cas d'hygiène discutable, ces mycoses se développent en général entre les doigts de pieds.

Elles provoquent des démangeaisons importantes et une desquamation de la peau, laissant place à une rougeur importante.

Le traitement consiste d'abord en une hygiène irréprochable, et à changer chaque jour de chaussettes. Dans celles-ci, on pulvérisera du Pévaryl® en spray, produit que l'on utilisera également sur la mycose.

3. La protection contre le froid

La lutte contre le froid, c'est tout d'abord le port de sous-vêtements chauds, par exemple en laine ou de type Thermolactyl®. Ils isoleront efficacement le corps. Une ceinture de type Gibaud® permettra de conserver la région lombaire bien au chaud.

L'usage de K-way et autres imperméables en plastique est à éviter, car ils provoquent une véritable déshydratation en augmentant la transpiration. Ils sont efficaces contre la pluie et le froid, mais sont à déconseiller pour de longues sorties.

De nos jours, il est aisé de se protéger mains et pieds : les gants sont efficaces, ainsi que les couvre-chaussures. Ceux-ci ne suffisent cependant pas, et il faudra, par temps très froid, utiliser deux paires de socquettes, la deuxième paire servant à couper le froid.

Il est bon, avant de sortir, de se frotter les orteils au baume Saint Bernard ou avec du Musclor 3®. Équipé en plus d'un passe-montagne, le coureur est armé pour lutter contre le froid !

Malgré tout, un entraînement hivernal par grand froid est très dur pour les pieds, il sera parfois nécessaire de descendre de vélo pour marcher un peu et atténuer la douleur. Tant qu'il fait froid, il est indispensable d'utiliser un cuissard long pour s'entraîner.

Ceci paraît évident, mais l'on trouve toujours un farfelu en cuissard court et manches courtes sur les routes à toute époque de l'année...

4. La lutte contre la chaleur

Le coup de chaleur survient par température élevée et par un fort soleil. Il est dû à un manque de compensation des pertes d'eau par transpiration et respiration. Il s'ensuit une forte hyperthermie (fièvre) qui peut avoir des conséquences graves, d'autant qu'elle s'accompagne d'une très forte déshydratation.

Tous les ans, des petits enfants meurent suite à ce type d'accident. Il s'agit souvent d'enfants restés dans la voiture sous la canicule. Le risque est moindre bien évidemment chez les sportifs, mais se traduit le plus souvent par une baisse des performances.

La seule façon de traiter cette pathologie est une hydratation abondante, ainsi que le glaçage (sur le front et sur le ventre).

La meilleure façon de lutter contre une grosse chaleur est de se couvrir légèrement à l'entraînement, avec un maillot à manches courtes et un cuissard court. La peau doit respirer, et il n'est pas logique d'utiliser un cuissard long quand il fait chaud. Le port de la casquette est impératif pour se prémunir du soleil.

Quand il fait très chaud, on peut utiliser une vieille recette qui a fait ses preuves : disposer au fond de la casquette ou du casque une feuille de chou. Celle-ci apporte une fraîcheur bienvenue, et qui persistera jusqu'à la fin de l'entraînement.

Certains ont remarqué que lorsqu'ils ont transpiré à l'échauffement, ils sont prêts à courir. Alors ils se couvrent en pleine chaleur, se mettent en situation de sauna, et reviennent sur la ligne de départ en nage ! Ce qu'ils ont oublié, c'est que l'élévation naturelle de la température du corps est proportionnelle à l'intensité de l'effort.

Si l'échauffement est de qualité, le coureur va logiquement transpirer et n'aura pas besoin de ce stratagème inutile, car la plupart du temps, il s'est promené plus qu'il ne s'est correctement préparé.

5. La protection contre la pluie

L'usage de l'imperméable en plastique n'est qu'un pis-aller : ne l'utiliser qu'en cas de forte pluie.

Avant la course, il est indispensable de protéger les jambes en y passant de l'huile camphrée. Celle-ci empêche le contact de l'eau avec la peau, et permet une bonne défense contre les crampes. Un cuissard long lorsqu'il pleut enserre la jambe dans une gangue glaciale, responsable de crampes, et n'apporte rien. C'est pourquoi nous préférons de loin cette méthode.

Lors des courses ou des entraînements dans le froid et la pluie, les muscles n'ont pas d'autre moyen de défense que de se contracter localement.

C'est alors que surviennent des crampes, manifestation instantanée et peu durable ou des contractures, plus profondes et plus insidieuses qui vous perturberont parfois pendant plusieurs jours si vous ne vous traitez pas (visite chez le kiné).

G. La fatigue et le surentraînement

1. La fatigue

La notion de fatigue est indissociable de l'effort d'entraînement, dont elle est la conséquence. Elle se caractérise par une baisse du tonus musculaire, qui s'accompagne d'une diminution des performances physiques et intellectuelles.

Après une dure séance d'entraînement, le sommeil est souvent perturbé.

Si, au matin suivant, le pouls de repos n'est pas revenu à son niveau habituel, la récupération n'est pas complète. Et si, dans ces conditions, le cycliste accumule les entraînements avec récupération insuffisante, il risque le surentraînement.

La récupération n'est complète qu'avec la régénération complète des réserves énergétiques, mais aussi avec la régulation du milieu intérieur : équilibre acido-basique, état hormonal.

La répétition d'efforts bien étudiés permet d'utiliser une récupération incomplète, c'est ce que l'on appelle la surcompensation.

a) Les quatre états de la fatigue

(1) Fatigue légère

Elle intervient naturellement après un entraînement normal.

- La peau est faiblement colorée.
- La sueur est plus abondante, et dépend de la température extérieure.
- Les mouvements sont normalement coordonnés.
- L'état général est bon, le sujet se défend normalement contre les agressions.

Le coureur est satisfait de son travail, il a l'impression d'avoir bien travaillé. Le lendemain, il est frais et dispos. Il a très bien dormi.

(2) La fatigue profonde

- La peau est fortement colorée.
- Les sueurs sont abondantes.
- Les mouvements de pédalage mettent en évidence quelques troubles de coordination (pédalage « carré »).
- Le coureur manque d'attention et est moins réceptif aux conseils techniques.
- Apparition d'une certaine baisse de performance, liée à une fatigue musculaire (crampes, mal aux jambes).
- Le cycliste éprouve le besoin de couper l'entraînement pour se reposer.
- Il commence à se poser des questions.
- Difficultés d'endormissement.

(3) La très grande fatigue

- La peau est d'une pâleur profonde.
- La sueur et très abondante, quelle que soit la température extérieure.
- La coordination des mouvements est très troublée. Le pédalage est franchement haché.
- La concentration est faible.
- Le sujet est très nerveux.
- Tendance aux étourdissements, en particulier aux changements de position (hypotension artérielle), douleurs musculaires et articulaires.
- Le sujet réclame l'arrêt de l'entraînement et un repos complet.
- Souvent, le sujet est agressif, très inquiet, anxieux.
- Il dort difficilement et son sommeil est agité.

(4) Le syndrome d'épuisement

- La pâleur est extrême et durable pendant des jours.
- Apparition de sueurs nocturnes.

- Importants troubles de la coordination, difficultés à garder sa ligne, dangereux en groupe.
- Manque total d'attention, d'application.
- Troubles du sommeil.
- Manque total de forces, douleurs musculaires continues.
- Refus d'aller à l'entraînement.
-Très dépressif, le cycliste doute de l'intérêt de l'entraînement.

La meilleure façon pour traquer l'apparition de la fatigue est d'établir une courbe poids-pouls régulière. Celle-ci ne ratera jamais l'apparition d'une réaction anormale de l'organisme.

L'installation d'un comportement dépressif et d'insomnies fréquentes doit alarmer au plus vite l'entourage, qui remarque bien souvent ce que ne voit pas le coureur.

2. Le surentraînement

Contrairement à la fatigue qui suit un effort intense, qui ne dure que peu de temps, au maximum 2 à 3 jours, le syndrome de surentraînement est une baisse durable du potentiel physique, amenant à un véritable état pathologique. Ce surentraînement est souvent dû à un surdosage d'efforts d'entraînement mal composés et mal enchaînés. On pourrait parler de sur-intensité.

Le cas typique est celui du coureur qui n'a pas en course les résultats escomptés, et qui pense ne pas s'entraîner suffisamment : plus il travaille en intensité, plus il s'enfonce. Persister dans son erreur et effectuer des efforts inadéquats aboutit souvent à une fatigue plus ou moins importante, mais qui compromet la suite de la saison.

Le surentraînement ne peut pas venir d'un excès de travail en endurance, mais bien d'un travail trop dur et trop souvent répété.

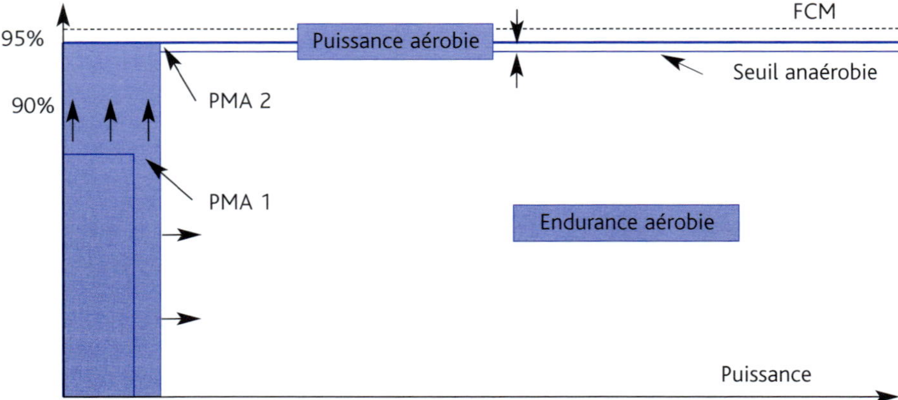

Graphique 49 : Cycliste en surentraînement, par excès de travail en intensité. En pointillé, nous avons fait figurer la progression d'un cycliste qui a privilégié le travail en intensité plutôt que l'endurance, avec l'évolution très réduite de la PMA qui en découle.

Un excès de travail en endurance n'apporte jamais de surentraînement.

Il ne peut au pire qu'engendrer une certaine saturation.

L'excès de travail en intensité ne permet pas de progression. Il ne peut amener que fatigue, chute de la récupération et baisse des résultats.

3. Les principales causes des erreurs d'entraînement

a) Non-respect des phases de récupération

C'est une erreur fréquemment commise : on accumule les charges de travail, parfois en roulant tous les jours, sans jamais se soucier de coupure après objectif, et sans jours de repos hebdomadaires.

b) Accroissement trop rapide des charges d'entraînement

Le cas typique est celui du coureur ayant dû cesser l'entraînement pour maladie ou traumatisme, et qui veut tout de suite revenir à son niveau précédent : le surentraînement est inévitable.

c) Charges d'entraînement trop dures

Si le plan d'entraînement est trop dur ou si le coureur rajoute du travail non prévu au plan, il tombe dans une situation de non-progression, puis de régression, car sa récupération baisse, ainsi que son potentiel physique.

Un cercle vicieux bien connu est souvent cause de désastres durables : un cycliste qui ne marche pas s'imagine très souvent qu'il ne s'entraîne pas suffisamment.

Il se produit alors une accumulation d'entraînements durs, qui se surajoutent à un travail déjà épuisant et improductif.

Le surentraînement amenant des difficultés de récupération et une absence de résultats, le coureur s'acharne à rouler, en pure perte et ce jusqu'à l'évidence de l'échec.

d) Sorties d'endurance trop intenses

C'est un schéma très classique. L'entraînement en groupe est coupable de bien des débordements. On part pour une grande sortie tranquille en aérobie stricte, et on arrive au sprint après avoir fait la course.

C'est ainsi que le coureur qui finalement ne travaille qu'en intensité voit son seuil anaérobie monter, et la récupération comme la VO2max chuter. C'est la situation de surentraînement la plus souvent rencontrée.

C'est là tout le problème d'entraînements en groupe, à plus forte raison si les niveaux de catégorisation et de préparation sont très différents.

C'est l'angoisse du résultat, qui prive le cycliste de toute relaxation. Tout est axé sur l'objectif, dans l'entourage du coureur on ne parle que de cette course, tout le monde compte sur une bonne place

Parfois, le cycliste, psychologiquement fragile, ne résiste pas à cette pression et régresse plus qu'il ne progresse. Le ratage est alors assuré.

e) Excès de courses dures

C'est le problème de la saturation. Les seniors élites courent énormément, particulièrement pendant les mois d'été. Les nationaux ou les bons juniors participent à un nombre important de classiques et de courses importantes.

Étant donné qu'ils représentent la vitrine de leur comité régional, de leur comité départemental et de leur club, ils sont très sollicités, et ratent parfois leurs objectifs, déjà émoussés qu'ils sont...

f) Surestimation de soi

C'est un peu le mythe d'Icare ! Certains coureurs ont une importante motivation et le désir de bien faire. Ils choisissent parfois une catégorie trop forte pour leur niveau ou, et c'est plus grave encore, c'est l'entourage qui croit tenir un champion.

Le malheureux coureur va alors de galère en galère, et tout en faisant pour le mieux, il subit ses courses. Il craque alors physiquement. Moralement, le mal est plus profond, et amène assez souvent le coureur à mettre définitivement le vélo au clou...

g) Manque de sommeil

Le manque de sommeil est souvent dû à une mauvaise gestion de son temps de repos. L'enchaînement de nombreuses courses dures qui imposent de longs déplacements aboutit bien souvent au besoin de longues nuits réparatrices.

Si celles-ci n'existent pas, le manque d'un sommeil réparateur aboutit obligatoirement à un épuisement physique progressif.

L'excès de fatigue peut même aboutir à des difficultés d'endormissement ou à des insomnies, bien souvent annonciatrices du syndrome dépressif que l'on rencontre dans les cas de grande fatigue chez les sportifs.

h) Absence de planification de l'entraînement

C'est un problème constant dans les pelotons. On court au jour le jour et on enchaîne toutes les compétitions. Et si par malheur on a ciblé un objectif, celui-ci est préparé mais on cherche à profiter le plus longtemps possible de la forme. La baisse des performances est dans ce cas constante et la récupération s'effondre.

i) La pression de l'entourage

Fléau connu par tous les coureurs dont la famille et l'entourage sont très impliqués dans la vie cycliste. Le jeune compétiteur est l'espoir absolu de tout un clan, celui qui doit, coûte que coûte, apparaître comme le futur grand champion que l'on attend depuis longtemps...

Le jeune coureur est porteur de tous les espoirs. À table, tous les sujets de conversation sont axés sur l'entraînement du jour, la course de dimanche dernier.

L'échec en course donne lieu à des réprimandes, à des analyses oiseuses pendant des jours, l'entraîneur rajoute sa litanie et le jeune cycliste s'enfonce petit à petit.

Le gamin, qui ne répond pas aux espérances de son entourage, se « défonce » pourtant à l'entraînement, il fait ce qu'il peut, mais ses supporters ont peut-être mis la barre trop haut, et notre coureur s'enfonce...

Ce type de situation se retrouve si souvent, détruisant des adolescents déjà si fragiles à cette époque de leur vie. Il n'est nul besoin d'en rajouter. C'est aussi le cas de tous ces jeunes issus d'écoles de cyclisme, champions nationaux à huit ans et disparus dès leur arrivée en minime.

Non seulement ils s'imaginent moins bons que cinq ans auparavant, et tout le monde autour de lui passe son temps à le lui rappeler.

4. Comment éviter les erreurs d'entraînement

Comme nous l'avons vu plus haut, l'entraînement du coureur cycliste ne peut pas se faire au gré du jour, il doit être méthodique et répondre à une certaine logique.

L'important, c'est que le cycliste, à tout moment, soit capable de comprendre à quoi sert le travail qu'il est en train d'accomplir, qu'il ne s'entraîne surtout pas «parce qu'il faut bien rouler», comme on l'entend trop souvent.

Il n'existe pas de compétition sans un travail important préalable en endurance.

Le travail aérobie est la base de toute compétition cycliste.

L'entraînement doit être planifié, afin d'augmenter progressivement les charges de travail. Chaque objectif sera suivi d'une coupure, avec redémarrage en endurance stricte.

Toute charge de travail doit être digérée par l'organisme.

La récupération d'un effort d'entraînement doit être complète avant d'entreprendre un nouvel entraînement, à l'exception de l'utilisation du processus de surcompensation.

L'entraînement doit être régulier, si possible, tout le long de l'année.

Il doit toute l'année comporter un travail d'endurance et un travail en puissance, variables en fonction de la période.

Éviter la monotonie d'un entraînement toujours identique.

Les sorties de *fartlek* sont bien adaptées à ce besoin de varier les plaisirs. Varier les circuits d'entraînement est un besoin qu'éprouvent la plupart des coureurs.

Faire le métier au maximum (dans l'acceptation habituelle, pas dans celle de se doper).

Il est fondamental quand on veut réussir de mener une vie calme et saine, en respectant le sommeil et en évitant l'alcool, toujours difficile à éliminer, et la cigarette, si nuisible au sportif d'endurance.

Rééduquer l'entourage et lui apprendre la modération.

En effet, il faut que l'entourage familial ainsi que l'entraîneur gardent à l'esprit que si **un jeune a choisi de pratiquer le cyclisme, c'est d'abord pour son plaisir.**

Dans sa pratique, l'entraînement ne doit jamais devenir une contrainte, comme il peut l'être si le résultat est obligatoire à court terme. Un jeune coureur a besoin de ses parents pour lui permettre de s'équiper matériellement, de l'amener aux courses, mais ne perdons jamais de vue que ce ne sont pas les parents qui sont les entraîneurs. Et dans le cas où le père serait aussi entraîneur, les problèmes sont souvent insolubles, surtout à l'époque de la puberté !

C'est précisément quand il a des difficultés en course qu'un jeune cycliste a besoin de se sentir entouré. N'oublions pas que d'être lâché tous les dimanches, ce n'est pas gratifiant pour un coureur.

S'il ne suit pas l'allure, c'est qu'il n'en est pas capable. Alors, s'il est assidu à l'entraînement, s'il respecte les consignes de l'entraîneur, il progressera et participera activement à la course, tôt ou tard. Comme le dit le proverbe, **tout vient à point à qui sait attendre.**

Aider le plus possible l'entraîneur pour lui permettre de comprendre les problèmes.

Il est indispensable pour les cadets, les juniors, de tenir un carnet d'entraînement, où figureront tous les renseignements indispensables.

C'est ainsi que le jeune coureur notera son pouls de repos, son test de Ruffier-Dickson, qu'il consignera ses impressions d'entraînement, ses braquets de travail, son mode de travail, etc.

La plupart du temps, la solution au problème du coureur est contenue dans ce carnet d'entraînement.

Effectuer régulièrement un contrôle de l'entraînement est la meilleure façon d'apprécier ses propres progrès.

Les tests d'effort sont indispensables pour adapter les charges de travail aux possibilités du moment. Et ceci est encore plus important pour les jeunes, cadets, juniors, jeunes seniors, qui n'ont pas d'expérience et sont très friables, tant physiquement que moralement.

Bien dormir. Lorsque l'on pratique un sport aussi exigeant que le cyclisme, on ne peut négliger le repos obligatoire qu'est le sommeil, base principale de la récupération. Celui-ci doit être de bonne qualité, tranquille et pas perturbé par le bruit, et d'une durée minimale de 8 heures pour une bonne récupération.

S'alimenter correctement en course et boire suffisamment. La plupart des coureurs terminent les courses en état d'hypoglycémie et de déshydratation, car ils ne font pas l'effort de se nourrir suffisamment.

Dans ce cas, la récupération est plus longue et les muscles souffrent de crampes, contractures, et restent douloureux plus longtemps. N'oublions pas que pour une course courue sous la chaleur, il faut un bidon toutes les demi-heures.

Chapitre 12

NOTIONS DE DIÉTÉTIQUE SPORTIVE

A. Présentation

De nombreux exemples dans l'histoire du cyclisme montrent les deux aspects extrêmes de la diététique sportive. Certains, comme Louison Bobet, pesaient tous les aliments qu'ils absorbaient. D'autres, comme Jacques Anquetil, avalaient n'importe quoi, sans souci aucun de l'influence nuisible sur une course d'une alimentation inadaptée.

Entre ces deux exemples, il paraît nécessaire d'apporter, pour le commun des cyclistes, un peu de bon sens dans l'alimentation sportive. Sans peser ses aliments à chaque repas, sans s'attaquer au régime dissocié scandinave, on peut manger correctement, tout en préparant une compétition. Être trop strict avec un jeune coureur n'amène jamais rien de bon, le laisser manger n'importe quoi non plus. L'hygiène alimentaire est cependant une obligation pour le coureur cycliste désireux d'arriver au sommet de sa condition physique.

Nous allons présenter ci-dessous l'essentiel de ce qu'un coureur cycliste doit savoir.

Le coureur cycliste qui vient de faire un effort a consommé une partie de ses réserves énergétiques. Il lui faut compenser ces dépenses, pour refaire le plein de son potentiel. Comme il n'existe aucun aliment contenant tous les principes énergétiques à la fois, il est indispensable d'avoir une alimentation équilibrée et diversifiée.

L'alimentation doit donc faire parvenir à l'organisme les principes suivants :

- les éléments énergétiques : glucides, lipides, protides ;
- l'eau, qui contribue à la régulation thermique du corps ;
- les sels minéraux ;
- les vitamines.

Le contrôle de l'équilibre entre les dépenses énergétiques et l'alimentation réside dans la surveillance du poids. Celui-ci, du moins chez un adulte, doit être stable à long terme. Il va baisser de façon transitoire à l'arrivée de la forme physique (poids de forme), puis retrouver sa valeur de croisière.

1. Le bilan énergétique

La capacité de performance d'un cycliste est liée directement à son alimentation. Une sous-alimentation comme une suralimentation lui sont nuisibles. Plus la charge de travail est élevée, plus la dépense énergétique est importante. On estime qu'il faut un litre d'oxygène pour produire 5 kilocalories (la kilocalorie ou kcal est une unité d'énergie). La quantité d'énergie produite par heure d'entraînement est de 500 à 800 kilocalories chez le cycliste de loisir.

Un cycliste de compétition dépense, quant à lui, 1200 à 1500 kilocalories par heure d'entraînement. Par exemple, un coureur cycliste qui participera à une course de 6 heures consommera 5000 à 7500 kilocalories.

Chez le coureur cycliste amateur moyen, le besoin calorique moyen par jour est de 2500 kilocalories à 5000 kilocalories.

L'équilibre du bilan entre les dépenses énergétiques et leur compensation ne peut s'effectuer que par le contrôle régulier du poids. Celui-ci doit être régulier au fil du temps. Il est minimal au moment de la forme maximale et remonte généralement à l'intersaison. Car le cycliste en période de transition y conserve les habitudes alimentaires prises en pleine saison sportive, sans réduire les apports comme nécessaire.

2. Les besoins alimentaires

L'alimentation du coureur cycliste doit comporter les proportions suivantes :

Glucides : 50 % à 60 %

Protides : 15 %

Lipides : 30 %

B. Les nutriments énergétiques

1. Les glucides

Les glucides, appelés sucres ou hydrates de carbone, sont la base de l'alimentation du sportif. C'est le seul nutriment que l'organisme soit capable d'utiliser en anaérobie. Le glucose, qui est la molécule de base, est le seul aliment du cerveau.

Les sucres se divisent en deux catégories : les sucres simples, encore appelés sucres rapides, et les sucres complexes, appelés sucres lents.

En effet, tout glucide n'a pas le même impact sur l'organisme. En fonction de la rapidité de passage dans le sang, certains sucres ont un effet nuisible (hypoglycémie réactionnelle), alors que d'autres perturbent très peu la glycémie.

Le glucose, sucre très rapide, est considéré comme le sucre de référence.

Les physiologistes ont comparé les glucides entre eux, et les ont rapportés à un indice, nommé indice glycémique. Celui du sucre de référence, le glucose est de 100.

Il faut savoir que les sucres dit lents ont un indice glycémique proche de 50, tandis que les sucres les plus rapides avoisinent un indice de 100 (voir le tableau 111).

a) Les sucres rapides

Les sucres rapides sont répartis en deux sortes de molécules :

- Les sucres composés d'une seule molécule à 6 atomes de carbone, appelés sucres en C6 ou monosaccharides, dont les plus connus sont le glucose, le galactose, le fructose, et le dextrose.
- Les sucres composés par deux molécules de sucres en C6, que l'on appelle les disaccharides : le saccharose, composé de fructose et de glucose, le lactose, composé de galactose et de glucose, le maltose, composé de deux molécules de glucose.

ALIMENT	INDICE GLYCÉMIQUE
MALTOSE	105
GLUCOSE	100
CAROTTES	92
MIEL	88
RIZ BLANC	73

PAIN COMPLET	72
PAIN BLANC	69
RIZ COMPLET	66
RAISIN	64
BISCUITS, GÂTEAUX	60 à 70
BANANE	63
SUCRE	59
PÂTES	51
PÂTES COMPLÈTES	42
FRUITS	50
ORANGE	40
POMME	39
LAITAGES	35
HARICOTS SECS	32
LENTILLES	29
FRUCTOSE	20

Tableau 106 : L'indice glycémique des principaux aliments.

Le miel est une composition à part, mélange de saccharose, glucose et fructose.

Les sucres rapides ont une forte saveur sucrée. Les aliments qui les contiennent sont le miel, le sucre, les confiseries, les sodas, les pâtisseries, le chocolat, les sorbets et les glaces.

Ces sucres sont très vite métabolisés, provoquant une élévation de l'acidose, augmentant le risque de tendinites. Leur abus est déconseillé chez le sportif.

b) Les sucres lents

Les sucres qui composent ce groupe de glucides sont constitués de longues chaînes de molécules de glucose, rendant leur assimilation beaucoup plus lente.

Le glucose est utilisé par certains organes, comme le muscle et le cerveau, l'excédent étant stocké dans le foie. Les besoins en glucose sont de 125 grammes par jour chez le sujet au repos.

Le tableau 106 est très éloquent ; les fruits sont considérés comme riches en sucres lents, mis à part la banane, équivalente au morceau de sucre quant à son indice glycémique.

La carotte est un sucre plus rapide que le miel, tandis que le fructose est l'un des aliments présentant l'indice glycémique le plus faible.

Le manque de sucre au niveau du sang se traduit par l'hypoglycémie, bien connue par le cycliste sous le nom de fringale.

Cet état se traduit par un ralentissement de l'activité cérébrale, puisque c'est le cerveau le premier touché par la pénurie.

C'est pourquoi la fringale ne se sent pas venir. La fatigue arrive brutalement, avec l'impression d'avoir les jambes en coton et d'être vidé de ses forces ; des suées apparaissent, et le sportif se sent dans le brouillard.

C'est un sévère malaise, l'individu étant d'une grande pâleur. Seule la prise rapide de sucre restaure l'état physique du sportif.

Une hypoglycémie prolongée, par exemple chez le diabétique traité par sulfamides hypoglycémiants, peut entraîner des dégâts cérébraux irréversibles.

Une hormone gère l'arrivée de sucre dans l'organisme : l'insuline, hormone produite par le pancréas, sert principalement au stockage du sucre sous forme de glycogène dans le foie. L'organisme ayant absorbé une forte quantité de sucres rapides va déclencher une sécrétion exagérée d'insuline.

Il en résultera une hypoglycémie évidemment très préjudiciable. C'est la raison principale pour laquelle le sportif ne doit pas abuser des sucres rapides.

2. Les protides

On définit les protides comme des substances contenant de l'azote. L'élément de base est l'acide aminé. Une succession de quelques acides aminés constitue un peptide, tandis qu'une longue chaîne d'acides aminés est appelée protéine.

Les protides entrent dans la constitution de la plupart des hormones ; le noyau des cellules vivantes est composé d'ADN et d'ARN (longues chaînes d'acides aminés), les neurotransmetteurs (adrénaline, acétylcholine). Les anticorps, barrières de défenses de l'organisme, sont constitués également de protéines.

Les aliments riches en protides

À la lecture du tableau 107, on comprendra les conseils de base de l'alimentation du sportif : limiter la consommation des viandes rouges, car trop riches en toxines, qu'il faut limiter car nuisibles à la récupération, éviter les charcuteries en période de compétition pour la même raison, et utiliser plutôt viandes blanches et jambon.

Les exceptions à cette recommandation se feront à distance de la compétition, et en dehors des jours d'entraînement.

Les protides sont utilisés par l'organisme dans la construction des cellules nouvelles, que ce soit lors de la croissance ou en cas de reconstitution des tissus morts.

Lors de blessures, les protéines servent à construire de nouvelles cellules, qui répareront les dégâts.

L'organisme a constamment besoin des protides, car il ne sait pas lui-même fabriquer les acides aminés dont il se sert. Aussi, le cycliste devra consommer la ration indispensable au bon fonctionnement de sa machine à pédaler.

ALIMENT	AVANTAGES	INCONVÉNIENTS
POISSONS	Peu de graisses	Qualité bactériologique souvent discutable
ABATS	Peu de graisses, fer dans le foie	Acide urique, cholestérol
BŒUF, VEAU	Fer, zinc	Formation de déchets ; teneur en graisse élevée
MOUTON	Fer	Riche en graisses
CHARCUTERIE	Fer	Excès de déchets, graisse
JAMBON	Fer, vitamine B1	Tenuer en graisse variable
PORC	Fer, vitamine B1	Graisses
CHEVAL	Fer	Déchets azotés
FRUITS DE MER	Peu de lipides, riche en sels minéraux	Cholestérol
ŒUFS	Excellente protéine	Cholestérol
LAITAGES	Calcium, vitamine	Pas de fer
FROMAGES	Calcium, vitamines A et D	Lipides
FROMAGE BLANC	Calcium, vitamines A et D	Pas de vitamines, si allégé
LEVURES	Aliments complets	Acide urique +++
GERMES DE BLÉ	Aliments complets	Pas de vitamine B12
ALGUES	Sels minéraux, vitamine B12	

Tableau 107 : Les différents aliments et leurs particularités.

La viande animale, si elle contient en général entre 10 et 20 % de son poids en protides, contient aussi beaucoup de graisses.

C'est pourquoi la consommation de viande devrait se limiter à quatre ou cinq repas par semaine.

Beaucoup de sportifs ont ainsi éliminé, une fois pour toutes, les protéines animales, pour devenir végétariens.

On retiendra cependant que l'entraînement amène un accroissement des besoins en protéines. L'augmentation d'activité stimule la synthèse des androgènes, hormones générant une augmentation de la masse musculaire.

3. Les lipides

Les lipides, encore appelés graisses, ne sont pas solubles dans l'eau, et sont transportés dans le sang par des protéines, sous formes de triglycérides.

Les triglycérides sont composés de 3 molécules d'acide gras liées à un corps appelé glycérol. Le glucose, lors de sa dégradation (voie des pentoses), participe à la production d'une partie des acides gras.

Cette notion est fondamentale, car elle explique le surpoids par la surconsommation de sucres rapides.

La consommation des lipides est trop importante dans les pays occidentaux, essentiellement à cause d'une surconsommation de viandes animales riches en graisses. Les fromages, le beurre, les charcuteries, sont responsables du surpoids général.

On distingue deux types d'acides gras :

- Les acides gras essentiels, indispensables au bon fonctionnement de l'organisme. Ce sont les acides gras insaturés, que l'on trouve dans les huiles végétales : l'huile d'olive, l'huile de tournesol ou l'huile d'arachide.

- Les acides gras saturés augmentent, par leur consommation, le risque cardio-vasculaire. Il est donc recommandé d'en limiter la consommation. Le beurre, le saindoux, les fromages, la graisse d'oie ou le lard sont à consommer avec modération.

ALIMENT	TENEUR EN GRAISSES, EN %
BLANC D'ŒUF	0
SUCRE, MIEL, FRUITS FRAIS	0
LÉGUMES VERTS	0,5
CÉRÉALES	0 à 2
FRUITS DE MER	1
POISSONS MAIGRES	2
FOIE, CHEVAL, VOLAILLE	2 à 4

LAIT ENTIER	3,5
BŒUF, VEAU	10 en moyenne
JAUNE D'ŒUF	10
POISSON GRAS	10
OLIVES	11
PORC, AGNEAU	15 à 25 en fonction du morceau
FROMAGES	15 à 60
CHOCOLAT	20 à 30
NOUGAT	20
AVOCAT	22
BEURRE ALLÉGÉ	41
FRUITS SECS	55 à 60
BEURRE	83
HUILE	100

Tableau 108: La teneur en lipides des aliments.

Le rôle énergétique des lipides est essentiel dans l'organisme.

Ce sont en effet les graisses qui assurent par leur dégradation l'apport énergétique pour toute activité de repos et lors de l'activité physique légère.

C'est le carburant privilégié de l'entraînement en endurance de base.

L'entraînement permet de retarder le moment où les graisses laisseront la place à un autre substrat, le glucose (voie aérobie), puis le glycogène (voie anaérobie).

La mobilisation des graisses est ainsi essentielle pour un cycliste.

Il suffit d'observer un coureur à l'arrivée du Tour de France pour s'en convaincre.

Les cyclistes particulièrement concernés par l'utilisation des graisses dans leur pratique sont les participants à des épreuves de longue durée : cyclotouristes, randonneurs, mais aussi participants à des cyclosportives, professionnels sur courses de longue durée, coureurs élites, etc. Finalement tout le monde doit gérer sa masse grasse.

Si le mécanisme de la lipolyse était mieux connu, on trouverait certainement une baisse du poids général dans ces catégories de cyclistes !

Il n'y a qu'à assister à un marathon pour en être convaincu, il y a très peu de coureurs à pied présentant un surpoids.

C. L'eau

Les besoins en eau correspondent à la compensation des pertes quotidiennes. Celles-ci sont importantes et variables en fonction :

- du degré de sécheresse de l'air,
- de la température ambiante,
- du travail musculaire.

Comme on l'a vu précédemment, toute production d'énergie provient de la dégradation d'une molécule de glucose, avec libération de gaz carbonique et de vapeur d'eau.

- de l'alimentation.

Une ration alimentaire riche en protides accroît les besoins en eau.

L'élimination de l'eau ne se fait jamais sans une perte simultanée de sels minéraux et d'oligo-éléments. Il a été démontré que la perte d'eau correspondant à 2 % du poids du corps (1,4 litres pour un adulte de 70 kilos) amène une baisse de la capacité à l'endurance. Une baisse de 4 % du poids du corps (2,8 litres pour 70 kilos) amène en plus une baisse de la performance.

D. Les autres substances indispensables

1. Les vitamines

Les vitamines sont des molécules nécessaires au métabolisme humain en très petites quantités. Il est démontré que chez un sujet correctement nourri, un apport supplémentaire en vitamines n'a aucun intérêt. Les cyclistes devraient s'en convaincre ! Les apports d'une alimentation diversifiée suffisent.

Malheureusement, les cyclistes, comme les autres sportifs, ont souvent une alimentation mal équilibrée, où les glucides sont la principale source énergétique, et où fruits, légumes, poissons sont exclus. Dans ce cas seulement, un apport vitaminique sera justifié.

Nous avons toujours pensé cependant qu'il était plus agréable de consommer un fruit qu'un comprimé !

Nous préférons présenter les aliments contenant les vitamines nécessaires au cycliste que les médicaments apportant les mêmes éléments.

Nous donnons ci-dessous un aperçu du rôle essentiel des principales vitamines.

a) Les différentes vitamines et leur intérêt

(1) La vitamine A

Participe à la croissance, à la vue en vision nocturne, à l'entretien des muqueuses.

(2) La vitamine B1

Participation essentielle au métabolisme des glucides.

Action sur le système nerveux et sur les muscles.

(3) La vitamine B2

Nécessaire à la vie des cellules nerveuses, elle joue un rôle essentiel dans l'utilisation des glucides, lipides et des protides.

(4) La vitamine B5

Elle a un rôle énergétique, et participe au fonctionnement de la glande surrénale.

(5) La vitamine B6

Elle participe au métabolisme des protides et à celui de l'hémoglobine.

(6) La vitamine B12

Très important rôle anti-anémique. Elle a une action protectrice au niveau du foie.

(7) La vitamine C

Son action est multiple. L'une des principales est sa lutte contre les agressions (infectieuses ou virales).

Elle augmente la charge en glycogène du foie et des muscles. Elle favorise la récupération. Elle aide enfin à la synthèse des hormones.

Les vitamines énumérées précédemment sont celles qui ont le plus d'intérêt en pratique sportive.

Nous pouvons encore citer la vitamine B9, la vitamine D (métabolisme du calcium, minéralisation des os), la vitamine E (formation d'hormones, détoxication), la vitamine K (facteur de la coagulation), la vitamine PP.

b) Aliments à forte teneur en vitamines B1 et B2

- Germes de blé, céréales,
- levure de bière, flocons d'avoine,
- son et pain complet, riz,
- cœur et foie, jaune d'œuf.

c) Aliments riches en vitamine C

- Agrumes, kiwis, baies rouges,
- chou, poivrons.

d) Aliments riches en vitamine E

- Germes de blé, graines de soja,
- petits pois, noix et noisettes,
- son et pain complet,
- flocons de céréales, riz.

2. Les sels minéraux

L'organisme utilise les minéraux pour ses besoins quotidiens mais comme pour les vitamines en très petite quantité. L'alimentation suffit en général à compenser les besoins du cycliste, sauf cas extrême.

a) Le sodium

Minéral indispensable, le sodium participe à la régulation de la tension artérielle et à l'équilibre osmotique du corps humain.

Lors de l'effort, la sudation est la manifestation de l'élimination de la chaleur produite par l'effort musculaire, comme nous l'avons vu au début de cet ouvrage. Cette sueur est peu dosée en sodium, ce qui a longtemps fait penser que la perte de sodium à l'exercice était minime.

Par temps chaud, la déperdition de sueur est importante, et le coureur consomme une grande quantité de liquides. Si la boisson de l'effort ne contient pas de sodium, les risques de baisse de son taux sont importants.

Il convient donc, en cas de forte chaleur et lors de longues sorties, d'absorber une boisson suffisamment salée, et de saler un peu plus ses aliments.

Aucun risque de carence en sodium n'est à redouter à condition de ne pas se gaver d'eau pure pendant des heures sur le vélo et sous la chaleur.

b) Le fer

Les besoins en fer sont estimés à 12 milligrammes par jour pour un adolescent, 11 milligrammes chez un homme adulte, 25 milligrammes par jour chez la femme adulte, et 16 milligrammes chez un sportif.

Les cyclistes, qui pratiquent un sport d'endurance, sont plus exposés que les autres sportifs au risque de carence en fer.

Ceci est particulièrement vrai pour les cyclistes de haut niveau, professionnels ou amateurs seniors élites.

Depuis quelques années, ont été mises en évidence un certain nombre d'anémies dites ferriprives, provenant d'une carence d'origine nutritionnelle en fer.

En effet, l'anémie est provoquée par une baisse du taux d'hémoglobine, protéine qu'on ne trouve que dans les globules rouges, chargée du transport de l'oxygène dans le sang, des poumons vers les tissus.

Cette protéine complexe contient du fer. Celui-ci se retrouve mêlé à une structure qui contient des vitamines, des acides aminés et d'autres minéraux et que l'on appelle l'hème.

Un seul de ces constituants vient à manquer et s'installe une baisse du taux d'hémoglobine et donc de globules rouges.

On retrouve incriminés dans les anémies le manque de vitamine B9 ou acide folique, de vitamine B12 ou cyanocobalamine, et principalement de fer.

Les troubles liés à une anémie sont importants et provoquent des effets bien connus des cyclistes :

- une baisse du niveau d'endurance, donc de la consommation d'oxygène,
- une accumulation d'acide lactique,
- une limitation importante des performances physiques.

Il existe deux raisons à l'anémie chez le cycliste :

- la carence d'apport en fer, d'origine nutritionnelle,
- la réaction physiologique à l'effort.

Dans le second cas, on assiste à une baisse de la synthèse d'hémoglobine sur laquelle un apport supplémentaire de fer serait sans effet.

La survenue d'une anémie doit être surveillée chez le cycliste de haut niveau par des analyses de sang régulières (tous les deux mois), où l'on étudiera la numération de formule sanguine, le taux d'hémoglobine, le taux de fer sérique et celui de la ferritine.

Ce dernier élément dont la baisse s'effectue bien avant celle de l'hémoglobine, et apporte une possibilité de prévention de l'anémie des sportifs d'endurance.

Une notion est essentielle : plus une alimentation est riche en énergie, plus la quantité de fer qu'elle contient doit être importante.

L'analyse de sang régulière devra permettre, par le dépistage précoce de la diminution des réserves (baisse du taux de ferritine), de lutter contre une méforme persistante et avertira d'un effet métabolique de surentraînement.

Aliments riches en fer :

- foie, saucisse, boudin (c'est le plus riche en fer),
- son et pain complet,
- lentilles, fruits secs,
- chocolat, persil,
- viande rouge.

Il faut également savoir que certains aliments peuvent perturber l'absorption du fer : c'est le cas du café pris à la fin du repas.

Plus le café est corsé, plus son influence sera nuisible.

La vitamine C, au contraire, a un effet très bénéfique sur la capacité d'absorption du fer. Il est conseillé de prendre un jus d'oranges en apéritif ou au petit déjeuner. La vitamine C prise au début du repas sera très bien assimilée.

c) Le magnésium

Le magnésium est un minéral indispensable qui entre dans la composition de nombreuses enzymes et qui participe aux phénomènes énergétiques. Il participe au transport de l'oxygène dans les tissus, ce qui en fait un élément essentiel de la physiologie de l'effort.

Les besoins quotidiens sont d'environ 6 milligrammes par kilo.

On constate régulièrement une baisse des taux de magnésium plasmatique chez les sportifs, baisse liée à l'élimination sudorale et aux pertes urinaires.

D'autre part, l'augmentation des processus énergétiques nécessitant des besoins accrus en ce minéral, le sportif se retrouve régulièrement en état de carence.

Les effets de la carence en magnésium sont nombreux :

- trouble de l'excitabilité du muscle,
- sensation de faiblesse constante,
- crampes nocturnes à répétition,
- baisse de l'endurance et de la VO2max,
- troubles de la récupération,
- troubles du sommeil,
- crises de spasmophilie.

Les lipides perturbent l'assimilation du magnésium, particulièrement les graisses d'origine animale.

De plus, une trop grande consommation de sucres rapides perturbe l'utilisation de ce minéral, dont les pertes urinaires s'élèvent (prise de glucose ou d'un monosaccharide).

Aliments riches en magnésium :

- chocolat, levure de bière,
- noix et fruits secs,
- riz brun,
- poisson,
- germes de blé, flocons de céréales,
- fromages (gruyère, édam, etc.).

Il est à noter, comme nous le verrons plus loin, que les boissons diététiques de l'effort contiennent du magnésium en quantité suffisante.

d) Le potassium

Le potassium est un minéral indispensable, dont le métabolisme est très lié à celui du glucose. Les pertes à l'effort sont minimes et largement compensées par l'alimentation.

Aliments riches en potassium :

- chocolat, levure de bière, fruits secs,
- fruits, pommes de terre,
- légumes, lentilles, petits pois, haricots blancs.

e) Le zinc

Le zinc est un minéral indispensable à l'organisme humain. Il facilite l'action de l'insuline, hormone produite par le pancréas et qui sert au métabolisme du sucre.

En l'absence de zinc, l'insuline devient inefficace et ne peut donc plus gérer le stockage du sucre.

Les besoins journaliers en zinc sont estimés entre 0,3 milligrammes et 0,6 milligrammes par kilo.

Il a été prouvé à maintes reprises que les sportifs pratiquant à un haut niveau présentent très régulièrement une baisse du taux de zinc allant jusqu'à une véritable carence.

La carence en zinc s'exprime par une baisse des capacités à l'endurance, ainsi que par une diminution de la force.

La confusion avec des erreurs d'entraînement fait que la carence en zinc est très souvent ignorée. La chute du taux de zinc sanguin s'explique par une augmentation des besoins liée à un entraînement intensif, et à une pauvreté du régime alimentaire en ce minéral.

Aliments riches en zinc :

- huître et crabe,
- son,
- chocolat,
- blé,

- bœuf, viande cuite (dinde, poulet, foie de veau, porc),
- jambon.

Lors de la réhydratation après un effort, il est indispensable de compenser la perte des minéraux, éliminés par la sueur.

Les eaux minérales sont paradoxalement pauvres en minéraux, et il est préférable d'absorber une boisson diététique de l'effort ou un jus de fruit, riche en général en potassium et magnésium.

3. Les oligoéléments

Les oligoéléments sont présents dans l'organisme en infime quantité, mais ils participent à des réactions chimiques prépondérantes. Les principaux oligoéléments dont le rôle chez l'homme a été prouvé sont les suivants : le fluor, le chrome, le sélénium, le manganèse, le cobalt, le cuivre et le molybdène.

Beaucoup d'aliments contiennent des oligoéléments. Les produits de la mer en sont riches, ainsi que les légumes.

4. La carnitine

On parle beaucoup de ce produit dans le milieu cycliste de haut niveau, où la carnitine fait désormais partie de l'arsenal du dopage. Ce produit n'est pas interdit, car c'est un produit naturel, mais l'abus de son utilisation commence à se remarquer.

C'est un peptide constitué de deux acides aminés, sa synthèse s'effectue dans le foie et les reins. Elle est localisée dans les muscles, et on estime qu'il en existe 18 grammes au total chez un sujet de 70 kilos.

La synthèse de la carnitine nécessite pour sa fabrication les éléments suivants : fer, vitamines C, PP et B6, lysine et méthionine, deux acides aminés indispensables.

Les besoins quotidiens en carnitine sont de 200 milligrammes à 500 milligrammes par jour. Les principales sources se trouvent dans des aliments d'origine animale, principalement des viandes. La viande de mouton est celle qui en est la plus riche.

La carnitine permet un accroissement de la dégradation des graisses. Si le taux est maintenu à un niveau élevé, davantage de molécules de graisse se trouvent mobilisées au cours de l'effort, et le sportif voit ainsi son poids baisser plus rapidement au cours d'efforts de longue durée et à petite intensité.

La carnitine diminuerait en outre la fréquence de crampes.

Il semble de plus que la carnitine accélère la récupération au cours des efforts d'entraînement.

Il n'est pas certain que l'alimentation normale du sportif suffise à assurer les besoins au cours d'efforts d'entraînement répétés. Il faudra probablement supplémenter les sportifs de haut niveau pour permettre une reprise de la mobilisation des graisses.

E. L'alimentation du coureur cycliste

Il n'est pas question de proposer un régime alimentaire, mais surtout d'apporter le bon sens nécessaire au coureur cycliste en période de préparation, puis en période de compétition.

1. L'alimentation en période de préparation

Lors de la reprise de la préparation hivernale, le cycliste a souvent pris un peu de poids. Il sera alors utile de réduire la ration alimentaire. Dans cette période, il est souhaitable de ne pas consommer trop de sucres rapides.

L'alimentation comportera essentiellement des glucides lents, des protides et des lipides en faible quantité.

Le travail en endurance fondamentale permettra de stimuler le métabolisme des lipides et de reperdre le surpoids.

Le remplacement des pertes d'eau se fera par la consommation de jus de fruits.

Il n'est pas facile de proposer un menu type, car l'ennemi numéro un du diététicien est l'ennui d'une alimentation uniforme. Nous nous limiterons à quelques conseils.

Il est possible de manger de tout, à condition de ne pas abuser, et à condition de respecter les jours d'entraînement.

Si un coureur rêve d'un steak-frites, il pourra malgré tout se faire plaisir et le consommer, mais à distance d'un entraînement, puisque les frites et le steak restent longtemps dans l'estomac, et parce qu'il faut éviter la consommation de viande rouge le jour d'une sortie de travail pour ne pas ralentir la récupération.

Le vin n'est pas interdit, mais doit être consommé modérément. On considère qu'un demi-verre par repas suffit.

Il vaut mieux éviter les mélanges café au lait ou thé au lait en raison de la difficulté de digestion qu'ils provoquent.

Il est préférable de remplacer la vinaigrette par du citron, en raison de l'acidité, qui peut provoquer des douleurs gastriques.

2. L'alimentation avant la compétition

L'augmentation de la charge de travail dans les derniers microcycles de préparation est de nature à épuiser les réserves en glycogène. Il est alors nécessaire de compenser ces dépenses énergétiques par une recharge en sucres lents.

C'est, comme on l'a vu, le principe de la surcompensation. Cette recharge en glucides permet un accroissement du stock de glycogène.

Mais cette recharge en glucose ne se justifie qu'après l'épuisement partiel ou total des réserves, donc après un entraînement ou une compétition.

Faire l'inverse, c'est-à-dire absorber des glucides en prévision d'un effort, n'aboutira qu'à stocker ces glucides sous forme de graisses, ce qui n'est pas le but recherché.

3. L'alimentation pendant l'effort

Le jour de la compétition, le coureur utilise l'énergie qu'il a accumulée au niveau de son foie et de ses muscles.

Ce jour-là, il n'est pas permis d'erreur alimentaire : il faudra se contenter de ses habitudes, et ne pas innover.

a) L'alimentation avant la course

Cet espace entre le repas et la course doit impérativement être respecté, car c'est la durée minimale pour digérer l'essentiel de l'alimentation absorbée.

La durée du séjour des aliments dans l'estomac est importante à connaître. Le tableau 109 permettra d'éviter des erreurs et pourra expliquer pourquoi certains mets apparaissent particulièrement difficiles à digérer.

SÉJOUR DANS L'ESTOMAC	ALIMENTS
1 à 2 heures	Eau, café, thé, chocolat, bouillon, œufs à la coque, poissons d'eau douce
2 à 3 heures	Lait, café ou chocolat au lait, purée de pommes de terre, légumes verts, fruits, pain blanc, œufs, omelette, poissons de mer, veau
3 à 4 heures	Pain de seigle, pommes de terre frites, chou, carottes, radis, épinards, concombres, pommes, jambon, poulet
4 à 5 heures	Haricots verts, légumineuses, volaille rôtie et gibier, viande fumée, steak, hareng saur
6 à 7 heures	Harengs marinés, champignons, lard
7 à 8 heures	Sardines à l'huile

Tableau 109 : Le temps nécessaire à la digestion des principaux aliments.

On comprend à la lecture du tableau 109 que la loi des trois heures de digestion entre le repas d'avant-course et la compétition se justifie pleinement. Pommes, jambon, poulet ou haricots verts ne sont toujours pas digérés.

Au bout de trois heures, il y a encore beaucoup d'aliments dans l'estomac !

Le repas d'avant-course peut être pris entre 1 heure 30 et 2 heures avant la compétition si elle est longue, par exemple une cyclosportive.

Ce repas sera léger, car les réserves ont été précédemment reconstituées. On choisira des aliments séjournant peu de temps dans l'estomac.

Par exemple :

Petit déjeuner :

- biscottes ou pain grillé,
- confiture,
- fromage blanc,
- café léger,

- fruit mûr,
- un verre de jus de fruit.

Repas trois heures avant la course :

- un verre de jus de carottes,
- salade de tomates, salade niçoise,
- blanc de poulet ou tranche de jambon,
- pâtes cuites à l'eau,
- yaourt,
- un verre de jus de fruit.

b) La ration d'attente

Il n'est pas inutile de rappeler ici que depuis une dizaine d'années, on sait que cette ration d'attente ne se justifie pas.

Pendant très longtemps, on pensait compenser l'hypoglycémie liée au stress par un apport de glucose.

Mais l'augmentation précoce du taux d'insuline provoquée par cette pratique posait plus de problème qu'elle n'en résolvait.

On préfère aujourd'hui conseiller au coureur de se relaxer en s'hydratant simplement.

c) Alimentation pendant la compétition

Pendant la compétition, il est indispensable de n'ingérer que des aliments digestibles et non susceptibles de surcharger estomac et intestins.

Les aliments devront en outre être très vite assimilés par les villosités intestinales, et passer dans le sang rapidement.

Il existe dans le commerce de nombreux produits conçus dans ce sens. Ces produits sont souvent soumis à un effet de mode.

Il n'y a pas de produit recommandé plus qu'un autre, mais la tolérance est variable d'un coureur à un autre, et ceci en fonction du goût et du dosage.

Ces produits se présentent sous forme de poudre déshydratée, que l'on mélange à de l'eau pour obtenir la boisson de compétition.

Les dosages préconisés par les producteurs sont souvent trop forts, et le mélange réalisé, trop sucré, est souvent écœurant.

Il est nécessaire de diminuer le dosage quand il fait chaud, et de l'augmenter quand il fait froid. En effet, la lutte contre le froid apporte à l'organisme une dépense énergétique supplémentaire, et une boisson plus sucrée dans ces conditions est mieux tolérée.

Ces boissons diététiques de l'effort ont le mérite d'être complètes, avec un apport de sels minéraux et de vitamines ; elles obligent le cycliste à boire régulièrement. Il est donc inutile d'y ajouter autre chose.

Aujourd'hui, il paraît absurde de fabriquer soi-même sa propre boisson, on n'arrivera jamais à égaler les diététiciens.

Le coureur doit boire régulièrement pour compenser les pertes d'eau pendant la course. Il doit boire d'autant plus que la chaleur est élevée. Pendant une course sous la canicule, le cycliste peut boire jusqu'à 1,5 litre par heure.

Boire exagérément en course n'apporte aucun désagrément, si ce n'est le besoin fréquent d'uriner. Car un cycliste en bonne santé élimine le trop plein d'eau par voie rénale.

Par contre, ne pas boire suffisamment quand il fait chaud peut entraîner des dégâts importants : coup de chaleur, et surtout crampes musculaires.

Le coureur, par l'entraînement qui a précédé la course, a habitué son organisme à utiliser ses graisses et a stocké beaucoup de glycogène : si la compétition dure moins de 2 heures, il n'est pas nécessaire d'absorber une alimentation solide supplémentaire.

Si la course dure plus longtemps, l'alimentation liquide ne suffit plus et il faut apporter des hydrates de carbone. C'est ainsi que le cycliste alternera la consommation de barres de céréales, pâtes de fruits, bananes, fruits secs, gâteaux de riz, morceaux d'orange ou de pomme.

Les barres de Mars® ou assimilées, les comprimés de sucre (Sporténine®, Nergisport®) et les morceaux de sucre sont à éviter absolument, car ils provoquent une violente réaction du pancréas, avec surproduction d'insuline et hypoglycémie réactionnelle, véritable coup de fringale provoqué.

De même, il faut impérativement éliminer les sodas et boissons maison trop riches en sucres rapides : ces boissons, en outre, manquent de l'essentiel : les sels minéraux.

Il faut prendre l'habitude de manger souvent et peu à la fois lorsque l'on est en course car l'estomac est comprimé par la position du cycliste à l'effort.

Si la sortie est longue, comme c'est le cas d'une cyclosportive ou d'une randonnée en montagne, l'alimentation citée plus haut risque d'être monotone.

Ce type d'effort demande un important apport extérieur le plus varié possible. Le cycliste aura souvent recours à des fruits, des produits salés, des gâteaux de riz, sandwiches, qu'il préférera aux ravitaillements.

Si le départ est donné tôt le matin, il n'est pas aisé de se lever pour prendre un repas 3 heures plus tôt (départ à 7h par exemple pour la Duclos Lassalle).

La société Aquidiet a conçu un repas liquide très complet et facile à boire : Spornut®. Il faut prendre une ration un quart d'heure avant le départ, et une dans la première demi-heure. Les concurrents (Overstim's®, Fenioux®) proposent plutôt des gâteaux à consommer avant l'effort, qu'il faudra préparer au préalable.

d) L'alimentation après la compétition

Malgré l'alimentation prise en course, il n'est pas toujours possible de compenser les dépenses énergétiques dues à la compétition. Il est bon que le coureur se pèse après la course : c'est la seule façon d'estimer le déficit en eau.

Le coureur termine sa course en état d'acidose, et il est nécessaire de neutraliser cette acidité. Aussitôt après l'effort, le cycliste doit se réhydrater principalement avec une boisson bicarbonatée : Quezac®, Arvie®, Badoit®, Vichy®.

La température du corps après l'effort est élevée : il faut donc absolument éviter de consommer des boissons glacées.

Il existe quelques boissons diététiques contenant à la fois glucides et bicarbonates, parfaitement adaptées aux besoins de l'après-course. Parmi ces produits, nous citerons l'excellent Nutria® Récupération.

Éviter alors toutes les boissons gazeuses riches en sucre comme les sodas, trop acides pour un organisme déjà en acidose.

L'équilibre hydrique sera compensé naturellement dans les heures suivant la course. Le repas d'après la compétition sera pris 1 heure 30 à 2 heures après la course, et comportera essentiellement des glucides lents.

Voici un exemple de repas d'après-course :

- potage de légumes bien salé,
- purée de pommes de terre ou riz à l'eau ou pâtes à l'eau,
- une tranche de jambon blanc dégraissé,
- yaourt,
- un fruit ou deux.

Au coucher, boire un grand verre de boisson diététique de l'effort ou un verre de lait sucré.

Le lendemain matin, les pertes hydriques ne sont pas totalement compensées, pas plus que les dépenses énergétiques.

L'alimentation du petit déjeuner doit encore comporter principalement des hydrates de carbone.

Par exemple :

- un verre de jus de fruit additionné de miel,
- biscottes ou pain grillé avec confiture ou miel,
- jambon blanc avec deux œufs,
- café ou thé sucré sans lait ou un bol de chocolat.

Dans la matinée, le coureur prendra encore 1 ou 2 verres d'eau minérale ou de jus de fruit.

À midi, afin de compenser la déshydratation due à la course, on absorbera des aliments contenant beaucoup d'eau, sous une forme variée :

- potage ou bouillon de légumes,
- une salade de tomates ou carottes râpées,
- légumes frais avec viande blanche ou poisson,
- yaourt et fruit mûr ou pâtisserie.

e) L'alimentation pendant une course à étapes

Le repas d'avant-course est le même que pour une course d'un jour. Après l'étape, il faut combler rapidement le déficit hydrique et l'essentiel des dépenses énergétiques. Ceci permettra une meilleure récupération pour le lendemain.

Après la course, il faudra boire 1 à 2 verres d'eau minérale bicarbonatée à température ambiante. Puis, une fois la douche prise, 1 ou 2 verres de jus de fruits additionné de miel.

Le soir, au dîner, le cycliste pourra prendre le repas suivant :

- potage de légumes bien salé,
- hors-d'œuvre frais (salade composée, salade niçoise),
- poisson maigre avec riz à l'eau.

Ou bien :

- steak grillé avec légumes frais ou purée de pommes de terre,
- fromage,
- fruit mûr ou pâtisserie.

f) Les problèmes posés par les sodas

Beaucoup de coureurs ont pris l'habitude de remplacer les boissons diététiques de l'effort par des produits sucrés de leur composition ou des boissons riches en sucres rapides, tels les sodas.

Il est vrai que c'est bien agréable, après une course dure, de siroter une boisson bien fraîche !

De plus, on peut être facilement abusé par le matraquage publicitaire de certains fabricants, dont le nom apparaît partout, du bidon à la télé en passant par les casquettes, les T-shirts ou les maillots !

Et quand c'est un sportif connu qui présente la pub, comment ne pas être convaincu de la qualité du produit ! Il faut réapprendre à faire la part des choses...

Il ne faut pas tout mélanger, le plaisir de savourer d'une boisson fraîche et son utilité réelle.

Parfois, une erreur peut être responsable d'une diarrhée (boisson glacée) ou de problèmes inattendus.

À ce sujet, la revue *Top Vélo* a présenté dans son numéro d'octobre 1998 un article fort intéressant de Denis Riché, que nous allons résumer ici.

Cet article concernait les boissons contenant du cola. Ces produits, bien connus dans le milieu sportif (sponsor universel à gros moyens), contiennent en outre de la caféine.

Cette caféine, produit diurétique, est responsable d'un accroissement de la sudation. Son utilisation, par temps chaud et en quantité, peut être responsable de véritables déshydratations. Même moindre, cette déshydratation peut être à l'origine d'importantes baisses de performances, souvent mises à tort sur le compte de la fatigue.

De plus, cette caféine accroît la sécrétion de suc gastrique et peut provoquer des brûlures gastriques.

Ces boissons ont la particularité d'être très acides, et risquent d'aggraver après l'effort l'état d'acidose déjà important. Cela sera préjudiciable aux capacités de récupération.

En outre, ces sodas sont extrêmement sucrés, et leur usage avant la compétition peut provoquer des troubles de la glycémie, en produisant une libération importante d'insuline.

L'abus de sodas peut ainsi être responsable de fringales véritablement provoquées.

Comme quoi, un petit plaisir peut provoquer de grandes perturbations !

F. L'alimentation du cyclosportif

Lors d'une compétition cyclosportive, le problème consiste à être capable de s'alimenter durant plus de 6 heures sur le vélo, *a fortiori* quand il s'agit d'épreuves telles Bordeaux-Paris. Le participant à de telles épreuves doit alors se préserver d'une alimentation trop riche en sucres lents.

La boisson diététique utilisée contiendra de préférence une petite quantité de lipides et de protides. Il existe trois boissons correspondant à cette exigence : Nergi Sport® endurance, Nutria® endurance et Sprint form®. D'autre part, la boisson diététique doit impérativement comporter essentiellement des sucres lents, afin de ne pas provoquer de pics d'hyperglycémie.

Au plan de l'alimentation, on n'hésitera pas à emporter des fruits secs, abricots ou bananes séchées, amandes salées, noisettes salées, en évitant les pâtes de fruits trop sucrées.

Si le coureur les supporte bien, il peut emmener des œufs durs, des petits sandwiches au jambon, de façon à diversifier un maximum son alimentation.

Il n'y a rien de fondamentalement différent par rapport aux autres sportifs, mais tout l'art de l'entraînement consistera à essayer toutes les combinaisons d'aliments pendant les semaines de préparation.

Nous rappellerons que plus l'effort dure longtemps, plus les aliments sucrés deviennent difficiles à supporter. Au-delà des 3 heures, il faudra prévoir une alimentation davantage salée.

Enfin, nous insisterons sur l'obligation de boire régulièrement pendant la cyclosportive, au moins un bidon par heure, et davantage s'il fait très chaud (3 bidons en 2 heures nous paraissant un minimum). Rappelons-nous :

Plus il fait froid et plus il faut manger, plus il fait chaud et plus il faut boire.

G. Le régime dissocié scandinave

Le principe est fondé sur le processus de la surcompensation des réserves de glycogène. Après un effort très intense, pendant une certaine durée, le cycliste est privé d'hydrates de carbone, de façon à ce que ses réserves musculaires et hépatiques de glycogène soient épuisées.

Lorsqu'il absorbera à nouveau des glucides en grande quantité, son stock de glycogène de réserve sera très supérieur au stock de départ (surcompensation). Des charges de travail particulièrement élevées sont nécessaires pour amener un épuisement des réserves de glycogène. Ces efforts se feront en zone de puissance aérobie.

Pendant cette période de charge, il est malgré tout indispensable de consommer un peu de glucides pour assimiler les lipides. Pendant la phase de surcompensation, la charge en glucides demande une augmentation de la ration en eau. Si le cycliste ne boit pas plus que d'habitude, il risque une déshydratation.

Ce type d'alimentation doit être réservé à des compétitions exceptionnelles, telles les objectifs prioritaires, et ne peut être répété régulièrement à cause du risque d'épuisement, tant physique que psychologique. Les quatre premiers jours, l'alimentation sera exclusivement composée de protides et lipides. Cette phase correspond au microcycle d'intensité.

C'est ce qui rend ce type de régime difficilement supportable psychologiquement par bon nombre de cyclistes. Les trois derniers jours, l'alimentation sera composée essentiellement de glucides. Ce type d'alimentation est à réserver à un sportif de très haut niveau, qui n'a pas d'activité professionnelle en dehors du cyclisme.

Il faut accepter la double charge de la privation alimentaire et d'un entraînement draconien et très intensif dans les premiers jours, ce qui rend le régime dissocié scandinave très pointu et réservé à quelques cas particuliers et à des individus d'une force morale exceptionnelle.

Nous mettons en garde les parents qui voudraient adapter un tel régime à leurs jeunes coureurs contre le grand risque de se rater et de provoquer de grands désordres physiques chez leur jeune cycliste. Ne fait pas ce type de régime qui veut !

Katell Crimplat, compétitrice

Je remercie beaucoup Patrick d'avoir bien voulu ouvrir ces colonnes à une femme. Ce n'est pas si souvent que les femmes ont le droit de s'exprimer dans ce monde si particulier, dans lequel beaucoup n'admettent toujours pas le cyclisme féminin.

Je suis actuellement en cours de formation pour devenir brevet d'État, afin de devenir entraîneur. Je ne sais pas si je trouverai du travail, mais ce qui est sûr c'est qu'il y a beaucoup de monde sur les ranngs. Pour peu de postes à pourvoir et beaucoup de travail à accomplir.

Puisque j'ai l'occasion de m'exprimer, je voudrais dire mon indignation de voir le brevet d'État galvaudé et bradé ainsi qu'il l'est aujourd'hui. Il suffit d'avoir en effet pratiqué au plus haut niveau pour recevoir une vulgaire équivalence d'un diplôme ainsi totalement dépourvu de valeur.

Je suis étonnée, car pour moi, cet examen est le gage d'une véritable formation qui permet d'affirmer une compétence, un savoir-faire mais aussi d'acquérir des connaissances en anatomie, en physiologie, en psychologie, en bioénergétique, en diététique, en pédagogie. Peut-on affirmer aujourd'hui que les anciens sportifs de haut niveau savent tout naturellement ? Ou bien que leurs états de service leur donne la science infuse de la pédagogie ?

L'exemple a bien été montré en football : des anciens joueurs de l'équipe de France des années 80, pourtant si brillants balle au pied, se sont montrés de piètres entraîneurs (Giresse, Tigana) et se sont fait jeter de tous les grands clubs où ils sont passés.

Nous récoltons ainsi régulièrement des gens totalement incompétents qui deviennent CTR, directeurs sportifs chez les pros ou les groupes sportifs amateurs, qui ne servent à rien et empêchent des gens correctement formés d'intervenir pour faire évoluer les choses. Ces gens-là ont des emplois précaires à des postes importants et se font virer en fin de contrat.

De plus, je suis outrée de constater qu'un coureur impliqué dans une affaire de dopage puisse un jour arborer un brevet d'État de complaisance et encadrer ainsi des équipes professionnelles ou pire, des jeunes.

Est-ce de cette façon que le ministère, le CNOSF et les fédérations affinitaires envisagent sérieusement de lutter efficacement contre le fléau du dopage ? Je rappellerai que monsieur 60 %, monsieur Riijs est devenu directeur sportif ainsi d'ailleurs que Michel Pollentier, seul maillot jaune du Tour à avoir été pris en flagrant délit de tricherie.

On ne peut pas faire n'importe quoi au nom du reclassement des champions sans avenir. C'est peut-être leur rendre service, mais sûrement pas aider le sport et le cyclisme à se refaire une santé. Ce système discrédite totalement nos instances nationales et notre ministère. Ceux-là n'empêchent pas les débordements, mais les encouragent et pérennisent l'incompétence. »

Chapitre 13

LES PRODUITS DIÉTÉTIQUES DE L'EFFORT

Nous tenons à préciser que nous avons gardé dans cette étude à tout moment notre esprit critique. Nous avons conservé une totale indépendance vis-à-vis des fabricants. Nous avons fait l'acquisition de la totalité des produits testés ici et les avons fait essayer à un groupe de coureurs qui ont ainsi pu nous donner leur avis quant à la liste ci-dessous.

A. Les boissons diététiques de l'effort

Nous présentons ci-dessous les produits trouvés au hasard de nos recherches. Il existe d'autres produits sur le marché, mais nous nous contenterons de ceux que nous avons pu nous procurer, parmi lesquels chacun trouvera certainement un produit à sa convenance.

Nous préciserons également que nous avons acheté la totalité des produits analysés ci-dessous, et que nous sommes ainsi libres de toute pression.

La plupart des boissons de l'effort sont présentées sous forme de pots de 500 grammes. La plus grande contenance est celle du Vita Sport®, soit 800 grammes.

1. La composition des produits et leur valeur énergétique

Ces produits se présentent sous forme de pots ou bidons (Nergisport®, Hydra®, Overstim®, Isostar®, Nutria®, Sprint form®) ou sous forme de sachets, comme la Sporténine®, le Nergisport® récupération ou le Nergisport® Endurance. Tous ces emballages contiennent une poudre à diluer dans l'eau.

Les boissons de l'effort contiennent essentiellement des glucides.

Aucun détail n'est précisé sur l'emballage sur la répartition en sucres rapides et en sucres lents.

Par ailleurs, la plus grosse concentration en glucides est retrouvée dans Sportenine®, devant Maxim Energy® et Honey EEI 75®.

Les produits réservés à l'endurance et Sprint form® contiennent des protides et des lipides, et sont donc plus adaptés aux efforts de très longue durée.

La plupart des boissons de l'effort sont constituées uniquement de glucides. 60 % d'entre elles contiennent entre 85 et 95 grammes pour 100 grammes de produit.

Sporténine est constituée de sucre pur.

Quelques produits contiennent en outre des lipides et des protides. Ce sont les produits dits d'endurance, et les boissons mieux adaptées pour des efforts de longue durée.

Ce sont Nergisport® endurance, Nutria® endurance, Overstim's 640® et Sprint form®. Dans le cas de ces boissons, le taux de glucides est moins élevé, et se situe entre 65 et 75 grammes pour 100 grammes.

2. La valeur énergétique des boissons de l'effort

Nous rappellerons que toute cette étude est réalisée à partir des informations fournies par les fabricants.

3. Présentation et contenance des boissons diététiques de l'effort

NOM DU PRODUIT	CONTENANCE EN MG
Athlétonic®	400
Athlon®	600
Enervit G®	200
Enervitam®	300
Enervitene®	500
Fenioux boisson énergétique®	500
Honey® RPE 95	300
Honey®EER 95	300
Honey® EEI 75	200
Hydra®	500
Isostar®	400
Maxim®	480
Maxim Energy®	60
Maxim Fluid®	60
Nergisport®	500
Nergisport endurance®	100
Nergisport récup®	150
Nergisport Top Ten®	150
Nutria endurance®	500
Nutria énergétique®	500
Nutria Energy T®	500
Overstim's® ADEP	350
Overstim's® Hydralixir	600
Overstim's® n°2	500
Overstim's® n°3	500
Overstim's® n°4	500
Overstim's® Malto	500
Overstim's® 640	480
Overstim's® Spordej	700
Sporténine®	72
Sprint form®	500
Turbodiet®	200
Vita Sport®	800

Tableau 110 : Les différentes boissons diététiques de l'effort et leur contenance.

NOM DU PRODUIT	GLUCIDES	LIPIDES	PROTIDES
Athlétonic®	88 g	0,3 g	2 g
Athlon	89 g	0	0
Enervit G®	93 g	-	-
Enervitam®	60 g	-	-
Enervitene®	97 g	-	-
Fernioux énergétique®	94 g	-	-
Honey® EER 95	97,3 g	Traces	Traces
Honey® EEI 75	97,75 g	Traces	Traces
Hydra® poudre	90 g	0	0
Hydra® liquide	9,7 g	Traces	0,64 g
Isostar® poudre	92 g	Traces	Traces
Isostar® concentré	47,5 g	0,24 g	Traces
Maxim®	93 g	0	Traces
Maxim Energy®	99,9 g	0	0,1 g
Maxim Fluid®	93 g	0	Traces
Nergisport®	90 g	Traces	Traces
Nergisport endurance®	69,5 g	6 g	16 g
Nergisport récup®	83,5 g	Traces	Traces
Nergisport Top Ten®	58 g	Traces	Traces
Nutria endurance®	75 g	4,5 g	20 g
Nutria énergétique®	93 g	-	-
Nutria Energy T®	93 g	-	-
Overstim's ADEP®	76,5 g	1,3 g	15,1 g
Overstim's Hydralixir®	93 g	Traces	Traces
Overstim's n°2®	93,8 g	Traces	Traces
Overstim's n°3®	94,7 g	Traces	Traces
Overstim's n°4®	93 g	Traces	Traces
Overstim's 640®	69,2 g	8 g	13,50 g
Overstim's Malto®	95 g	0	0
Overstim's Spordej®	67,9 g	8,6 g	13,3 g
Sporténine®	100 g	-	-
Sprint Form®	63 g	7,5 g	20 g
Vita Sport®	90 g	Traces	Traces

Tableau 111 : La composition des boissons de l'effort ; la teneur en substrats énergétiques, pour 100 grammes de produit.

Nutria® endurance, Overstim's 640® et Nergisport® endurance possèdent la plus grande valeur énergétique. Ceci est dû à leur teneur en lipides.

La plus faible valeur énergétique est celle de Nergisport Top Ten®, une boisson qui peut être mélangée à de l'eau ou bue pure.

Parmi les produits vendus en sachets, c'est Nergisport® et Sporténine® qui ont la plus faible valeur énergétique.

On notera quelques petites modifications chez Hydra, désormais vendu en bidon de poudre.

Isostar® concentré énergétique existe en plusieurs parfums. À noter que la composition est légèrement différente.

La notion de concentré énergétique ne soutient pas vraiment la comparaison avec ses concurrents, puisqu'il est moins énergétique que la totalité des autres produits testés à l'exception d'Hydra® liquide et de Nergisport® Top ten.

De plus, la difficile tolérance gastrique de ce produit peut s'expliquer par l'adjonction de citron et surtout d'acide citrique, ce qui en fait un produit extrêmement acide.

La moitié des produits présentés ici ont une valeur énergétique comprise entre 360 et 385 kilocalories.

Nous remarquerons que tous les produits Overstim's® présentent la même valeur énergétique à quatre kilocalories près, à l'exception de la boisson 640 et de Spordej.

À part quelques différences au niveau du dosage de Vit B1, vu l'absence d'indications supplémentaires, nous ne pouvons pas savoir ce qui justifie une gamme aussi étendue.

4. La teneur en minéraux des boissons de l'effort

On remarquera la grande différence de dosage de tous ces minéraux d'un produit à l'autre.

Les produits Nergisport® endurance et récupération sont de loin les plus dosés en sels minéraux, mais ils ne contiennent pas de zinc.

Il est à noter qu'aucune précision n'est apportée sur la teneur en minéraux des produits Overstim®. On sait simplement que ces produits en contiennent. C'est peu !

Chez Sporténine®, c'est clair, il ne peut y en avoir, puisque ce produit n'est constitué que de sucre pur.

Sprint form® et Nutria® endurance sont les seuls produits contenant du magnésium, du fer et du zinc. Ces produits permettront de supplémenter un coureur cycliste en cas de carence.

Il n'est rien précisé chez Fenioux® sur la présence de sels minéraux. Tout au plus sait-on que le pH est neutre.

Sprint form® et Nutria® endurance sont les seuls produits contenant du magnésium, du fer et du zinc.

Ces produits permettront de supplémenter utilement un coureur cycliste en cas de carence ou d'insuffisance.

Chez Hydra, le sachet contient désormais du calcium en plus du sodium qui s'y trouvait déjà.

Chez Maxim®, il semble exister une confusion sur la teneur en sodium des produits Maxim Fluid® et boisson en pot.

NOM DU PRODUIT	VALEUR ÉNERGÉTIQUE POUR 100 G
Athlétonic®	370 kcal
Athlon®	356 kcal
Enervit G®	370 kcal
Enervitam®	382 kcal
Enervitene®	388 kcal
Fenioux boisson énergétique®	376 kcal
Honey® EER 95	389 kcal
Honey® EEI 75	383 kcal
Hydra® poudre	362 kcal
Hydra® liquide	41 kcal
Isostar® poudre	385 kcal
Isostar® concentré à la pêche	203 kcal
Maxim®	372 kcal
Maxim® Energy	400 kcal
Maxim® Fluid	372 kcal
Nergisport®	360 kcal
Nergisport endurance®	396 kcal
Nergisport récup®	335 kcal
Nergisport Top Ten®	335 kcal
Nutria endurance®	420 kcal
Nutria énergétique®	375 kcal
Nutria Energy T®	372 kcal
Overstim's ADEP®	377kcal
Overstim's hydralixir®	375 kcal
Overstim's n°2®	375 kcal
Overstim's n°3®	379 kcal
Overstim's n°4®	375 kcal
Overstim's 640®	390 à 402 kcal*
Overstim's Malto®	379 kcal
Overstim's Spordej®	402 kcal
Sporténine®	337 kcal
Sprint form®	400 kcal
Vita Sport®	360 kcal

Tableau 112 : Les boissons de l'effort ; valeur énergétique pour 100 grammes de produit.
** la valeur énergétique varie en fonction de l'arôme.*

Sur l'étiquette, on nous précise une teneur en sodium de 865 milligrammes pour 100 millilitres, alors qu'un peu plus bas, on peut lire : « concentration en électrolytes (sodium) : 590 mg par litre » ...

Dans le premier cas, la boisson paraît vraiment très riche en sodium, dans le second, franchement pauvre !

Enfin chez le même fabricant, on notera dans Maxim Energy® qu'il n'existe pas de sels minéraux. Le produit n'est quasiment composé que de sucres purs.

Nous noterons enfin qu'il n'y a aucune information sur la teneur éventuelle en sels minéraux chez tous les produits Overstim's® que nous avons analysés. Il y est fait mention de teneur en sel, en bicarbonates, mais comment conseiller de tels produits avec de si simplistes informations ?

NOM DU PRODUIT	SODIUM	POTASSIUM	MAGNÉSIUM	CALCIUM
Athlétonic®	-	-	88 mg	-
Athlon®	629 mg	-	135 mg	340 mg
Enervit G®	155 mg	150 mg	45 mg	-
Enervitam®	N.C.	N.C.	N.C.	N.C.
Enervitene®	N.C.	N.C.	N.C.	N.C.
Fenioux boisson énergétique®	-	-	-	-
Honey® EER 95	1 g	0,5 g	0,2 g	-
Honey® EEI 75	1 g	0,5 g	0,2 g	-
Hydra® poudre	55 mg	-	-	360 mg
Hydra® liquide	-	-	-	-
Isostar® poudre	530 mg	230 mg	95 mg	160 mg
Isostar® concentré	35 mg	-	-	-
Maxim®	862 mg	174 mg	N.C.	N.C.
Maxim® Energy	-	-	-	-
Maxim® Fluid	862 mg	174 mg	-	-
Nergisport®	380 mg	200 mg	130 mg	-
Nergisport endurance®	350 mg	490 mg	140 mg	410 mg
Nergisport récup®	1400 mg	400 mg	250 mg	650 mg
Nergisport Top Ten®	85 mg	50 mg	70 mg	7 mg
Nutria endurance®	300 mg	400 mg	150 mg	350 mg
Nutria énergétique®	200 mg	100 mg	150 mg	200 mg
Overstim's ADEP®	N.C.	N.C.	N.C.	N.C.
Overstim's hydralixir®	N.C.	N.C.	N.C.	N.C.
Overstim's n°2®	N.C.	N.C.	N.C.	N.C.
Overstim's n°3®	N.C.	N.C.	N.C.	N.C.

Overstim's n°4®	N.C.	N.C.	N.C.	N.C.
Overstim's 640®	N.C.	N.C.	N.C.	N.C.
Overstim's Malto®	N.C.	N.C.	N.C.	N.C.
Overstim's Spordej®	N.C.	N.C.	N.C.	N.C.
Sporténine®	-	-	-	-
Sprint form®	-	170 mg	180 mg	123 mg
Vita Sport®	463 mg	230 mg	113 mg	300 mg

Tableau 113 : Les boissons diététiques ; la teneur en sels minéraux. Analyse pour 100 grammes de produit.

5. La teneur en vitamines des boissons de l'effort

Certains produits, tels Overstim's® et Sporténine® ne fournissent aucune précision quant à leur teneur en vitamines.

D'autre part, la teneur en vitamines du groupe B est constante pour les autres produits excepté Hydra® qui ne contient que de la vitamine B1.

Enfin, Nergisport®, Sprint form®, les trois boissons Nutria® et Vita® sont seules à comporter à la fois les vitamines B1, B2, B5, B6, C.

On remarquera une similitude dans les dosages de ces différents produits, à quelques exceptions près. Seule la teneur en vitamine C est très variable.

Par N.C., il faut lire non communiqué par le fabricant (Overstim's®).

Certains produits contiennent en outre des vitamines moins courantes, telles la vitamine H (Sprint form®) ou la vitamine B9 (Sprint form®), vitamine B 12 (Nutria®, Fenioux®, Maxim Energy®).

Depuis la précédente édition, certains fabricants ont modifié la composition de leurs produits. C'est le cas pour Hydra®, un peu moins riche en glucides, qui ne contient plus de magnésium ni de calcium.

Ce produit qui ne contenait que de la vitamine B1 contient désormais également des vitamines B2, B6 et C.

Nous remarquerons l'effort de la société Overstim's pour préciser désormais la composition de ses produits.

Ceux-ci sont assez pauvres en vitamines, à l'exception de la vitamine B1, partout présente, et de la vitamine C, présente seulement dans Overstim's Malto® et Hydralixir®, qui contient aussi de la vitamine B6.

6. Le dosage des boissons de l'effort

Très peu de fabricants se sont souciés de préciser les dosages de leurs produits en fonction de la température extérieure. Hydra®, Nergisport® et Nutria® sont les seuls à donner ces indications.

On voit sur le tableau 115 la différence de dosage préconisé par produit, en fonction de la température extérieure.

Cette notion ne présente manifestement aucun intérêt pour les fabricants, alors qu'à nos yeux, comme à ceux des utilisateurs, des conditions climatiques extrêmes provoquent une notable modification des habitudes alimentaires pendant la compétition ou la cyclosportive !

Sur la plupart des produits, on ne peut finalement pas trouver les indications essentielles : degré d'acidité (pH), tonicité (produit isotonique, hypertonique).

C'est au sportif de se débrouiller, alors qu'il possède bien évidemment des connaissances approfondies en diététique, c'est bien connu...

La dose de glucose contenue dans chaque produit est voisine mais les variations sont importantes entre Overstim's® n°2 par exemple qui préconise 120 grammes par bidon ordinaire, et Nutria®, qui en conseille 25 grammes !

Pour la même quantité de liquide, il faut 100 grammes de Sporténine® et 15 grammes d'Enervitene® ! Y aurait-il des sucres supersoniques et des sucres mous ?

Cherchez l'erreur ! Il semble que ce dernier produit soit surtout conseillé pour la période hivernale, quand il fait froid.

N'y aurait-il pas exagération aux deux bouts de cette échelle ? Ceci expliquerait pourquoi nombreux sont les cyclistes qui se plaignent de troubles digestifs pendant l'effort.

Ainsi que le montre le tableau 116, certains produits semblent surdosés, ce qui peut expliquer l'effet d'écœurement que ressentent bon nombre de coureurs quand ils respectent les doses proposées. D'autant plus que bien souvent les cyclistes ont tendance à en rajouter quelque peu.

NOM DU PRODUIT	VIT. B1	VIT. B2	VIT. B5	VIT. B6	VIT. C
Athlétonic®	0,84 mg	-	-	-	-
Athlon®	0,54 mg	-	1,5 mg	0,4 mg	68 mg
Enervit G®	0,5 mg	0,53 mg	-	-	15 mg
Enervitam®	N.C.	N.C.	N.C.	N.C.	N.C.
Enervitene®	1,2 mg	1,8 mg	-	1,4 mg	60 mg
Fenioux énergétique®	3,75 mg	-	-	10 mg	250 mg
Honey® EER 95	0,7 mg	-	-	0,8 mg	60 mg
Honey® EEI 75	0,7 mg	-	-	0,8 mg	60 mg
Hydra® poudre	0,7 mg	0,8 mg	-	1 mg	30 mg
Hydra® liquide	0,05 mg	-	-	-	45 mg
Isostar® poudre	0,95 mg	1,2 mg	1,6 mg	-	27 mg
Isostar® concentré	0,25 mg	-	-	-	47,5 mg
Maxim®	0,5 mg	-	-	-	125 mg
Maxim® Energy	0,5 mg	-	-	-	12 mg
Maxim® Fluid	0,5 mg	-	-	-	125 mg
Nergisport®	1 mg	1,7 mg	2,4 mg	1,7 mg	35 mg
Nergisport endurance®	1 mg	1,50 mg	2,1 mg	1,6 mg	-
Nergisport récup®	0,9 mg	-	1,25 mg	1,5 mg	-
Nergisport Top Ten®	0,6 mg	1 mg	1,3 mg	10 mg	-
Nutria endurance®	1,1 mg	1,8 mg	2,4 mg	1,8 mg	40 mg

Nutria énergétique®	1,1 mg	1,8 mg	2,4 mg	1,8 mg	40 mg
Nutria Energy T®	1,1 mg	0,5 mg	2,4 mg	0,8 mg	30 mg
Overstim's ADEP®	0,9 mg	-	-	-	-
Overstim's hydralixir®	1 mg	-	-	0,5 mg	33,5 mg
Overstim's n°2®	0,88 mg	-	-	-	-
Overstim's n°3®	0,83 mg	-	-	-	-
Overstim's n°4®	0,82 mg	-	-	-	-
Overstim's Malto®	0,70 mg	-	-	-	12 mg
Overstim's Spordej®	0,67 mg	-	-	-	-
Overstim's 640®	0,90 mg*	-	-	-	-
Sporténine®	-	-	-	-	-
Sprint form®	0,7 mg	0,8 mg	4 mg	1 mg	60 mg
Vita sport®	1,05 mg	0,625 mg	2,25 mg	0,75 mg	150 mg

Tableau 114 : Les boissons de l'effort ; teneur en vitamines. Analyse pour 100 grammes : la boisson Overstim's 640 goût vanille ne contient que 0,89 milligrammes de vitamine B1.

NOM DU PRODUIT	PLUS DE 25°	DE 10 À 25°	MOINS DE 10°
Athlétonic®	1 c. à soupe	1 c. à soupe	1 c. à soupe
Athlon	4 mesurettes	4 mesurettes	4 mesurettes
Enervit G®	2 à 3 sachets	2 à 3 sachets	2 à 3 sachets
Enervitam®	1 sachet	1 sachet	1 sachet
Enervitene®	3 doses	3 doses	3 doses
Fernioux énergétique®	3 dosettes	3 dosettes	3 dosettes
Honey® EER 95	3 dosettes	3 dosettes	3 dosettes
Honey® EEI 75	3 dosettes	3 dosettes	3 dosettes
Hydra® poudre	1/2 sachet	1/3 de sachet	1 sachet
Isostar® poudre	3 doses	3 doses	3 doses
Maxim®	2 doses	2 doses	2 doses
Maxim Energy®	2/3 du sachet	2/3 du sachet	2/3 du sachet
Maxim Fluid®	2/3 du sachet	2/3 du sachet	2/3 du sachet
Nergisport®	1,5 dose	3 doses	5 doses
Nergisport endurance®	1 sachet	1,5 sachet	2 sachets
Nergisport récup®	1 sachet	1,5 sachet	2 sachets
Nutria endurance®	2 mesurettes	2 mesurettes	2 mesurettes
Nutria énergétique®	2 mesurettes	2 mesurettes	2 mesurettes

Nutria Energy T®	2 mesurettes	2 mesurettes	2 mesurettes
Overstim's ADEP®	3 mesurettes	3 mesurettes	3 mesurettes
Overstim's Hydralixir®	3 mesurettes	3 mesurettes	3 mesurettes
Overstim's n°2®	6 mesurettes	6 mesurettes	6 mesurettes
Overstim's n°3®	2 mesurettes	2 mesurettes	2 mesurettes
Overstim's n°4®	2,5 mesurettes	2,5 mesurettes	2,5 mesurettes
Overstim's Malto®	4 mesures	4 mesures	4 mesures
Overstim's 640®	6 mesures	6 mesures	6 mesures
Sporténine n°4®	1 sachet	1 sachet	1 sachet
Sprint Form®	10 mesures	10 mesures	20 g
Vita Sport®	2 mesurettes	2 mesurettes	2 mesurettes

Tableau 115 : Les doses recommandées par demi-litre d'eau en fonction de la température extérieure.

Nous noterons l'extrême commodité proposée par Overstim's. Alors qu'un bidon cycliste de base contient un demi-litre, toutes les propositions de dosage de cette marque sont faites pour des bidons de 0,6 litre.

Pour Overstim's n° 3, on peut mettre 2 ou 3 mesures pour un bidon (contenance non spécifiée), mais 4 pour 1 litre (pourquoi pas 4 à 6 ?).

Désolé si nos évaluations ne sont pas exactes, mais c'est bien tout ce que nous avons pu tirer des informations des fabricants, souvent à la limite de l'inexistant !

La quantité de produit correspondant aux dosages conseillés est très variable d'un produit à l'autre. Il faut seulement 10 grammes d'Hydra® quand il fait chaud, alors qu'il en faut 160 d'Overstim's 640®. Soit 9,2 grammes de sucres pour Hydra® pour 104 grammes de glucides chez Overstim's®.

Il faut absolument tester ces produits à l'entraînement, car aux doses conseillées, certaines boissons sont dures à supporter, et chacun devra trouver la dose qui lui convient. De tels essais ne se font pas le jour de la compétition.

Le tableau 116 montre une disparité extrême entre les différents produits. Certains fabricants proposent des doses adaptées à la température extérieure, et d'autres ne donnent aucun conseil à ce propos.

NOM DU PRODUIT	PLUS DE 25°C	DE 10 À 25°C	MOINS DE 10°C
Athlétonic®	45 g	45 g	45 g
Athlon	40 g	40 g	40 g
Enervit G®	40 à 60 g	40 à 60 g	40 à 60 g
Enervitam®	N.C.	N.C.	N.C.
Enervitene®	15 g	30 g	45 g
Fernioux énergétique®	40 g	40 g	40 g

Honey® EER 95	50 g	50 g	50 g
Honey® EEI 75	50 g	50 g	50 g
Hydra® poudre	10 g	20 g	40 g
Isostar® poudre	40 g	40 g	40 g
Maxim®	40 g	40 g	40 g
Maxim Energy®	40 g	40 g	40 g
Maxim Fluid®	40 g	40 g	40 g
Nergisport®	40 g	75 g	125 g
Nergisport endurance®	50 g	75 g	100 g
Nergisport récup®	25 g	40 g	50 g
Nutria endurance®	80 g	80 g	80 g
Nutria énergétique®	25 g	25 g	25 g
Nutria Energy T®	50 g	50 g	50 g
Overstim's ADEP®	60 g	60 g	60 g
Overstim's Hydralixir®	50 g	50 g	50 g
Overstim's n°2®	120 g	120 g	120 g
Overstim's n°3®	40 g	40 g	40 g
Overstim's n°4®	60 g	60 g	60 g
Overstim's 640®	80 g	80 g	80 g
Overstim's Malto®	55 g	55 g	55 g
Sporténine®	100 g	100 g	100 g
Sprint Form®	125 g	125 g	125 g
Vita Sport®	40 g	40 g	40 g

Tableau 116 : Dosages conseillés par petit bidon.

Ce tableau montre combien les nécessités commerciales sont éloignées des besoins réels du sportif...

Overstim's® donne toutes les informations nécessaires pour le Malto® (poids de produit par bidon), mais oublie de le faire pour 640®.

NOM DU PRODUIT	DOSAGE	VALEUR ÉNERGÉTIQUE	VALEUR ÉNERGÉTIQUE PAR BIDON
Athlétonic®	45 g	370 kcal	166 kcal
Athlon	40 g	356 kcal	142 kcal
Enervit G®	50 g	370 kcal	185 kcal
Enervitene®	30 g	388 kcal	116 kcal

Fernioux énergétique®	40 g	376 kcal	150 kcal
Honey® EER 95	50 g	389 kcal	194 kcal
Honey® EEI 75	50 g	383 kcal	191 kcal
Hydra®	20 g	362 kcal	72 kcal
Isostar®	40 g	385 kcal	154 kcal
Maxim®	40 g	372 kcal	149 kcal
Maxim Energy®	40 g	400 kcal	160 kcal
Maxim Fluid®	40 g	372 kcal	149 kcal
Nergisport®	75 g	360 kcal	270 kcal
Nergisport endurance®	75 g	396 kcal	297 kcal
Nergisport récup®	40 g	335 kcal	134 kcal
Nutria endurance®	80 g	420 kcal	336 kcal
Nutria énergétique®	25 g	375 kcal	94 kcal
Nutria Energy T®	50 g	372 kcal	186 kcal
Overstim's ADEP®	60 g	377 kcal	226 kcal
Overstim's Hydralixir®	50 g	375 kcal	187 kcal
Overstim's n°2®	120 g	375 kcal	450 kcal
Overstim's n°3®	40 g	379 kcal	152 kcal
Overstim's n°4®	60 g	375 kcal	225 kcal
Overstim's 640®	80 g	400 kcal	320 kcal
Overstim's Malto®	55 g	379 kcal	208 kcal
Sporténine®	100 g	337 kcal	337 kcal
Sprint Form®	125 g	400 kcal	500 kcal
Vita Sport®	40 g	360 kcal	144 kcal

Tableau 117 : Valeur énergétique conseillée par chaque fabricant pour un bidon d'un demi-litre. La première colonne donne la quantité de produit proposée, tandis que la seconde rappelle la valeur énergétique pour 100 grammes. La troisième colonne montre la valeur énergétique réelle conseillée pour chaque bidon d'après les informations de l'étiquette.

Nous avons donc estimé que les deux produits avaient la même densité et qu'une mesurette contenait autant de poudre.

Compte tenu de la valeur énergétique semblable de ces produits, une certaine incohérence semble régner dans le monde de la diététique sportive.

On remarquera que le pot d'Overstim's® 640 permet un dosage beaucoup plus faible que le sachet, et que la dose conseillée est... moitié moindre.

Le tableau 116 ne laisse pas indifférent. Il montre la valeur énergétique contenue dans un bidon de 500 millilitres, selon les indications des fabricants.

Ainsi, si l'on en croit l'étiquette, un bidon rempli d'Hydra® fournira 72 kilocalories, tandis qu'un bidon de Sprint form® en fournira... 7 fois plus.

Nous pouvons comprendre quelques différences, mais une telle disparité nous a fait avaler de travers. Qui croire ?

Sachant que l'activité cycliste coûte 400 à 800 kilocalories par heure, dans une cyclosportive, il vous faudrait au moins 25 bidons d'Hydra® pour terminer l'épreuve...

Si nous effectuons la moyenne des valeurs proposées, nous nous apercevons que la valeur d'un bidon se rapproche de 220 kilocalories, ce qui nous paraît bien plus logique.

Ainsi, un cycliste qui consomme 2 bidons à l'heure, ingurgite 450 kilocalories par voie liquide, et apporte le complément sous forme liquide, sans excès ni risque d'hypoglycémie.

Si le consommateur n'y prête pas attention, il risque de consommer des quantités astronomiques de glucides, en toute bonne foi, parce que le produit qu'il a choisi lui propose des dosages incohérents guidés par des simples lois commerciales.

On ne peut que se demander dans quelle mesure il est vraiment légal de proposer n'importe quoi.

Car enfin, quelle que soit la marque, ce sont bien des spécialistes de la diététique sportive qui ont mis au point les formules, d'après les mêmes connaissances, avec le même savoir-faire !

Ce sont sûrement les lois du marché qui ont dénaturé leur travail...

Alors mieux vaut lire ces quelques tableaux que... devenir diabétique !

À coup sûr, certaines boissons surdosées deviennent, dans ces conditions, de véritables sirops de sucre, hautement indigestes et véritables vomitifs !

Nous pensons qu'en réalité, des doses de 20 à 25 grammes doivent suffire quand il fait chaud (au-dessus de 25 degrés), 30 à 40 grammes par temps normal et 50 à 60 grammes quand il fait froid.

Il convient d'essayer ces produits à des doses plus proches du « supportable ».

Quand on voit ces doses fantaisistes, on comprend pourquoi bon nombre de coureurs cyclistes se plaignent de ne pas supporter ces produits et reviennent à des boissons plus simples, comme eau et grenadine ou eau agrémentée de thé ou de menthe, ce qui, convenons-en, est loin des besoins réels.

Il faut se souvenir que lorsqu'un produit est très concentré en sucre, il donne considérablement soif, et peut provoquer une hyperglycémie puis une fringale réactionnelle.

Les brûlures d'estomac ne sont pas une fatalité quand on consomme une boisson de l'effort.

Nous avons cherché à connaître la répartition des boissons de l'effort en sucres lents et sucres rapides ; seule la société Aquidiet® a pu nous répondre quant aux boissons Nutria®.

NOM DU PRODUIT	PLUS DE 25°C	DE 10 À 25°C	MOINS DE 10°C
Athlétonic®	9 bidons	9 bidons	9 bidons
Athlon®	15 bidons	15 bidons	15 bidons
Enervit G®	2 bidons	2 bidons	2 bidons

Enervitene®	12 bidons	24 bidons	36 bidons
Fernioux énergétique®	12 bidons	12 bidons	12 bidons
Honey® EER 95	6 bidons	6 bidons	6 bidons
Honey® EEI 75	6 bidons	6 bidons	6 bidons
Hydra®	25 bidons	12 bidons	6 bidons
Isostar®	10 bidons	10 bidons	10 bidons
Maxim®	12 bidons	12 bidons	12 bidons
Maxim Energy®	1 bidon 1/3	1 bidon 1/3	1 bidon 1/3
Maxim Fluid®	1 bidon 1/3	1 bidon 1/3	1 bidon 1/3
Nergisport®	12 bidons	7 bidons	4 bidons
Nergisport endurance®	2 bidons	1 bidon	1 bidon
Nergisport récup®	6 bidons	4 bidons	3 bidons
Nutria endurance®	5 bidons	5 bidons	5 bidons
Nutria énergétique®	20 bidons	20 bidons	20 bidons
Nutria Energy T®	10 bidons	10 bidons	10 bidons
Overstim's ADEP®	6 bidons	6 bidons	6 bidons
Overstim's Hydralixir®	12 bidons	375 kcal	12 bidons
Overstim's n°2®	4 bidons	4 bidons	4 bidons
Overstim's n°3®	12 bidons	12 bidons	12 bidons
Overstim's n°4®	8 bidons	8 bidons	8 bidons
Overstim's 640®	8 bidons	8 bidons	8 bidons
Overstim's Malto®	9 bidons	9 bidons	9 bidons
Sporténine®	6 bidons	6 bidons	6 bidons
Sprint Form®	5 bidons	5 bidons	5 bidons
Vita Sport®	20 bidons	20 bidons	20 bidons

Tableau 118 : Le nombre de bidons (500 millilitres) qu'il est possible de composer avec une boite de boisson diététique du commerce, si l'on tient compte des conseils du fabricant.

NOM	SUCRES LENTS	SUCRES RAPIDES
Nutria® Energy T	66%	33%
Nutria® Energétique	60%	40%
Nutria® Endurance	60%	40%

Tableau 119 : La répartition des sucres des produits Nutria®.

Les boissons en sachet Maxim® sont étudiées pour des bidons de 750 ml, c'est pourquoi nous avons calculé les besoins en tiers de bidons pour la correspondance avec un bidon habituel de 500 ml.

7. Propositions de dosage des boissons de l'effort

Devant la totale incohérence relevée dans le tableau 116, on peut se demander la part de vérité dans les dosages proposés par les fabricants.

Nous avons donc repris la valeur énergétique pour 100 grammes de produit, car il ne peut y avoir d'erreurs (contrôle des fraudes).

D'autre part, sachant qu'il faut au moins 400 kilocalories par heure de compétition, et au moins 2 bidons par heure pour la quantité de liquides à ingérer, nous avons pensé qu'il était logique de proposer un dosage correspondant à la moyenne de l'échantillonnage analysé : 220 kilocalories par bidon d'un demi-litre.

Cette valeur nous semble correspondre à un juste apport, garantissant avec 2 bidons à l'heure près de 450 kilocalories, le reste de la ration pouvant être apporté par les barres énergétiques et l'alimentation solide.

Dans ces conditions, il était nécessaire de rééquilibrer les doses proposées par les fabricants, en proposant un dosage plus proche des besoins réels d'un sportif.

Nous avons donc ajouté 33 % de produit pour les conditions climatiques hivernales, qui demandent un surcroît de dépense énergétique pour la régulation thermique, et 33 % de produit en moins pour les conditions caniculaires, où il faut boire davantage et manger moins.

Notre proposition nous semble correspondre à des besoins normaux, et corrige ce qui paraît davantage des dérives commerciales que des erreurs diététiques fondamentales.

Nous ne comprendrions pas en effet que des chercheurs puissent se tromper à ce point !

Voici la quantité de produit en grammes pour un bidon telle que nous la proposons :

Comme on le voit sur ce tableau, les doses proposées sont assez éloignées de celles du tableau 116 ! Certains produits qui nous paraissaient trop peu dosés (Hydra®) sont réajustés à une valeur plus correcte, tandis que ceux qui affichaient des dosages exorbitants sont corrigés à la baisse (Sporténine®, Overstim's® n° 2).

Compte tenu de la valeur énergétique de chacun des produits, ces doses que nous proposons pour des conditions climatiques normales varient de 50 à 75 grammes. Nous invitons le lecteur à faire ses propres essais à l'entraînement pour éviter toutes surprises.

8. Conclusions

Ces divers produits, comme nous avons pu le voir, présentent des différences malgré tout mineures.

Ils sont tous essentiellement composés de sucres rapidement assimilables, en général associés : dextrose, saccharose, fructose et glucose.

Leur teneur en sels minéraux est constante, ce qui évitera les problèmes liés à la déperdition par la sueur. Certains sont extrêmement sodés, et il faudra en tenir compte en cas de tension artérielle limite ou élevée (Nergisport®).

On y trouve à peu près toujours les mêmes vitamines, essentiellement les vitamines du groupe B, soit les vitamines B1, B2, B5, B6, et de façon variable de la vitamine C ou de la vitamine PP.

NOM	DOSAGE PAR TEMPS NORMAL	DOSAGE EN MESURETTES
Athlétonic®	60 g	1 c. 1/3 cuillère à soupe
Athlon®	60 g	6 mesures
Enervit G®	60 g	3 sachets
Enervitene®	55 g	6 doses
Fenioux énergétique®	60 g	4 mesurettes
Honey® EER 95	55 g	4 mesurettes
Honey® EEI 75	60 g	4 mesurettes
Hydra®	60 g	6 doses
Isostar®	60 g	4 doses
Maxim®	75 g	4 doses
Maxim® Energy	55 g	1 sachet
Maxim® Fluid	60 g	1 sachet
Nergisport®	60 g	2 doses
Nergisport endurance®	55 g	1 sachet
Nergisport récup®	65 g	2 sachets
Nutria endurance®	50 g	1,5 mesurettes
Nutria énergétique®	60 g	3 mesurettes
Nutria Energy T®	60 g	2 mesurettes
Overstim's ADEP®	60 g	3 mesurettes
Overstim's hydralixir®	60 g	3 mesurettes
Overstim's n°2®	60 g	3 mesurettes
Overstim's n°3®	40 g	2 mesurettes
Overstim's n°4®	60 g	2,5 mesurettes
Overstim's 640®	55 g	4 mesurettes
Overstim's Malto®	60 g	6 mesures
Sporténine®	65 g	1/2 sachet
Sprint form®	55 g	5 mesurettes
Vita Sport®	60 g	3 mesurettes

Tableau 120 : Propositions de dosage pour les produits de l'effort.

Sprint form® est la seule boisson contenant un élément essentiel de l'effort, la créatine phosphate, qui en fait un produit indiscutablement complet, puisque contenant également protides et lipides, il apparaît à la fois adapté aux sports d'endurance et au sprint.

Aux doses proposées, Sprint form® est malheureusement d'un prix totalement prohibitif. Pourtant, le produit est complet et mérite certainement d'être essayé, mais probablement à une dose quatre à cinq fois plus faible qu'à celle proposée.

C'est le seul de tous ces produits avec Nutria endurance qui contienne du fer, du zinc et du magnésium à la fois, pouvant supplémenter l'alimentation déficitaire des coureurs pour ces trois minéraux essentiels.

La prise régulière de Sprint form® diminuera l'apport médicamenteux nécessaire tout au long de la saison de compétitions au plus haut niveau amateur et professionnel.

Il faut savoir que Sprint form® ne contient pas de sodium, ce qui en fait un produit à éviter lors des longues compétitions ou randonnées sous la canicule ou la forte chaleur.

Cette étude donne tous les éléments nécessaires au lecteur pour choisir en connaissance de cause la boisson de sa préférence.

Il aura malgré tout intérêt à revoir les dosages proposés par les fabricants à la baisse s'il ne supporte pas le goût écœurant du sucre trop fortement dosé.

N'oublions quand même pas que toutes ces substances ont été mises sur le marché dans un but commercial d'abord. Le dosage proposé est peut-être volontairement un peu surestimé...

Le prix de certains de ces produits laisse un goût amer. Avec un pot de 500 grammes d'Overstim's® n°2 on ne peut guère constituer que 4 bidons d'un demi-litre ou 3 bidons de grande contenance. Nous ne pouvons être que réticents à l'achat d'un tel produit !

Comment se servir régulièrement d'un tel produit, s'il doit servir dans chaque course à raison de 3 bidons... Le prix d'un seul bidon avoisine alors les 3 euros, le bidon grand modèle cotant près de 4,5 euros !

Rien qu'en boissons diététiques, le budget d'une seule course dans ce cas, si l'on part du principe qu'il faut 3 bidons par coureur et que l'équipe comporte 8 coureurs, avoisine pour une journée les 90 euros. Qui a les moyens de payer ce produit à ses coureurs ?

8 coureurs, 8 pots d'un produit pour une seule course, il n'y a qu'un souhait : que l'équipe gagne la course et rembourse avec les primes le coût de ce qui n'est plus une nécessité, mais bien un luxe.

Pas étonnant, dans ce cas, de voir la plupart des élites courir avec de l'eau dans le bidon...

Parmi les boissons économiques et très complètes, se détachent Hydra®, Nutria® et Isostar® pour les boissons énergétiques.

Pour les produits dits d'endurance, Nutria® endurance paraît un produit très performant pour toutes les compétitions et épreuves de longue durée. Il contient les sels minéraux essentiels lors de l'effort, tels que le sodium, le potassium le zinc, le magnésium et le fer.

Certains produits présentent un handicap incontournable lorsqu'il s'agit d'effectuer des compétitions de longue durée : ils ne contiennent pas du tout de sels minéraux, donc pas de sodium, ni magnésium, dont nous avons vu le besoin impératif à l'effort.

Nul doute que ceci pénalise lourdement Fenioux® et Overstim's®. L'utilisateur de ces derniers produits devra alterner les bidons avec d'autres contenant des sels minéraux. Sinon, gare aux crampes et à la déshydratation.

Recommandation importante

Ces boissons contiennent du sucre en grande quantité. Ceux-ci peuvent être colonisés par des bactéries dont le développement sera accéléré.

Il faut toujours refermer le couvercle en plastique pour ne pas laisser entrer l'humidité.

Dans le cas contraire, la poudre tourne, devient compacte et sent mauvais. Elle risque alors de provoquer des désordres intestinaux importants (diarrhée, maux de ventre).

Un tel produit devenu toxique doit impérativement être jeté.

Il ne faut pas garder une boite ouverte depuis trop longtemps et ne jamais conserver la boisson pour l'année suivante.

Dans le cas contraire, il faudra la vérifier avant la reprise de l'entraînement. Si elle dégage une odeur inhabituelle, il ne faudra pas hésiter à la jeter.

C'est pourquoi on se méfiera des boissons que l'on peut acheter en supermarché en poche de plusieurs kilos.

On devra impérativement les transvaser dans une boite hermétique réservée à des produits alimentaires. L'étanchéité garantira seule la longue conservation de ces produits.

Si ce n'est pas le cas, le produit prend en masse, change de couleur, prend une odeur désagréable, et nous vous déconseillons fortement d'absorber un tel produit.

9. Nouveautés

Nous venons de recevoir le dossier technique et des échantillons d'une nouvelle gamme de produits, les produits Honey, commercialisés par la société Mecacote et son dynamique responsable, Vincent Blondeau.

La gamme comprend trois produits, qui peuvent être consommés combinés ou séparément :

- RPE 55 ; repas à consommer 3 heures avant la compétition,
- EEI 75 : produit riche en glucides d'effet immédiat (sous 20 à 30 minutes),
- EER 95 : produit énergétique d'effet retard (sous 2 heures).

NOM	VALEUR ÉNERGÉTIQUE	GLUCIDES	LIPIDES	PROTIDES
RPE 55	352 kcal	23,6 g	3,3 g	56 g
EER 95	389 kcal	97,3 g	Traces	Traces
EEI 75	383 kcal	97,75 g	Traces	Traces

Tableau 121 : Les produits Honey. Analyse pour 100 grammes.

On remarquera que les deux produits EER 95 et EEI 75 semblent très proches, avec la même teneur en glucides et des valeurs énergétiques très proches.

C'est dans la composition que l'on trouve l'explication :

Dans l'EER 95, c'est la maltodextrine (sucre lent) qui fait la majeure partie de la composition avec 95 grammes, et seulement 2,3 grammes de fructose (sucre lent).

NOM	SODIUM	POTASSIUM	MAGNÉSIUM
RPE 55	N.C.	N.C.	N.C.
EER 95	1 g	0,5 g	0,2 g
EEI 75	1 g	0,5 g	0,2 g

Tableau 122 : La teneur en sels minéraux des produits Honey.

Dans l'EEI 75, la quantité de maltodextrine est ramenée à 25,3 grammes, et c'est le glucose, sucre rapide par excellence qui tient la plus grosse part, soit 72 grammes.

Le RPE 55 est un repas complet de préparation à l'effort. Les deux autres produits semblent décidément très comparables, avec des teneurs en sels minéraux strictement identiques.

NOM	VITAMINE B1	VITAMINE PP	VITAMINE B6	VITAMINE C	VITAMINE E
RPE 55	0,26 mg	4 mg	0,42 mg	11 mg	3,5 mg
EER 95	0,7 mg	5 mg	0,8 mg	60 mg	14 mg
EEI 75	0,7 mg	5 mg	0,8 mg	60 mg	14 mg

Tableau 123 : La teneur en vitamines des produits Honey.

Une fois encore, les produits EER 95 et EEI 75 ont une composition totalement identique.

Ces produits ont un goût totalement neutre, ce qui permet de les aromatiser à sa guise.

B. Les produits diététiques pour le repas d'avant l'effort

Nous présentons ici les produits qui ont révolutionné la notion même de ration d'attente et l'alimentation avant l'effort.

Le problème principal posé au sportif avant l'effort revêt plusieurs aspects délicats :

- l'absorption d'une alimentation adaptée,
- la prise du repas trois heures avant la compétition,
- une digestion suffisamment rapide.

Ces exigences sont désormais résolues par les produits suivants. Ce ne sont certainement pas les seuls sur le marché, mais ils sont parmi les plus répandus.

1. Présentation des repas précompétition

a) Fenioux repas Energie®

Ce produit se présente sous forme d'une poudre, dans un pot de 350 grammes, et se dilue dans l'eau. Il est conseillé de mettre 7 mesures, soit 70 grammes pour un bidon de 500 millilitres.

La boisson Fenioux repas Energie® se consomme 3 heures avant la compétition, et remplace le repas d'avant-course.

Cette boisson peut être utilisée après l'effort comme recharge en glycogène.

Son pH est neutre.

b) Overstim's Equilibral®

Overstim's Equilibral® se présente en pot de 400 grammes, sous forme d'une poudre que l'on délaie dans l'eau pour obtenir une pâte à cuire au four. Le résultat est un gâteau, qui constitue 3 doses à consommer avant l'effort.

Overstim's Equilibral® doit être utilisé 2 heures avant l'effort.

En dehors de la teneur en substrats énergétiques ou de la valeur calorique, rien n'est précisé quant à la contenance de vitamines, en sels minéraux ou sur le pH.

c) Aquidiet Spornut®

Spornut® est une boisson prête à l'emploi, contrairement à ses concurrents qui nécessitent une préparation.

Issu de la recherche hospitalière où son cousin Aquinut® a pris une large part du marché de l'alimentation liquide, Spornut® est moins dosé que ses concurrents en glucides, lipides ou protides, mais contient une grande quantité de vitamines et de sels minéraux qui en font un produit complet.

Spornut se présente en bidons de 200 millilitres et 200 kilocalories. Il est digéré très vite, et ne reste que très peu de temps dans l'estomac. Il est conseillé de boire ce produit dans la demi-heure qui précède l'effort. Pour un effort de longue durée, 2 doses sont conseillées.

NOM	GLUCIDES	LIPIDES	PROTIDES	APPORT ÉNERGÉTIQUE
Fenioux repas énergie®	65 g	6 g	21 g	398 kcal
Overstim's Equilibral®	65,58 g	10,14 g	14,68 g	412 kcal
Overstim's® Spordej'	67,9 g	8,6 g	13,3 g	402 kcal
Aquadiet Sportnut®	15,3 g	2,9 g	3,3 g	200 kcal
Maxim® Balance	36 g	12,6 g	30,2 g	378 kcal
Honey® RPE 55	56 g	3,3 g	23,6 g	352 kcal

Tableau 124 : Les repas de précompétition : valeur énergétique et composition.

d) Le RPE 55 Honey®

Produit nouvellement arrivé sur le marché, le RPE 55® est une poudre à diluer dans un verre d'eau tiède avant l'emploi.

Pour lui comme pour Fenioux®, il faut mettre 7 mesurettes dans un bidon de 500 millilitres pour obtenir une préparation liquide, qui se prend 3 heures avant le départ de la cyclosportive ou de la compétition.

Des produits en présence, c'est celui qui contient le plus de protéines. Il est moins énergétique que les produits Fenioux® et Overstim's®.

En respectant le dosage proposé, il est possible de réaliser 5 bidons de 500 millilitres avec un pot de 200 grammes, soit un coût par repas de 2 euros.

e) Maxim® Balance

Il s'agit d'un substitut de repas riche en protéines et annoncé pauvre en énergie, quand bien même sa valeur énergétique se situe dans la bonne moyenne.

Ce produit doit être mélangé à du lait et peut être absorbé à tout moment de la journée.

Il est à noter que Maxim® Balance contient à peu près tous les sels minéraux et toutes les vitamines essentielles.

f) Overstim's® Spordej

Ce produit est présenté comme une préparation pour aliment de réserve et de récupération. En fait, il s'agit d'une boisson pour petit déjeuner.

Facile à préparer, puisqu'il s'agit simplement de mélanger la poudre à de l'eau froide, Overstim's® Spordej est un aliment d'apport essentiellement glucidique.

Spordej est assez proche d'Equilibral dans sa composition, comme dans sa valeur énergétique.

À consommer 1 heure à 1 heure 30 avant l'effort, Spordej peut aussi être utilisé comme goûter ou comme produit de récupération aussitôt après l'effort.

2. La teneur en vitamines des repas d'avant-effort

NOM	VIT. B1	VIT. B2	VIT. B5	VIT. B6	VIT. B12	VIT. C
Fenioux repas énergie®	3,75 g	-	-	10 mg	10 µg	250 mg
Overstim's Equilibral®	-	-	-	-	-	-
Overstim's® Spordej	0,67 mg	-	-	-	-	-
Aquadiet® Spornut®	0,3 mg	0,3 mg	1,5 mg	0,6 mg	0,2 µg	10 mg
Honey® RPE 55	0,26 mg	-	1 mg	0,42 mg	0,26 mg	11 mg
Maxim® Balance	1,48 mg	2,41 mg	-	2,59 mg	2,59 mg	95,6 mg

Tableau 125 : Les boissons d'avant-effort et leur contenu en vitamines.

Spornut a résolu le problème que constitue le départ à 7 heures du matin lors des cyclosportives : il n'est plus nécessaire de se lever plus de 3 heures avant la course pour prendre son petit déjeuner. Celui-ci peut être pris sur la ligne de départ.

Le produit Honey® semble très complet. Son handicap par rapport à Sportnut : ce dernier est prêt à l'emploi, alors que Honey® RPE 55 nécessite une préparation, qui même si elle se fait rapidement, ne peut se réaliser aisément sur la ligne de départ.

Nous remarquerons que Overstim's® Spordej, comme à l'habitude, ne donne aucune indication quant à la contenance en sels minéraux.

C. Les apports de sucres rapides au cours de l'effort

1. Présentation

Ces produits se présentent en général sous forme de topettes en plastique contenant une dose à ingérer en fonction des besoins.

Ils s'utilisent en général en cas de « coup de barre » ou dans les derniers kilomètres d'une épreuve.

Ils sont présentés soit comme coups de fouet, soit comme remèdes aux « coups de barre ».

Ils sont légions sur les étalages des magasins de sport. Nous en avons analysé un certain nombre, que nous présentons ci-dessous.

L'abus de ces produits peut provoquer des hypoglycémies réactionnelles sévères, ainsi qu'un surmenage du pancréas, pouvant aboutir à des troubles du métabolisme du glucose (diabète) ou à une prise de poids excessive.

Dans tous les cas, ils sont à utiliser avec parcimonie, à réserver à une véritable fringale ou pour la toute fin de course.

Beaucoup de jeunes coureurs se ruent régulièrement sur les sucres rapides, et présentent souvent des masses grasses qui laissent songeurs !

La topette, le miel, le comprimé de sucre, ne sont pas indispensables lors d'effort d'endurance prolongés. Ils sont davantage à ranger au rayon des sucreries.

2. La composition des « coups de fouet »

Ces produits se présentent en général sous forme d'un tube plastifié facile à ouvrir. Certains rappellent davantage des médicaments, et sont fournis en tubes de comprimés.

Tous les produits (à l'exception du Décathlon® miel) contiennent de la vitamine B1, obligatoire pour faire pénétrer le glucose dans les cellules.

La valeur calorique des produits est très proche dans l'ensemble, à l'exception du Décathlon® tablettes (386 kilocalories) et surtout de Dextrosante® (423 kilocalories, le plus dosé), et de Enervitene® liquide (la moins dosée, 261 kilocalories).

Toutes les marques indiquent la valeur énergétique de leur produit, à l'exception d'Overstim's®, qui, cette fois encore, se démarque en ne donnant aucune indication.

Nous déplorons que l'on puisse commercialiser des produits diététiques hautement caloriques sans donner la moindre information à la clientèle sur la façon de les absorber.

Les sportifs sont-ils des cochons de payants ? Nous avons d'ailleurs dû éliminer de notre étude des produits dont nous n'avions guère que le nom et un vague aspect de la composition, dans une langue étrangère, pourtant sur des étalages de magasins fort connus.

NOM	PRÉSENTATION	POIDS
Athlétonic® berlingots	Berlingots	20 g
Crème de marrons Décatlhon®	Tube	80 g
Décatlhon®	Tube	20 g

Décatlhon® Dextrose à la menthe	Comprimés	68 g
Décatlhon® miel	Tube	80 g
Décatlhon® miel de l'effort	Tube	50 g
Décatlhon® tablettes énergétiques	Comprimés	40 g/tube
Décatlhon® gelée énergétique	Berlingots	10 g
Dextrosante®	Tablettes	10 g
Enervitene®	Dosette	60 g
Enervit® GT	Tube	48 g
Maxim® Gel Concentré	Tube	100 g
Nergisport®	Tube	40 g
Nutrilixir Nutria®	Tube	20 g
Overstim's® Coup de fouet	Tube	20 ml
Overstim's® Elixir ForMi	Tube	20 g
Overstim's® Red Tonic	Tube	20 ml
Vitasport® MX Energétique	Tube	20 g

Tableau 126 : Présentation des produits contenant des sucres rapides.

Au moment où de nombreux produits nous arrivent de l'Europe entière, on trouve tout et n'importe quoi sur le marché.

Se repérer parmi toutes ces étiquettes alléchantes n'est pas chose aisée.

Alors messieurs les sportifs, ouvrez l'œil et le bon, afin de ne pas jeter par la fenêtre l'argent si chèrement gagné !

D. Les barres énergétiques

Un nombre considérable de produits se partagent le marché. Nous ne pouvons les citer tous !

Nous présentons seulement les barres énergétiques que nous avons trouvées sur les étalages des grandes surfaces et des magasins spécialisés, ainsi que ceux qui nous ont été recommandés par les coureurs cyclistes eux-mêmes.

Elles n'ont pas toutes les mêmes valeurs caloriques ni les mêmes qualités gustatives, aussi nous vous offrons un voyage au pays des barres énergétiques.

1. Composition des barres énergétiques

Ces produits comportent tous des valeurs énergétiques proches, la plus riche étant la Vivis® pâtes d'amandes (500 kilocalories) et le plus pauvre le Turbodiet® (320 kilocalories) suivi de la barre de fruits aux céréales Maxim® (325 kilocalories) et de la barre au miel Decathlon® (323 kilocalories).

NOM	VALEUR ÉNERGÉTIQUE	GLUCIDES	LIPIDES	PROTIDES
Athlétonic® berlingots	312 kcal	77 g	0,2 g	0,7 g
Crème de marrons Décatlhon®	261 kcal	61,5 g	1 g	1,5 g
Décatlhon®	296 kcal	74 g	Traces	0,4 g
Décatlhon® Dextrose à la menthe	378 kcal	94 g	-	-
Décatlhon® miel	307 kcal	76,4 g	-	0,4 g
Décatlhon® miel de l'effort	305 kcal	75,3 g	0,2 g	0,5 g
Décatlhon® tablettes énergétiques	386 kcal	96 g	-	-
Décatlhon® gelée énergétique	271 kcal	67 g	0,1 g	0,2 g
Dextrosante®	423 kcal	98,8 g	-	-
Enervitene®	336 kcal	90 g	0	1 g
Enervit GT®	200 kcal	50,6 g	Traces	Traces
Maxim® Gel Concentré	315 kcal	77,6 g	0	Traces
Nergisport®	308 kcal	77 g	Traces	Traces
Nergisport® Dextrose	373 kcal	91 g	1 g	Traces
Nutrilixir Nutria®	262 kcal	84,5 g	-	-
Overstim's® Coup de fouet	N.C.	N.C.	N.C.	N.C.
Overstim's® Elixir ForMi	371 kcal	91 g	Traces	Traces
Overstim's® Red Tonic	N.C.	N.C.	N.C.	N.C.
Vitasport® MX Energétique	296 kcal	74 g	-	0,4 g

Tableau 127 : Composition des produits de type « coup de fouet » Valeur énergétique pour 100 grammes.

L'énergie provient essentiellement des glucides pour la plupart des produits. Athletonic® et Vitagermine® aux germes de blé en sont quasiment exclusivement composés.

Les moins dosés en sucre sont les produits Multipower®, Vitagermine® et Weider®. Rien n'est précisé sur la répartition en sucres rapides et sucres lents.

L'énergie contenue dans les croquants au sésame est liée à la grande quantité de lipides qu'ils renferment. Ces produits seront plutôt réservés aux efforts dans le froid intense.

Certaines barres peuvent prêter à confusion. C'est le cas de la barre Inkospor® aux protéines. En présentation, est indiqué le fait qu'elle ne contient pas de saccharose. Elle peut laisser à penser qu'elle ne contient donc pas de sucres.

Erreur, puisqu'elle contient fructose et glucose.

Le plus riche en lipides est le produit Vivis® pâte d'amande, avec 32 grammes, soit le tiers de la barre.

Sur le plan de la qualité gustative, il y en a vraiment pour tous les goûts. Pour tous les dégoûts aussi... Nous résumons l'essentiel dans le tableau 129 : Powerbar® est un produit collant à n'ouvrir que lors de la première utilisation. Son goût est âpre, de consistance fibreuse. Il faut absolument le préparer avant de s'en servir, en le découpant en petits dés, de façon à le consommer au fur et à mesure des besoins.

Nous avons trouvé un nombre considérable de produits, découverts au cours de nos recherches dans la région Poitou-Charentes.

Nous n'avons donc pas la prétention de proposer tous les produits disponibles en France, bien évidemment. Nous avons éliminé tous les produits pour lesquels nous n'avions pas d'informations, ou sur lesquels les renseignements étaient écrits en langue étrangère.

Nous avons retiré de notre analyse les barres présentant un très mauvais goût, difficiles à mâcher et à avaler, que nous avions signalé dans la version précédente de cet ouvrage. Particulièrement lorsque ces produits ont fait l'unanimité sur leur absence d'intérêt.

Les barres énergétiques analysées ici présentent une diversité considérable. Le taux de lipides ou de protides ne semblent obéir à aucune logique particulière, un peu comme si chaque fabricant avait tiré les ingrédients d'un chapeau pour en faire une nouveauté originale. C'est bien pourquoi notre étude apparaît totalement justifiée.

NOM	VALEUR ÉNERGÉTIQUE	GLUCIDES	LIPIDES	PROTIDES
Décatlhon® pâtes de fruits	358 kcal	84,6 g	1,3 g	1,9 g
Gaylord Hauser® Pâtes de fruits	356 kcal	87,5 g	0,2 g	1 g
Gerblé® Pâtes de fruits	327 kcal	80 g	0,3 g	1,2 g
Regain® vitalité pâtes de fruits	347 kcal	83,8 g	0,6 g	1,55 g
Toniblé® pâtes de fruits	327 kcal	80 g	0,3 g	1 g
Turbodiet® barres (pâtes de fruits)	320 kcal	80 g	-	-

Tableau 128 : Les pâtes de fruit. Valeur énergérique et composition pour 100 grammes.

Au lecteur de choisir en fonction de ses besoins, sachant que le goût dépend souvent de la teneur en lipides, et que la quantité de sucres conditionne la bonne réussite de l'épreuve sportive, comme nous l'avons vu plus haut. La quantité de chaque nutriment est très proche d'une pâte de fruit à l'autre, avec de 80 à 87 grammes de glucides, 0,3 à 1,3 grammes de lipides, et de 1 à 1, 9 grammes de protéines.

2. Le goût des barres énergétiques

Nous avons goûté tous ces produits et les avons testés avec le maximum d'impartialité. Nous avons confié des échantillons à plusieurs coureurs qui les ont essayés en situation (sur le vélo, dans des cyclosportives ou en course).

Comme le montre les tableaux 129 et 130, ces produits sont en général d'un goût agréable, et ne semblent pas trop sucrés au premier abord pour la plupart.

Cependant, les pâtes de fruit Vitagermine et Isostar® High energy sont vraiment trop sucrées, voire écœurantes et provoquent une forte soif. Cela ne pardonne pas en course.

NOM	VALEUR ÉNERGÉTIQUE	GLUCIDES	LIPIDES	PROTIDES
Athlétonic®	355 kcal	86,6 g	0,32 g	1,47 g
Athlétonic® barres aux amandes	413 kcal	70,1 g	11,68 g	7,19 g
Barnut Nutria®	424 kcal	65,5 g	14,8 g	7 g
Céréal® barres vitalité	409 kcal	66 g	13 g	7 g
Céréal® barres mœlleuse	350 kcal	61 g	10 g	4 g
Dailycer® barres céréalière	420 kcal	70 g	13 g	5,3 g
Décatlhon® croquant au sésame	492 kcal	53,3 g	25,5 g	12,3 g
Décatlhon® barres aux abricots	373 kcal	74 g	6,2 g	5,2 g
Décatlhon® barres aux raisins	405 kcal	68,2 g	12,4 g	5,2 g
Décatlhon® Long energy	380 kcal	69 g	6,4 g	11 g
Décatlhon® pâtes d'amandes	421 kcal	57,5 g	17,6 g	8,1 g
Décatlhon® pâtes de cacahuètes	452 kcal	68 g	16 g	9 g
Décatlhon® nougat	449 kcal	68,8 g	15,7 g	8,1 g
Décatlhon® barres au miel	323 kcal	79,1 g	0,25 g	1,1 g
Décatlhon® Power sport	375 kcal	65,5 g	4,7 g	18 g
Gaylord Hauser® Barres aux pruneaux	297 kcal	73,5 g	0,2 g	0,8 g
Gaylord Hauser® Pâtes d'amandes	433 kcal	65,1 g	16,5 g	6 g
Gaylord Hauser® Barres noisettes	429 kcal	68 g	14,5 g	6,5 g
Gaylord Hauser® Barres raisin/amande	400 kcal	72,5 g	9,5 g	6,6 g
Gaylord Hauser® Barres au soja	415 kcal	54 g	16,5 g	12,5 g
Gerblé® aux amandes	407 kcal	61 g	15 g	7 g
Gerblé® barres de céréales	393 kcal	69 g	9 g	9 g

Gerblé® barres à la noix de coco	403 kcal	68 g	11 g	8 g
Gerblé® figue	364 kcal	67 g	8 g	6 g
Gerblé® barre au pruneau tamarin	324 kcal	59 g	6 g	7 g
Gerblé® choco magnésium	492 kcal	62,7 g	24,3 g	5,5 g
Gerblé® barres raisins céréales fer	366 kcal	71 g	6 g	7 g
Grany® brut de praliné aux céréales	465 kcal	67 g	19 g	6,5 g
Grany® brut de pommes vertes	425 kcal	74 g	12 g	5,5 g
Grany® duo	415 kcal	72 g	15 g	5,5 g
Grany® mœlleux au chocolat	425 kcal	61 g	17 g	7 g
Grany® mœlleux aux fruits rouges	400 kcal	58 g	16 g	6 g
Isostar® high energy	438 kcal	67 g	16,7 g	4,8 g
Maxim® yoghurt coated Banana	386 kcal	71,5 g	8,7 g	5,3 g
Maxim® fruit cereal bar	325 kcal	70,9 g	2,1 g	5,8 g
Maxim® milk chocolate coated	373 kcal	67,1 g	9,1 g	5,6 g
Nergisport® barres Muesli amandes	395 kcal	61 g	13 g	8,5 g
Nergisport® biscuits germes de blé	425 kcal	60 g	12 g	13 g
Ovomaltine®	449 kcal	68 g	15 g	10,6 g
Powerbar®	346 kcal	61 g	15 g	3 g
Vitagermine® mixfruit	430 kcal	68 g	19 g	5 g
Vitagermine® aux germes de blé	335 kcal	80 g	0,5 g	0,4 g
Vivis® pâtes d'amandes	500 kcal	36 g	32 g	16 g
Wieder® sports nutrition bar	401 kcal	49,1 g	23,7 g	12,2 g

Tableau 129 : Les barres énergétiques ; contenu pour 100 grammes.

Deux produits seulement parmi ceux que nous avons testés nous ont paru très difficiles à avaler, plus proches du vomitif que de l'aide à l'effort : ce sont les produits Multipower® aux protéines et le Vivis® au soja. Ces produits ne font pas partie de cette étude.

Les commerciaux devraient plus souvent goûter les produits qu'ils mettent sur le marché et les essayer en situation.

Il faudra en général prendre soin de morceler chaque barre énergétique en portions plus faciles à ingérer. Il est difficile d'avaler d'un coup la plupart de ces barres.

Gerblé® a eu l'idée d'utiliser les qualités énergétiques de la figue. Cela en fait un produit malheureusement difficile à absorber, par sa consistance très fibreuse. Il faut le mâcher très longtemps. Elle est plutôt à réserver pour l'entraînement.

Comme nous l'avons vu précédemment, il est souhaitable de se tourner vers celles qui sont composées essentiellement de sucres lents, de façon à ne pas produire de pic d'hyperglycémie après l'ingestion, et afin d'assurer une libération d'énergie continue et étendue dans le temps.

NOM	GOÛT ET COMMENTAIRES
Décatlhon® pâtes de fruits	Très sucrée. Bon goût framboise.
Gaylord Hauser® pâtes de fruits	Excellente, mais trop sucrée.
Gerblé® pâtes de fruits	Sucrée sans excès, passe bien.
Regain® vitalité pâtes de fruits	Trop sucrée, aucune tenue.
Toniblé pâtes de fruits	Enrobée de sucre. Assez bonne.
Turbodiet® barres (pâtes de fruits)	Très sucrée. Très fortement aromatisée.

Tableau 130 : Le goût des pâtes de fruits.

On remarquera qu'il devient difficile de trouver des pâtes de fruit adaptées à l'effort sportif. Très sucrées, elles glissent sur le versant gourmandise, et pour la plupart sont difficiles à utiliser par le compétiteur. Dans ces conditions, parmi celles que nous avons pu trouver sur le marché, nous recommanderons la pâte de fruits Gerblé®.

Nous avons trouvé la pâte de fruit Toniblé® en pharmacie. Compte tenu de son coût (plus de 1,20 euros l'exemplaire), et de son goût trop sucré, on peut s'en passer. Même chose chez Turbodiet®, où tous les prix sont délirants et inadaptés à une pratique régulière.

Cependant, la composition des produits peut orienter le choix : ceux prévus pour un effet durable contiennent un pourcentage de sucres inférieur, car le taux de lipides et parfois de protides est plus important : Athletonic® amandes, Barnut®, Dailycer®, etc.

Il faut se méfier des barres énergétiques présentant un fort goût sucré, elles contiennent une grande quantité de sucres rapides : Decathlon® au miel, Isostar® high energy, Vitagermine® mix-fruit, etc.

Ces barres provoquent en général une forte soif.

Ces produits pourraient être classés parmi les gourmandises, dans le rayon des bonbons, ce qu'ont bien compris les jeunes compétiteurs.

NOM	GOÛT ET APPRÉCIATION
Athlétonic®	Bon goût, mais un peu sucrée.
Athlétonic® barres aux amandes	Peu sucrée, passe bien.
Barnut Nutria®	Goût abricot, peu sucrée. Passe bien.
Céréal® barres vitalité	Peu de goût. Facile à mastiquer, passe bien.
Céréal® barres mœlleuse	Ressemble à du pain d'épices en moins sucré.
Dailycer® barres céréalière	Très bon goût, surtout celle à la banane.
Décatlhon® croquant au sésame	Peu sucrée, il faut la mâcher longtemps.
Décatlhon® barres aux abricots	Très agréable.
Décatlhon® barres à la pomme verte	Excellente. Facile à mastiquer, passe très bien.

Décatlhon® barres aux raisins	Excellente. Passe très bien.
Décatlhon® Long energy	Fort goût de chcoclat noir. Mâcher longtemps.
Décatlhon® pâtes d'amandes	Un peu trop sucrée.
Décatlhon® pâtes de cacahuètes	Fort goût de cacahuètes, agréable et peu sucrée.
Décatlhon® nougat	Bon goût, un peu sucrée.
Décatlhon® barres au miel	Trop sucrée, donne très soif.
Décatlhon® Power sport	Pâteuse, peu de goût.
Gaylord Hauser® Barres aux pruneaux	Très sucrée, donne soif.
Gaylord Hauser® Pâtes d'amandes	Un peu trop sucrée.
Gaylord Hauser® Barres noisettes	Excellente et rapidement absorbée.
Gaylord Hauser® Barres raisin/amande	Excellente, très vite avalée.
Gaylord Hauser® Barres au soja	Peu de goût. Peu sucrée, passe assez bien.
Gerblé® aux amandes	Passe bien, pas trop sucrée.
Gerblé® barres de céréales	Passe bien, assez banale mais peu sucrée.
Gerblé® barres à la noix de coco	Peu sucrée, peu de saveur.
Gerblé® figue	Un peu trop pâteuse.
Gerblé® barre au pruneau tamarin	Peu de goût, mais passe assez bien.
Gerblé® choco magnésium	Peu de goût, mais bien assimilée.
Gerblé® barres raisins céréales fer	L'une des barres de céréales les plus banales.
Grany® brut de praliné aux céréales	Se rapproche plus d'un très bon biscuit.
Grany® brut de pommes vertes	Excellente et rapidement avalée.
Grany® duo	Peu de goût, mais mégère et facile à absorber.
Grany® mœlleux au chocolat	Très bon goût, se rapproche du cake aux fruits.
Grany® mœlleux aux fruits rouges	Se rapproche d'un cake au chocolat.
Isostar® high energy	Très bonne, mais trop sucrée.
Maxim® yoghurt coated Banana	Bon goût, un peu compacte.
Maxim® fruit cereal bar	Un peu longue à mastiquer, peu de goût.
Maxim® milk chocolate coated	Bon goût, un peu fibreuse.
Nergisport® barres Muesli amandes	Passe très bien, pas trop sucrée.
Ovomaltine®	Très agréable, plus proche du gâteau.
Powerbar®	Assez banale au goût, peu sucrée.
Vitagermine® mixfruit	Beaucoup trop sucrée.
Vitagermine® aux germes de blé	Beaucoup trop sucrée.
Vivis® pâtes d'amandes	C'est surtout le chocolat qui ressort.
Wieder® sports nutrition bar	Assez banale au goût.

Tableau 131 : Les qualités gustatives des barres énergétiques.

Il n'y a qu'à fouiller dans le sac de sport à l'arrivée dans un stage ! Tous ces produits très sucrés côtoient barres de Mars et compagnie.

Pas étonnant de voir des masses grasses exagérées chez la plupart des jeunes cyclistes. Parfois aussi chez les moins jeunes...

E. Conclusions

Toute cette étude orientera probablement le lecteur vers les barres de céréales, légères, d'un très bon goût en général, bien adaptées à l'effort du cycliste, et en outre fondantes dans la bouche et ainsi faciles à mâcher puis à avaler au plein cœur de la course.

Attention à ne pas se gaver de ces produits qui ressemblent davantage à des gourmandises qu'à de véritables produits de l'effort.

Devant une telle pléthore de produits sur les étalages, il vaut mieux regarder à deux fois avant d'acheter.

Pour illustrer le danger des sucres rapides, il nous paraît utile de rappeler ici la triste mésaventure survenue à un jeune coureur un jour de printemps, dans le fin fond de la Dordogne.

Un jeune coureur, cadet première année, faisait ce jour-là ses débuts en compétition. Il était un peu stressé, d'autant qu'il évoluait dans un petit club sans entraîneur, et qu'il n'avait guère été conseillé que par son entourage, peu au courant des choses du cyclisme de compétition.

Cette première course était importante, car elle avait lieu dans son village.

Par rapport à ses adversaires, il ne savait pas qu'il était très en retard dans sa préparation. À peine 500 kilomètres sans méthode particulière.

Il avait donc préparé son vélo, et dans le porte-bidon, il avait placé un bidon rempli d'une boisson de sa composition : un quinzaine de morceaux de sucre et de l'eau.

Dès le début de l'épreuve, sur un beau mais difficile circuit, notre coureur est en difficulté, car les vieux de deuxième année secouent le peloton d'attaques répétées.

Au bout d'une vingtaine de kilomètres, notre coursier se fait lâcher, en compagnie d'un ou deux collègues d'infortune.

Notre jeune cadet, s'il n'a pas pour le moment de gros moyens physiques, est malgré tout courageux, et ne l'entend pas de la sorte : il va se battre avec acharnement pour revenir dans le peloton, et va s'accrocher pendant deux tours à une centaine de mètres derrière le gros de la troupe. Pas le temps de boire ni de manger, pas le temps de flâner.

Jusqu'au moment où, comble de malchance, il crève, d'un pneu tout neuf pourtant. Et il n'a pas de quoi réparer. Il va alors attendre près d'une demi-heure, dans le vent et le froid, qu'on veuille bien le secourir. Le bidon de sucre va y passer, mais ne le réchauffe ni ne l'aide. De plus, une pluie violente s'abat sur le circuit et le trempe jusqu'aux os.

À son arrivée dans la voiture de dépannage, le garçon, livide, glacé, tremblant, ne peut plus se tenir sur ses jambes.

Le chauffeur de la voiture, qui ne semble pas concerné, n'a que faire de ce fardeau et l'abandonne tout seul dans l'herbe près de la ligne d'arrivée.

C'est à ce moment qu'on vient nous demander d'intervenir, car le petit «n'a pas l'air bien», comme le dit notre messager.

Nous arrivons alors au chevet de ce pauvre gamin, allongé dans l'herbe grelottant, quasiment inconscient, bavant, totalement vidé de ses forces.

Il est totalement tétanisé, glacé. Il est livide, il a les yeux dans le vague, et ne semble pas entendre nos questions.

Une vingtaine de personne sont penchées sur le jeune garçon, plus curieuses qu'actives, comme si souvent.

Personne n'aurait eu l'idée de lui fournir une couverture !

Notre diagnostic est évident, il est victime d'une extrême hypoglycémie, comme celle que l'on voit parfois dans les accidents de surdosage au cours de traitement du diabète.

En attendant les pompiers, nous l'avons forcé à avaler une boisson diététique de l'effort, en l'occurrence celle dont nous disposions, Nutria® Energy T, par petites gorgées, jusqu'à ce qu'il retrouve un peu de forces.

La lucidité est revenue, mais comme il ne tenait toujours pas sur ses jambes, il a fallu parfaire la récupération.

Les pompiers, arrivés 20 minutes après, l'ont emmené à l'hôpital pour une perfusion de glucose. Après quoi, tout est rentré dans l'ordre.

La conclusion de cette mésaventure est toujours la même : il y a plus de risques à ingérer une grosse quantité de sucres rapides qu'à ne rien avaler du tout.

De plus, il existe comme nous l'avons vu suffisamment de produits divers pour ne pas jouer les alchimistes sans connaissances suffisantes.

Que ceci serve de leçon à ceux qui inventent des boissons à base de miel, de sucres et de sirop sans connaître les principes élémentaires de la diététique sportive.

Cet exemple aurait pu aboutir à la catastrophe, mais il n'est pas isolé.

Combien de fois avons nous vu des coureurs en détresse, des cadets tétanisés au cours de l'effort et atteints de crampes aux deux jambes simultanément, dans la chaleur de l'été, mais sans rien à boire d'autre que du sirop...

F. Les produits n'entrant dans aucun groupe

Ils sont deux produits, que l'on ne peut ranger nulle part, en raison du peu de précisions du fabricant.

1. La boisson concentrée sportive WK®

Ce produit belge présenté comme un modérateur de la production d'acide lactique. Nous ne connaissons absolument rien sur lui. Tout au plus peut-on remarquer un goût sucré, assez banal sur le plan gustatif.

Il est étonnant que la législation permette la mise sur le marché de tels produits. Connaissant la curiosité des sportifs pour ce genre de substance, nous ne nous étonnerons pas que la tentation soit grande d'en faire l'essai. Peut-on vraiment affirmer qu'il ne s'agit pas d'une simple arnaque ? Nous avons du mal à comprendre comment une boisson à fort goût sucré pourrait permettre de retarder la production d'acide lactique, comme le précise la publicité.

2. Le biscuit Ritter Sport

L'emballage présente un biscuit, mais les explications sont écrites en anglais.

À l'ouverture, on constate que ledit biscuit est enrobé de chocolat au lait, très bon au demeurant, mais qui le rend incompatible avec la pratique du cyclisme.

Si vous emportez ce biscuit avec vous, gare au chocolat partout sur les doigts et les gants !

3. La boisson Turbodiet® liquid/doses

C'est un produit offrant un apport de 500 milligrammes de L-carnitine par dose.

Le cadre d'utilisation est très mal expliqué, il n'existe aucune information quant à la valeur énergétique d'une dose, ni quant à la composition.

Ce produit ne correspond pas à la législation en vigueur : apport de L-carnitine sans autre précision. Ce n'est pas un médicament (pas d'AMM ou autorisation de mise sur le marché) même s'il est vendu en pharmacie, et sous cette quantité, il ne s'agit plus d'un produit diététique.

De plus, le fabricant profite de cette substance, la L-carnitine, pour commercialiser sa gamme à des prix totalement prohibitifs (exemple : Turbodiet® fort contient 1 gramme de L-carnitine par comprimé, et est commercialisé par boite de 24 comprimés au prix exorbitant de 33 euros en pharmacie, soit 1,4 euros le comprimé !).

Ce produit a pour but d'augmenter l'anabolisme musculaire pendant le travail de musculation ou lors du dopage par anabolisants et hormone de croissance. Ce qui le met au centre d'une bataille contre le dopage en Italie. Car on a vite fait la relation entre dopage et ce produit.

Attention aux pièges à c...

Chapitre 14

LES TECHNIQUES DE RÉCUPÉRATION

Nous avons vu, tout au long de cet ouvrage, les différents mécanismes qui régissent la récupération. Il paraît cependant important de les regrouper au sein d'un petit chapitre, afin de bien fixer les esprits.

Nous avons montré en page 34 et suivantes comment l'organisme régénère les métabolismes après l'entraînement. Nous allons résumer quelques-uns des principes que doit avoir en tête tout sportif désireux de progresser.

A. L'entraînement

1. Mode de travail

Avant toute séance d'entraînement, il est très important de bien s'échauffer, pendant 20 à 30 minutes. Cela évitera les contractures et les risques de lésions musculaires.

Les efforts de sprint sont récupérés très vite. Les efforts épuisants de courte durée lors d'une sortie de courte durée demandent 24 heures pour refaire le plein des réserves de glycogène.

Par contre, il faut jusqu'à 48 heures pour digérer une sortie longue en endurance. La répétition de tels efforts devra être réfléchie, de façon à ne pas aboutir à une fatigue difficilement récupérable.

Il sera bon de varier les séances de travail, et de bien gérer la surcompensation.

D'une manière générale, il faudra se méfier des entraînements de longue durée en mode continu, sans aucun changement de rythme.

Ils génèrent une fatigue difficile à éliminer. À chaque fois que ce sera possible, diviser les séances longues en deux sorties dans la journée avec insertion de travail discontinu.

Préférer pour les sorties d'intensité tous les modes d'entraînement privilégiant la récupération.

Notre préférence ira vers l'endurance intermittente, mais on pourra aussi utiliser le fractionné court et l'*interval training*, méthodes favorisant la régénération des substrats et facilitant la surcompensation.

Ne pas hésiter à entrecouper les sorties d'endurance par des séries d'*interval training* court, avec sprints de 10 secondes.

Toutes les sorties d'intensité comprendront deux à trois séries d'IT de cinq sprints de 10 secondes.

2. Diététique de l'entraînement

Deux principes fondamentaux doivent être respectés dans toute sortie d'entraînement.

Il faut boire, pour assurer la thermorégulation, une quantité de liquide correspondant en temps ordinaire d'un demi-litre (par temps froid) à un litre à l'heure par température normale. Quand il fait très chaud, il est possible de boire beaucoup plus.

Le seul inconvénient si l'on boit trop, c'est d'être obligé d'uriner souvent. Si l'on ne boit pas suffisamment, c'est à une perte de rendement pouvant aller jusqu'à 20 %, à laquelle on sera confronté, et par temps très chaud ou par canicule, on risquera un coup de chaleur.

L'apport de liquide doit avoir la même concentration que le milieu intérieur (isotonie), et doit contenir les éléments dont l'organisme a besoin (voir le chapitre précédent).

On choisira donc une boisson diététique de l'effort bien dosée, et non pas un produit fantaisiste de fabrication personnelle ni de l'eau pure ou additionnée de sirop comme on le voit trop souvent.

Pour apporter la quantité de sucres nécessaires pendant l'effort, on absorbera des barres énergétiques soigneusement choisies, et riches essentiellement en sucres lents.

Plus l'effort sera long, moins on supportera les aliments fortement sucrés (on se tournera alors plutôt vers des morceaux de sandwiches, de poulet froid, des quiches, etc.) pour cause d'écœurement.

Tous les produits comportant de fortes doses de sucres rapides seront proscrits.

3. Après l'entraînement

Éviter de garder les vêtements mouillés et prendre rapidement une douche ou un bain.

Si l'entraînement a été dur, on pourra se faire masser si l'on dispose d'un kiné ou d'un soigneur.

Il est bon de prendre son poids avant l'entraînement de façon en cas de chaleur élevée, à compenser les pertes hydriques rapidement.

La logique voudrait qu'un coureur qui vient de s'entraîner complète son travail par une séance de stretching et d'étirements d'un quart d'heure.

Le repas d'après entraînement est celui où l'on refait le plein des réserves énergétiques.

Il comportera alors une ration de sucres lents plus importante qu'à l'ordinaire pour permettre de reconstruire les stocks de glycogène.

B. La compétition

1. La veille de la course

Il n'est pas judicieux la veille de la course de se gaver de sucres lents. Un apport ordinaire suffira. Nous pensons utile d'effectuer le matin une sortie d'une heure comportant deux ou trois séries de sprints courts, afin d'éliminer l'acide lactique encore présent dans les muscles.

Le soir de la course, nous préconisons une bonne séance d'une trentaine de minutes d'étirements, d'assouplissements et de stretching. On se couchera de bonne heure.

2. Avant la course

Un échauffement sérieux est indispensable, afin que tous les muscles soient prêts à tous types d'effort dès le départ. Il se terminera au bout de 20 minutes par une série de sprints courts.

3. Après la course

Dans la première demi-heure, il est indispensable de refaire le plein en glucides lents. Cela peut accélérer la récupération de plusieurs heures. On pourra absorber un bidon complet de la boisson diététique habituelle. L'acidose provoquée par la course nécessite l'absorption de boissons bicarbonatées pour l'éliminer. Ce sera une boisson gazeuse comme vu dans le chapitre précédent ou une boisson de récupération spécialement fabriquée à cet effet.

Dans la soirée, on continuera à boire une boisson bicarbonatée (2 litres minimum).

Nous conseillons au coureur de prendre un bon bain chaud si cela est possible en rentrant chez lui. Il sera utile d'y verser 1 kilo de gros sel de mer. L'effet délassant sera alors important.

Celui qui en a la possibilité pourra se faire masser par un kiné ou un bon soigneur.

Le repas du soir comportera une soupe, et limitera l'apport de viandes rouges et d'acides (éviter les fruits acides, les vinaigrettes et les sauces).

Une séance d'étirements d'un quart d'heure serait bienvenue. L'essentiel après le repas est d'obtenir un bon sommeil. Il faudra se coucher tôt et garantir au moins 9 heures de sommeil.

4. Le lendemain de la course

Nombreux coureurs ont l'habitude d'une séance de «décrassage» le lendemain de la course. En fait, ils ne décrassent rien, car ils roulent à petite vitesse, petit plateau, en conservant bien consciencieusement l'acide lactique au fond de leurs muscles.

Il serait bien plus profitable, après un bon échauffement de 20 minutes, d'effectuer 2 à 3 séances d'*interval training* de 10 secondes. L'afflux d'oxygène permettrait alors l'élimination de l'acide lactique de façon fort efficace.

Dans le cas d'une course à étapes, il serait très utile de rouler avant la course pendant un minimum d'une trentaine de minutes et d'effectuer trois séries de cinq sprints de 10 secondes. Ceci permettrait d'éliminer une bonne part de l'acide lactique accumulé la veille.

Andy Hurford, BEES

Entraîneur de la section sport études de La Roche-sur-Yon

L'année 1998 a été marquée par le dopage, qui a fait la « une » de toute la presse. Pour se débarrasser de ce fléau, je crois indispensable que les jeunes coureurs débutent dans un sport aussi dur avec une formation de base et une bonne connaissance des principes de l'entraînement. C'est la meilleure façon pour qu'ils gardent un esprit sain.

Notre vie actuelle facilite grandement les choses. Tout y est plus simple : les jeunes disposent désormais d'une voiture dès le lycée pour se déplacer, ils passent beaucoup de temps devant leur poste de télévision ou devant l'écran de leur ordinateur (pour jouer). Il est grand temps de leur expliquer que pour réussir, il faut travailler durement et sérieusement. Ils pourront ainsi réussir sans se servir des dopants.

À chacun de comprendre que tous ne deviendront pas des professionnels, et d'accepter ses propres limites.

En revanche, avec un entraînement méthodique, on peut espérer arriver à 100 % de ses moyens. Ancien coureur en première catégorie puis en élite 2, je sais par expérience qu'il est possible de gagner des belles courses en élite à l'eau claire, en étant motivé, avec une bonne hygiène de vie et bien sûr le sens de la course.

Aujourd'hui, c'est le travail des entraîneurs d'aider les coureurs, avec l'aide d'outils précieux (montres enregistreuses, tests d'effort, etc.).

C'est aussi aux coureurs de se prendre en charge pour éviter de tourner en rond et de perdre de précieuses années. »

Chapitre 15

LES OUTILS DE L'ENTRAÎNEMENT

A. Les cardiofréquencemètres

Il est très difficile de passer en revue la totalité des modèles présents sur le marché. En quelques années, les lois de la concurrence ont vu fleurir une quantité de marques, de modèles, et il est peu évident de s'y retrouver.

Nous ne prétendons donc pas tout analyser mais préciser les points et les modèles qui nous semblent particulièrement attractifs, soit par leur prix, soit par leurs possibilités.

Le choix d'une montre cardiaque dépend de l'usage auquel son utilisateur la destine. Il se résume à une alternative simple : ou vous disposez d'un ordinateur et pouvez envisager l'achat d'un appareil permettant une analyse approfondie par l'intermédiaire d'un interface ; soit vous n'en disposez pas et n'en envisagez pas l'achat et vous devrez vous tourner sur un appareil plus basique pour vous contenter d'une lecture à vue.

Dans ce cas, il faut savoir que des appareils peu coûteux, très bien faits et fiables, vous apporteront tout ce dont vous avez besoin. Il nous semble qu'à ce jour, dépenser plus de 75 euros dans un cardiofréquencemètre lorsque l'on ne dispose pas d'un ordinateur est totalement inutile, et permet des économies non négligeables.

Jusqu'à ce jour, les cardiofréquencemètres capables d'enregistrer une foule d'informations nécessitaient une interface, d'un prix équivalent au prix de la montre, ce qui en grevait d'autant le prix et en faisait un lourd investissement. La transmission à infrarouge est en passe de révolutionner le transfert des données, et va permettre d'abaisser les coûts.

Une autre alternative sera de trouver un outil qui permette à la fois les fonctions d'une montre cardiaque et d'un compteur, ainsi éventuellement que d'un compte-tours.

Si vous souhaitez un appareil vous fournissant toutes les informations essentielles, vous n'aurez pas le choix et devrez vous tourner vers la gamme Polar®, véritable spécialiste du haut niveau, qui propose quelques modèles très pointus.

Nous préciserons également que toutes les ceintures émettrices sont *a priori* compatibles avec tous les récepteurs. Il est possible de se procurer les émetteurs séparément chez Polar® (au prix de 55 euros), ou chez Cardio Sport®, au même prix.

Si vous ne voulez pas d'interférences avec les autres émetteurs, il est possible de faire l'acquisition d'une ceinture Polar codée, pour le même prix chez Polar®.

Nous passons ici en revue les quelques modèles qui nous paraissent dignes d'intèrêt, ou pour lesquelles nous émettons des réserves quant à leur rapport qualité/prix.

1. Les cardiofréquencemètres de base

a) Cateye® HB 100

Appareil offrant le double avantage de présenter les fonctions d'un compteur et d'une montre cardiaque. Proposé à la vente à un prix de 85 euros, ce modèle est un milieu de gamme, et le seul économique.

Outre la fréquence cardiaque, il offre l'heure, la vitesse moyenne réalisée, la vitesse maximale, le kilométrage, le chronomètre, les calories dépensées.

À noter que cet appareil ne donne pas la cadence de pédalage.

Attention cependant à la ceinture émettrice Cateye®. Son rayon de captage est très important, ce qui rend son usage problématique en groupe.

Dans ce cas, vous risquez de capter également les pulsations de vos collègues d'entraînement, ce qui rend la montre inutilisable.

Vous aurez alors intérêt à investir dans une ceinture Cardiosport® ou Polar®, deux marques qui fournissent l'émetteur séparément.

b) Le Cardiosport® Start 2

Le modèle Start 2 est le modèle basique de la gamme. Il offre simplement la lecture de la fréquence cardiaque, sans autre possibilité. Son prix est légèrement inférieur à 75 euros.

c) Le Cardiosport® Autozone

Ce second appareil calcule automatiquement les zones cibles, en fonction du pouls de repos et de la fréquence cardiaque maximale. Il indique également le temps passé dans chacune des zones lors d'un entraînement. Pour une quinzaine d'euros plus cher, ce modèle semble beaucoup plus performant que le Start 2®.

d) La Polar® Beat

C'est le modèle de base de la gamme Polar® Unique fonction : fréquence cardiaque, affichée sur un écran très lisible. Prix : 53 euros.

e) La Polar® Tempo

Présente assez peu de différences avec la précédente. Propose en plus le chronomètre d'exercice en cours. Prix : 61 euros.

f) La Polar® Fitwatch

Offre en plus l'heure, l'alarme et la possibilité de déterminer une zone cible. Prix : 75 euros.

g) La Polar® Protrainer XT

Modèle proposé au prix de 150 euros, cet appareil propose les fonctions suivantes :

- Fréquence cardiaque,
- Chronomètre,
- Programmation manuelle de trois zones cibles,
- Enregistrement de 48 temps intermédiaires,
- Rappel du temps passé dans chacune des zones ciblées,
- Fréquence cardiaque moyenne d'entraînement,
- Transmission codée,
- Éclairage de l'écran.

En outre, il est possible d'adapter un kit vitesse (pour 42,50 euros), qui permet d'indiquer la vitesse et la distance parcourue.

Ce modèle est largement plus cher que ses concurrents, mais offre des informations et des possibilités largement supérieures.

h) La Sigma® PC 7

Très honnêtement, ce modèle nous semble le meilleur choix possible dans cette catégorie d'appareils. Pour un prix voisin de 61 euros, la PC 7 offre toutes les fonctions nécessaires : heure, chronomètre, fréquence cardiaque, possibilité d'établir une limite haute et une limite basse, avec alarme sonore.

i) La Sigma® PC 14

Nouveau modèle de la marque, le PC 14 présente une fonction supplémentaire par rapport à la PC 7 : la détermination de la cadence de pédalage, qui en fait un outil indispensable.

Depuis que nous utilisons ce type d'appareil, nous n'avons jamais eu à déplorer la moindre insuffisance. Comme sur les autres modèles, excepté les émetteurs Polar®, la pile se change très aisément.

À notre sens, et compte tenu de son prix et des possibilités offertes, la PC 14 nous semble le meilleur achat dans cette catégorie d'appareils. Nous la recommandons donc vivement au lecteur, qui ne sera pas déçu.

2. Les appareils permettant une analyse sur ordinateur

a) Le Cateye® MSC 2DX

Cet outil est le fleuron de la gamme Cateye. Sa particularité est de pouvoir transmettre les informations recueillies pendant l'entraînement par l'intermédiaire d'une interface.

Prix du MSC 2DX : 202 euros. Prix de l'interface : 168 euros.

Le problème rencontré avec ce modèle est sa grande complexité. Il est impératif de prendre le temps nécessaire à la compréhension des diverses manœuvres. Une fois le fonctionnement bien assimilé, cet outil vous donnera une foule d'informations essentielles.

L'enregistrement de la fréquence cardiaque permet une analyse de 3 heures et 30 secondes toutes les 5 secondes, et de plus de 10 heures sur 15 secondes.

Il est possible de déterminer quatre plages de fréquence cardiaque, avec le pourcentage de temps passé dans chaque zone.

Cet outil, à n'en point douter, est l'un des plus performants actuellement sur le marché.

b) Cateye® MSC 3DX

Cet appareil est identique au précédent, et offre en outre la fonction compteur avec cadence de pédalage, ce qui en fait un redoutable concurrent pour le modèle X Trainer Plus de Polar®.

Le seul handicap pour ces deux modèles est leur extrême complexité, qui rend leur usage problématique. Il faut du temps pour s'adapter à ces deux modèles.

c) Cardiosport® Exel Sport

Haut de gamme chez Cardiosport, la Exel Sport permet le transfert des informations essentielles sur ordinateur. Étanche, cet appareil permet d'enregistrer la fréquence cardiaque, détermine les seuils anaérobie et aérobie et possède un chronomètre incorporé.

Il est nécessaire de faire l'acquisition d'une interface, ce qui augmente le coût.

Mais le véritable problème, c'est que la Exel Sport ne peut garder en mémoire que 120 informations. Si vous enregistrez toutes les 5 secondes, ce qui à notre sens est la seule option valable, vous ne pourrez conserver que... 10 minutes de votre entraînement.

Dans ces conditions, la Exel Sport ne nous paraît pas un choix valable. Les modèles de base suffiront amplement, sans vous entraîner dans des dépenses considérables par rapport au service rendu.

d) La Polar® Coach

La Coach est proposée à 229 euros et présente des options assez proches de celles de la ProTrainer XT.

Le gros avantage de cet appareil est de permettre un transfert des données sur ordinateur sans nécessiter d'interface.

Cependant, son gros défaut est de ne pouvoir enregistrer les pulsations de 5 secondes en 5 secondes que sur une demi-heure... Elle est donc inadaptée à l'analyse des efforts d'endurance de type entraînement cycliste sur route.

e) La Polar® Accurex Plus

Pour un prix de 244 euros, ce modèle offre les mêmes fonctions que le précédent, mais avec une possibilité d'enregistrement de la fréquence cardiaque de 5 heures toutes les 5 secondes, ce qui en fait un outil précieux.

Une interface (244 euros) permet le transfert et l'analyse des données sur ordinateur.

Cet outil est un excellent choix, qui offre une foule de renseignements, mais pour un prix total montre – interface de 488 euros.

f) La Polar® X Trainer Plus

L'appareil le plus complet actuellement disponible en matière de cardiofréquencemètres est commercialisé au prix de 273 euros. Il offre les possibilités suivantes :

- Fréquence cardiaque,
- Chronomètre,
- Programmation manuelle de trois zones cibles,
- Enregistrement de 66 heures,
- Mesure de la récupération,
- Rappel du temps passé dans chacune des zones ciblées,
- Fréquence cardiaque moyenne d'entraînement,
- Transmission codée,
- Fonctions spéciales pour cycliste : distance totale, vitesse en course, moyenne et maximale, chronomètre, temps total de course.

Cet appareil peut en outre être complété par un kit cadence de pédalage (45 euros). Il est même possible de rajouter un kit altimètre avec altitude et dénivelés (59 euros).

Toutes ces fonctions peuvent être transférées sur ordinateur par l'intermédiaire de l'interface Polar® (242 euros).

Le coût de l'investissement est donc de 515 euros au minimum avec l'interface et 620 euros avec toutes les options et l'interface, mais pour ce prix, il est possible de tout analyser, et rien n'échappe à l'œil attentif de l'entraîneur.

C'est l'outil que nous conseillons pour les clubs, les stages de préparation, et à chaque fois que l'optimisation de l'entraînement sera recherchée.

3. La nouvelle gamme Polar®

Voilà un ensemble d'appareils dont le transfert sur ordinateur sera réalisé en mode infrarouge, sans l'intermédiaire d'une interface. Du moins en théorie, car si vous n'avez pas de port infrarouge, il faudra une interface pour communiquer avec l'ordinateur.

a) Le S 210

Cet appareil présente toutes les fonctions de base de la Protrainer XT. Elle sera proposée au prix de 125 euros.

Cependant, les données ne sont pas transférables sur ordinateur.

b) Le S 410

C'est le même appareil, mais avec possibilité de transfert des données sur ordinateur. Le prix sera de 260 euros.

Si votre ordinateur n'est pas équipé du port infrarouge, vous pourrez cependant faire l'acquisition d'une interface infrarouge Polar, au prix de 68 euros.

c) Le S 510

Peu différent du précédent, il offre un écran agrandi pour améliorer la lecture. Prix : 260 euros.

Il offre en option la possibilité de s'équiper d'un capteur de cadence et de vitesse.

d) Le S 610

Cet outil possède les mêmes fonctions que les précédents, mais permet en outre de préprogrammer une séance d'entraînement. Le coût de ce modèle est de 275 euros.

Un logiciel plus élaboré, le Polar Précision Performance 3.0 est livré avec l'appareil.

e) Le S 710

Modèle identique au S 510, qui offre en plus l'altimètre et le thermomètre. Il est en outre possible d'intégrer un capteur de puissance. Il est proposé à un prix de 305 euros.

Il est à noter que le capteur de puissance Polar coûte 460 euros, ce qui offre une alternative au coûteux mais excellent système allemand SRM® (près de 7600 euros).

Le capteur de puissance permet la mesure de la puissance (en continu, moyenne), l'analyse de la répartition des forces gauche/droite, et la mesure de l'indice de pédalage.

Cet appareil peut également être équipé du capteur de cadence et de vitesse, ce qui en fait l'outil le plus complet de la nouvelle gamme.

Pour 847 euros, il sera ainsi possible de s'équiper de la façon la plus complète qui soit. Nous rappellerons que toutes les fonctions proposées par ce modèle en font un redoutable concurrent pour des appareils professionnels de recherche, et ce avec un zéro de moins...

f) Le S 810

Top niveau de la nouvelle gamme, cet appareil présente toutes les fonctions du S 610, auxquelles s'ajoute le test de surentraînement. Son coût est de 460 euros.

Il n'offre pas, cependant, les équipements, en option, proposés pour le modèle précédent.

La gamme S a été commercialisée fin 2001. Notons enfin que la société Monitor vend désormais des ceintures cardiaques Sport Instrument qu'il est possible d'acheter pour une trentaine d'euros. L'avantage est que le remplacement de la pile est aisé par tout un chacun.

B. Les home-trainers

Nous présentons ici les différents modèles les plus couramment utilisés.

Il faut distinguer deux catégories d'appareils, ceux d'usage courant, de type tréteaux, avec fixation par l'attache rapide du moyeu, et les outils beaucoup plus évolués utilisant un ordinateur de bord ou pouvant être reliés à un ordinateur.

Nous n'avons pas souhaité ajouter dans ce chapitre les modèles type trois rouleaux, car ils sont à notre sens des outils dépassés, sans intérêt et inefficaces sur le plan de l'entraînement.

Seuls les plus couramment utilisés sont référencés ici, de façon à permettre au lecteur de faire un choix en connaissance de cause. Il existe sûrement d'autres appareils, mais la liste ci-dessous suffit à montrer la diversité des modèles et la difficulté de faire un choix.

1. Les home-trainers de type tréteau

a) Les home-trainers Elite®

Trois modèles sont proposés dans cette marque, tous pliables, et de type « tréteau » :

(1) Elite Travel Mag®

Modèle de base de la gamme, cet appareil utilise un système de freinage de type magnétique. Une manette fixée sur le guidon permet de choisir entre sept niveaux de freinage différents. Le prix moyen se situe autour de 150 euros.

(2) Elite Travel Fluid®

Le système de freinage, de type fluido-magnétique, assure un pédalage sans à-coups. Le prix moyen se situe entre 215 et 230 euros.

(3) Elite Travel Hydroforce

Haut de gamme de la marque, cet appareil propose le même type de freinage que précédemment. Il offre cinq niveaux de freinage par une manette que l'on peut fixer au guidon. Il est à noter que cet appareil est particulièrement silencieux.

Le prix est élevé, aux alentours de 260 euros.

Ces trois appareils offrent en option une cale pour la roue avant (supplément 13 euros).

b) Les home-trainers Tacx®

(1) Tacx Cycletrack Speedbraker®

Modèle de base, cet appareil n'est équipé d'aucun système de freinage, hormis la résistance à l'air. Son prix avoisine les 125 euros. Notons que tous les appareils de la marque peuvent être équipés d'une cale pour la roue avant (18 euros).

(2) Tacx Cycletrack Speedmatic®

Cet appareil offre un système de freinage magnétique et permet le choix entre sept niveaux de freinage différents par l'intermédiaire d'une manette que l'on peut fixer au guidon. Le prix se situe aux alentours de 150 euros.

(3) Tacx Cycle Force One®

Cet outil présente quasiment les mêmes particularités que le précédent, excepté un volant d'inertie plus lourd. Le prix diffère peu (170 euros).

(4) Tacx Cycle Force Swing®

Le Swing® est une nouveauté, prévue pour ceux qui souhaitent travailler sur home-trainer l'intensité et la puissance.

Il est doté d'un système de freinage magnétique, avec volant d'inertie surdimensionné. Par ailleurs, il propose également sept niveaux de freinage avec une manette qui peut être fixée au guidon. Le prix est de 185 euros.

Nous retiendrons également la bonne idée de la maison Tackx, qui propose une serviette de transpiration, qui s'attache au guidon et au tube de selle, et qui évite une éventuelle corrosion due à la transpiration.

c) Les home-trainers Minoura®

(1) Les Magturbo MR1 Ergo® et MR5 Ergo 50®

Ces deux appareils sont très proches. Ils sont équipés d'un freinage de type magnétique, et présentent sept possibilités de réglage du niveau de résistance. Le prix est de 140 euros pour le premier, et de 150 euros pour le second. Une cale pour la roue avant (7 euros) est proposée en option.

(2) L'Interim Remote®

Ce home-trainer en acier léger offre un système de freinage appelé Rim Drive Action. Contrairement à tous les appareils présentés plus haut, tous entraînés par le pneu, l'entraînement de la roue s'effectue par la jante, à l'aide de deux galets en caoutchouc. Sept niveaux de résistance sont offerts, par l'intermédiaire d'une manette au guidon.

Le prix est beaucoup plus élevé que celui de ses concurrents : 300 euros.

2. Les home-trainers avec ordinateurs incorporés

a) Les home-trainers Elite®

(1) Elite Travel Hydroforce Cardio®

C'est le tréteau vu précédemment, mais équipé d'un microprocesseur. La console propose 16 fonctions, dont les variations de la fréquence cardiaque, la vitesse, la puissance développée en watts. Prix : 430 euros.

(2) Elite Travel Hydroforce Plus®

Ce modèle est le petit frère du précédent, qui ne comporte que 13 fonctions. Son prix n'est que de 430 euros.

(3) Elite Axiom Powertrain®

C'est le top de la gamme Elite. Cet appareil est relié directement au micro-ordinateur, par l'intermédiaire du microprocesseur fixé au guidon. Le freinage est assuré par un alternateur spécial.

Cet appareil est très complet, et fournit une foule d'informations essentielles, transmises à l'ordinateur sous forme de courbes et de graphiques. Outre ces fonctions, il est possible d'effectuer des parcours adaptés à la condition du moment, et d'effectuer une véritable évaluation.

Le prix de 870 euros semble en rapport avec les capacités de cet outil.

b) Les home-trainers Tacx®

(1) Tacx Basic®

Cet outil est doté d'un freinage électromagnétique. Il est équipé d'un moniteur de bord qui enregistre la vitesse de pédalage, la puissance développée, l'énergie dépensée, de la vitesse et permet de modifier la puissance en cours d'effort. Il est proposé à 310 euros.

(2) Tacx Exel®

Beaucoup plus sophistiqué que le précédent, ce modèle à freinage électromagnétique offre en outre la possibilité de programmer dix parcours d'entraînement, et permet de s'entraîner face à un adversaire virtuel.

L'ordinateur de bord offre en outre les possibilités d'enregistrement de la vitesse, de la distance, de la fréquence cardiaque, de la cadence de pédalage et de la puissance. Le prix est de 600 euros.

LIBRE-EXPRESSION

Gwenael Puaud
Éducateur, Club de la région de Pouzauges (Vendée)

« *Mes sincères remerciements à Patrick Mallet qui me permet de m'exprimer librement dans ces colonnes. C'est l'occasion d'y consacrer ces quelques lignes selon un point de vue malheureusement pas toujours des plus réjouissants. S'il m'était possible d'éviter ces dires, croyez-moi, j'en profiterais pour faire l'apologie du cyclisme !*

Passionné et féru de cyclisme, Patrick réactualise en permanence « Le cyclisme moderne », grâce à un militantisme et un investissement de longue date. Force est de constater que ma rencontre avec cet homme ne m'a pas laissé indifférent. Partageant ensemble ce même désarroi à l'égard d'un état d'esprit encore trop empiriste, nous avons souhaité réaliser une étude se ciblant vers une approche qualitative d'entraînabilité. Un constat, ou plutôt un état des lieux en général nous laisse entrevoir une méconnaissance des méthodes modernes d'entraînement : le problème de cyclistes capables de rouler en groupe « la tête dans le guidon » pendant trois à cinq heures, aux antipodes de la notion d'endurance. Incompréhension tout simplement ... ou problème de mentalité ?

Toute personne évoluant dans le monde du cyclisme a pu observer le gâchis de jeunes coureurs, trop poussés par des entraînements aberrants, également par l'entourage ; champions à 16 ans, mais disparus des pelotons quelques années plus tard. Ce bilan n'est pas sévère : il est réel. Et qu'en est-il du monde professionnel, de l'amateurisme ?

Les champions ignorent tout aujourd'hui des méthodes d'entraînement Ce n'est pas si simple, me direz-vous ; c'est une problématique de fonctionnement à l'égard du dopage axée sur des valeurs bafouées, hypocrisie et mensonge, des conseillers sportifs ou des élus qui se prennent pour des messies.

Cette trop grande fréquence d'entraînements longs en mode continu dans la population cycliste ne doit pas être interprétée comme une sorte de catastrophe préparatoire à la compétition, mais plutôt comme une méconnaissance des méthodes modernes d'entraînement en cyclisme.

Abreuvez-vous au maximum de cet ouvrage, alliant théorie et pratique de manière ludique, sympathique et surtout réaliste !

Profitez-en : vous avez la clé de la réussite entre les mains et, qui plus est, des connaissances intelligentes sur le cyclisme moderne. »

ANNEXES

A. Liste des substances interdites

Nous n'avons pas souhaité reproduire la liste des produits interdits dans cette nouvelle édition, ceci pour une simple raison : les coureurs doivent faire la démarche eux-mêmes, en lisant la notice de tous les médicaments qui leur sont prescrits.

Sur la notice de tous les médicaments qui ont un effet dopant est mentionné le fait que ce produit peut positiver un contrôle antidopage.

Tout sportif pris positif lors d'un contrôle est au moins coupable de passivité, car s'il n'a pas voulu tricher, il a le devoir de s'informer. Nul n'est sensé ignorer la loi. Nul ne doit ignorer ce qu'il avale !

Demain, grâce aux merveilles inventées par les laboratoires, et prescrites allègrement par certains médecins du sport « sans majuscule », les coureurs cyclistes se promettent des lendemains qui déchantent : hypertension, diabète, cancers de la prostate, accidents cardio-vasculaires, maladies type « vache folle », et bien sûr toutes ces pathologies que nous ne connaissons pas encore... Pendant les années de guerre, on appelait ces médecins « les médecins de la mort ». Eux aussi faisaient de l'expérimentation sur l'être humain. Mais sans le consentement de leurs victimes.

B. La justification thérapeutique

Sur les listes de substances dopantes fournies par la DRJS, certains médicaments sont suivis d'une marque : (J). Cela signifie que ces produits, qui sont interdits, peuvent faire **exceptionnellement** l'objet d'une **justification thérapeutique**, lorsqu'il n'existe pour le médecin prescripteur aucune alternative thérapeutique.

Dans ce cas, le médecin prescripteur est tenu d'ouvrir un dossier spécial au moment de sa prescription. Ce dossier comprendra :

- un résumé de l'examen clinique ;
- les examens complémentaires effectués avec leur date ;
- une note du médecin justifiant l'emploi du médicament ;
- l'ordonnance datée sur laquelle devront être portés le cachet de la pharmacie et la date de délivrance du médicament.

Lors d'un contrôle antidopage, le cycliste devra mentionner sur le procès verbal du contrôle la prise de ce médicament et l'existence du dossier de justification thérapeutique.

Quand la FFC communiquera le résultat positif au cycliste, celui-ci devra transmettre son dossier à la commission médicale de la fédération. Ce dossier sera alors étudié par la commission d'interprétation, qui statuera sur la justification du médicament.

Si la justification thérapeutique n'est pas accordée, le sportif sera considéré comme positif et soumis aux sanctions habituelles.

On peut se procurer la liste des spécialités pharmaceutiques françaises contenant des substances dopantes en en faisant la demande au ministère de la Jeunesse et des Sports ou dans les centres départementaux Jeunesse et sports.

On pourra y trouver également la liste des spécialités O.R.L. ne contenant pas de produits interdits.

Nul n'étant sensé ignorer la loi, il est impératif que tout coureur cycliste s'informe des produits qu'il a le droit de consommer, et qu'il fournisse à son médecin généraliste la liste des produits interdits. N'oublions pas qu'un médecin généraliste n'est pas au fait des problèmes de dopage : cela ne fait pas partie de sa formation !

Attention ! Une photocopie du justificatif doit impérativement être adressée au médecin inspecteur régional de jeunesse et sports, de façon à éviter tout risque d'erreur.

D'autre part, par précaution, nous convions chaque sportif détenteur d'un justificatif à le présenter au médecin chargé du contrôle médical sur toutes les courses. Cela évitera que certains coureurs de bonne foi ne se fassent injustement prendre pour dopage.

Cette malheureuse aventure est arrivée à l'un de nos amis duathlète, qui, bien que possédant le justificatif en question pour un traitement anti-hypotension artérielle, s'est fait suspendre pour un an.

C'était en pleine affaire Festina, et il fallait des boucs émissaires...

Alors qu'on suspend Rodolfo Massi pour six mois bien qu'il soit convaincu de dopage par EPO, que les affaires se multiplient, on suspend pour un an un coureur qui se bat dans son club contre le dopage et qui a pris un traitement d'Hept a myl® alors qu'il a présenté un justificatif au mauvais moment.

Magnien, lui, n'en a pas tant eu, lui qui a pris du Kenacort®, bien plus dangereux !

Espérons que cette voie n'est pas celle sur laquelle s'engage le pouvoir sportif en mal de coupables !

Comme le dit le poète, « Que tu sois puissant ou misérable, etc., etc. »

C'est ce que l'on appelle la lutte antidopage à la tête du client ! Ce n'est pas celle que nous attendions.

Attention à l'automédication !

Un médicament doit être prescrit par un médecin, qui en connaît les avantages et les inconvénients.

Le dictionnaire Vidal du particulier ne doit jamais faire oublier cela ; s'il faut à un médecin dix ans de sa vie pour sa formation, ce n'est pas un hasard. Quand il prescrit un médicament, c'est en connaissance de cause.

Nul ne doit jouer les apprentis sorciers, car ces médicaments peuvent se montrer extrêmement dangereux, c'est le cas des substances dopantes.

C. Le calcul de la masse grasse

Les formules de Sloan-Weir permettant la mesure de la masse grasse totale sont les suivantes :

1. Pour les hommes

Densité corporelle : 1,1043 - (0,00133 x pli de la cuisse)- (0,00131 x pli sous-scapulaire)

Pourcentage de graisse : (4,570/densité corporelle - 4,142) x 100

2. Pour les femmes

Densité corporelle : 1,0764 - (0,00081 x pli sus iliaque)- (0,00088 x pli du triceps)

Pourcentage de graisse : (4,570/densité corporelle - 4,142) x 100

La densité corporelle est estimée en grammes par millilitre. La masse grasse s'exprime en pourcentage du poids du corps. L'erreur d'estimation de la densité corporelle est de 0,0069 grammes/millilitre pour les hommes et de 0,00822 grammes/millilitre pour les femmes.

Si vous voulez mesurer vous-mêmes votre masse grasse, il existe des pinces spéciales permettant la mesure des plis cutanés. Il suffit de faire la somme de quatre plis (bras au milieu du biceps, à l'arrière du bras à la même hauteur, à hauteur de l'ombilic et dans le dos au niveau de l'omoplate. Après totalisation des quatre valeurs, il suffit de consulter une abaque qui donne la masse grasse. L'appareil coùte plus de 450 euros. Il existe un choix plus économique, une balance, qui calcule automatiquement la masse grasse.

On peut trouver certainement dans le commerce plusieurs marques distribuant ce type d'appareils. Notre balance est de marque Tanita, et elle est vendue au prix de 105 euros. Méfions-nous cependant, car la balance n'utilise que des formules dépendant du poids et de la taille. Par rapport à la pince, l'écart est parfois conséquent.

D. Le compte rendu de test d'effort

Bilan du test du :

Nom : XXX	Prénom : Jérôme
Âge : 21 ans	Catégorie : R1
Poids : 66 kg	Taille : 1,83 m

Test de Ruffier

P1 : 48	
P2 : 112	Indice : 1,8
P3 : 58	

Test d'effort

FCM	199
Pouls de fin d'effort	193
Puissance indiquée	452
PMA réelle (watts)	384
VO2max (l/mn)	4,9
VO2max (l/kg/min)	74
Seuil anaérobie	182
Seuil anaérobie (%)	91
Watts/kg	5,8
VMA annoncée	48,2
VMA réelle	43,4

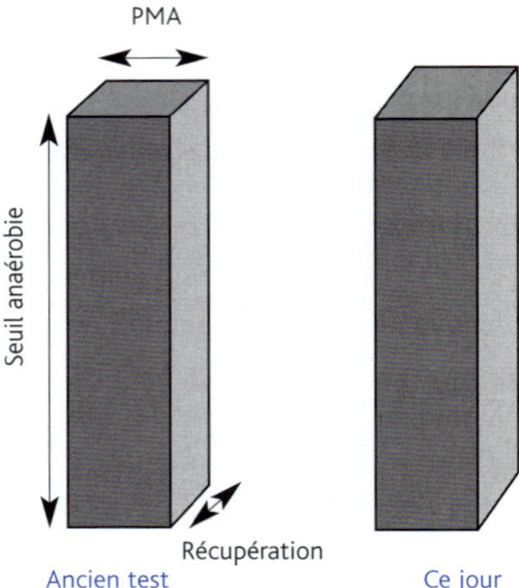

Récupération

Pouls de fin de test	193
Pouls	145
Récupération	25

Conclusion

Pouls de repos	48	Bien
Indice de Ruffier	1,8	Bien
Puissance maximale aérobie	384	Très bien
VO^2max (1/kg/min)	74	Très bien
Seuil anaérobie (en %)	91	Correct
Watts/kg	5,8	Moyen
VMA réelle	43,4	Bien
Récupération	24,9	Moyen

Vos limites actuelles

	Fréquence cardiaque	Zone	Exemples
Fréquence cardiaque max	199	Anaérobie alactique Zone alactique	Sprint Kil. dépt. arr.
PMA	193	VO2max Zone de transition	Poursuite CLM
Seuil anaérobie	182	Début zone anaérobie	Compétition
	153*	Endurance critique haute	Vélocité
		Endurance critique basse	Récupération
Seuil aérobie	124*	Limite minimale aérobie zone de lipolyse	Récupération
Pouls repos	48		

* Valeurs déterminés à partir de la fréquence de réserve

Analyse de votre progression

	13/11/99	15/04/00	17/06/00	30/09/00
Pouls repos	60	50	50	48
Indice Ruffier	5	2,3	3	1,8
Récupération	21	25	21	25
Seuil anaérobie	96	90	92	91
PMA	372	360	394	384
VO2max	71	68	76	74
Watts/kg	5,6	5,4	6	5,8
VMA	40,1	41,8	43,8	43,1

Premier test

Légende :

Trop haut	Moyen	Bien	Trop bas

Légende :

Régression	Stagnation	Progression

Ceci est le compte rendu que nous remettons au sportif qui vient nous visiter.

L'aspect visuel nous parait important, et le respect du sportif nous impose de lui fournir un compte rendu propre et lisible, sur lequel il peut aisément visualiser sa progression (couleurs, boîte), et où il trouvera les informations utiles à sa progression.

Il n'a pas ainsi l'impression que l'on se moque de lui. Ce compte rendu est complété par la remise de la visualisation de son test d'effort (présenté à plusieur reprise dans cet ouvrage).

Notons enfin que ce compte rendu est remis au coureur devant un café, et qu'en général nous étudions ensemble la façon la meilleure pour progresser. Car quel que soit le test effectué, le coursier ne peut se satisfaire d'un compte rendu malgré tout obscur.

Tout est important dans ce test d'effort : le test de Ruffier Dickson, mais aussi la récupération, la consommation d'oxygène, le seuil anaérobie, autant de valeurs fondamentales de première importance.

Le rapport poids-puissance est important également, ainsi que la PMA, la VMA, la puissance exploitable au seuil, tout autant de valeurs essentielles pour qui veut progresser. Enfin, l'évolution comparative à la fin du compte rendu est significative de la progressivité du cycliste.

C'est bien sûr ce qui nous paraît le plus important. Enfin, le cycliste sait s'il progresse, s'il stagne, s'il régresse et comment il faut travailler pour modifier ce test dans le bon sens.

BIBLIOGRAPHIE

Nous présentons ici les livres et documents qui nous ont servi pour cet ouvrage. Les livres essentiels pour la pratique et la compréhension du cyclisme sont soulignés.

Anatomie et physiologie humaines
Elaine N. Marieb. Éditions De Boeck Université, 1993.

Aspects fondamentaux de l'entraînement
M.P. Matveev. Éditions Vigot.

Bases physiologiques de l'activité physique
Edward Fox, Donald Matthews. Éditions Vigot, 1984.
Biochimie PCEM. Dawn B. Marks. Éditions Pradel, 1994.

Bioénergétique de l'exercice musculaire
Michel Rieu. Éditions PUF, 1988.

Biologie du sport
Jürgen Weineck. Éditions Vigot, 1992.

Biologie et physiologie humaines
Christian Robert, Pierre Vincent. v Vuibert, 1997.

Carnet d'entraînement du cycliste
Michel Perret. Éditions ERTI.

Cardiologie sportive
Jean-Paul Broustet. Éditions Masson,1978.

Cours de cyclisme sportif
M. Angeli. Éditions De Vecchi, 1994.

Course de fond et performance
Véronique Billat. Éditions Chiron, 1991.

Cyclisme
Pierre Chany, Michel Scob. Éditions Robert Laffont, 1975.

Cyclisme et performance
Gérard Haushalter. Éditions Chiron, 1990.

Cyclisme sur route
Daniel Clément. Éditions Amphora, 1976.

Cyclisme sur route
Bernard Hinault, Claude Genzling. Éditions Robert Laffont, 1986.

Cyclisme, de l'école à la compétition
Daniel Clément. Éditions Amphora, 1972.

Cyclisme. Entraînement, pédagogie
Jean-François Mayer. Éditions Vigot, 1994

Détermination et gestion tactico-technique des fréquences cardiaques critiques en cyclisme de compétition
Jean-Pierre Demenois, diplôme de l'INS, 1995.

Dilettanti e professionisti
Agostino Massagrande. Éditions Edi Ermes, Milano, 1994

Drogues et dopages
Jean-Pierre De Mondenard. Éditions Chiron, 1987.

Entraînement à l'endurance
Norbert Auste. Éditions Vigot, 1996.

Entraînement et performance athlétique
Richard Courtay. Éditions Amphora, 1986.

Équilibre alimentaire et sport d'endurance
Denis Riché. Éditions Vigot, 1990.

Évaluation de la valeur physique
Collectif. Éditions Insep, 1994.

Les fondamentaux du cyclisme.
Christian Vaast. Éditions Amphora, 2003.

Guide du cardiofréquencemètre
Sally Edwards. Éditions Polar, 1993.

Interval training
Edward Fox et Donald Matthews. Éditions Vigot, 1986.

Jogging et course de fond
Jeff Galloway. Éditions Amphora, 1987.

La base de l'entraînement
L.P. Matveev. Éditions Vigot.

La pathologie de l'appareil locomoteur liée au sport
14e réunion annuelle du GETROA. Labo Pfizer.

La préparation physique
Michel Pradet. Éditions Insep, 1996

La zone de transition aérobie - anaérobie
Séminaire de bioénergétique, 20-21 Mars 1986 Paris. Éditions Insep.

Le cyclisme, ses disciplines
Robert Le Roux. Éditions Graphitype.

Le genou du sportif
Jean Génety et Élisabeth Brunet Guedj. Éditions Vigot, 1982.

Le livre des biorythmes
Philippe Prod'homme. Éditions Mutus Liber, 1988

Le renforcement musculaire
Les dossiers de l'entraîneur. Éditions INSEP.

Lésions musculaires récentes
J.-M. Ferret, C. Bruge, Roland Matthieu.

Le stretching du sportif
Sven - A. Sölveborn. Éditions Chiron, 1983.

Le stretching postural
Jean Le Bivic. Éditions des Iris, 1992.

Le triathlon
Didier Bertrand et Didier Le Hénaff, 1988.

Le vélo. Du cyclotourisme au tout terrain
Michel Delore. Éditions Amphora, 1988.

Manuel d'entraînement
Jürgen Weineck. Éditions Vigot, 1986.

Manuel pratique de médecine du sport
P. Pilardeau. Éditions Masson, 1987.

Marathon, deuxième édition
François Péronnet, Éditions Vigot, 1991.

Médecine du cyclisme
H. Judet et Gérard Porte. Éditions Masson, 1983.

Physiologie appliquée de l'activité physique
Nadeau M, Péronnet F. et coll. Éditions Edisem, 1980.

Physiology of Fitness
Brian Sharkey. Éditions Human kinetics, Champaign, Illinois,1990.

Médecine du sport
R. Guillet et J. Génèty. Éditions Masson.

Mémento de l'éducateur sportif deuxième degré
Publications INSEP.

Physiologie de l'activité musculaire
PV Karpovich, W Sinning. Éditions Vigot, 1979.

Physiologie de l'activité sportive
Camille et Pascal Craplet. Éditions Vigot, 1986.

Physiologie de l'activité physique
Wd. Mc Ardle, F. et V. Katch. Éditions Edisem, 1987.

Physiologie du sport
Hugues Monod et Roland Flandrois. Éditions Masson, 1985.

Pratique du cyclisme
Peter Konopka. Éditions Vigot, 1991.

Précis de physiologie de l'exercice musculaire
P.O. Astrand, K. Rodahl, 1980.

Préparation physique et sportive
Jacques Le Guyader. Éditions Chiron, 1987.

Sport-loisirs cyclisme
Claude Gabard. Éditions Jadault, 1980.

Technopathies du cyclisme
Jean - Pierre de Mondenard. Laboratoires Geigy.

Technique et physiologie de la poursuite. Méthodologie de l'entraînement
Diplôme d'entraîneur sportif, Jean Michel Gauvin, 1993 à 1995.

VO2max et performance
Pierre Harrichaux et Jean Medelli. Éditions Chiron, 1990.

Xavier Fournier

Agent de développement du comité cycliste de Vendée

Le cyclisme est en pleine mutation. Les instances internationales et nationales procèdent à de nombreux changements. On peut citer par exemple la refonte du calendrier international piste, qui tend à faire de cette discipline une activité hivernale, la création de l'UCI Pro Tour et ses budgets faramineux, la refonte des clubs amateurs français avec les labels 1 et 2 étoiles et les changements liés aux clubs de division nationale...

Tout ceci amène une professionnalisation du cyclisme et de son encadrement, encore faudrait-il pour cela en avoir les moyens financiers. Si cela ne semble pas poser de problèmes dans le haut niveau, la situation est plus critique au niveau inférieur. Nombre d'emplois sont menacés avec la disparition des emplois jeunes, dont les aides financières arrivent à échéance... et rien à l'horizon pour les sauvegarder...

Personne ne s'en inquiète, que ce soit au niveau de l'État ou des instances fédérales. Chacun doit se débrouiller seul dans son coin en bricolant à droite et à gauche de manière à trouver les fonds nécessaires à la sauvegarde de son emploi.

D'ailleurs, la base de la pyramide, si importante comme on l'entend parfois dans les beaux discours, ne semble pas toujours intéresser le sommet. Alors que les cadres techniques nationaux ou régionaux sont conviés chaque année à un regroupement leur permettant de faire le point des actions effectuées ou à venir, d'échanger sur les problèmes rencontrés, de proposer des idées... Un étage de la pyramide tombe dans l'oubli.

Des actions intéressantes sont menées au niveau interrégional avec la collaboration des comités départementaux (challenge interrégions cadets, interrégions féminines entre autres), pourquoi ne pas continuer dans cette voie ?

Pourquoi ne pas continuer dans cette voie ? On pourrait par exemple imaginer un regroupement des cadres techniques départementaux ou assimilés et autres responsables de sections sportives avec présence de représentants nationaux (élus entraîneurs nationaux, membres de la DTN). Ceci permettrait sûrement de dégager quelques idées intéressantes et de montrer un minimum d'intérêt envers le cyclisme de base.

Je voudrais terminer cette libre expression qui m'est offerte par Patrick (et je le remercie pour cela) en évoquant les bienfaits de la pluridisciplinarité. Ce mot barbare qui fait peur est à mon avis l'avenir du cyclisme. Profitons du fait que le sport cycliste comporte une multitude d'activités pour en tirer les bénéfices dans la formation des jeunes et des moins jeunes, d'ailleurs, ainsi que dans l'approche de ce sport. Je n'imagine pas une pratique cycliste sans varier les supports, chaque activité possédant ses spécialités et ses attraits.

La route est, et restera, la vitrine du cyclisme, de par son impact médiatique auprès du grand public. Mais ne laissons pas de côté d'autres activités telles que la piste, le cyclo-cross, le VTT, le BMX, disciplines tellement formatrices. Un bon cycliste se doit de goûter à tout pour s'orienter par la suite vers ce qui lui plaira le plus et lui permettra de s'accomplir dans sa vie sportive et quotidienne. »

QU'AVEZ-VOUS RETENU DE CE LIVRE ?

QU'AVEZ-VOUS RETENU DE CE LIVRE ?

Nous vous proposons un questionnaire que nous avons soumis aux sections sportives avec lesquelles nous travaillons actuellement : section sport études de Chateaulin, de Condé-sur-Noiraud, de Flers et de la Roche-sur-Yon.

Nous vous les proposons, de façon à vous permettre de faire un tour d'horizon sur ce qu'il vous reste après avoir lu cet ouvrage.

Vous pourrez ainsi noter chaque question 0,4 point, ce qui sur 50 questions au total vous donnera une note sur 20. Bon courage.

Nous avons fait suivre ce questionnaire des réponses, qui vous attendent au chapitre suivant. Si vous avez bien lu et bien assimilé cet ouvrage, vous ne devriez pas en avoir besoin !

1 – Définissez la notion d'entraînement.

2 – Qu'est ce que l'endurance ?

3 – Quelle est la vitesse optimale dans un contre-la-montre ? Dans une poursuite ?

4 – Quel est l'intérêt du travail en endurance de base ?

5 – Quel est l'intérêt du travail en endurance aérobie ?

6 – Précisez les avantages du travail fractionné par rapport au travail continu.

7 – Qu'est-ce que l'endurance intermittente ? Donnez un exemple de séance.

8 – Comment faire pour développer la consommation d'oxygène ?

9 – Comment faire pour monter le seuil anaérobie ?

10 – Que veut dire le mot aérobie ? Donnez un exemple de travail aérobie.

11 – Que signifie le mot anaérobie ? Donnez un exemple de travail anaérobie.

12 – Quelle est votre PMA ? Comment faites-vous pour l'estimer ?

13 – Comment faire pour repérer à l'entraînement le seuil anaérobie ?

14 – Qu'est-ce que la vitesse maximale aérobie ? Comment la déterminez-vous ?

15 – Comment pouvez-vous calculer votre fréquence cardiaque maximale ?

16 – Comment faites-vous le test de Ruffier et comment calculez-vous l'indice de Ruffier ?

17 – Comment faites-vous pour savoir si votre récupération est bonne ? Attention, vous avez plusieurs façons de le savoir.

18 – Que vous apporte ce test de Ruffier ? Quand doit-on le faire ? Développez.

19 – Quels sont les moyens simples à votre disposition pour connaître votre progression ? Développez.

20 – Que peut-on attendre de la courbe poids-pouls ?

21 – Quels sont les moyens simples à votre disposition pour savoir en cours de saison si vous êtes en progression ?

22 – Comment pouvez-vous améliorer vos qualités de sprinter ? Donnez un exemple de séance d'entraînement.

23 – Comment améliorer la récupération ? Donnez un exemple de séance de travail.

24 – Comment doit-on s'échauffer ? Donnez un exemple.

25 – Comment peut-on améliorer sa force musculaire ? Donnez un exemple.

26 – Sur quels principes pouvez-vous concevoir la programmation de votre saison ?

27 – À quoi sert la période de transition ?

28 – Donnez un exemple de séance d'entraînement en piscine en période hivernale.

29 – Quelles sont les conséquences biologiques de l'arrêt de la saison ?

30 – Donnez quelques mouvements à effectuer pour muscler les abdominaux lors d'une séance de gym.

31 – Faut-il modifier son alimentation en période hivernale ? Pourquoi ?

32 – Qu'est-ce que la fringale ?

33 – Quelle est sur l'organisme la conséquence de l'ingestion d'une grande quantité de sucres rapides ?

34 – À quoi servent les protéines ?

35 – Qu'appelle-t-on surcompensation ?

36 – Donnez un exemple de séance de travail pouvant amener la surcompensation.

37 – Vous êtes asthmatique. Vous avez besoin d'un médicament pouvant positiver vos urines lors d'un contrôle anti-dopage. Que devez-vous faire ?

38 – Donnez un exemple de repas d'avant-course.

39 – Que faites-vous après la course pour améliorer votre récupération ?

40 – Faut-il prendre des sucres lents le soir après la course ? Justifiez.

41 – En boisson d'attente, vous buvez un litre de Coca-Cola. Avez-vous raison ?

42 – Qu'est-ce que la charge de travail ?

43 – Vous commencez les courses avec 2500 kilomètres. Qu'en pensez-vous ? Attention, question piège.

44 – Quelles qualités faut-il travailler pendant la préparation pour s'améliorer ?

45 – Vous préparez un contre-la-montre de 15 kilomètres. Vous êtes à un mois de l'objectif. Comment faites-vous ?

46 – Vous avez de gros problèmes de récupération. Quel type de courses choisissez-vous ?

47 – Vous rentrez de l'entraînement avec un gros mal au genou. Que faites-vous dès que vous êtes arrivé ?

48 – Quelle est la position que doit avoir votre pied par rapport à la pédale ?

49 – Vous avez passé un test d'effort. VO2max : 58 ; seuil anaérobie : 97 % ; récupération : 22 %. Qu'en pensez-vous, quel est le travail à faire ?

50 – Avec le test précédent fin octobre, êtes-vous en état de faire la saison de cyclo-cross ?

Richard Hacquet,

Coureur Fédération française handisport

Eh oui, je suis un champion comme les autres, même si mes titres de champion de France en cyclisme adapté sur piste ne m'ont pas donné de billets. J'ai le bras droit paralysé suite à un accident de moto. J'ai 29 ans. Voilà quatre ans que je fais des sacrifices ; je me bats pour surmonter mon handicap et pour me forger un moral d'acier...

Cet accident en 1996 m'a tout fait perdre : l'usage de mon bras, mon travail, mais mon esprit de battant sportif m'a beaucoup aidé. De plus, un champion ne réussit pas tout seul : mon entourage familial a toujours été présent, ainsi que mes amis.

J'ai appris à me servir de ma main gauche alors que j'étais droitier, et j'ai tout misé sur le cyclisme. Des entraînements très durs et rigoureux. Pas un instant perdu, des heures de travail, et encore des heures de travail avec cet acharnement qui revient comme un leit motiv.

Pas question de faiblir ou de se décourager : il faut être le meilleur. La première année, j'ai parcouru en une saison 20000 kilomètres pour décrocher une médaille de bronze à l'Omnium des championnats de France sur piste. L'année suivante, grâce à un kilométrage bien moindre mais à une méthode de travail bien plus fouillée (référence à la version 1998 du « Cyclisme moderne ») je remporte mon premier titre de champion de France d'Omnium devant le champion olympique, avec une belle saison route et piste (premier de la coupe de France, trophée Robert Oubron), et un podium (bronze) aux championnats de France contre-la-montre individuel route. Après cette saison très réussie, j'ai été étonné de ne pas participer aux championnats de monde.

J'ai reçu une lettre de la FFH me signalant que j'étais retenu pour un poste de remplaçant, et qu'il fallait que je continue à m'entraîner ! Suivant les conseils de Patrick, je continuais à m'entraîner, à gagner et à améliorer les temps. 1999 : champion de France à Bordeaux-Lac. Idem en 2000 à Paris, battant le champion du monde et le champion olympique. Toujours pas de billet pour Sydney.

J'ai du mal à comprendre le mécanisme qui fait qu'un triple champion de France (battant le champion olympique en titre) n'ait pas même le droit de participer à une sélection internationale pour montrer de quel bois il est fait...

Le vélo était pour moi une thérapie (il m'avait permis d'éradiquer traitement antidouleur). Il m'a apporté l'une des plus grandes désillusions de ma vie.

J'ai été victime du favoritisme du sélectionneur et du directeur technique national, qui ont voulu récompenser l'ex-champion olympique et champion de France à mon détriment.

À ce jour, j'ai abandonné le monde du cyclisme pour me tourner vers la voile. Il me reste dans le cœur un grand goût d'inachevé... et d'injustice. »

RÉPONSES AU QUESTIONNAIRE

RÉPONSES AU QUESTIONNAIRE

1 – L'entraînement est une adaptation progressive de l'organisme à des efforts de plus en plus longs et de plus en plus durs.

2 – L'endurance est un processus visant à développer le potentiel de chacune des filières énergétiques.

On distingue l'endurance de base, où les graisses sont mobilisées, sans amélioration des capacités.

L'endurance aérobie où l'équilibre entre production d'énergie et approvisionnement en oxygène est constant. On définit l'endurance critique basse entre 70 et 80 % de la FCM, et l'endurance critique haute, pendant laquelle apparaît une petite quantité d'acide lactique.

3 – La vitesse maximale pour un contre-la-montre se situe au seuil anaérobie, la fin pouvant être effectuée en zone de transition, puis à la PMA.

Pour une poursuite, la zone de travail est la PMA, avec pour finir une courte phase en anaérobie lactique.

4 – Le travail d'endurance de base s'effectue essentiellement à la reprise de la préparation spécifique. Il permet la remise en route, le travail de la vélocité et le développement d'un pédalage de qualité. Les seuls substrats utilisés sont les lipides. L'endurance de base ne développe pas la consommation d'oxygène.

5 – L'endurance aérobie est la zone privilégiée du cyclisme sur route. Le travail dans cette zone permet de développer la capacité à l'endurance, et d'augmenter la consommation d'oxygène. Les poumons sont capables de capter davantage d'oxygène, le cœur augmente le volume d'éjection, et l'ensemble permet d'apporter aux muscles une plus grande quantité d'oxygène par unité de temps.

6 – Le travail fractionné permet d'effectuer une plus grande quantité de travail que le continu, avec des efforts plus intenses et un volume d'entraînement plus grand. Pendant l'arrêt de l'effort, l'organisme régénère partiellement ses réserves.

7 – L'endurance intermittente est une méthode de travail où l'on enchaîne des efforts de courte durée et des périodes de récupérations très courtes. Les efforts durent de 20 à 40 secondes, et la récupération de 20 à 30 secondes. L'intérêt est de permettre un travail à fréquence cardiaque élevée, sans éprouver de fatigue excessive.

On peut ainsi effectuer des efforts à la vitesse maximale aérobie par période de 5 à 10 minutes, sans ressentir de douleurs musculaires dues à l'acide lactique.

Exemple : 5 minutes en 20 –20 au seuil anaérobie, puis 5 minutes à la VMA 5 minutes à 80 % de la FCM, etc.

8 – La consommation d'oxygène peut être développée par un travail en zone aérobie, de façon progressive, avec des charges d'entraînement croissantes. Le travail à la vitesse maximale aérobie permet également l'amélioration de la VO2max.

9 – Pour monter le seuil anaérobie, il faut travailler précisément au seuil anaérobie et en zone de transition par exercices courts et répétés, de façon à habituer l'organisme à des taux inhabituels d'acide lactique.

10 – Aérobie signifie qu'il y a équilibre parfait entre oxydation du glucose et apport d'oxygène.

Exemple : sortie d'entraînement de 2 heures, en mode continue, à 75 % de la FCM.

11 – L'anaérobie est un processus d'oxydation incomplète, où une partie du glycogène n'est pas dégradé complètement en énergie par manque d'oxygène, et où la réaction s'arrête à la production d'acide lactique. Exemple : sprint lancé beaucoup trop loin de l'arrivée, travail à une vitesse supérieure à la PMA.

12 – La PMA est la puissance maximale aérobie. C'est la capacité maximale des réactions aérobies. C'est la puissance correspondant à la consommation maximale d'oxygène, et donc celle correspondant à la vitesse maximale aérobie.

Elle peut être mesurée par un test d'effort, sur un test de VMA ou plus simplement à la fin d'un échauffement de 20 minutes, puis une accélération progressive type test d'effort. En accélérant par exemple de 5 pulsations par minute, on atteint le début de l'essoufflement (seuil anaérobie), puis la PMA, extrême limite de ce test au-delà de laquelle on ne peut plus continuer du fait d'un essoufflement maximal et d'un important mal aux jambes.

13 – Le seuil anaérobie est le moment où l'on commence à s'essouffler. La zone aérobie permet de rouler en aisance respiratoire, de discuter avec un autre cycliste. Lorsqu'on arrive au seuil anaérobie, on commence à être gêné, et on a des difficultés à tenir une conversation. On peut simplement échanger quelques mots.

14 – La vitesse maximale aérobie est la vitesse utilisée lors d'une poursuite : c'est le maximum de l'effort d'endurance. Pour l'estimer, il faut effectuer un test de VMA sur vélodrome.

Après un bon échauffement, d'une vingtaine de minutes, on débute le test à 25 kilomètres par heure, puis tous les kilomètres, on augmente d'un kilomètre par heure, jusqu'à épuisement. Le dernier palier entièrement réalisé sera considéré comme la vitesse maximale aérobie.

15 – La fréquence cardiaque maximale est difficile à établir sur le vélo, car tous les muscles ne travaillent pas, et l'influence de la pesanteur est limitée.

La meilleure façon, c'est pendant la période de préparation physique générale, d'effectuer un 400 mètres en course à pied, et de terminer au sprint. Dès l'arrivée, on pourra mesurer la FCM.

16 – L'indice de Ruffier s'effectue le matin au lever, à l'aide si possible d'une montre cardiaque (P1). On prend le pouls couché, puis on effectue 30 flexions les fesses sur les talons, relevé cambré, et on reprend le pouls dès la trentième flexion (P2).

On s'allonge à nouveau et on attend une minute. On note alors le pouls de récupération (P3). Le calcul de l'indice est le suivant : (P1 + P2 +P3) – 200/10.

17 – Sur le test de Ruffier, il suffit de comparer le pouls de repos et celui de récupération. Si celui-ci dépasse de plus de dix pulsations P1, la récupération est insuffisante, et on n'a pas complètement digéré la compétition ou un entraînement difficile.

La récupération permet d'enchaîner des efforts successifs qui s'enchaînent très vite. Si en course, on ne peut pas effectuer deux ou trois relances à la suite et répondre aux attaques, on sait que l'on est limité sur ce plan.

Si l'on a déterminé sa PMA sur le terrain, il suffit de prendre les pulsations correspondantes et d'attendre 90 secondes plus tard, pour déterminer le taux de récupération. Celui-ci doit être supérieur à 30 %.

18 – Le test de Ruffier est un test de condition physique. Il s'améliore avec l'entraînement. Il doit donc baisser au fil de la saison, jusqu'à l'objectif majeur.

Le pouls de repos s'abaisse, le pouls d'effort ne doit pas dépasser le double du pouls de repos, et le pouls de récupération doit s'abaisser.

On doit le faire au moins deux fois chaque semaine, par exemple le lendemain d'un jour sans entraînement (dimanche), et le mardi, pour savoir si l'on a digéré les efforts de compétition.

19 – Les moyens simples à la disposition d'un coureur pour savoir s'il progresse sont les suivants :

- Le pouls de repos ; il doit baisser au cours de la saison.
- Le test de PMA.
- La mesure de la VMA.

Après l'échauffement, il suffit de travailler à une fréquence cardiaque fixe (150 pulsations) et de vérifier à quelle vitesse on roule. En général, plus on va vite et plus on est en forme.

- Un test contre-la-montre sur un circuit bien connu et toujours le même sur 5 minutes permet de déterminer la vitesse la plus proche de la VMA.
- La courbe poids-pouls.

20 – La courbe poids-pouls : le pouls baisse en début de saison, le poids aussi. À l'arrivée de la forme, les deux paramètres se stabilisent. Si le pouls remonte et la courbe de poids se met à baisser, on sait que l'on a besoin de couper.

Le tracé de ces deux paramètres sur un graphique sera ainsi très important et permettra de déterminer l'apparition de la fatigue assez tôt pour y remédier.

21 – C'est la VMA ou un test de contre-la-montre qui permettront de connaître la progression, ainsi que l'adaptation aux changements de rythme.

22 – Les qualités de sprinter se développent grâce au travail de la vitesse et de la force. Pour la vitesse, on peut utiliser l'*interval training* court en séries, puis des séries d'IT un peu plus long, ainsi que du travail de tactique.

Exemple de séance d'IT : une série de sprints de 10 secondes. Récupération à 140 pulsations, puis on redémarre. À la fin de la série, 5 minutes à 120 pulsations.

4 sprints de 15 secondes, récupération active à 140 puls et on recommence.

3 sprints de 20 secondes, récupération 140 pulsations.

La force nécessite, l'hiver, de la musculation et des efforts spécifiques en côtes. On choisit une côte moyennement pentue que l'on escalade cinq fois de suite avec un braquet de plus en plus important, assis. Ce type d'effort peut être effectué dans toutes les sorties.

23 – La récupération alactique se progresse avec le travail d'endurance aérobie, puis avec un travail spécifique sollicitant la surcompensation du système anaérobie alactique. Exemples : séries en IT de sprints très courts (8 secondes), entre les efforts de récupération active incomplète, entre les séries de récupération complète.

La récupération lactique s'effectue en refaisant le plein des réserves de glycogène, en compensant l'acidose provoquée par l'effort de compétition, et en se réhydratant.

24 – L'échauffement nécessite une mise en route progressive des muscles et de l'organisme. Il doit être suffisamment long pour permettre d'effectuer tous types d'effort dès le départ.

L'échauffement débute tranquillement, puis on accélère régulièrement (10 pulsations toutes les 5 minutes). On peut ainsi arriver jusqu'à la PMA. Retour au calme, puis série d'IT de cinq sprints de 10 secondes.

25 – La force musculaire se développe par l'intermédiaire de la musculation hivernale, mais aussi par un travail spécifique sur le vélo. L'entraînement de la force demande également des étirements, des assouplissements, du travail des muscles qui participent au pédalage (adducteurs, abducteurs, lombaires, abdominaux).

Sur le vélo, on choisira des côtes longues et moyennement pentues, de 6 à 8 %. On montera assis, sans tirer sur le guidon, à une vitesse de pédalage lente (35 à 40 tours par minute). Le travail aura une durée croissante de semaine en semaine, commençant par des efforts d'une minute, sans dépasser 5 minutes au bout de quelques semaines.

On effectuera ainsi cinq ascensions. La séance comportera également du travail en vélocité, en particulier dans les descentes.

26 – La programmation se construit autour d'objectifs majeurs, qu'il faut déterminer le plus tôt possible dès le début de la préparation. Après l'objectif, trois au maximum, coupure et préparation pour un nouvel objectif.

27 – La période de transition sert à récupérer des fatigues de la saison, mais aussi à faire le bilan (médical, ostéopathique, dentaire, biologique), à réparer les dégâts de la compétition, et à préparer la prochaine saison.

28 – La piscine sert essentiellement à du travail d'assouplissement.

Faire quelques longueurs de bassin en nage libre et en dos, puis s'accrocher au bord de la piscine en se mettant sur le dos, pour effectuer les mouvements suivants : ciseaux, grands ciseaux, pédalage, rétropédalage, relevés des genoux joints sur l'abdomen. Se mettre debout le long du bord et travailler les abducteurs et les adducteurs.

29 – L'arrêt de la saison provoque la perte totale des qualités d'endurance. Le pouls de repos remonte ainsi que le test de Ruffier, le seuil anaérobie descend, la récupération baisse. La prise de poids n'est qu'accessoire, et non liée à l'arrêt de la saison, mais à une alimentation non adaptée.

30 – Séries de mouvements proposés : dos au sol, genoux repliés : série de remontée du buste. Puis dos au sol, jambes tendues, remontée des jambes à la verticale. Petits ciseaux, grands cercles, pédalage, rétropédalage, grands ciseaux.

31 – En période hivernale, il y a réduction du volume d'entraînement, donc diminutions des besoins énergétiques. Les apports nutritionnels trop riches en glucides aboutissent à une prise de poids que l'on pourra empêcher en diminuant la ration de féculents (pâtes, riz, pommes de terre, haricots demi-secs, etc.).

32 – La fringale est une hypoglycémie brutale, qui survient lorsque l'on ne s'est pas alimenté correctement à l'entraînement ou en course. Elle se traduit d'abord par un état d'euphorie, puis par une sensation de vide, des sueurs froides abondantes, des jambes en coton, une tendance à l'endormissement.

33 – L'ingestion d'une trop grande quantité de sucres rapides provoque la sécrétion par le pancréas d'une quantité d'insuline supérieure aux besoins dont l'effet est de stocker la totalité du sucre circulant sous forme de glycogène. Il peut en résulter une hypoglycémie réactionnelle brutale.

34 – Les protéines servent à construire des cellules musculaires nouvelles. Elles sont à la base de la construction de l'ADN, donc du noyau des cellules. Elles sont également à la base de la fabrication des hormones.

35 – La surcompensation est le principe qui permet à un système énergétique épuisé par l'effort de refaire ses réserves en excès.

36 – Exemple typique de surcompensation : l'américaine, enchaînement d'efforts intenses entrecoupés de récupération active. L'américaine permet la surcompensation du système anaérobie alactique et anaérobie lactique.

37 – Un médicament interdit peut être prescrit dans le cas où il serait indispensable. Dans ce cas, il faut constituer un dossier et disposer d'un justificatif du médecin. Ce justificatif sera communiqué à la DRJS.

38 – En entrée : salade niçoise ou salade de tomates assaisonnées au citron, carottes râpées. Puis purée jambon ou rôti de dinde, pâtes. Puis yaourt et fruit.

39 – La récupération après la course commence à la descente de vélo : boire dans la première demi-heure un bidon de boisson diététique de l'effort riche en sucres lents et en bicarbonates. Puis absorber une boisson minérale riche en bicarbonates. Prendre un bon bain chaud et contenant du gros sel en quantité. Éventuellement, faire un massage. Le soir, coucher tôt après repas rechargé en glucides.

40 – La plupart du temps, on finit la course en état d'hypoglycémie. Même si l'essentiel de la ration de sucres était absorbée dans la première demi-heure, il est très important de reprendre des sucres lents le soir, de façon à compléter les apports énergétiques.

41 – Le Coca-Cola est riche en sucres rapides, très acide et riche en caféine. La trop grande quantité de sucres rapides peut provoquer une hypersécrétion d'insuline avant le début de la course, qui risque d'être préjudiciable (stockage trop rapide du sucre circulant). L'acidité peut provoquer des brûlures gastriques, et la caféine est un diurétique qui provoque une augmentation de la sueur, donc par ces deux phénomènes, elle peut provoquer par temps très chaud une déshydratation. Par ces trois raisons, il ne faut surtout pas absorber un soda avant la compétition.

42 – La charge de travail est la quantification du travail réalisé au cours d'une séance d'entraînement. C'est en fait une notion qui permet de tenir compte de la quantité et de la qualité du travail accompli.

43 – Le nombre de kilomètres accomplis n'a aucun intérêt en soi. S'il s'agit de kilomètres accomplis en endurance de base, c'est sans intérêt. De même si la préparation s'est effectuée sur une durée de six mois.

44 – Pendant la préparation, il faut améliorer les qualités de vélocité, de force musculaire, la capacité à l'endurance, développer les techniques de sprint, travailler la puissance aérobie et travailler particulièrement la récupération.

45 – La préparation d'un contre-la-montre nécessite le développement de la VO2max, ainsi que la montée du seuil anaérobie. Pour développer ces qualités, il faut essentiellement travailler à la PMA, et au seuil anaérobie. Cela pourra se faire en endurance intermittente et en fractionné court.

46 – Celui qui présente des difficultés de récupération doit éviter tous circuits comprenant de nombreuses relances. Il faudra rechercher les circuits longs ou les courses en ligne, les contre-la-montre.

47 – Douleur importante du genou suite à un entraînement : dès le retour, on doit appliquer de la glace. Dans le cas où l'on ne disposerait pas de glaçons, il faut utiliser une bombe de froid (en pharmacie). Dans un second temps, chercher la cause et appeler le kiné.

48 – Le pied doit être posé sur la pédale de telle façon que l'axe du premier métatarsien (tête du gros orteil) soit situé à l'aplomb de l'axe de la pédale.

49 – Un tel test avec une VO2max basse, un seuil anaérobie très haut et une récupération mauvaise, traduit un surentraînement. Il faut éviter tout travail en intensité, et améliorer d'abord la consommation d'oxygène et la récupération.

50 – Le test précédent est totalement inadapté aux efforts du cyclo-cross. Cette discipline demande endurance, récupération et risque de faire monter le seuil anaérobie encore plus haut.

Professeur Pat Mac Kirtell
University of Rompsay
Directeur du SMES Laboratory

Pourquoi avons-nous remis l'Actovegin(cher à l'US Postal) à la mode ?

Voici de nombreuses années que nous effectuons des recherches, en particulier sur le cerveau des cyclistes morts de dopage. Une constatation s'impose : le poids moyen de la matière cérébrale est très inférieur (au moins 30 %) à la moyenne de la population non sportive. De plus, il apparaît que plus le cycliste a parcouru de kilomètres et plus le cerveau diminue.

Mes confrères Kreuzfeld et Jacob ont depuis longtemps découvert la maladie, mais ils n'avaient pas les moyens à l'époque d'en connaître les causes.

Après étude sous microscope électronique, nous avons constaté un appauvrissement progressif en neurones de ces cyclistes, et pouvons affirmer désormais un théorème révolutionnaire : « À chaque coup de pédale, un cycliste perd entre trois et cinq neurones. » Ceci est hélas irréversible...Ceci explique grandement le théorème de mon confrère Patrick Mallet, qui veut que : « QI x VO2max = Constante »

Sachant que la VO2max est à son minimum à 40 et le quotient intellectuel maximal avoisine les 170, il est aisé d'affirmer que cette constante avoisine les 7000. Il est ainsi possible de calculer le quotient intellectuel d'un cycliste présentant une consommation d'oxygène supérieure à 90...Ce n'est pas considérable...

D'où l'intervention d'un produit miraculeux, l'Actovegin qui, par ses propriétés, limiterait la fuite des neurones et permettrait le maintien d'une activité cérébrale normale chez le cycliste. L'US Postal l'a bien compris...On pourra bientôt affirmer le slogan futuriste « un peloton, un neurone ».

Certains sportifs ont été pris de panique en constatant la baisse inquiétante de leurs facultés intellectuelles, et se sont jetés sur ce qui devient le dernier produit à la mode et qui est fabriqué dans notre laboratoire. Nous espérons que grâce à ce produit, nous ne retrouverons jamais ce que nous avons déjà constaté : l'absence totale de neurones chez certains sportifs de très haut niveau, pas forcément cyclistes d'ailleurs, mais qui se dopaient beaucoup.

Voici pourquoi un peloton de cyclistes est assimilé souvent à un troupeau de bœufs. Pour venir à bout de cette pathologie, si l'Actovegin ne suffit pas, nous préconisons l'abattage massif de tous les troupeaux... pardon pelotons contaminés... S'ils présentent des aphtes en outre, ce sera le périmètre de sécurité, les pneus lavés à la soude, les carcasses passées à la chaux vive...

Ménagez votre cerveau. Faites du cyclisme !

Un peloton, un neurone... »

CONCLUSION

Nul ne choisit son destin. Dans notre société, on peut orienter sa voie, mais celle-ci est pavée d'embûches.

Qui m'aurait dit que, sept ans après l'ouverture de mon cabinet, j'aurais dû capituler, abattu par la maladie...

Quand on se retrouve seul, au seuil de ses trente-trois ans, devant abandonner ce pour quoi on a sacrifié une bonne partie de sa jeunesse, contraint de trouver quand même un attrait à la vie, on se perd souvent dans le brouillard et la morosité.

J'ai choisi de me lancer dans le bénévolat, ne pouvant plus exercer d'activité régulière du fait d'une santé trop médiocre.

J'aurais pu aller vers les restaurants du cœur, vers les associations caritatives, et j'ai choisi de rester dans un sport que j'ai toujours aimé et pour lequel il y a tant à faire.

C'est ainsi que j'ai découvert des gens passionnés et passionnants « aux quatre coins de l'hexagone ». Ce livre leur est dédié, pour les aider et les conforter dans leur travail obscur d'éducateurs sportifs ou d'entraîneurs.

Aujourd'hui, on considère que le bénévolat est mort. S'occuper des autres sans contrepartie, c'est un état d'esprit. Partout en France existent des petits clubs pour lesquels des dirigeants consacrent tout leur temps libre à conseiller de jeunes cyclistes.

N'oublions pas que le sport est encore un refuge contre la délinquance, l'alcoolisme, la drogue, le désœuvrement, même s'il est trop souvent mis à mal par la tricherie, les combines et le dopage. Il faut être fort pour résister à l'argent facile...

Tous ces éducateurs disponibles m'ont poussé à rédiger cet ouvrage. Je l'ai écrit en y mettant tout mon cœur, pour faire partager notre passion commune à tous.

Cet ouvrage, c'est aussi le leur, c'est pour leur faciliter la tâche que je l'ai rédigé.

J'ai tenu à faire connaître l'ensemble de mes modestes travaux, pour montrer que, avec du temps et un peu de matériel, il est possible de faire évoluer notre sport d'une autre façon que par un élitisme forcené.

J'ai eu l'occasion de constater que les éminents spécialistes ne connaissent pas les coureurs des catégories les plus basses : seniors régionaux, départementaux, Ufolep, cyclosportifs, cyclotouristes leur sont inconnus.

Ils ont pourtant droit autant que les autres aux avancées de la technique et de la connaissance scientifique. Puisque, aujourd'hui, chacun peut utiliser un compteur ou une montre cardiaque, il faut que tout sportif puisse également apprendre à s'en servir.

Passent les années, le cyclisme reste immuable, fixé dans un entraînement «au feeling», où la pifométrie et les à-peu-près règnent en maîtres.

J'ai pu vérifier pendant ces dix dernières années combien les jeunes cyclistes sont totalement ignorants des choses de l'entraînement. Pas étonnant si l'on dérive si facilement vers les substances interdites ! Car il est possible de passer de la catégorie minime au top niveau sans avoir jamais reçu la moindre formation efficace.

La meilleure preuve est l'incapacité d'un ancien professionnel à présenter un plan d'entraînement décent et cohérent. À part la quantité, moi, vous savez...

Il est vrai que naturellement, le cycliste n'est pas particulièrement porté à ouvrir les livres et à chercher à comprendre par lui-même. Reconnaissons également que rien n'est fait pour lui faciliter la tâche. Le savoir est détenu par la caste des entraîneurs, qui sont souvent imbus de leur prétendu savoir et qui ne le partagent pas facilement.

Malgré tout, notre travail n'est qu'un marteau supplémentaire pour faire entrer un clou nommé « méthode » dans la tête du cycliste.

Il est certain qu'il faudra encore de nombreux coups de marteau pour voir notre sport évoluer.

Beaucoup de coups de marteau aussi pour faire comprendre à chacun que si tout le monde s'entraîne de la même façon, ce n'est pas forcément parce que c'est la bonne méthode.

Que le chemin est long de la quantité à la qualité !

Nous nous définissons aujourd'hui comme un Don Quichotte moderne qui se battrait contre les moutons de Panurge.

Comme me l'a si bien dit un dirigeant cycliste bien connu en Poitou-Charentes :

« C'est bien ce que tu fais, mais tu ne réussiras pas, ça ne sert à rien. » Belle confiance en l'avenir du cyclisme !

Je n'ai rien à faire des honneurs. Pire, partout je dérange, je dois fournir les preuves que je suis toujours affilié à l'Ordre des médecins, que je cotise pour une responsabilité civile professionnelle, comme si j'étais un dangereux maniaque subversif. Il est vrai que mon discours contre le dopage dérange...

La passion, vous connaissez ? C'est elle qui me fait m'accrocher aux basques de ce cyclisme qui se passerait tant des empêcheurs de tourner en rond !

Aujourd'hui, on peut s'interroger sur les raisons une telle passion !

Comme dans la société qui nous entoure, nous devons éternellement nous battre contre l'obscurantisme, contre des cyclistes qui ont couru jadis et voudraient entraîner les jeunes comme à leur époque.

La grande chance de cette fin de siècle en matière de sport est la sortie sur le marché de matériels permettant la découverte de son corps, comme les montres cardiaques et les compteurs, mais aussi les ordinateurs pour analyser les résultats de l'entraînement. Maintenant, on peut savoir réellement le travail réalisé lors d'un entraînement, on peut ne plus pédaler « bêtement ».

Jusqu'à ces dernières années, les plus costauds tenaient le dessus du pavé, les autres passant systématiquement dans la moulinette du « marche ou crève ».

Désormais, avec un peu de qualité, on peut compenser des possibilités physiques moindres par un travail sérieux, contrôlé, guidé, et c'est dans ce créneau que je m'inscris.

Contrairement à ce monde étrange, je ne suis pas à la recherche de la pierre philosophale, mais du bon sens et de la méthode. Ceci pour qu'enfin, tout compétiteur se fasse plaisir, ce qui permettrait peut-être de retrouver cette notion de fête que nous avons perdu depuis une quinzaine d'années.

C'est bien là notre seule chance contre les dérives du sport et du cyclisme en particulier.

Il faut bien l'admettre : l'élitisme forcené est un échec. Nous perdons tous les ans une quantité considérable de licenciés, le nombre de professionnels n'augmente pas, et le seul moyen d'avancer désormais, c'est l'usage de la seringue de façon intensive pour l'entraînement, le loisir, la compétition. Les pros se chargent pour aller en boîte !

Si le sport loisir et les épreuves de masse ont tant de succès en cette fin de siècle, c'est aussi parce que le sport cycliste de compétition ne répond plus aux aspirations du plus grand nombre.

Ce qui gène le plus les fédérations, c'est que ce système corrompu leur échappe et que le fonctionnement de ce petit monde pourri soit aujourd'hui déballé sur la place publique. Pensez, on ne peut plus faire sa cuisine en famille !

À qui la faute ? Pourquoi cette dérive lamentable, alors que nos jeunes minimes et cadets sont toujours autant motivés pour devenir un jour professionnels ? Où s'arrête leur rêve ? Leur a-t-on dit un jour qu'il faudrait trouver la vraie place du cyclisme entre vie professionnelle et vie familiale ?

Le président de la FFC estime que le dopage n'est pas lié à l'argent, mais dans une société où le chômage est partout, il faut bien comprendre ceux qui peuvent arrondir leurs fins de mois par l'argent gagné facilement sur les courses.

Quand un système est pourri, faut-il uniquement lancer la pierre à ceux qui en tirent profit ou en rejeter la faute à ceux qui l'ont créé et qui s'y vautrent ?

Dans l'un des pays au monde où le travail noir est le plus répandu, comment s'étonner que des coursiers chassent des primes non déclarées qui leurs sont si généreusement offertes ?

Des professionnels sont même déguisés en amateurs, pour qui le salaire est aux trois quarts payé par voie de primes et de prix qui passent à l'as, les privant également de cotisations sociales décentes et d'une future retraite.

Aucun risque, jamais ces coursiers ne se constitueront en syndicat pour défendre leurs droits bafoués depuis des lustres. Totalement illusoire dans un monde aussi individualiste.

Vaste problème, mais redonnons le goût de l'effort pour l'effort aux amateurs, et salarions décemment les sportifs de haut niveau, offrons-leur les structures qu'ils méritent, et le dopage s'estompera.

Peut-être faut-il amputer certains salaires indécents pour rémunérer dignement ces cyclistes faux amateurs (où seul le directeur sportif gagne grassement sa vie).

Il y a beaucoup de travail pour ceux qui veulent relever l'image de notre sport, et il faut s'y mettre tous ensemble sans retard.

Ma plus grande tristesse à ce jour est de s'entendre dire : « Vous n'avez rien à faire dans l'enseignement du cyclisme, car vous n'êtes qu'un médecin du sport et vous devez vous en tenir là. »

Prendre cela en pleine figure, cela fait encore plus mal lorsque l'on traîne son invalidité comme un boulet à longueur de journée. Dire que si j'avais choisi de me dévouer pour une association caritative ou pour les restaus du cœur, j'aurais été accueilli à bras ouverts.

Si j'avais eu la santé pour le faire, croyez bien que je me serais investi bien plus encore, mais quand on fait tout pour vous empêcher de passer un simple brevet fédéral premier degré, ce n'est pas si facile !

La Fédération française de cyclisme est-elle si riche en bonnes volontés et en compétences qu'elle puisse se passer des volontaires ?

Notre regretté ami Claude-André Boutelier, décédé tragiquement voici quelques années alors qu'il était président du comité cycliste Poitou Charentes, est disparu alors qu'il s'apprêtait à organiser les « États généraux du cyclisme » au niveau régional, idée qu'il voulait également soumettre au niveau national.

Cette initiative, qui n'a été reprise par personne, aurait permis de mettre à plat les problèmes qui sont les nôtres actuellement (sponsoring, structuration des équipes élites, dopage, etc., garanties sociales des coureurs élite).

Au lieu de cela, obscurantisme et immobilisme restent les deux mamelles du cyclisme de compétition.

Peut-être qu'aujourd'hui, l'on ne parlerait pas du cyclisme presque exclusivement dans les faits divers, avec des affaires qui se multiplient. Après l'affaire Festina, celle du pot belge, bientôt celle de l'US Postal et de l'Actovegin, l'arrestation de la famille Béon, Van den Broucke qui récidive, Laurent Rous impliqué... Rien que du beau linge, que l'on ne lave plus en famille, mais sur la place publique.

Honte à tous ceux qui ont saccagé notre beau cyclisme, et qui n'ont pas même idée des mesures à prendre de toute urgence.

Irresponsables, non coupables et non concernés. Consternant quand même.

Nous laisserons pour finir la parole à Michel Jonasz, qui connaît visiblement bien le cyclisme: « Changez tout, changez tout, ce monde ne tient pas debout. »

Je remercie mon ami Jean-François Chaminaud, qui s'est lancé dans une voie courageuse, celle de l'entraînement privé. Je souhaite à son entreprise la belle réussite qu'elle mérite.

Je remercie mes amis Andy Hurford, Yannick Botrel et Jean-Philippe Jourdain, les éducateurs des sections sportives qui ont beaucoup de mérite pour le travail qu'ils accomplissent dans des conditions souvent difficiles.

Je remercie vivement les dirigeants des associations et clubs suivants, fidèles habitués ou nouveaux adeptes, qui n'hésitent pas à m'accueillir une fois par mois dans leurs locaux :

- section sport études La Roche-sur-Yon, dépt. 85,
- UC Alençon, dépt 61,
- VCC Aytré, dépt. 17,
- VC Chateaulin, dépt. 29,
- VC Cholet, dépt. 49,
- VC Sud Chalosse, dépt. 40,
- Off Road 44, Remouillé, dépt. 44,
- Vélophile naintréenne, Naintré, dépt. 86,
- VC Saint-Brevin, dépt. 44.

Je remercie Andy, Jean-François, Gwenael, Jean-Pierre, Jean-Luc, Johann, Roger, Régis, Yannick, Gilbert et tous les autres pour leur travail obscur mais tout entier voué au cyclisme, qu'ils effectuent dans l'ombre auprès des jeunes coureurs de leurs clubs respectifs, et jamais pour la gloire ni pour les honneurs. Sans eux et leurs semblables, le cyclisme de compétition n'existerait plus.

Mes amis, vous avez redonné un sens à ma vie de retraité avant l'heure.

Je remercie tous ceux qui ont bien voulu prendre un petit peu de leur temps pour venir faire un test d'effort, ils m'ont permis de composer cet ouvrage, mais surtout de faire connaissance avec des tas de gens bien à travers tout le pays. Merci les gars.

Merci à tous ceux qui auront eu la patience de lire cet ouvrage. Pardon pour ses imperfections, je ferai mieux la prochaine fois, c'est promis.

Merci enfin à mon frère Bruno, sans qui je ne me serais sûrement pas tant investi dans le cyclisme. Que toutes les erreurs par ignorance que nous avons commises ensemble servent aux autres coureurs.

Marcel Milteau, cyclosportif

Je remercie vivement Patrick de me permettre de m'exprimer dans son ouvrage. C'est une occasion inespérée qui m'est donné de m'exprimer, alors je ne vais pas me gêner.

J'entends partout parler de kilomètres, de cyclistes convaincus que s'ils n'ont pas fait la distance de la course, ils seront irrémédiablement lâchés, de cyclos qui font six heures de vélo lorsqu'ils préparent une cyclosportive. Il est impossible de leur faire rentrer dans la tête que ce n'est pas la quantité qui compte, mais bien la qualité du travail réalisé qui compte. C'est uniquement l'alimentation pendant l'effort qui permet de tenir dans la durée.

J'ai un souvenir, celui d'avoir participé avec un groupe de copains à l'époque compétiteurs (de petit niveau, seniors 4), à la dernière édition de Bordeaux-Paris. Je me rappelle bien qu'aucun de nous n'avait eu le temps de se préparer, et que nous n'avions chacun que cent kilomètres dans les jambes. Et Bordeaux-Paris, c'était 450 pitons !

Nous avions avec nous un certain Patrick Mallet, qui avait emmené un copain kiné, un fourgon dans lequel deux braves dames nous préparaient des boissons chaudes, et un autre véhicule, qui, lui, faisait le recensement de tous les bars du chemin...

Nous avons connu un après-midi torride, et une nuit pendant laquelle il a gelé à pierre fendre... Nous nous sommes régulièrement alimentés, et je me rappelle que lors de chaque pointage, le kiné massait la moitié d'entre nous, et Patrick prodiguait de la mésothérapie aux autres pour les décontracturer.

Nous sommes partis à sept aventuriers, et à part l'un d'entre nous, malade dès le début, nous sommes entrés dans Paris tous ensemble, triomphalement, avec la voiture qui zigzaguait (l'alcool, sûrement), et le fourgon qui suivait. Notre glorieuse arrivée a d'ailleurs fait sensation. Nous étions fatigués, mais pas épuisés, et tellement fiers de nous !

Je n'entends que cela à longueur de journée : « Dimanche, j'ai une course de cent vingt bornes, je dois en faire cent cinquante pour être bien. » Mais le dimanche, le gars, il est incapable de suivre, car il n'a pas récupéré ou cela va bien trop vite pour lui.

Mais, rien à faire, cela ne rentre pas dans les tronches. Je voudrais aussi préciser que l'an dernier, Jean-François Chaminaud (vous savez, le fou qui vient de se mettre à son compte comme entraîneur) a préparé des coureurs (qui sont d'ailleurs passés pros), sans jamais leur proposer de séances plus longues que deux heurs trente !

Résultat des courses : les nationaux ne peuvent pas travailler, car ils n'ont alors plus de temps pour rouler... Mais ce n'est pas pour autant que l'on va chercher à diminuer les kilomètres... Non, on préfère rester à la maison et partir au hasard sur les routes pour rouler. Alors on abandonne une course sur deux, et on est fané dès la mi-saison.

À croire que seuls les cyclistes fonctionnent de cette façon, qui veut que moins ça marche, plus il faut insister dans l'erreur.

L'homme a toujours avancé grâce à ses erreurs. Pas le cycliste, qui insiste et ne se remet jamais en cause. Combien d'années s'écouleront avant que les idées reçues aillent enfin au panier, et que le bon sens revienne ? »

Acide lactique : déchet résultant de la dégradation incomplète du glycogène lors d'efforts sans apport suffisant d'oxygène.

ADP : lorsque la molécule d'ATP fournit de l'énergie, elle libère en même temps un atome de phosphore. La nouvelle molécule ainsi formée s'appelle adénosine diphosphate ou ADP.

Aérobie : Il s'agit de la production d'énergie au cours de réactions biochimiques nécessitant la présence d'oxygène.

Alactique : C'est une production d'énergie sans libération d'acide lactique.

Anaérobie : processus inverse de l'aérobie : c'est une réaction chimique s'effectuant sans oxygène.

ATP ou adénosine triphosphate : composé chimique dont la dégradation permet la libération de l'énergie nécessaire à la production de mouvement.

Cardiofréquencemètre : c'est l'ensemble émetteur-récepteur qui permet l'enregistrement des pulsations cardiaques. Appelé communément « montre cardiaque ».

Charge d'entraînement : c'est l'estimation de l'importance d'un effort en fonction de sa durée et de son intensité.

Créatine phosphate : substance phosphorée se trouvant dans les muscles et capable de libérer de l'ATP en cas de besoin lors d'un effort violent (sprint).

Cycle de Krebs : c'est l'ensemble de réactions biochimiques aboutissant à la dégradation du glucose et des substrats énergétiques avec production d'énergie. C'est le mécanisme qui régit le mouvement animal.

Cycloergomètre : bicyclette fixe permettant la réalisation de tests d'efforts.

Endurance : aptitude à produire un effort prolongé à intensité modérée et sans fatigue.

Endurance critique basse : c'est la partie basse de la zone d'endurance aérobie, entre 70 % et 80 % de la fréquence cardiaque maximale.

Endurance critique haute : c'est la partie supérieure de la zone d'endurance aérobie, soit entre 80 % et le seuil anaérobie.

Endurance de base : zone correspondant au travail foncier, soit entre 60 % et 70 % de la fréquence cardiaque maximale. C'est la zone de consommation des graisses.

Endurance maximale aérobie (EMA) : endurance selon la nouvelle terminologie ou zone aérobie.

Fartlek : enchaînement d'efforts d'intensité et de durée variable au cours d'un entraînement avec relief variable (côtes de difficultés variables).

FCM : fréquence cardiaque maximale.

Fréquence cardiaque : nombre de battements cardiaques par minute.

Glycogénolyse : dégradation de la molécule de glycogène.

Glycolyse : dégradation de la molécule de glucose.

Isotonie : concentration d'un produit égale à celle du milieu intérieur d'un organisme vivant.

Métabolisme : ensemble des transformations (synthèse, dégradation) subies par un système (système aérobie par exemple) dans un organisme vivant.

Nomogramme d'Astrand : graphique comportant cinq échelles graduées permettant à l'aide d'une règle de déterminer une valeur connaissant les deux autres.

Osmose : équilibre entre des liquides de concentration différente. Dans l'organisme humain, il y a toujours échange des milieux à faible concentration vers les milieux à forte concentration.

Phosphagènes : molécules capables de libérer de l'énergie lors d'un effort, soit la phosphocréatine, l'ATP, l'ADP essentiellement.

Phosphocréatine ou créatine phosphate : composé chimique contenu dans le muscle dont la décomposition permet la production rapide d'ATP.

Pouls (ou pulsations cardiaques) : perception au niveau d'une artère d'une dilatation de celle-ci lors du passage du sang expulsé par le cœur lors de sa contraction.

Puissance maximale aérobie (PMA) : zone de travail correspondant à la zone mixte aérobie - anaérobie ou zone de transition. C'est la zone de travail en puissance. Cette zone se termine par l'arrivée à la consommation maximale d'oxygène ou VO2max, dont la valeur correspondante exprimée en puissance est la PMA.

Résistance : c'est l'aptitude à produire un effort d'intensité élevée ou maximale.

Seuil anaérobie : c'est le moment où l'apport d'oxygène n'est plus suffisant pour oxyder le glucose circulant nécessaire à la poursuite de l'effort. À ce moment, l'essoufflement devient gênant pour le cycliste.

Systole : contraction cardiaque. L'inverse est la diastole, temps de repos du cœur.

Travail en capacité : c'est le volume de travail.

Travail en puissance : c'est l'intensité de travail.

TRD : test de Ruffier-Dickson.

Vélocité : aptitude à tourner plus ou moins vite les jambes.

VO2max : c'est la plus grande quantité d'oxygène qu'un sujet soit capable de consommer par unité de temps.

Jean-Claude Samaran, compétiteur

Je tiens tout d'abord à remercier Patrick de m'offrir l'opportunité de m'exprimer.

Je dois dire que je ne connaissais rien à ce sport avant de le découvrir à 55 ans. Je suis venu ensuite à la compétition à l'âge de 59 ans. Après une période de préparation hivernale, les premières compétitions ne se sont pas déroulées comme je l'espérais, je venais de découvrir l'empirisme traditionnel des cyclistes.

Ces débuts difficiles avaient éveillé ma curiosité et me donnaient les idées d'en savoir davantage.

Aiguillé par un copain, je suis allé voir Patrick, qui me fit subir un test d'effort et qui me fit découvrir l'immensité de mon ignorance. Il me guida alors vers l'achat de quelques ouvrages de physiologie, ce qui me passionna et me fit découvrir d'autres horizons. Le fait d'avoir découvert une autre culture me fit également connaître d'autres gens.

L'année 2004 fut une excellente saison, car j'étais placé tous les dimanches. J'ai du interrompre ma saison pour raison familiale, mais jusqu'en juin, j'étais placé tout le temps.

À la veille de quitter la compétition, je voudrais remercier chaleureusement Patrick, qui a su me consacrer beaucoup de son temps. Il m'a montré une autre façon de concevoir le cyclisme, dans laquelle au lieu de l'empirisme tenace, et en se servant de son bon sens et d'une méthode accessible à tout le monde, même au plus petit coureur aussi bien qu'aux cyclistes élites.

Aujourd'hui, je viens plaider pour une réforme totale du cyclisme. Je souhaite une véritable formation pour les jeunes coureurs, afin qu'ils deviennent les acteurs de leur propre évolution. Je voudrais voir dans les clubs des entraîneurs enfin dignes de ce nom. Je voudrais accéder aux centres d'entraînement à des prix raisonnables. Si le monde du cyclisme ne comprend pas cela, ce sport n'aura plus d'avenir.

Ami coureur, prenez le train en marche et profitez des documents qui vous parlent enfin du cyclisme, mais aussi de la façon de le pratiquer, des méthodes d'entraînement qui sont à votre disposition, réveillez-vous. Le cyclisme de demain, c'est vous qui le construirez.

Ce n'est pas si dur d'appliquer une méthode de travail. Si vous vous prenez au jeu, vous apprécierez d'autant la différence et vous prendrez plaisir à apprendre aux autres à ne pas pédaler idiot.

Si ces quelques souhaits étaient enfin pris en compte, j'aurai l'impression de n'avoir pas perdu mon temps. De plus, je penserai que tous ceux qui dans l'ombre, comme Patrick, travaillent pour que notre sport sorte enfin de l'ornière où il s'est enfoncé. »

Imprimé en France :
EPEL IG
Décembre 2006